普通高等院校国际化与创新型人才培养 · 现代经济学专业课程“十三五”规划系列教材

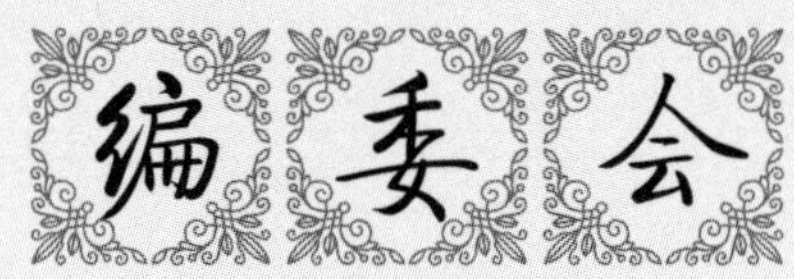

普通高等院校国际化与创新型人才培养
现代经济学专业课程“十三五”规划系列教材

国际金融原理

International Finance and Theory

方壮志◎编著

中国·武汉

内容提要

本书研究了本国居民与国外居民国际交易的收支状况及其转换关系，阐述了国际收支平衡表的记录原则，以及国际收支平衡表的作用。探讨了国际收支状况与一国外汇市场之间的关系，阐述了外汇市场的结构功能及其基本交易形式。探讨了国际金融市场的运行规律和衍生金融工具的套期保值作用，研究了外汇市场的风险类型，详细探讨了外汇市场风险管理与防范的方法和手段。分析了国际资本流动和金融危机的根源，阐述了国际金融理论流派产生的背景，从理论上讨论了国际收支调节与汇率决定之间的自发调整机制。阐述了宏观经济政策调节的理论背景，研究了开放经济下，考虑汇率决定、资本流动以及国际收支调节的蒙代尔-弗莱明模型。基于这个模型，探讨了一国财政政策与货币政策的效果。阐述了国际货币体系的发展阶段以及每个阶段的国际收支调节、汇率决定以及资本流动的特点，包括国际货币体系改革的观点和进展。阐述了欧洲货币一体化的发展历程、欧元的产生以及欧盟面临的挑战。

全书共分为十五章，涵盖国际金融概述、外汇市场与汇率、外汇衍生金融交易、外汇风险、国际收支、国际收支与汇率理论流派、汇率决定理论、国际收支调节理论、国际金融市场、国际资本流动、国际货币大战、开放经济下的宏观经济政策、汇率制度、国际货币体系、欧洲货币一体化与欧元等内容。其中，国际收支与汇率理论流派和国际货币大战供读者自学参考，其他章节可供课堂学习讲解。在章后有相关的专栏资料延伸阅读，以加深读者对相关章节内容的理解和应用。

图书在版编目(CIP)数据

国际金融原理/方壮志编著. —武汉：华中科技大学出版社，2019. 8
普通高等院校国际化与创新型人才培养·现代经济学专业课程“十三五”规划系列教材
ISBN 978-7-5680-5650-2

Ⅰ. ①国… Ⅱ. ①方… Ⅲ. ①国际金融-高等学校-教材 Ⅳ. ①F831

中国版本图书馆 CIP 数据核字(2019)第 186587 号

国际金融原理 方壮志 编著
Guoji Jingrong Yuanli

策划编辑：周晓方 陈培斌 责任校对：李 琴
责任编辑：苏克超 责任监印：周治超
封面设计：原色设计
出版发行：华中科技大学出版社(中国·武汉) 电话：(027)81321913
武汉市东湖新技术开发区华工科技园 邮编：430223
录 排：华中科技大学惠友文印中心
印 刷：武汉市籍缘印刷厂
开 本：787mm×1092mm 1/16
印 张：18 插页：2 字 数：413 千字
版 次：2019 年 8 月第 1 版第 1 次印刷 定 价：58.00 元

习近平总书记在全国高校思想政治工作会议上指出，要坚持把立德树人作为中心环节，把思想政治工作贯穿教育教学全过程，实现全程育人、全方位育人。根据这一要求，对于致力于世界一流大学和一流学科建设的中国高校来说，其根本任务就是贯彻落实立德树人宗旨，全面促进一流人才培养工作。

为了体现这一宗旨，华中科技大学经济学院制定了教学与人才培养“十三五”规划。基本思路是：贯彻坚守“一流教学，一流人才”的理念，抓好人才分类培养工作，更加重视国际化与创新型拔尖人才的培养。在教学方面，立足中国实际和发展需要，参照国际一流大学经济系本科和研究生课程设置，制定先进的课程体系和培养方案，为优秀的学生提供优质的专业教育和丰富的素质教育，培养具有创新能力的领军人才。为此，我们必须推进教学的国际化、数字化、数量化、应用化，改进教学方式，大力推进研讨式、启发型教学，加强实践性环节，着力培养创新型、领导型人才；进一步推进教学内容与方式的改革，规划建设一流的现代经济学专业系列教材，构建起我们自己的中国化的高水平的教材体系(即这些教材应当具有国际前沿的理论、中国的问题和中国的素材)。与此同时，注重规范教学，提高教学质量，建设并继续增加国家级精品课程及教学团队，组织教学与课程系统改革并探索创新人才培养的新模式。此外，还要加强实践环节，广泛建立学生实习实训基地。以此培养出一批具备扎实的马克思主义理论功底、掌握现代经济学分析工具、熟悉国际国内经济实践、能够理论联系实际的高素质人才，以适应国家和社会的需要。总之，这一规划确立的主题和中心工作就是：瞄准“双一流”目标，聚焦人才培养，积极行动，着力探索国际化与创新型人才培养新方案、新模式与新途径。我们也意识到，高质量的课程是科研与教学的交汇点，没有一流的课程，“双一流”就不可能实现。因此，抓教学改革、抓教材建设，就是实施这种探索的重要体现。

那么，如何做好现代经济学专业课程系列教材编写呢？习近平总书记提出，应按照“立足中国、借鉴国外，挖掘历史、把握当代，关怀人类、面向未来”的思路，着力建设中国特色社会主义政治经济学。根据习近平总书记系列讲话精神，一是要在经济学科体系建设上，着力在继承性、民族性、原创性、时代性、系统性、专业性上下功夫。要面向未来，从教材体系建设入手，从战略层面重视教材建设，总结提炼中国经验、讲好中国故事，教育引导青年学子在为祖国、为人民立德、立言中成就自我、实现价值。要着眼未来学科建设目标，凝练学科方向，聚焦重大问题，在指导思想、学科体系、学术体系、话语体系等方面充分体现中国特色、中国风格、中国气派。二是要研究中国问题。张培刚先生开创的发展经济学植根于中国建设与发展的伟大实践，是华中科技大学经济学科的优势所在。经济学科要继承好、发扬好这个优良传统，要以我国改革发展的伟大实践为观照，从中挖掘新材料、发现新问题、提出新观点、构建新理论，瞄准国家和地方的重大战略需求，做好经济学科“中国化、时代化、大众化”这篇大文章。

编写本系列教材的思路主要体现在如下几个方面。第一，体现“教书育人”的根本使命，坚持贯彻“一流教学，一流人才”的理念，落实英才培育工程。第二，通过教材建设，集中反映经济学科前沿进展，汇聚创新的教学材料和方法，建立先进的课程体系和培养方案，培养具有创新能力的领军人才。第三，通过教材建设，推进教学内容与方式的改革，构建具备中国特色的高水平的教材体系，体现国际前沿的理论、包含中国现实的问题和具备中国特色的研究元素。第四，通过教材建设，加强师资队伍建设，向教学一线集中一流师资，起到示范和带动作用，培育课程团队。

本系列教材编写的原则主要有如下三个。第一，出精品原则。确立以“质量为主”的理念，坚持科学性与思想性相结合，致力于培育国家级和省级精品教材，出版高质量、具有特色的系列教材。坚持贯彻科学的价值观和发展理念，以正确的观点、方法揭示事物的本质规律，建立科学的知识体系。第二，重创新原则。吸收国内外最新理论研究与实践成果，特别是我国经济学领域的理论研究与实践的经验教训，力求在内容和方法上多有突破，形成特色。第三，实用性原则。教材编写坚持理论联系实际，注重联系学生的生活经验及已有的知识、能力、志趣、品德的实际，联系理论知识在实际工作和社会生活中的实际，联系本学科最新学术成果的实际，通过理论知识的学习和专题研究，培养学生独立分析问题和解决问题的能力。编写的教材既要具有较高学术价值，又要具有推广和广泛应用的空间，能为更多高校采用。

本系列教材编写的规范要求如下。第一，政治规范。必须符合党和国家的大政方针，务必与国家现行政策保持一致，不能有政治错误，不涉及有关宗教、民族和国际性敏感问题的表述。第二，学术规范。教材并非学术专著，对于学术界有争议的学术观点慎重对待，应以目前通行说法为主。注意避免在知识产权方面存在纠纷。第三，表述规范。教材编写坚持通俗易懂、亲近读者的文风，尽量避免过于抽象的理论阐述，使用鲜活的案例和表达方式。

本系列教材的定位与特色如下。第一，促进国际化与本土化融合。将国际上先进的经济学理论和教学体系与国内有特色的经济实践充分结合，在中国具体国情和社会现实的基础上，体现本土化特色。第二，加强中国元素与案例分析。通过对大量典型的、成熟的案例的分析、研讨、模拟训练，帮助学生拓展眼界、积累经验，培养学生独立分析问题、解决问题、动手操作等能力。第三，内容上力求突破与创新。结合学科最新进展，针对已出版教材的不足之处，结合当前学生在学习和实践中存在的困难、急需解决的问题，积极寻求内容上的突破与创新。第四，注重教学上的衔接与配套。与经济学院引进版核心课程教材内容配套，成为学生学习经济学类核心课程必备的教学参考书。

根据总体部署，我们计划，在"十三五"期间，本系列教材按照四大板块进行规划和构架。第一板块：经济学基本原理与方法。包括政治经济学、经济思想史、经济学原理、微观经济学、宏观经济学、计量经济学、国际经济学、发展经济学、中国经济改革与发展、现代管理学等。第二板块：经济学重要分支领域。包括国际贸易、国际金融、产业经济学、劳动经济学、财政学、区域经济学、资源环境经济学等。第三板块：交叉应用与新兴领域。包括幸福经济学、结构金融学、金融工程、市场营销、电子商务、国际商务等。第四板块：创新实践与案例教学。包括各类经济实践和案例应用，如开发性金融、货币银行学案例、公司金融案例、MATLAB与量化投资、国际贸易实务等。当然，在实际执行中，可能会根据情况变化适当进行调整。

本系列教材建设是一项巨大的系统工程，不少工作是尝试性的，无论是编写系列教材的总体构架和框架设计，还是具体课程的挑选，以及内容取舍和体例安排，它们是否恰当，仍有待广大读者来评判和检验。期待大家提出宝贵的意见和建议。

华中科技大学经济学院院长，教授、博士生导师

张建华

2017年7月

前言

国际金融是国际经济学的重要内容之一，它研究的是国际收支与汇率之间的关系。研究在开放的经济条件下，各国的宏观经济政策的调节作用，包括各国之间的相互协调与合作，以及国际货币体系的发展与改革。随着各国经济相互依赖性的加强，国际经济运行的环境发生了深刻的变化，国际金融市场以及国际资本流动出现了新的特点，建立稳定的国际经济新秩序是世界各国的共识。

在现实生活中，汇率与外汇市场发挥着日益重要的作用。特别是中国经济发展日益融入世界经济的范畴，人民币汇率的变动已经深入我们的日常生活。无论是普通大众还是政府和企业，对于国际相互联系的载体货币，都既熟悉又陌生。正如经济学家告诉我们的，不是世界为何如此，而是世界为什么与经济学家所揭示的理论不同。所以，本书试图对国际经济学中必须说明和讨论的问题进行解释和阐述。在总结多年教学内容和经验的基础上，本书力求做到以下几点。一是实务操作简明清晰，理论分析深入浅出。例如，对外汇市场与汇率、国际收支的内容以简明的语言和实例来说明，专门增加“国际收支与汇率理论流派”一章，阐述汇率与国际收支理论产生的背景，对理论的阐述遵循从基本假设出发，经过基本推导，进行结论和经验检验的过程。二是推陈出新，有思想性和启发性。例如，国际金融市场与资本流动的最新趋势与特点，又如，特色章节“国际货币大战”，深刻揭示美国次贷危机与欧洲债务危机的根源，启发读者去思考国际货币的本质。三是理论联系实际。几乎各章都选取了相关的案例和实践研究成果，力求将最新的研究成果反映出来，有助于读者更好地理解章节内容。四是重点突出，难易得当，通俗易懂。书中提供本章概述、本章小结和复习思考题，有助于读者了解应该掌握的国际金融的基本内容。

全书共分为十五章：第一章至第五章是国际金融的一个重要主题——外汇市场与国际收支（包括汇率），这部分涉及本国居民与他国居民之间的国际经济交易活动的衡量、外汇市场的运行以及衍生金融交易与风险；第六章至第八章是国际金融相关理论，涉及国际收支调节和汇率决定理论，其中第六章是这些理论产生的背景和不同的流派，读者可以自行选读;第九章至第十一章是国际金融市场和资本流动的趋势以及货币作为金融资本在国家间流动给世界经济带来的影响,其中第十一章是“国际货币大战”,读者可以自行选读;第十二章至第十五章是开放经济下的宏观经济学,研究的是一国在开放经济下的宏观经济政策及其效果、国与国之间的经济运行规则,包括国际货币体系的发展历程、欧洲货币一体化及汇率制度的选择。

本书适用于高等院校经济与管理、国际贸易与国际金融专业本科及研究生教学,也适用于社会各界从事本专业工作的人士。

全书由方壮志负责编写,在此,衷心感谢王曦同学参与第一章至第五章相关资料的收集工作,感谢李佳意同学对相关理论的整理工作。同时,衷心感谢华中科技大学出版社给予的帮助与大力支持。最后,要感谢家人所给予的支持与帮助。

作者

2018 年 10 月

目录
Contents

第一章 国际金融概述

本章概述　本章主要阐述国际金融的基本概念、国际金融的特点以及国际金融学研究的主题。

通过日常生活中国际交易的例子及资金的流动，理解和掌握国际金融的基本概念，即国与国之间货币的信贷活动及其相关的业务。从国际交易活动实现的影响因素与风险，理解国际金融与纯粹的国内金融不同的特点，即政治风险和外汇风险、市场的不完善以及扩大的投资机会。从国际金融学研究的范围，了解国际金融学研究的两大主题：一是外汇市场与国际收支；二是开放经济下的宏观经济学。

第一节 国际金融的基本概念与研究主题

我们为什么要学习国际金融？答案是我们生活在一个高度相互依赖的世界经济里。当中国居民驾驶宝马汽车、拎着蔻驰的手袋、穿着博柏利的风衣、品尝着来自土耳其的红茶时，中国居民购买了来自德国、美国、英国和土耳其的产品。对于美国居民而言，他们可能也同样地消费着来自中国以及世界各地的产品和服务，即使是宝马或者蔻驰，也不完全是由德国或者美国的本地企业生产的，这些企业在全球其他地方有生产基地。例如戴尔电脑，除了那颗美国芯片，电脑的其余部件几乎都采用外包形式生产，零部件来自其他国家和地区。所以，可以说没有一辆真正的美国汽车，除了发动机是美国的，其余部分都是在海外生产与加工。正如最近的贸易战，当中国表示准备大规模购买美国的大豆，并承诺重新将美国汽车进口关税降至15%时，美国的豆农从中收益，但是汽车领域就很难说。因为福特等汽车公司已经将生产转移到中国,特斯拉也计划在上海建新工厂。2017 年美国出口到中国的 27 万多辆汽车中有三分之二是德国汽车制造商生产的。其中销量最大的就是宝马和奔驰在美国工厂生产的汽车。即使是科技企业,例如华为公司,也不仅仅是中国的公司,其 92 家零部件供应商中有 33 家在美国,而欧洲和发展中国家的电信业要依赖华为的产品。因此,全球产品的生产、销售和消费相互依赖性增强,商品和劳务的生产几乎都是在全球范围内进行的。

在服务方面,随着中国居民收入水平的提高和消费观念的改变,近年来出国旅游观光开始普及。例如,中国居民需要将人民币换成日元才能获得到在周边国家日本的住宿、餐饮等各项服务。所有这些活动都涉及国际交易活动以及活动背后资金的流转。在开放的自由经济条件下,个人和企业可以选择在全球生产成本最低的地方进行生产,也可以选择将资金转移到收益率高的市场。

总之,人们生存、发展和盈利的需要使得国际交易活动越来越频繁。这些国际交易活动在给我们带来丰富的产品和服务的同时,产生了货币信贷的需求与货币信贷活动,也引起了资金在国家间的流动,对我们的生产和生活产生了很大的影响,使得国家间的相互依赖性增强。与此同时,本国的宏观经济政策或者经济事件也通过国际交易活动,如商品与劳务的进出口以及资本的流动传达到世界其他地方,并与其他国家和地区的生产活动及日常生活产生相互影响。而所有的这些交易活动都与货币及其信贷活动密切相关,国际金融正是要研究不同国家和地区居民之间的这种货币及其信贷活动和业务形式。

一、国际金融的概念

通俗而言,金融就是资金从一个人手里流向另一个人手里直至消失的过程。金融是指以金融机构为中心的货币流通和信用活动以及与之相关的经济活动的总称。金融的内容包括货币的发行与回笼,存款的吸收与支付,贷款的发放与收回,外汇的买卖,股票、债券的发行与流通转让,以及保险、信托和货币结算等。

国际金融一般是指本国居民与其他国家的居民之间的货币信贷及其相关的一切业务活动。它涉及国际信贷与信用及其相关的活动,包括外汇市场与外汇汇率、国际结算、国际收支、国际储备、国际金融市场和国际资本流动、国际货币体系等。国际金融学是关于国际收支和外汇市场以及国际收支调节的学科。

二、国际金融的发展

国际金融的发展大致经历了以下三个阶段。

第一阶段:18 世纪,从属于国际贸易学。国际金融学是在国际贸易理论的基础上逐步形成和发展起来的,作为国际贸易学的一部分而处于从属地位,这是因为当时的国际经济关系以商品贸易关系为主。

第二阶段:20 世纪 70—80 年代,从属于国际经济学。二战后,布雷顿森林体系经历了建立与瓦解,国际金融学独立。20 世纪 70—80 年代,由于生产和资本国际化的迅速发展,开放的宏观经济学即国际经济学诞生,国际金融研究又从属于国际经济学。

第三阶段:20 世纪 80 年代以来,国际金融学相对独立。随着经济和金融全球化、自由化、投资机构化、交易电子化等趋势,国际金融领域的变革超过其他领域,国际金融理论迅速发展并形成一门独立学科。

国际贸易和国际金融构成了现代国际经济活动的主要部分。

三、国际金融学研究的主题

国际金融关注的是,全球经济中的个人、企业、银行、政府、机构和组织之间的多种国际交易。而这些国际交易引起的货币资金的流动、货币的转换,可以衡量我们的日常生活与国外居民之间的依赖程度。国际金融研究如何使国际货币体系能够有效促进国际分工、国际交易、风险分担以及技术进步和创新。更加基础的是,国际金融运用开放经济条件下,宏观经济学中的模型检验国际金融体系如何影响所有的宏观经济变量,如通货膨胀、就业、国民收入等,并运用这些宏观经济变量来评价、解释和影响经济体系的运行。因此,国际金融学有两大研究主题:一是外汇市场与国际收支账户;二是开放经济下的宏观经济学。

外汇市场是将一种货币转换成另一种货币的框架体系,而国际收支账户反映的是一定时期内一国居民与其他国家居民之间国际交易的总收入与总支出状况。国际交易依赖于外汇市场来完成,外汇市场的运行反过来也影响国际交易,所以外汇市场与国际收支主要是研究这两者之间的相互关系。开放经济下的宏观经济学主要研究在固定或浮动汇率制度下国际收支失衡(赤字和盈余)时,财政与货币政策的调整对一国宏观经济的影响及其效果,以及这些宏观经济政策对其他国家宏观经济,如国际收支、汇率决定和资本流动的影响,还包括各种汇率制度的利弊和政府对制度的选择,国与国之间的政策协调和国际货币体系等。

总之,国际金融学主要研究的是开放经济下国际收支与汇率之间的关系。

第二节 国际金融的特点

国际金融与一般的国内金融不同,其发展近年来呈现出许多新特点和新趋势,主要可以概括为以下几点。

一、政治风险与外汇风险

国际金融风险主要包括汇率风险和政治风险。在 1997 年亚洲金融危机时,如果一家中国企业的产品主要出口到印度、泰国和韩国,这些国家的货币相对于美元大幅贬值,那么这家中国企业就面临外汇风险。2018 年美国总统特朗普发起的贸易战,不仅给其他国家和地区带来了动荡与不确定性，最直接的影响就是相关国家企业的国际交易和经营活动受到严重的限制和阻碍。政治风险包括未预期到的税收政策改变以及直接没收外国投资者的资产等。之所以会产生政治风险，是因为主权国可以改变游戏规则，而受影响的外国投资者缺乏有效的追索权。另外，地区战争、冲突与争夺也是潜在的风险。

近年来，国际金融市场的各种风险仍居高不下，主要原因在于：第一，金融机构经历了从中介化到市场化、证券化的深刻变革，金融混业经营趋势明显，金融风险在证券市场和银行之间的传递更为广泛；第二，经济全球化使各国间的经济交易都依赖于国际资本流动和国际金融服务的支持和保障，金融风险传导的多米诺骨牌效应与日俱增，而贸易保护主义的抬头同样也会带来全球贸易的不确定性；第三，金融监管滞后于金融创新的发展，法律约束弱化而道德风险强化；第四，国际投机力量活跃，国际资本的投机性冲击和汇率旷日持久的严重失衡，有可能引发全球性的金融动荡。

二、市场不完善

市场不完善主要体现为关税与贸易壁垒、法律限制、劳动力流动限制等等，当企业和个人在全球范围内从事交易活动时，就会面临上述壁垒。跨国公司在全球范围内的出现和经营，各种合作经营形式、并购等活动都是市场不完善的表现。跨国经营或者国际合作可以有效地降低或回避交易壁垒，贸易自由化以及 WTO(世界贸易组织)的条款都是要消除这些壁垒，使资本、商品和劳动力能自由流动。然而，国际竞争与国际关系也会促使国际经济秩序发生改变，游戏规则也在改变，影响个人、企业和机构在国际交易中的利益和成本。当然，也正是市场的这种不完善给企业和个人提供了更多的盈利和发展机会。

三、扩大的投资机会与不确定性

特别是近十年来，全球金融一体化和自由化加快。企业为了追寻利润最大化，可以在世界上任何一个国家和地区进行生产和加工；为了追寻成本的最低化，企业也可以在任何一个资本市场进行融资；为了实现更大的规模经济，企业可以将其有形资产和无形资产在全球范围内布局。对于个人投资者，同样地，也可以通过国际化的投资布局，而非局限在本国国内来获得更大的收益。总之，市场的不完善和金融创新，给个人和企业带来了更多的机会和挑战。

然而，2008 年金融危机之后，特别是 2017 年以来，随着世界经济形势的变化，全球化正在受到挑战。全球投资和贸易格局正在发生深刻的变化，市场充满了不确定性。发达国家正在寻求自身的最大利益，期望重构国际经济秩序，发展中国家的竞争地位重新面临挑战。

四、国际金融市场创新活动层出不穷

伴随着互联网的发展，金融市场的业务也在发生深刻变化，具体表现在以下方面。

1. 衍生金融工具创新层出不穷

在金融资产创新的过程中，金融衍生产品市场规模不断膨胀，创新日益活跃，各类机构参与的广度和深度不断加强。从总体规模来看，衍生品市场从无到有，发展迅速，至2017年，规模达到1500万亿美元；从品种来看，包括利率、汇率、权益类和信用类等品种，尤其是以CDS(信用违约互换)为代表的信用衍生产品，更是成为市场发展的一大亮点；从交易主体来看，越来越多的金融和非金融机构参与到衍生产品的交易中来，以期规避风险或者获取投机收益。

2. 融资方式创新

离岸资产证券化作为一种全新的国际融资方式，是资产证券化的一种特殊形式，是指借助本国之外的特殊目的载体(SPV，也称“特殊目的机构”)，通过在国际资本市场上发行资产支持证券(ABS)或抵押支持证券(MBS)筹集资金的融资方式。这种运作方式与本国资本市场关联很少，由地处本国之外的机构充当特殊目的载体，不仅可以实现风险隔离，而且可以起到良好的避税作用。通过国际资本市场，面向国际资本市场上广大的机构和个人投资者来筹集资金，有利于吸引外资流入，促进本国经济发展。

除此之外，可以使发展中国家进一步缓解基础设施落后的“瓶颈制约”，减轻中央和地方政府对公益性基础设施项目资金短缺的压力的BOT(建设-经营-转让)、TOT(移交-经营-移交)、ABS融资方式，既可提供短期融资又可用于国际结算的国际保理业务等其他新兴国际融资方式也在不断创新和发展。

3. 技术的创新

20世纪末，以信息高速公路为核心的网络技术的出现和发展，为金融市场的发展提供了技术支持和保障，促进了金融市场的全球化和自由化，改变着金融市场的主体、工具和监管手段。技术的创新对交易过程和交易规则的改变起着推动作用，电子交易的革命和虚拟化网络金融机构的出现，既提高了交易的效率，也使得风险更加难以预测和控制。

4. 国际储备货币格局的不确定性

次贷危机不仅重创了美国金融市场和实体经济，也挫伤了全球投资者对美国金融产品的信心。持续的经常账户赤字与危机后不断扩大的财政赤字、美联储实行的宽松货币政策、短期国际资本撤离美国国债市场等都加大了美元贬值的压力，削弱了其主要国际储备货币的地位。在美元地位相对衰弱的背景下，美国总统特朗普誓言要消除贸易逆差，“美国优先”。2018年，美国开启了贸易战，美元应声升值，同时美国正在寻求美日、美欧贸易的自由化，取消双边关税。国际形势变得越来越不确定，全球经济秩序正面临着挑战。至于能否形成国际储备货币的多元化格局，目前尚难断定。

第三节 全球化及其挑战

经济全球化突出表现在三个主要方面：一是贸易自由化；二是生产国际化；三是金融

全球化。其中,金融全球化是经济全球化的关键环节,也是最重要的内容。20 世纪 90 年代以来,随着经济全球化趋势的日益加强,尤其是 1997 年东亚金融危机的爆发,人们对国际金融的关注与日俱增,经济全球化与金融全球化的发展、金融风险的防范、国家间的金融合作成为备受瞩目的研究课题。

国际金融在经济全球化中的表现主要有以下几点。

一、资本流动全球化

金融资本从国内资本逐步演化为国际资本,是世界经济全球化在金融领域的具体表现。20 世纪 80 年代中期以后,资本跨国流动规模急剧扩张,国际资本流动速度远高于国际生产和国际贸易的增长速度。资本跨国流动对各国经济尤其西方国家经济的发展,产生重大而积极的影响,而各国经济的发展、居民收入的提高又推动资本跨国流动规模的日益扩展。另外,金融技术的日新月异,金融创新的大量涌现,各类金融衍生工具的不断出现,也大大加快了国际资本的流动速度。

二、金融市场全球化

金融市场全球化集中表现为货币市场全球化、资本市场全球化和外汇市场全球化。

20 世纪 80 年代,东京证交所以及伦敦证交所允许外国投资者进入市场,欧洲货币市场的扩大,标志着全球金融市场的形成。全球化的金融市场以优惠的税收待遇、良好的保密性、无外汇和国际金融业务限制为特征,它们的广泛出现,为国际资本提供了免受其他国家政策和法规限制的广阔空间。而资本市场的全球化与融资证券化的发展紧密相关,筹资者在全球范围广泛发行证券,使国际融资借助证券的流动性得到更快的发展,由此进一步促进了国际资金融通。在国际金融市场中,外汇市场是金融全球化特征最突出、最具体的体现者。现代通信和网络技术的普遍使用,打破了金融交易中的时空界限,使国际金融市场真正融为一体。20 世纪 90 年代以来,外汇市场已成为世界上最富有流动性的市场,也是全天候的全球性市场,2017 年日均交易额已达 6 万亿美元。

三、金融机构及其业务全球化

随着金融领域的竞争日趋激烈,为增强竞争力,自 20 世纪 90 年代中期以来,金融业并购浪潮有增无减。并购规模巨大、并购业务多元化、并购范围全球化是这次浪潮的突出特点。大型银行金融机构之间的强强联合,形成了实力更加强大的国际性银行金融机构巨无霸,其利用分布于世界各地的分支机构,使业务进一步向全球展开,成为资本跨国流动的主要组织者和参与者。大型银行金融机构的合并,也促使金融业由分业经营开始全面走向混业经营。

四、金融监管全球化

进入 20 世纪 90 年代以后,由于国际银行业经营环境发生了较大变化,为适应这一新的形势,巴塞尔委员会(全称为“巴塞尔银行监管委员会”)分别在 1997 年、1999 年制定和颁布了《银行业有效监管核心原则》(以下简称《核心原则》)和《新的资本充足率框架》

(以下简称《框架》)两项补充性文件。其中,《核心原则》着重加强对银行业风险的全方位控制,强调建立银行业监管的有效系统,进一步重申对跨国银行业务实行全球统一监管的要求。《框架》的制定则以保证金融体系的安全性与稳定性作为主要目标。除了巴塞尔委员会这一权威机构及其制定的具有权威性的监管规则之外,还有诸如国际货币基金组织(IMF)、世界贸易组织(WTO)等国际经济组织也制定了相关的监管规则,如 IMF 对货币可兑换性的安排、WTO 对成员国开放金融服务市场的要求等,都在世界各地普遍实施,这些都充分说明金融监管的全球化趋势仍在不断加强。

金融全球化把世界各国经济发展引上快车道,国际资本流动有力地推动了国际贸易的发展,有效地促进了世界各国各地区的经济交流与合作。但是开放的市场和国家间日益紧密、相互依赖的经济关系也改变了金融风险的传导机制,使得金融危机影响的深度和广度迅速扩大。2007 年美国的次贷危机,通过房地产抵押贷款的证券化及衍生证券,将风险传递给其他国家和地区。

五、全球化的挑战

2008 年金融危机后,全球化开始面临全局性和内生性的停滞,特别是在西方社会内部,"去全球化"浪潮来袭。国际贸易增速显著放缓、要素流动不畅、贸易保护主义抬头,以邻为壑气氛浓厚。无论是新兴市场还是发展中国家,全球化的速度都明显放缓。

与此同时,西方国家开始从理论和政策层面主动"去全球化"。20 世纪 90 年代,在全球化大潮的裹挟下,新自由主义成为全球的主流经济思想。倡导自由贸易、市场主义的"华盛顿共识"一度指导着各国的经济实践。但是,全球金融危机发生后,新自由主义式微。国际货币基金组织(IMF)发文对新自由主义提出批评,认为其所倡导的政策加剧了社会不平等和市场动荡,而 IMF 和世界银行(简称"世行")等机构正是当年新自由主义的倡导者。

作为全球化的主要推动者,西方国家也加入到了"去全球化"的队伍中。美国奥巴马政府大力推动 TPP 和 TTIP,意图构建新的全球贸易规则,使代表全球贸易体系的世界贸易组织边缘化。TPP 即跨太平洋伙伴关系协定(Trans-Pacific Partnership Agreement),也被称作"经济北约",是目前重要的国际多边经济谈判组织,前身是跨太平洋战略经济伙伴关系协定(Trans-Pacific Strategic Economic Partnership Agreement)。TPP 是由亚太经济合作组织成员国中的新西兰、新加坡、智利和文莱四国发起,从 2002 年开始酝酿的一组多边关系的自由贸易协定,原名亚太自由贸易区,旨在促进亚太地区的贸易自由化。2017 年 1 月 23 日,美国总统特朗普在白宫签署行政命令,美国正式退出跨太平洋伙伴关系协定(TPP)。2017 年 11 月 11 日,日本经济大臣茂木敏充与越南工贸部部长陈俊英在越南岘港举行新闻发布会,两人共同宣布除美国外的 11 国就继续推进 TPP 正式达成一致,11 国签署新的自由贸易协定,新名称为"全面且先进的 TPP"(Comprehensive Progressive Trans-Pacific Partnership,CPTPP)。2018 年 12 月 30 日,CPTPP 将生效。包括英国在内的几个国家也表示有兴趣加入 CPTPP。支持者表示,CPTPP 是一个重要信号,表明特朗普在美国采取的、日益孤立主义的政策立场,在其他自由贸易国家内并不存在。未来美国是否会加入 CPTPP,有待观察。不过,CPTPP 的形成,再加上特朗普对中国施加的贸易压力,为另一项泛亚洲协定——区域全面经济伙伴关系协定(Regional Comprehensive Economic Partnership,RCEP)注入了新动力。RCEP将涵盖澳大利亚、中国、印度、日本、韩国、新西兰以及东南亚的10个经济体。

同时,跨大西洋贸易与投资伙伴协议(TTIP),又称美欧双边自由贸易协定,正在进行中,其议题涉及服务贸易、政府采购、原产地规则、技术性贸易壁垒、农业、海关和贸易便利化等。2018年7月25日,欧盟和美国宣告双边关系进入"新阶段"。双方表示将共同努力,消除与汽车以外所有工业品相关的关税和其他贸易壁垒,并改革世界贸易组织。然而,随着"英国脱欧",欧洲一体化遭遇重大挫折,未来的发展也充满不确定。

贸易以及金融资产和负债相对于全球产值的快速增长,在金融危机之后发生了停滞。保护主义可能是部分原因,但似乎不是主导因素。许多贸易机会耗尽,自由化步伐放缓,投资低迷。2005—2014年,25个高收入经济体有65%~70%的家庭实际收入停滞甚至下降。受益于全球化的赢家忽视中低收入群体的诉求,导致西方民粹主义风潮盛行,欧洲难民危机进一步加剧了西方社会的内部矛盾。"英国脱欧"和美国选举中的"特朗普现象"即是民粹主义风潮对全球化的逆袭。此外,主要由西方推动的全球化,结果却是发展中国家也从中受益并迅速追赶西方国家,导致西方国家心理上失去平衡。

中国于2013年提出的"一带一路"(the Belt and Road,B&R)倡议,可能加速推动这样一个市场的出现。其目标是利用中国的资本和组织能力来增强整个欧亚大陆乃至更遥远地区的基础设施供应。亚太地区对基础设施的需求如此庞大,来自中国的更多资源应该会有帮助。然而,外部世界对一带一路也颇多争议。无论如何中国的地位和影响力已经不容忽视,中国改革开放40多年来所取得的成就令人瞩目。中国离不开外部世界,外部世界也早已经离不开中国。图1-1反映了2002—2017年日本、美国和欧盟对中国的出口状况,呈现增长的趋势。从2014年开始,日本出口到中国的产品和服务首次超过其出口到美国的产品和服务。

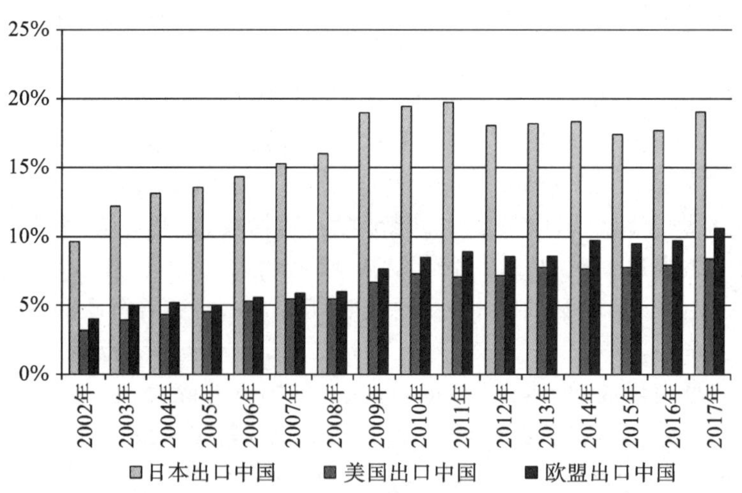

图1-1　2002—2017年日本、美国、欧盟对中国的出口状况

(资料来源:国家外汇管理局官网。)

整个世界(包括亚洲)经济正处于全球化和去全球化之间的一种不稳定平衡状态。美国正在放弃其在二战后发挥的作用,这种角色曾经对亚洲的经济成功发挥了至关重要的作用。取而代之的到底会是混乱和困惑,还是围绕美国、欧盟、日本或者中国建立新秩序?还是重回双边秩序?更或者如特朗普极力在推行的"美国优先",接着是欧盟和日本环绕的所谓新秩序?无论如何,我们面对的既有机遇,也有风险和挑战。

本章小结

(1) 国际金融学的两大研究主题包括外汇市场与国际收支账户、开放经济下的宏观经济学。

(2) 国际金融的特点主要包括外汇风险与政治风险、市场不完善、扩大的投资机会与不确定性、国际金融市场创新活动层出不穷。

(3) 国际金融一体化的趋势主要包括资本流动全球化、金融市场全球化、金融机构及其业务全球化。

(4) 全球化正面临着不确定性、机遇与挑战,中国推出了"一带一路"倡议,美国发起了贸易战,世界经济形势充满不确定性。

关键词

国际金融	international finance
资本流动	capital flow
全球化	globalization
相互依赖	interdependence
外汇风险	foreign exchange risk
市场不完善	imperfect market
扩大的投资机会	opportunity set
衍生工具创新	innovation of derivate instruments

复习思考题

1. 什么是国际金融?其研究主题是什么?
2. 国际金融的特点是什么?
3. 全球生产的相互依赖与各国政府政策的变化给我们的贸易与投资、生产与生活带来了什么影响?

案例 1-1 “一带一路”倡议深刻影响世界经济

案例 1-2 世界进入双边贸易协议时代

案例 1-3 海外市场如何解读“一带一路”？

第二章 外汇市场与汇率

本章概述　本章主要阐述了外汇市场及汇率的基本概念，外汇市场的结构与功能，汇率的种类，介绍了外汇市场的基本业务形式如即期交易、远期交易和掉期交易。

通过对本章的学习，了解全球三大外汇交易中心，深刻理解外汇市场的含义及汇率的形成和汇率的基本概念。通过外汇交易中心各主要货币的标价方式，了解汇率标价法，即直接标价法、间接标价法以及美元标价法。通过外汇市场各参与者包括中央银行、商业银行、经纪人以及企业和个人及其扮演的角色，清楚地了解外汇市场的构成和作用。根据汇率使用的市场、用途的不同以及汇率制度的不同，了解汇率的种类。通过外汇市场的具体操作形式或者业务形式，包括各种业务形式的作用，理解并掌握外汇市场交易的工具，包括即期交易、远期交易、掉期交易、套利与套汇。

第一节 外汇市场概述

外汇市场是个人和企业买卖外汇的场所。在纽约、伦敦、东京这些外汇交易中心，美元、欧元、日元等主要货币可以自由买卖。这些不同的外汇交易中心通过电子交易系统连接起来，可以不间断地相互联系，同时又是各自独立的市场。

国家间发生的各种形式的经济交往，都会产生债权和债务关系，与国内经济交往不同的是，国际债权与债务的清偿涉及不同国家货币的收付。外汇是国际汇兑的简称，是对国际债务清偿全过程所形成的金融资产的统称，具体可分为以外币表示的支付凭证、信用凭证和外国货币现钞。这些国际支付手段，可以直接偿付对外债务，是实现购买力国际转移的外币资金。从动态角度看，外汇包含汇和兑。将一种货币通过汇（国际结算）和兑（外汇交易）转换成另一种货币，实现资金的国际转移，清偿国际债权和债务关系。

那些曾经穿梭于丝绸之路上贩卖和运输贵重物品的商人和旅行者、古巴比伦市场里的贸易商，可能与我们今天的生活并没有多少关联，但是他们的确属于外汇市场早期的参与者。每当这些活跃在边境、颇具商业头脑的人，想将一国或一个地区的货币兑换成另一国或另一个地区的货币时，双方都必须确定可接受的合理的汇率水平，才能让交易达成。所以，外汇交易在促进国际贸易方面非常重要。由于缺乏世界通用的货币，外汇交易在今天发挥的作用与数百年前一样。自从有了不同国家的不同货币，外汇市场就开始存在了，外汇市场已经运行了 2000 多年。古代货币的兑换商有效地经营着最早的外汇市场。这些兑换商与不断增长的货币供给构成古代的货币体系。由于流通中货币的多样性和不可靠性，古代货币兑换商的工作变得很复杂。货币在重量和纯度上缺乏一致性，货币的铸造者经常在实际使用了多少黄金和白银进行铸造上说谎，声称其货币比实际含有的金和银具有更高的价值。随着时间的推移，国王等国家首脑垄断了货币铸造的权力。随着货币供给受到限制，其价值增加到其所含金或银的隐含价值之上，而货币充当的是一种不变和已知的标准。商人通常更愿意接受一种标准货币而不是纯度或重量未知的金或银用于支付。钱币中的金或银的价值与流通中实际价值之间的差别就是铸币税。铸币税使铸币者或最高统治者从垄断货币铸造的权力中获得收益。

今天，当我们到海外旅游并在机场外汇兑换处将人民币兑换成外币时，我们正在外汇的零售市场进行交易。零售市场只占外汇市场非常小的一部分。外汇交易几乎全部都是通过同业间全球网络进行交易的，类似批发市场，只从事大额的外汇买卖。所以，今天的外汇市场是世界上最大的金融市场，一天的交易量超过 4 万亿美元。在外汇市场上进行买卖的货币主要是美元、欧元、日元、英镑、瑞士法郎、加拿大元、新西兰元等。其中美元是较为活跃的币种，在伦敦和纽约外汇市场较活跃的货币交易是 EUR/USD、USD/CHF、GBP/USD。在东京和悉尼外汇市场较活跃的货币交易是 EUR/JPY、AUD/USD、USD/JPY、AUD/JPY。在一周中，周二、周三和周四外汇交易最活跃。周日到周一，交易者们通常是观望、分析和预测市场价格。周五的外汇交易在中午就结束了。

世界上有 30 多个主要的外汇市场，它们位于世界各大洲的不同国家和地区。构成了全球三大外汇市场即亚洲及大洋洲市场、欧洲市场、北美市场。这三大外汇市场处在不同的时区，当北美市场按北美东部时间开始运行时，其他市场尚未开市。在北美东部时间下午时，欧洲市场开始运行，这段时间两个市场同时在运行，外汇交易的规模最大。而当北美市场关闭时，亚洲市场开始运行，与欧洲市场也有时间交叉，此时外汇交易也比较活跃。当亚洲及大洋洲市场处于中午时，交易也相对减少。从全球范围来看，各个外汇市场相互联系，形成了一个 24 小时全天候运行的统一的国际外汇市场。特别是电子交易系统的出现，真正实现了 24 小时运转。与此同时，场外交易也很活跃，目前有三大场外交易系统连接世界各地市场，例如路透通讯社（Reuters）、德利财经（Telerate）、彭博新闻（Bloomberg），这些系统每天 24 小时提供各种信息。

外汇市场为什么如此重要？例如，美国总统特朗普宣布贸易战以来，2018 年 7 月 24

日人民币汇率兑美元下跌到6.8，这是近10年来的最低点，自2018年6月份以来人民币已经贬值5%，美元兑人民币汇率成为政治关注的焦点。特朗普甚至发推特称中国和欧盟(EU)通过“操纵它们的货币”来获得贸易价格优势。因此，尽管贸易平衡在外汇市场上起着重要的作用，但它不是唯一的，汇率的变动非常难以预测。换言之，汇率的变动对外汇市场的作用更加明显。

总之，外汇市场的作用主要在于以下几点。

一是可以实现资金和购买力的国际转移。通过外汇市场，我们能得到来自世界各地的产品和服务。同样地，投资者可以将资金转移到国外以便获取更高收益。今天，所有这些交易活动都是通过互联网的电子转移完成的。通过电子交易与支付系统，国内商业银行通过在外汇交易中心的相关商业银行可以将外币转换成本币支付给个人或企业。通过外汇市场，国际贸易和投资的顺利进行，可以将一种购买力转换成另一种购买力。

二是外汇需求与供给的场所。国际交易活动来自人们的基本生产、交换活动以及基本生活的需要。如果说货币需求是商品和劳务的替代品，外汇需求则是国外商品和劳务的替代品。例如，人们需要得到进口商品和国外的服务、想到国外去旅游、到海外投资等活动，就需要将本国货币换成外汇才能满足这些需求。而一国外汇的供给来自本国出口贸易的收入、外国游客在本国的消费、外国居民对本国的投资。例如，波音公司将其海外第一家工厂建在中国。外国公司的投资给本国带来了外汇资金。而中国将产品出口到其他国家，则可以换回外汇。

三是外汇市场具有信贷功能。外汇供给与需求的满足离不开商业银行的作用。商业银行在外汇市场扮演着清算所的角色，这样既节约了时间和交易成本，商业银行也可以利用多余的外汇资金进行交易获取利润。交易商可以提前或者延迟收付，商业银行还可以提供出口信贷，缓解企业和个人的资金压力，这便是外汇市场的信贷功能。

四是外汇市场为投资者和投机者提供了机会。外汇市场是投机和套期保值的重要场所，90%以上的外汇交易是纯粹的金融交易，仅有10%是贸易引起的金融交易。外汇市场上的各种金融工具也为投资者和投机者提供了套期保值和投资的操作手段，以便实现投资者的目的。

一、外汇市场的分类

外汇市场可以根据不同的标准进行多种分类，主要的分类方式有以下几种。

1. *按外汇交易方式分类*

按外汇交易方式，可将外汇市场划分为场内外汇市场和场外外汇市场。

场内外汇市场，是指有固定的交易场所，参加外汇交易的双方按规定的营业时间和交易程序在交易所内进行交易的市场，是有形的外汇市场。这样的外汇市场大都位于世界各国的金融中心所在地，如亚洲及大洋洲的东京、悉尼外汇市场，欧洲的法兰克福、伦敦、阿姆斯特丹外汇市场，北美洲的纽约、多伦多外汇市场等。

场外外汇市场，是指无特定交易场所的、无形的外汇交易市场。参加外汇交易的银行和经纪人通过电话、电报、电传或计算机终端等组成的通信网络达成交易。如今通过电报进行外汇交易的情况已经大大减少。随着高科技电子通信的广泛应用，外汇市场的绝大部分是无形市场，世界上最大的外汇市场也都是无形市场，例如伦敦、纽约、东京、苏黎世等外汇市场。随着通信技术的发展，外汇交易向网上转变。如今，由两个相互竞争的供交易商使用的外汇交易系统正在运行，通常不向交易商的零售客户开放，对于大客户如对冲基金却是例外。通过这些转换系统，交易商之间可以保持持续的联系。目前也有许多新的网上交易向个人和企业开放。第一个网站是在2000年建立的，专门为多家小型银行服务，之后一家小公司发布外汇交易系统，专门为零售客户交易货币，而且无论规模大小都能接受交易。这促使当时较大的七家外汇银行，即美国银行、高盛投资、摩根大通、摩根士坦利、汇丰银行、瑞士信贷第一波士顿银行和瑞银华宝开始网上外汇交易服务。这七家外汇银行的外汇交易占当时市场的30%。与此同时，花旗银行、大通曼哈顿银行以及德意志银行宣布与路透社一起创建了网上交易服务，路透社已经运行着一个全球银行同业系统。

2006年，电子交易商-客户平台开始进军外汇市场。个体交易商专门平台和一些银行间平台现在允许一些客户在外汇市场上直接和交易商交易。不同的是专门平台让客户接触外汇交易商，而多家银行参与的银行间平台，则让客户之间交易。有两个电子交易商-客户平台占据了交易的绝大部分，即FX-ALL和FXConnect占据了80%的交易。剩下的平台满足较小团体客户或较小银行团体的特殊要求。例如HotspotFX主要针对的是对冲基金，因为该系统保持匿名，所以深受对冲基金欢迎。总之，电子交易商-客户市场仍然很小，因为交易商更愿意控制外汇交易，大多数客户还是打电话给交易商。客户访问电子化经纪服务的大部分增长是由对冲基金带来的，因为对冲基金越来越多地使用外汇市场作为投资策略的一部分。

场外外汇市场从来不提供零售外汇市场服务。单独的零售市场主要在机场、边境口岸和旅游目的地。货币兑换处也可以在主要城市和零售企业。例如一些大型百货商店可以兑换现金货币，这种零售货币兑换的费用非常高。

2009年以来，也有些在线外汇交易，主要是吸引个人投资者，除非加杠杆，否则毫无收益。然而杠杆的风险很高，考虑到买卖差价、杠杆利息成本以及额外的费用，个人投资者只有有限资本，投入到在线外汇交易要承受较大的风险压力。因为他们是在与整个外汇市场竞争，而整个外汇市场的资本是无限的。

2. 按外汇交易主体分类

按外汇交易主体，可将外汇市场划分为银行间外汇市场以及银行与非银行客户间外汇市场。

银行间外汇市场，也称同业市场（interbank markets）、批发市场（wholesale markets），参与者主要是各类银行，其交易的目的主要是为了轧平资金头寸，调整银行自身外汇资金的余缺，避免由此引起的汇率波动风险。银行同业间的外汇交易占外汇市场总额的90%以上。一般个人或企业很难进入这个市场，同业市场有最低交易额限制，通常最低交易额是1000万美元。银行间买卖外汇的差价一般低于零售市场。银行同业间市场交易的产品主要有即期外汇、远期外汇和外汇期权及衍生品。

银行与非银行客户间外汇市场是指以商业性外汇交易为主的市场，又称客户市场（customer markets）、零售市场（retail markets）。跨国公司、地方进出口商、其他金融机构或个人等出于债权债务关系的清算结算、外汇保值避险以及从事外汇投资、投机等动机，向银行买卖外汇，银行实际上是在外汇的终极供给者和需求者之间起到中介作用，赚取外汇买卖差价。所以，零售市场报价差额较大。无论银行进行哪类外汇交易，其主要目的是都通过满足客户需要来达到盈利的目的。特别是涉及汇率敞口的企业客户，其要兑换出口货物所得的外币，兑换要支付的进口货款，要对冲所持有的海外资产的风险。银行可以微调价格，在为这些企业客户提供服务的同时，银行获得了在外汇交易中赚取差价的潜在可能。满足了客户需要，银行自身也要面临管理汇率敞口的问题。银行通常通过参与同业和零售交易来对冲风险。

3. 按外汇交易交割期限分类

按外汇交易交割期限，可将外汇市场划分为即期外汇市场和远期外汇市场。

即期外汇市场是从事现汇买卖活动的场所。买卖双方成交后于当日或两个营业日内进行实际交割，其基本作用是满足临时性的付款需要或进行外汇投机等。

远期外汇市场是从事期汇买卖活动的场所。买卖双方按照事先约定的交易数量、期限和汇率等，到约定日期按合约进行实际交割。其交易的参与者主要是在国际贸易和国际资本流动过程中的进出口商和投资者，以及银行间的批发市场。远期外汇交易的主要目的是为了防范外汇风险或进行外汇保值增值。远期价格不仅受到即期价格的影响，还受到某一即将到期的远期外汇合约中两种货币利差的影响。所以远期外汇合约的波动受到即期外汇、国内或基础货币利率和外国货币市场走势的共同影响，而这三个市场同时又有自身的波动。远期外汇市场比即期外汇市场要复杂得多，因为需要同时关注三个市场的波动。

二、外汇市场的结构及参与者

外汇市场的结构呈金字塔形，是由外汇市场的参与者构成的。参与外汇市场交易的个人和机构，包括以下四个层次。

1. 中央银行

中央银行处于外汇市场金字塔的塔尖，参与外汇批发市场，是外汇市场的主导者。中央银行管理并监督外汇市场的运行，主要目标是稳定本国经济，方式就是监测通货膨胀(简称“通胀”)这一经济中较重要的指标。通胀率一般指商品和服务价格上涨的比率。如果央行不能迅速采取措施应对通胀，可能导致购买力受到侵蚀。中央银行通过三种方式控制通胀：调控利率，干预货币买卖、调节存款准备金。中央银行通过商业银行的货币买卖，完成对市场的干预作用。当外汇供给过多时，央行可以买入外汇卖出本币；相反地，当外汇需求过多时，央行可以卖出外汇买进本币，稳定本国的外汇市场，保持本币汇率稳定。与其他参与者不同，中央银行在相对短的时间内买卖数以千万计的货币，拥有推动汇率波动的资金实力，而且拥有货币发行的权力和能力。例如，美联储在全球金融危机之后实施多轮量化宽松货币政策。

事实上，中央银行只要公开向不同的银行就其感兴趣的货币询价，即使不按询价进行交易，中央银行查询汇率的消息也会迅速传递到市场，从而推动市场汇率朝着央行期望的方向变动，甚至期望货币汇率运行到某一特定的水平，这就是所谓的口头干预。某些中央银行并不指定货币汇率的目标水平，但是另外一些中央银行在表达意图上直言不讳。例如，日本央行总是发表声明，日元过于强势，并采取措施卖出日元兑换其他货币，尤其是兑换美元。2011 年 8 月 4 日和 10 月 31 日，日本央行连续两次干预市场，共抛售 8 万亿日元，日元贬值幅度超过 4%。正如当时亚洲新闻台的报道所述，日本打压本国货币，美元兑日元价格急速走高，由 75.82 升至 79.18。日本央行的干预也直接导致欧元兑日元由 107.29 升至 111.20。

中央银行的政策风格、政策目标和法律监管共同创造并影响着市场，这方面的差异比较大。例如，中国人民银行的操作意图，表现为对人民币在货币兑换和用途上的高度监管。2015 年 8 月 11 日，中国人民银行宣布，即日起将进一步完善人民币汇率中间价报价，中间价将参考上日银行间外汇市场收盘汇率。当日人民币兑美元中间价报 6.2298，贬值 1.82%，大幅下调超过 1000 点，创 2013 年 4 月 25 日来新低；上日中间价报 6.1162，收报 6.2097。8 月 12 日，央行公布人民币兑美元汇率中间价报 6.3306，较上一日下跌 1008 点。按照央行官方的解释是，自 2005 年汇率改革以来，中间价与市场汇率偏离幅度较大，影响了中间价的市场基准地位和权威性。人民币贬值是由于此次完善报价所带来的一次性调整——“过去中间价与市场汇率的点差得到一次性校正”，未来将更大程度地发挥市场供求在汇率形成机制中的决定性作用，促进形成境内外一致的人民币汇率。

2. 外汇经纪人

外汇经纪人是指介于外汇银行之间，在外汇银行与客户之间进行联系，促成外汇交易并从中赚取佣金的中介人。外汇经纪人是外汇市场联结各个参与者的桥梁，并为所有参与者增加流动性。其首先关注的是所有潜在交易者能够给其带来什么样的价值，然后选择最高的买入价和最低的卖出价促成最好的双向价格，并将价格公之于众。外汇经纪人主要依靠其与外汇银行的密切联系及熟知外汇供求情况的优势，利用现代化的通信工具，掌握准确、广泛的市场信息，代理客户接洽外汇买卖业务，从中赚取佣金，自身并不承担外汇风险。通过外汇经纪人，银行可以节约因收集信息所产生的成本，也可以避免以对手价达成交易，而付给外汇经纪人的费用是比较低的。外汇经纪人在银行同业间交易中占有重要地位，目前这项业务已经由大的交易商所垄断。尽管自动报价系统降低了交易成本，使得外汇经纪人的作用有所降低，但外汇经纪人不会消失。

3. 商业银行

商业银行是指专营或兼营外汇业务的本国商业银行或在本国的外国银行的分行、代理行或代办处。各发达国家的商业银行通常都有外汇买卖及承办外汇存款、汇兑、贴现等业务。商业银行是外汇市场的最主要参与者，商业银行充当外汇买卖的中介人，代客户买卖外汇，赚取差价和服务中的手续费；通过银行同业市场交易扮演造市商和清算所的角色，执行央行的干预政策；同时为平衡自身的外汇头寸进行同业间外汇交易，扮演外汇交易商的角色，满足商业银行自身的盈利需要。正常情况下，商业银行的自营交易活动，与客户资金之间是独立的，但是 2008 年金融危机揭示了银行在自营交易活动中承担了巨大的风险。例如，2008 年 3 月，贝尔斯登——美国第五大投资银行，因其发行的资产支持证券而最终破产。雷曼兄弟——美国第四大投资银行，于 2008 年 9 月也遭受破产。同一天，美林证券被美国银行以 500 亿美元收购。银行参与衍生品交易活动，在 2008—

2010 年金融危机中扮演了关键角色。

2017 年《欧洲货币》杂志公布的外汇交易商年度成交量排名第一的是花旗集团(见表 2-1)。十大货币交易商都是大型私有国际银行。

表 2-1 2017 年十大货币交易商

排名	名称	市场份额
1	花旗集团	10.74%
2	摩根大通集团	10.34%
3	瑞银集团	7.56%
4	美银美林	6.73%
5	德意志银行	5.68%
6	汇丰银行	4.99%
7	巴克莱银行	4.69%
8	高盛集团	4.43%
9	渣打银行	4.26%
10	巴黎银行	3.73%

(资料来源:国际清算银行。)

外汇市场基本不受监管,对任何要进入市场的公司都是开放的。集中度增加和交易商数量的下降表明,外汇交易存在规模经济。然而,要盈利的话,外汇交易商必须有足够大的业务量才能提供客户所需的流动性,才能在买卖差价中赚钱。大型交易商涉及大多数或所有主要货币的外汇市场,而较小的交易商只处理一种或几种货币。

4. 外汇买卖客户

处于金字塔底端的是大量的零售客户,主要包括:跨国公司与进出口商,外汇投资者,套汇者,出国旅游者,因单方面转移支付而产生外汇需求与供给的机构和个人及其他外汇供求者。在全球化的时代,甚至包括我们每个人都是外汇市场的参与者,因为我们消费了来自国外的商品和劳务。在 20 世纪 90 年代中期,对有意愿参与外汇交易的普通零售投资者开放的途径很少,价格也远没有今天这么透明,市场缺乏竞争。如今,网上交易平台激增,其作为执行交易的一种方法被广泛接受。网上外汇保证金公司的出现,也意味着来自任何地方的零售交易者都可以参与外汇市场,与世界上最大的投资机构和银行机构几乎在相同的平台上竞技。零售活动的个人已经从假期旅行或者购买进口商品转变成现在的投资,交易者寻求直接从汇率波动中盈利。

政府参与外汇市场,主要是对外转移收付,以及处理政府事务和维持驻外使领馆的运行,包括基础设施和国防工程支出的需要。政府是各自所在国中央银行的客户。

主权财富基金和债务管理部门也是外汇市场的重要参与者。主权财富基金是一国外汇盈余的投资管理机构。过去管理外汇储备的任务专属于一国中央银行或财政部。随着外汇储备的大量增加,需要专业的投资管理机构来操作,主权财富基金应运而生。2011 年主权财富基金研究所公布的数据显示,前 40 位主权财富基金管理的资产总额达

4.7 万亿美元。其中包括管理资产达到 750 亿美元的澳大利亚未来基金、新加坡政府投资公司、中国投资有限公司。目前世界上最大的主权财富基金是阿联酋的阿布扎比投资局,管理资产总额达到 6570 亿美元。这些主权财富基金有不同的目的,但是都要保证资金得到有效利用,并在规定风险的范围内,实现利润最大化。而国家债务管理机构,为了确保获得融资也会参与外汇市场。通常以上两类机构在投资和借贷活动中都非常低调。国家债务管理机构更倾向于高水平的监管,而主权财富基金对于投资的标的及其投资组合更加谨慎。

超国家组织如国际货币基金组织、世界银行、国际清算银行,偶尔会在媒体上露面,但是大多数时候被市场忽略。这些组织的运营名义上主要由发达国家,在比较小的程度上由发展中国家资助。国际货币基金组织通过减少外汇管制,并向发生短期国际收支问题的国家提供资金融通,使得这些国家的贸易往来不受影响,促进世界贸易。世界银行侧重于向各国政府借贷,建设铁路、公路、桥梁等公共基础设施。国际清算银行成立于 1930 年,管理当时德国向第一次世界大战获胜的协约国缴纳的赔款。第二次世界大战后,它成为经济合作与发展组织成员国之间的结算机构,该行的宗旨也逐渐转变为促进各国中央银行之间的合作,为国际金融业务提供便利,并接受委托或作为代理人办理国际清算业务等。

进出口商和跨国公司参与外汇交易,是其每日正常业务的一部分。进出口商有货币兑换的需求,如果能预测其外汇需求,就能利用外汇市场的各种金融工具对冲其汇率敞口,有效地为未来交易锁定价格。跨国公司参与外汇交易的主要目的是套期保值,或称作对冲。套期保值本质上是一种抵消与货币活动有关的风险的活动,在全球外汇交易中大约占 5%。跨国公司虽然有买卖货币资金流的需求,但是比一般企业更复杂,因为进出口业务涉及多个国家和地区的货币,成本与税收核算都是多币种。一些跨国公司的交易额甚至大于一些新兴经济体的国内生产总值,因此,跨国公司对市场的潜在影响巨大。当然这种影响集中体现在基金管理公司和对冲基金上,它们都是机构投资者。

机构投资者大约占外汇交易的 30%。这些机构因为盈利和抵抗风险的需要,会将资金从一国转向另一国,必然涉及外汇市场。国际清算银行的报告显示,外汇交易中,贸易引起的货币交易只占 10%左右,大约 90%的货币交易来自基金管理公司的投资资金。过去 10 年,一些机构投资者(高频交易者(HFT))的数量在增加。高频交易有时也被称为算法交易,旨在每次获得少量短期盈利,但交易次数极多。高频交易者通常是专项基金,它们利用成熟的科技,通过市场数据,捕捉从一秒到数小时的交易机会。机构的交易很少在公共网络进行,一般外包给机构级数据中心。高频交易尽管为市场提供了更多的流动性,但到底是增加了市场效率,还是扮演让市场陷入困境的角色,破坏市场效率,目前还众说纷纭。

图 2-1 是 2006—2017 年中国外汇市场参与者构成。2017 年银行间交易占整个外汇市场的比重从 2016 年的 82.4%上升至 83.9%;银行与非金融客户交易的比重从 16.7%下降至 15.3%;银行与其他金融机构交易的比重为 0.8%,与上年持平,市场参与度仍有限。

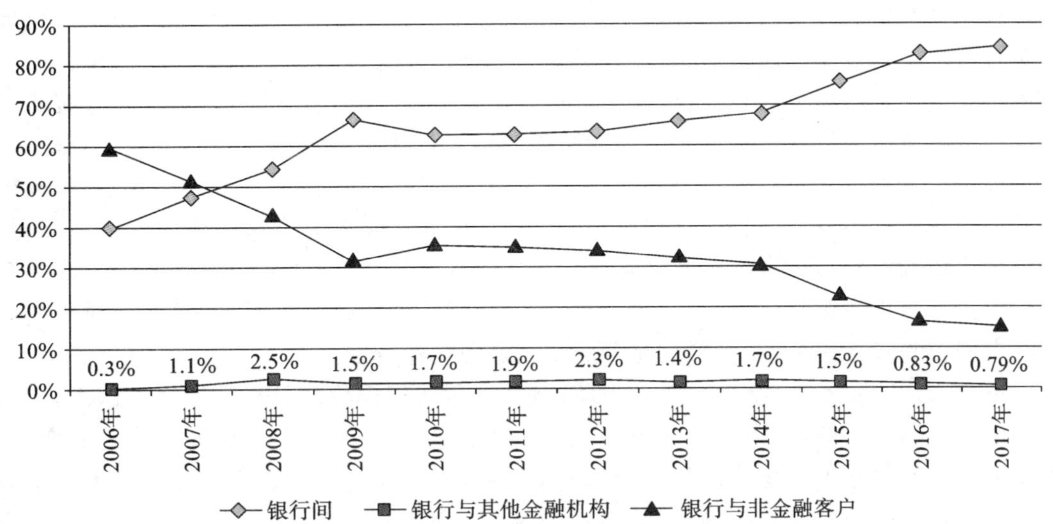

图 2-1 2006—2017 年中国外汇市场参与者构成

(资料来源:国家外汇管理局官方网站。)

第二节 汇率及其种类

一、汇率及其标价方法

一般商品的价格是用货币表示的。外汇是可以在国际上自由买卖、兑换的资产,也是一种特殊的商品,它的价格用汇率来表示。汇率是两种货币的比价,是用一种货币表示的另一种货币的价格。既可以用本国货币来表示外币的价格,也可以用外币来表示本币的价格。

汇率的表达形式通常有以下三种:文字,字母代码,货币符号。①文字,如美元对欧元;②字母代码,如 USD/EU,一般用于国际贸易实务和外汇市场交易;③货币符号,如 €/ $,一般用于外汇市场交易。美元是基础货币。基础货币一般是单位量,如 1 或 100 等。例如,2018 年 3 月 27 日人民币对美元的现汇买入价是 6.2822 元,现汇卖出价是 6.2840元,也就是说买入 1 美元银行愿意支付 6.2822 元人民币,卖出 1 美元将从对方收取6.2840元人民币。

对于每一种货币都有两组货币代码,例如,人民币兑美元 CNY/USD,或者美元兑人民币 USD/CNY。这两组货币代码的前后次序如何排列看起来差别不大,但实际上这两种形式还是有重要差别的。一个特定货币汇率反映的是一定单位的基础货币可以兑换多少报价货币。调换双向报价中的货币次序就会得到完全不同的结果。这就突出了报价的必要性。直接标价法和间接标价法用于描述某一特定货币的报价方式。直接标价法与间接标价法的区别主要在于交易者所处的地理位置的不同。

以本币来表示外币的数量,外币为单位量时,是直接标价法。在直接标价法下,外国货币的数额固定不变,本国货币的数额则随着外国货币或本国货币币值的变化而变化。如果一定数额的外币折合本币数额增加,说明外币升值、本币贬值;反之,如果一定数额的外币折合本币数额减少,则说明外币贬值、本币升值。例如,美元兑人民币,对于中国交易者而言是直接标价,对美国交易者而言就是间接标价法。

以外币来表示本币的数量,本币为单位量时,是间接标价法。在间接标价法下,本国货币的数额固定不变,外国货币的数额则随着本国货币或外国货币币值的变化而变化。如果一定数额的本币折合外币的数额增加,说明本币升值、外币贬值;反之,如果一定数额的本币折合外币数额减少,则说明本币贬值、外币升值。例如,人民币兑美元,对于中国人而言,是间接标价法。

汇率标价法的转换,是将直接标价法的汇率求倒数,即变成间接标价法的汇率。例如,2018 年 3 月 27 日人民币对美元的现汇买入价是 6.2822 元,变成间接标价法就是 1/6.2822=0.1592 美元,表示 1 元人民币折合 0.1592 美元。

包括我国在内的世界上大多数国家或地区的外汇市场采用的是直接标价法。英国的外汇市场一直采用间接标价法。美国的外汇市场从 1978 年 9 月起,除了对英镑(包括随后出现的欧元)继续采用直接标价法外,对其他货币改为采用间接标价法。欧元自产生之日起,也采用间接标价法。

在零售市场,汇率标价法有直接和间接之分。在银行间的市场上,交易不局限于本币与外币的交易,可能是外币与外币的交易。所以,银行间市场通常采用美元标价法或英镑标价法。鉴于美元在国际货币中的特殊地位,美国进口商和美国居民到海外投资都是以美元支付。所以,在零售市场上,对于英国出口商而言,不得不将美元换成英镑。同样地,美国出口商仍然会要求以美元来结算,所以英国进口商和投资者也不得不在伦敦将英镑换成美元才能交易。于是,美元成了周转货币,或者关键货币,也被广泛用于非美国参与的交易活动。例如巴西进口商以美元支付日本出口商的货款。巴西进口商用巴西雷亚尔换成美元,日本出口商将获得的美元再换成日元。因为巴西雷亚尔-美元市场和日元-美元市场比巴西雷亚尔-日元市场的规模大得多,可以为市场参与者提供更准确的信息和更大的流动性。市场流动性是指市场参与者以准确数量的货币结束交易的速度。在小规模经济中,经销商和参与者不需要保证多种货币都有周转余额。美元作为周转货币,美国获得了铸币税的利益。美元在海外的贷款利息也是自由的,所以,60%以上的美元被海外持有。

许多国际交易都以美元计价,即使是不使用美元作为本国货币的国家之间也是如此。例如石油、咖啡等商品都以美元计价。许多发展经济体的大公司和政府的国际贷款都是美元。世界各地中央银行准备金的 65%~75%都是美元。

当然,也不能保证美元将总是扮演商品和金融工具的记账单位,或者继续成为不断发展的外汇市场的主要周转货币。但是,美元作为周转货币已经达到的规模经济程度,不可能在短时间内轻易地被另一种货币取代,尽管欧元可能会对美元在外汇市场上的霸权地位形成挑战。

二、均衡汇率

假定只存在两个经济体,即美国和欧盟,美元是本币,欧元是外币,那么,我们用 \$/€ 表示美元与欧元的汇率。它表示 1 欧元的美元数量。如果 \$/€=1,说明 1 美元可以买到 1 欧元。

如图 2-2 所示的外汇市场上,汇率像其他商品的价格一样是由供给与需求决定的。如果我们定义欧元的供求曲线在价格 R 相交于 E 点,那么欧元的供给与需求就是相等的。如果 R 等于 1,我们可以表述为欧元的美元价格是 1 美元。均衡汇率如果是 1,但是,当美国居民对来自欧盟的产品需求增加时,对欧元的需求将增加,汇率将上升,也就是 $R>1$,即美元相对于欧元贬值。贬值就是外国货币的本币价格上升。如果是在固定汇率下,对欧元的这种超额需求将被抑制,只能依靠美联储动用储备来满足居民对欧元的需求。在浮动汇率下,当欧盟的居民发现欧元升值,来自美国的商品变得比较便宜时,就会增加对美元的需求,汇率就会下降,也就是 $R<1$,美元相对欧元升值。升值就是外国货币的本币价格下降。在有管理的浮动汇率下,中央银行既可以干预市场保持本币贬值,也可以保持本币升值。均衡汇率也可以反过来表示为欧元,此时,意味着当欧盟居民需要美元时,欧元被提供到市场上。无论如何,必须清楚如何定义汇率,即用哪种货币来表示哪种货币,也就是采用直接标价法还是间接标价法。

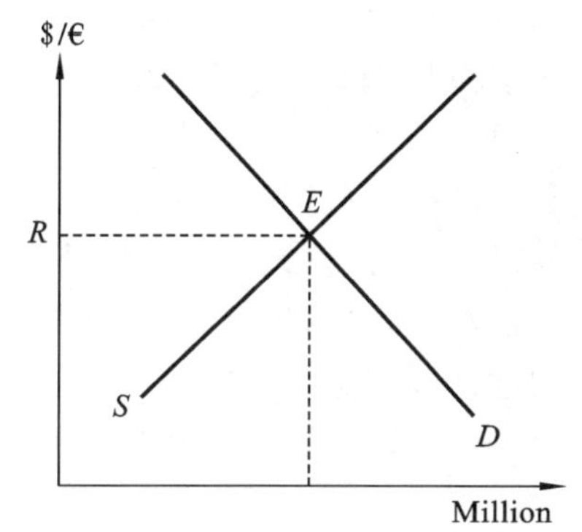

图 2-2 浮动汇率下的外汇市场

注:纵坐标衡量的是欧元的美元价格,即汇率 R = \$/€;横坐标衡量的是欧元的数量;在浮动汇率下均衡汇率是 $R=1$。

三、汇率的种类

汇率按照不同市场、不同用途、不同制度可以划分为不同的种类。

1. 买入汇率与卖出汇率

买入汇率和卖出汇率都是从银行的角度而言的。买入汇率是指经营外汇交易的银行,从客户或同业买入外汇时所使用的汇率。卖出汇率是经营外汇交易的银行,向客户或同业卖出外汇时所使用的汇率,如中国银行 2018 年 3 月 29 日 16:00 公布的美元对人民币的现汇买入价 6.2311 元和卖出价 6.3088 元。银行进行外汇交易时,采取双向报价,即同时报出买卖价,它们之间的差额构成银行的毛利润,也称汇率的买卖差价。

中间汇率是买入汇率与卖出汇率的算术平均值,一般用于经济分析。在我国,现钞买入价比现汇买入价低,如中国银行 2018 年 3 月 29 日 16:00 公布的美元对人民币的现钞买入价 6.2296 元。现钞卖出价与现汇卖出价相同。现钞买卖差价比现汇买卖差价要大，这是因为在银行的各种货币买卖中，现钞的交易量非常小，但是其交易成本与银行间的大宗交易成本几乎相同。进行现钞交易，银行还必须持有一定数量的各种货币的现钞，以便满足客户的需要。而这些现钞也没有利息，所以银行得承担机会成本和现钞运送费用及保险费。

2. 即期汇率与远期汇率

即期汇率是指外汇交易成交后两个交易日（营业日）内办理结算时所使用的汇率，通常用S表示。例如，2019 年 1 月 18 日 10 点，美元兑人民币的即期汇率是 6.7775/6.7784。远期汇率是买卖双方事先约定的在未来某一时期（通常超过两个营业日）进行外汇交割时将使用的汇率，通常用F表示。例如 2019 年 1 月 18 日欧元兑人民币 3 月期的远期汇率是 550.94/552.08。

3. 电汇汇率、信汇汇率和票汇汇率

电汇汇率是指银行以电报方式通知国外分支行或代理行付款时所使用的汇率。电汇付款时间快，银行无法利用这部分资金。电汇汇率较高，是计算其他汇率的基础。

信汇汇率是指以信函方式通知付款时所使用的汇率。邮寄信函需要一段时间，银行可利用这部分资金，信汇汇率较低。

票汇汇率是指银行买卖外汇汇票时所使用的汇率。票汇汇率介于电信汇率与信汇汇率之间。

4. 基本汇率与交叉汇率

基本汇率是指本国货币与关键货币的汇率。交叉汇率又称套算汇率，是指根据基本汇率以及关键货币与其他货币之间的汇率计算出来的本国货币与其他货币的汇率，即通过第三种中介货币推出两种货币的汇率。已知 A 币与 C 币的汇率，C 币与 B 币的汇率，得到 A 币对 B 币的汇率。

例如：$S(\$/£)=1.5683$，$S(\$/€)=0.5235$，求€/£的交叉汇率。

解：美元是基本汇率，$S(€/£)=S(\$/£)/S(\$/€)=1.5683/0.5235=2.9958$

当存在双向报价时，如何计算交叉汇率？

第一，当银行报出两个汇率，若中介货币在一个汇率中是基准货币，在另一个汇率中是计价货币时，则交叉汇率的双向报价按照同边相乘的原则。例如，即期汇率 GBP/USD＝1.6096/1.6105，USD/EU＝1.4985/1.4993，求即期汇率 GBP/EU 双向报价。由于 USD 在 GBP/USD 中是计价货币，在 USD/EU 中是基准货币，交叉汇率可以同边相乘。GBP/EU 即期买入价是 1.6096×1.4985，卖出价是 1.6105×1.4993，所以 GBP/EU 即期报价是 2.4120/2.4146。

第二，当银行报出两个汇率，若中介货币在两个汇率中都是基准货币或者计价货币时，则交叉汇率按照交叉相除的原则计算。例如，USD/JPY＝107.40/107.50，USD/CAD＝1.2775/1.2785，求 CAD/JPY 双向报价。由于美元在两个汇率报价中都是基准货币，而交叉汇率的基础货币是 CAD，用交叉相除得到交叉汇率 CAD/JPY。买入价是 107.40÷1.2785，卖出价是 107.50÷1.2775，所以 CAD/JPY 双向报价为 84.00/84.15。这个例子中的交叉汇率也可以分两步求出，首先利用计算倒数汇率的方法求出基准货币 CAD 对中介货币 USD 的汇率，再利用同边相乘原则求出交叉汇率。由 USD/CAD，算出其倒数汇率 CAD/USD＝0.7822/0.7828；第二步将计算出的 CAD/USD＝0.7822/0.7828与已知的 USD/JPY＝107.40/107.50 同边相乘，得到 CAD/JPY 的买入价 0.7822×107.40，卖出价 0.7828×107.50，CAD/JPY 双向报价为 84.00/84.15。

5. 官方汇率与市场汇率

官方汇率又称法定汇率，是指一国政府制定的本国货币兑外币的比率。

市场汇率是外汇市场上外汇交易采用的汇率，由市场的供求关系决定。其存在的条件是货币自由兑换或外汇管制放松。

6. 同业汇率与商业汇率

同业汇率是银行间外汇交易形成的汇率。例如外汇交易中心每天的外汇买卖行情。

商业汇率是银行与个人或企业等客户间进行外汇交易形成的汇率。例如，个人在商业银行将人民币兑换成美元时的兑换比率，在机场或大商店的零售柜台将人民币兑换成欧元的兑换比率。

7. 名义汇率、实际汇率和有效汇率

名义汇率是各种金融机构公布的汇率。例如各大商业银行公布的各种货币买卖行情。

实际汇率是以实际价格计算出来的一国货币的汇率，其在名义汇率的基础上考虑了通货膨胀的影响。

有效汇率是根据一国货币对其他各国货币变动的幅度，以贸易比重为权数计算出的加权平均数。它体现了一国货币汇率的总体变化情况。

世界上大约有 200 多种货币，在任何特定的日期，一种单一货币都可以相对某些外币贬值，但对另外一些外币升值。例如，人民币对美元的变动，并不能说明中国出口商的总体竞争状况，我们可以用有效汇率来衡量。

有关汇率的数据，我们通常在一些媒体上能搜索到。此外，在《华尔街日报》的网站、《金融时报》的网站等也能搜索到相关汇率信息。大多数国家的中央银行提供汇率，国际清算银行网站也提供汇率数据。中国国家外汇管理局有详细的人民币及其他汇率数据可供查询。此外，中国外汇交易中心也提供外汇交易数据。

第三节 即期外汇交易与远期外汇交易

一、即期外汇交易

1. 即期外汇交易的概念和报价

即期外汇交易又称现汇交易，是指交易双方按照当前汇率进行货币买卖，在买卖成交后，在两个营业日内办理交割的外汇交易。即期外汇交易主要可以满足临时性的付款需要，也可以帮助买卖双方调整外汇头寸来避免汇率波动的风险，它是外汇市场上最传统的交易形式。

交易双方进行资金交割的日期称为交割日或起息日。根据交割日的不同，即期外汇交易可以分为标准日交割、次日交割和当日交割三种类型，它们办理交割的时间分别是成交后的第二个营业日(如果遇上非营业日，则向后递延到下一个营业日)、成交后第一个营业日以及成交当日。有些交易受到时区的限制，不能做当日交割。例如，在纽约的外汇市场上不能做美元对日元的当日起息的交易，因为纽约的外汇市场开盘营业时，东京的外汇市场已收盘。在我国香港地区的外汇市场，港元兑美元是当日交割，港元兑日元、新加坡元等则是在次日交割。目前大部分的即期外汇交易采用标准日交割。

即期交易的报价是达成交易的基础。在外汇市场上，提供交易价格(汇价)的外汇银行等机构被称为报价者，向报价者索价并与其交易的其他外汇银行、外汇经纪、个人等则被称为询价者。外汇市场上的汇率通常采用双向报价方式，即买入价和卖出价同时报出。买入价是银行从询价者那里买入的价格，卖出价是银行向询价者市场主体卖出的价格。那些实际买入或卖出货币者被称为外汇交易商或经营商。这些交易商通过买卖差价获利，这些差价对银行间市场是非常有利的。所报的汇率一般用 5 位有效数字表示，由大数和小数两个部分组成。大数是汇价的基本部分，是汇价最前面的 3 个数字。由于银行间市场上交易活跃的货币买卖差价一般不超过 100 个点，大数相对稳定。小数是汇价的最后两个数字，一般外汇市场上小数变化非常活跃。例如，某银行的即期外汇报价为：

EUR/USD＝1.3363/1.3365

GBP/USD＝1.5518/1.5521

USD/HKD＝7.7546/7.7554

报价斜线左边的货币是基准货币，斜线右边的货币是报价货币。EUR/USD＝1.3363/1.3365 中，欧元是基准货币，美元是报价货币，1.33 是大数，63 和 65 是小数，65－63＝2 为差价。即期外汇交易中，报价的最小单位，市场称基点(bp)，1 个基点就是 0.0001。例如，美元兑港币的汇率从 7.7546 上升到 7.7556，则称外汇市场的汇率上升了 10 个基点。

一般每笔即期外汇交易都需要经过询价、报价、成交(或放弃)和证实四个步骤来完成。询价方在询价时需要报出所询价格的交易类型、交易币种和交易金额，接到询价的外汇银行的交易员在考虑盈利和风险后报出有关货币的现汇买入价和卖出价。接着询价方做出反应，或成交，或放弃。成交后，交易双方就交易内容进行一次完整的重复证实。例如 1000 万美元的澳元交易共 5 位数，精确到小数点的第 4 位，报价 1.0005/1.0010，通过这两个价格即买卖差价，造市商获得 5000 美元利润。以下是 A 银行和 B 银行的对话：

银行 A：澳元 10。

银行 B：5～10。

银行 A：整数。

银行 B：1.1005/1.1010。

银行 A:5 成交。

银行 B:完成,谢谢。

银行 A:再见。

上述对话中,A 银行是受价者,它正向 B 银行询问澳元兑美元,也就是澳元的价格。它们准备成交的金额是 1000 万澳元,即报价中的基础货币。1000 万的行话是 10。B 银行的报价就是简单的双向报价,只报小数。为了避免模糊,A 银行要求确认整数位,B 银行回答 1.1005/1.1010,也就是完整报价。接着,A 银行表达其交易方向在 5 成交,也就是以 B 银行的买入价成交。所以,整个过程是 A 银行想在 1.1005 的水平卖出 1000 万澳元,B 银行确认交易完成。

2. 即期外汇交易的应用

通过即期外汇交易,将一种货币兑换成另一种货币,可以满足临时性的支付需要,用来支付进出口贸易等的外汇结算或归还外汇贷款。即期外汇交易还可以调整所持有的不同货币的比例,也就是调节外汇头寸。所谓头寸,就是外汇资金的余缺状况。外汇头寸一般分为多头、空头和平衡头寸。多头是买入额大于卖出额,称为超买。空头是卖出额大于买入额,称为超卖。平衡头寸也称买卖持平或者零额头寸。当外汇头寸持平时,没有汇率波动风险。在超买或超卖的情况下,超出的部分就必然暴露于汇率波动风险中,这超出的部分就是净外汇头寸。

1) 即期外汇市场上的套期保值

当外汇市场上某一关键货币呈上升趋势时,与之相应的其他货币就相对地呈现下跌趋势。为了回避风险,可以关键货币为中介或基础货币,同时买进卖出另两种同涨同跌的货币,就能够对冲买卖的损益。

【例 2-1】 假设 2013 年 2 月 15 日的即期汇率为 USD/CAD=1.0013/1.0014,USD/CHF=0.9226/0.9228。如果以美元为基础货币,进行买入加拿大元、卖出瑞士法郎的对冲投资操作。假设到 2013 年 3 月 1 日平仓,即期汇率为 USD/CAD=1.0030/1.0035,USD/CHF=0.9302/0.9304,则损益情况如何?

(1) 操作过程如下。

在 2013 年 2 月 15 日以 1.0013 卖出 USD,买入加元;以 0.9228 买入 USD,卖出 CHF。

在 2013 年 3 月 1 日以 1.0035 卖出 CAD,买入 USD;以 0.9302 买入 CHF,卖出 USD。

(2) 损益情况如下。

在 CAD 上,每 1 美元获取利润:1.0013−1.0035=−CAD0.0022。

在 CHF 上,每 1 美元获取利润:0.9302−0.9228=CHF0.0074。

2) 即期外汇市场上的投机

外汇市场汇率波动无常,甚至暴涨暴跌是进行投机操作的基础,投机行为可以带来丰厚利润,但是也可能造成巨额亏损。投机是指利用汇率变化来获取利润的交易。投机获取利润的前提是投机者对汇率变化预测准确,即外汇升值还是贬值的方向要准确。

【例 2-2】 假设纽约外汇市场上,美元的即期汇率为 \$/¥=92.340/92.350。投机者预期日元将升值,于是现在卖出 100 万美元,买入 9234 万日元。假如一个月后美元汇率果然下跌，跌至＄/￥＝91.350/91.360，则他再次进入现汇市场，卖出9234万日元买入美元，可以获得：$9234\times\frac{1}{91.360}=101.07$（万美元）。但是如果投机者预测错误，1个月后美元汇率上升，那么其就会蒙受损失。

【例2-3】 假设某国内出口商需要向国外某公司立即支付外币佣金。则该出口商先用本币向银行购买外币来支付佣金。这笔交易就是即期交易，作用是为了满足出口商立即支付外币的需要。

又假设该出口商收到国外进口商外币的预付款，则该出口商可以做即期交易，将外币预付款收入卖给银行，换回本币，而不是留存外汇，这种即期交易具有保值的作用。

再假设该出口商预测美元对日元第二天升值，于是现在按照当前的即期汇率S_t用日元买入美元，等到第二天市场上美元对日元确实升值后，再按照第二天的即期汇率S_T卖出美元，实现投机利润S_T-S_t日元。

二、远期外汇交易

1. 远期外汇交易的概念和报价

远期外汇交易，是指交易双方签订合约，预定在未来某日期，按约定的汇率、币种、数额办理交割的外汇交易。这里约定交割的汇率就是远期汇率。远期交易与现汇交易的主要区别在于交割期（起息日）的不同，在外汇交易中，凡是交割期超过两个营业日的合约都属远期合约。远期交易的交割期通常为1、3、6、9、12个月。除了整月期限的交易外，特殊期限的如零头天数交易、择期交易等，一般对客户不利。超过一年的交易也越来越多，对于信用高的银行用户期限可超过5年，10年内都是可以的。远期交易是国际贸易和投资中减少货币未来价格不确定性的重要方式。

银行远期汇率也采用双向报价方式，分为直接报价和点数（差额）报价两种。直接报价又称完整汇率报价，即银行按照期限的不同直接完整地报出外汇买卖实际成交的买入价和卖出价，通常应用于银行和客户之间的远期外汇买卖。点数报价是指银行只报出货币远期汇率和即期汇率的差价，这个差价称为远期汇水。如果以某种货币表示的远期外币价格大于即期价格，则此外币的以这种货币表示的远期汇率称为升水或溢价，反之，则称为贴水或折价；如果远期汇率与即期汇率相同，则称为平价。升贴水率计算公式如下：

$$\mathrm{RP}=\frac{F-S}{S}\times4\times100\%$$

其中，RP是升贴水率，F是远期汇率，S是即期汇率，4表示年度基点。

例如，英镑的即期汇率是$S=\$1.00$，远期汇率是$F=\$0.99$，则$\mathrm{RP}=\frac{0.99-1.00}{1.00}\times4\times100\%=-4\%$，英镑远期贴水4%。

点数报价通常被应用于银行间的远期外汇报价，虽然即期汇率变动的同时，远期汇率也作相应变动，但通常远期差价比较稳定。例如，根据外汇市场报出的升贴水数，只报出不同期限的远期外汇买卖实际成交的买入汇率和卖出汇率。2018年4月8日：

USD/JPY 即期汇率 106.91/106.93
30 天远期 106.70/106.73
90 天远期 106.30/106.36
180 天远期 105.01/105.18

点数报价，报出点数表示远期汇率与即期汇率的差。远期汇率报价只报出汇水点数，同时也报出即期汇率。例如，2018 年 4 月 9 日：

EUR/USD 即期汇率 1.2277/1.2279
30 天掉期价 1/0.5
90 天掉期价 13/12
180 天掉期价 43/33

进行远期外汇交易时，银行通常只报出远期汇率的升水或贴水点数，并不标明是升水还是贴水。如果远期买卖差价的数字排列从小到大，则表明基准货币远期升水，报价货币远期贴水；如果远期买卖差价的数字排列从大到小，则表明基准货币远期贴水，报价货币远期升水。

【例 2-4】 某银行的欧元/美元远期报价如下：

EUR/USD 即期汇率 1.1846/1.1857
90 天掉期 63/55
180 天掉期 127/133

因为欧元对美元采用间接标价法，3 个月远期差价所报点数从大到小排列，则表明 3 个月远期欧元对美元贴水，欧元对美元的 3 个月远期汇率也应当如下。买价：1.1846－0.0063＝1.1783。卖价：1.1857－0.0055＝1.1802。

6 个月远期差价所报点数从小到大排列，则表明 6 个月远期欧元对美元升水，欧元对美元的 6 个月远期汇率也应当如下。买价：1.1846＋0.0127＝1.1973。卖价：1.1857＋0.0133＝1.1990。

【例 2-5】 美国 A 公司从瑞士进口一批价值 1000 万瑞士法郎的商品，货款于 3 个月后用瑞士法郎支付。该进口商计划用其销售的美元收入来完成该支付。如果在 3 个月当中，美元走弱，则美国 A 公司需要支付的美元比其从销售中所得的美元可能还要多。美国 A 公司通常可以采用以下两种方法来锁定进口成本。

第一种方法：通过做远期外汇交易实现成本锁定。向银行询问买 3 个月后用于支付的瑞士法郎的远期汇率并做远期外汇交易，在交割日，它可将销售所得的美元付给银行，银行则以约定的汇率向其提供瑞士法郎。尽管美国 A 公司以通过远期外汇交易锁定进口成本，但是也存在着一定的难度和风险：一是对市场汇率需要有准确的预测；二是约定汇率的远期外汇交易成本是可承受的。

第二种方法：通过货币市场操作实现成本锁定。以固定利率借入 3 个月期的美元，再用借到的美元在即期市场上买入瑞士法郎，并将瑞士法郎进行 3 个月的存款；3 个月后美元借款到期时，其本息则用在美国销售商品所得支付。

此进口商将如何利用货币市场和即期外汇市场进行远期外汇风险规避呢？我们假定一些数据来计算一下：即期汇率＄/SF 为 1.800，3 个月美元利率为 8%，3 个月瑞士法郎利率为6%。

由此，该进口商为规避此汇率风险，可采取的步骤如下。

(1) 进口商先行在货币市场上以年利率8%借入3个月期美元，并在即期外汇市场上将美元兑换成瑞士法郎，同时将因借入美元所获之瑞士法郎进行为期3个月、年利率6%的存款。待3个月后一方面以瑞士法郎存款所得支付货款，另一方面以货物销售所得美元还贷。

(2) 由于3个月后该进口商需要支付1000万瑞士法郎的货款，我们可以先计算出在3个月后正好获得1000万瑞士法郎而在现在需要存入的瑞士法郎数额。

用一般利息计算公式可知，3个月后所需获得的1000万瑞士法郎即由以下数额的瑞士法郎存入3个月、按年利6%计息所获得的本利和：

$$SF10000000/[1+6\%\times(90/360)]=SF9852216.75$$

亦即，美国A公司只需在即期市场上买入9852216.75瑞士法郎就可以了。

(3) 在即期汇率为$/SF为1.800时，为换得上述数额的瑞士法郎所需的美元数额为：$9852216.75/1.800=$5473453.75

(4) 这些美元将以8%的利率借入，3个月后要偿还的借款本息为：

$$5473453.75+[5473453.75\times8\%\times(90/360)]=\$5582922.83$$

(5) 因为3个月后要支付的5582922.83美元会在3个月后产生1000万瑞士法郎，所以实际的远期汇率为：

$$SF10000000/USD5582922.83=1.7912$$

由此，得出远期汇水为：

$$1.7912-1.8000=-0.0088$$

从上述运算理念，可以得出远期汇率的一般(精确)公式：

远期汇率=即期汇率×[1+(天数/360×报价币利率)]/[1+(天数/360×被报价币利率)]

在公式中，如果报价币或被报价币是以每年365天标价的，则应将分子或分母中的360换成365。

2. 远期外汇交易的应用

1) 套期保值，规避汇率风险

从事国际贸易的进出口商在签订贸易合同和收付货款之间通常需要经过一段相当长的时间，在此期间可能会因为汇率的变动而遭受损失。远期外汇交易是国际上最常用的避免外汇风险的方法，可以通过远期外汇业务规定交易时的汇率和外汇数量，事先固定成本或收益，避免汇率波动风险。

2) 外汇银行调整其外汇头寸和资金结构

进出口商与外汇银行进行远期外汇交易，就将汇率风险转嫁给了外汇银行。外汇银行在买卖某种外汇时，无论买入大于卖出(多头)，还是卖出大于买入(空头)，外汇银行都处于汇率变动的风险中。此时外汇银行可以进行远期外汇交易，对不同期限、不同货币的余缺进行抛补来平衡外汇头寸。

3) 远期外汇投机

在远期外汇市场上进行投机时，在买卖的方向上与即期外汇市场上的投机行为相同:如果投机者预期某种货币的汇率将上升,则买入该种货币的远期;反之,则卖出该种货币的远期。例如,投机者预期3个月后英镑的即期汇率将上升,并大于目前3个月远期英镑的汇率,那么投机者就在远期外汇市场上买入远期英镑。3个月后,如果投机者的预测与市场一致,投机者按远期合约买入英镑,然后在即期市场上卖出英镑,就可以在低买高卖中赚取差价。远期外汇买卖合约的交易额比较大,流动性比较低,银行对远期外汇市场的投机行为也采取了各种限制措施,因此投机交易在远期外汇市场上比较少。

【例2-6】 2018年4月14日,如果某投资者相信美元3个月以后对瑞士法郎升值,他做90天的空头,即卖掉500万法郎远期合约。如果预期正确,7月14日即期价 $S(\$/SF)=0.9600$,该投资者在 $S(\$/SF)=0.9600$ 价格下买入瑞士法郎,以\$ 0.9653的价格交割远期合约。

我们可以用损益(P/L)图(见图2-3)来表示投资者的资金头寸。纵坐标衡量的是收益或损失,横坐标反映的是外汇远期到期时的即期价格,$S_{90}(\$/SF)$。如果投资者运用远期合约,无论远期合约到期时的即期价格如何变化,他锁定了买入或卖出外汇的远期价格,即买入(多头)价格或卖出(空头)价格是 $S_{90}(\$/SF)=0.9653$。

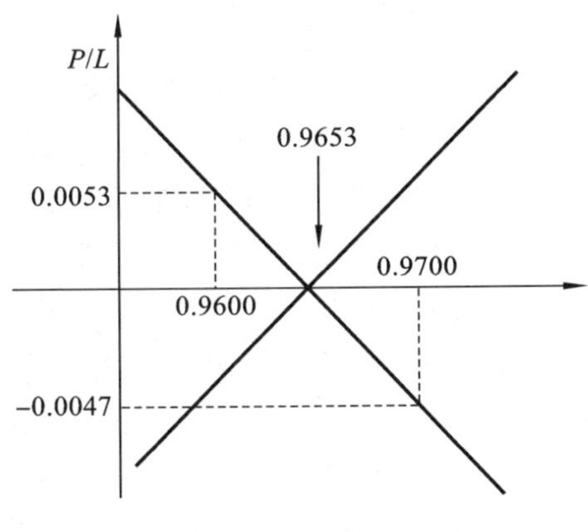

图2-3 损益图

他将得到每个单位\$0.9653-\$0.9600=\$0.0053的收益,

总收益为:

$$SF5000000\times \$0.0053=\$26500$$

如果美元下跌到\$0.9700,他将失去 \$0.9653-\$0.9700=-\$0.0047每个单位的损失,损失值为:

$$SF5000000\times(-\$0.0047)=-\$23500$$

3. 外汇头寸

外汇头寸指外汇资金的余缺状况,亦即在某一时点上,银行所持有的外汇买卖余额的盈亏状况。对个人或机构而言,当买入或卖出某种外汇时,就建立了敞开头寸。外汇头寸一般有以下三种情况。①多头是指外汇买入额大于卖出额。例如某出口商出口羊毛制品到美国,3个月以后收回以美元计价的货款,对于出口商而言,其资金状况就是多头。②空头是指外汇卖出额大于买入额。例如国内某奢侈品进口商,从欧洲进口名牌皮包、服装，需要3个月以后支付以欧元计价的货款，对于该进口商而言，其资金处于空头状态。再如，某银行为调节资金需要即期卖出欧元买进美元，对银行而言，其美元的头寸是空头而欧元是多头。③平衡头寸(头寸持平)是指外汇卖出额等于外汇买入额。

外汇头寸持平时，没有汇率变动风险，但在多头和空头时，其超出部分必然暴露于汇率变动的风险中，超出部分成为暴露或净外汇头寸。

第四节 掉期外汇交易

一、掉期外汇交易的概念与种类

远期外汇交易除了单独使用以外，常常与即期外汇交易一起做。也就是说，在签订一份远期合约的同时，做一份与之货币相同但交易方向相反的即期外汇交易，这就是掉期外汇交易(简称“掉期交易”或“外汇掉期”)。掉期外汇交易是一种合同安排，其中一方在买入(卖出)某天交割的外汇的同时，同意在此之后的某一天卖出(买入)该外汇。例如，中国某保险公司打算投资美国的国债市场。首先，该公司用人民币购买美元，再用美元购买美国5年期的国债。与此同时，该保险公司期望能在5年后稳定获得美元投资收益所换回的本币价值。为此，该公司在即期买入美元(卖出人民币)的同时，卖出5年期美元(买入人民币)的交易。这就是一种掉期交易。

掉期外汇交易是指外汇交易者在买进一种交割期限外汇的同时，卖出另一种交割期限的该种外汇，或反之。一般的远期交易都是单独的或单项的远期买卖，而掉期交易则是买卖同时进行，并且要求买卖某种外汇的数额和币种相同，但买卖的交割日期不同。掉期是合二为一的交易，是将两个相反的交易合并在一起进行交易。掉期交易的主要目的包括两个方面：一是轧平外汇头寸，避免汇率变动引起的风险；二是利用不同交割期限汇率的差异，通过低买高卖，赚取利润。掉期允许投资者在不产生未来汇率变动风险的情况下，暂时获得外国资产，未来汇率变动风险是短期投资者面临的重要问题。

根据国际清算银行的统计，2016年银行同业间即期交易大约占33%，14%为远期合约，掉期交易大约占49%，掉期交易的主要目的是减少外汇风险。由此可见，外汇市场的交易主要由即期交易和掉期交易构成，大部分的远期交易都是掉期交易。

如图2-4所示，2017年，中国外汇和货币掉期市场累计成交13.57万亿美元，较上年增长33.9%。

按交割期限的差异，掉期可分为一日掉期、即期对远期掉期和远期对远期掉期。

一日掉期指两笔数额相同、交割期限相差1天、方向相反的外汇买卖交易。一日掉

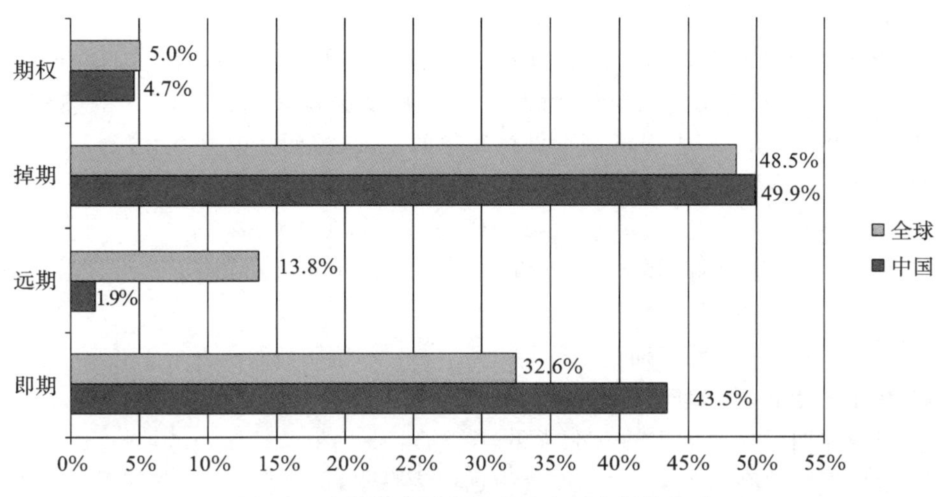

图 2-4　中国与全球外汇市场交易产品的构成

注：中国为 2017 年数据，全球为国际清算银行 2016 年 4 月数据。

（资料来源：国家外汇管理局。）

期有三种安排的可能性。其一是今日对明日掉期，即将第一个交割日安排在成交的当日，并将反向交割安排在第二天的掉期。其二是较为常见的明日对后天掉期，即将第一个交割日安排在成交的第二天，并将反向交割安排在第三天的掉期。其三是即期对次日掉期，即把第一个交割日安排在即期交易中的标准交割日，并将反向交割安排在随后一个营业日的掉期。一日掉期仅适用于银行同业间在进行隔夜资金拆借时来规避汇率风险。所以，这种掉期只存在于银行间外汇市场。

即期对远期掉期指即期买入或卖出某种货币的同时，远期卖出或买进该种货币的交易。这是最典型、最普遍的掉期交易。在外汇零售市场上，这种类型的掉期交易较常见的交割期限安排为 1 个月、2 个月、3 个月和 6 个月。而在银行间外汇市场上，除了外汇零售市场的期限外，还可以有更短的期限，如 1 周，或更长的期限，如 10 年。这种掉期交易主要适用于避免外汇资产到期时外币即期汇率下降或外币负债到期时外汇即期汇率上升所造成的汇率变动损失。例如，花旗银行即期收到 100 万美元的付款，3 个月以后，花旗银行才需要这 100 万美元。如何让 100 万美元在这 3 个月内发挥效率？花旗银行当天在收到 100 万美元的同时立即将其卖给法兰克福的德累斯顿银行得到欧元，并买进 3 个月期 100 万美元（相当于卖出三个月期欧元）。

远期对远期掉期指买进较短交割期限的远期外汇，卖出金额、币种一致的较长交割期限的远期外汇，或反之。例如，一个交易者买进 1 个月期限交割的某种货币，同时再卖出该货币 3 个月的远期。交易者进行远期对远期的掉期交易，其目的是利用有利的汇率机会获取较高的收益。

二、外汇掉期的报价和掉期率的计算

掉期交易中，即期汇率的水平不重要，最重要的是掉期交易的价格，即掉期率。它是一种汇率差价，即买进和卖出两种不同期限的外汇所使用的汇率的差价。通常报价者采用点数来表示买入价和卖出价。报出点数表示远期汇率与即期汇率的差。

如前所述中国某保险公司的掉期例子中，保险公司为了锁定投资美国债券的本币收益，做了即期买入、远期卖出美元的掉期交易。假设保险公司即期买入的美元汇率是6.4，远期卖出的美元汇率是6.2，则根据掉期率的定义，掉期率就是0.2。

【例 2-7】 某银行报价：

	USD/EU	GBP/USD
即期汇率	1.4985/1.4993	1.6096/1.6005
30天掉期	1/0.5	9/8
90天掉期	13/12	19/13

当报出汇水点数时，如何判断相关货币的远期汇率是升水还是贴水？

(1) 明确即期汇率报价中的基准货币。

(2) 远期汇水数字前大后小，基准货币远期为贴水，前小后大，基准货币远期为升水。

(3) 单另远期汇率(直接远期汇率)的计算：在即期汇率的基础上，汇水点数前大后小同边相减，前小后大同边相加。

例如，计算GBP/USD单另90天远期汇率。

解：GBP/USD90天远期买率：

$$\begin{array}{r}1.6096\\-0.0019\\\hline 1.6077\end{array}$$

GBP/USD90天远期卖率：

$$\begin{array}{r}1.6105\\-0.0013\\\hline 1.6092\end{array}$$

【例 2-8】 USD/EU 即期汇率 1.4985/1.4993

90天掉期　　13/12

问：客户做买/卖90天远期美元掉期的即期、远期成交价为多少？

解：银行90天单另远期汇率双向报价为1.4972/1.4981。

如果客户做买/卖90天掉期，银行对应是卖/买美元掉期，即期和远期成交价是否分别在1.4993与1.4972水平成交？理论上是可以的，但是在这种情况下，是将一笔掉期交易分成了即期交易和远期交易两笔，买卖差价也考虑了两次(即期买卖差价和掉期买卖差价)。然而，在实际交易中，掉期交易是合二为一的一笔交易，并不会改变银行的头寸状态，买卖差价只损失一次，对于客户是有利的。客户买即期/卖远期美元的掉期成交价分别是1.4993与1.4980(1.4993－1.4913)，美元在这里是贴水；如果客户卖即期/买远期，即期与远期应分别在1.4985与1.4973(1.4985－1.4912)水平成交。

【例 2-9】 一美国银行现有两笔业务：一是三个月后要向外支付100万英镑，银行担心届时英镑汇率上涨而支付数额增加，美国银行处于英镑空头风险；二是一个月后将收到100万英镑，担心届时英镑汇率下跌而蒙受收益损失，这是多头风险。

假定当时外汇市场：

即期汇率 1.4610/1.4620
30 天 1.4518/1.4530
90 天 1.4379/1.4392

解：银行可以直接做远期对远期的掉期交易来套期保值，具体操作为：买入 3 个月远期 100 万英镑（汇率是 1.4392），卖出 1 个月远期 100 万英镑（汇率是 1.4518）。每英镑买卖差价的收益为 0.0126，即在对两笔业务做掉期交易后，每英镑可获利 0.0126 美元，100 万英镑则可获利 12600 美元。

第五节 套汇交易与套利交易

一、套汇交易

套汇交易（简称“套汇”）指利用不同外汇市场的汇率差异，同时在汇率低的市场买进、在汇率高的市场卖出，获取差额收益。

套汇交易的基础是，在各个不同的外汇市场上，由于外汇供求或者其他关系的变动，以及信息交流不够充分等因素，会使不同的外汇市场在同一时刻的货币汇率存在差异。然而套汇的结果会造成汇率高的货币供大于求，从而该货币汇率下降；汇率低的货币供不应求，从而该货币汇率上升。这样，不同外汇市场的汇率差异很快趋于消失。同时，世界上有 200 多个不同的国家和地区，众多的货币意味着有众多的汇率。然而，套汇特别是三角套汇将这所有的汇率联系起来，当人们能够自由地将货币进行跨境移动，将其财富从一种货币转换成另一种货币时，众多的独立货币市场中各自的供求转化成世界所有货币的供求，从而众多的汇率可以减少到含有约 200 种货币的一组。

套汇交易可分为直接套汇和间接套汇两种类型。

直接套汇，是指套汇投机者利用两地外汇市场的汇率差异所进行的同时买进卖出外汇的交易，又称两角套汇。由于现代计算机与电信技术在外汇交易中的应用，资金调拨通畅，同一种货币在不同外汇交易中心的汇率非常接近。直接套汇已经很不容易，考虑到交易成本，几乎无利可图。但是，有时候，不同外汇交易中心的汇率在很短暂的时间内出现了相对较大的差异，从而为套汇提供了可能。

例如，在某一时刻，伦敦和纽约外汇市场上的汇率如下：

伦敦外汇市场 GBP1＝USD1.9675/1.9685
纽约外汇市场 GBP1＝USD1.9650/1.9655

在两个外汇市场上存在汇率差异，因此存在套汇机会。套汇者根据低买高卖的原则，在伦敦外汇市场卖出100万英镑，获得100×1.9675＝196.75（万美元），在纽约外汇市场买进100万英镑，支付100×1.9655＝196.55（万美元），最终可获利196.75－196.55＝0.20（万美元）。

【例2-10】 某一时刻，外汇市场：

A银行的报价USD/CNY＝6.2234/6.2242

B银行的报价USD/CNY＝6.2244/6.2252

这样的报价是否存在套利机会？

解：A银行的报价较低，如卖出1美元只需要6.2242元人民币，而B银行的报价较高。如果有套利机会，则从A银行用人民币买入美元，即6.2242元人民币，也就是A银行美元的卖出价。再向B银行卖出美元买回人民币，即6.2244元人民币，也就是B银行的美元买入价。套利者其实是询价者，也是价格接受者。这里，因为套利者买入美元的价格是6.2242元人民币，卖出美元的价格是6.2244元人民币，卖出价高于买入价，因此存在套利机会。

间接套汇包括三角套汇和多角套汇。三角套汇是指利用三个外汇市场同一时间的汇率差异，在多个市场间调拨资金，低买高卖，从中获取利润的外汇交易。而多角套汇是指在四个或四个以上的外汇市场进行的套汇活动，又称复合套汇。

由于三地汇率是否一致，不如两地汇率那么一目了然，可以利用交叉汇率计算是否存在套利机会。还可以用汇价乘积法来判断。具体步骤如下。

第一步，判断是否存在套汇机会。

（1）将汇率换成统一标价法，如直接标价法。

（2）将银行的卖价连乘，观察连乘积是否等于1：若等于1，则不存在套汇机会；若不等于1，则存在套汇机会。

第二步，确定套汇线路。

（1）若乘积大于1，将手中的货币作为基础货币的那个市场进行套利。

（2）若连乘积小于1，将手中的货币作为计价货币的那个市场进行套利。

第三步，计算套汇收益。

【例2-11】 假定某日香港、纽约、伦敦外汇市场的汇率如下：

香港外汇市场USD/HKD＝7.8123/7.8514

纽约外汇市场GBP/USD＝1.3320/1.3387

伦敦外汇市场GBP/HKD＝10.6146/10.7211

假如我国香港地区某一套汇者欲用1亿港元进行套汇，套汇是否有利？

解：香港外汇市场USD/HKD＝7.8123/7.8514

纽约外汇市场GBP/USD＝1.3320/1.3387

伦敦外汇市场HKD/GBP＝0.0933/0.0942

因为7.8514×1.3387×0.0942＝0.9901＜1，所以存在套汇机会。

套汇者应首先在香港外汇市场卖出港币买入美元，得1/7.8514（亿美元）；再到纽约外汇市场卖出美元买入英镑，得（1/7.8514）÷1.3387（亿英镑）；最后到伦敦外汇市场卖出英镑买入港币，得到(1/7.8514)÷1.3387×10.6146＝1.0099(亿港元)，最终获利0.0009亿港元。

【例 2-12】 同一时间汇率：

伦敦外汇市场£100＝＄200

法兰克福外汇市场£100＝€380

纽约外汇市场＄100＝€193

是否存在套利机会？

解：面对这样的报价，交易员会立即发现伦敦外汇市场和纽约外汇市场英镑和欧元的交叉汇率是£100＝€386，与法兰克福外汇市场报出的汇率不相等，存在套利机会。因为法兰克福的英镑比较便宜，由伦敦和纽约市场套算出的英镑比较贵。如果能按照交叉汇率 386 来卖出英镑，按照法兰克福市场的 380 买入英镑，就能赚取利润。所以纽约某银行以 200 万美元购买 386 万欧元，并电告法兰克福分行用 386 万欧元就地购买 100 万英镑，获得 6(386－380)万欧元，再令其在伦敦的分行就地卖出 100 万英镑，收进 200 万美元，套汇资本还原。外汇交易中大量使用美元，容易做这种比较。

如果仍然是上述三个外汇市场：

纽约外汇市场 USD/EUR＝1.4985/1.4993

伦敦外汇市场 GBP/USD＝1.6096/1.6105

法兰克福外汇市场 GBP/EUR＝2.4074/2.4000

三个外汇市场之间是否存在套利机会？美国的套汇者如何进行套汇？

解：首先判断三个外汇市场是否达到均衡，即价格是否一致。

(1) 是否存在套利机会？判断不同外汇市场之间价格是否一致。先看伦敦和法兰克福外汇市场美元兑欧元的交叉汇率，再将它与纽约外汇市场的价格进行比较就可判断。

以英镑为中介货币，法兰克福与伦敦外汇市场的交叉汇率：

USD/EUR　　1.4948/1.4973

2.4074÷1.6105＝1.4948

2.4100÷1.6096＝1.4973

与纽约市场 USD/EUR 1.4985/1.4993 比较，1.4985 大于 1.4973，因此存在套利机会。

(2) 在纽约市场，买入欧元卖出 1 美元，得到 1.4985 欧元。立即电告法兰克福市场，卖出 1.4985 欧元 得到英镑 1.4985×(1/2.4100)。同时，立即电告伦敦市场，就地卖出英镑买入美元 1.4985×(1/2.4100)×1.6096＝1.00082。如果在纽约市场借入 1000 万美元，此时投资者将得到 1000.82 万美元，将 1000 万美元归还，可获得 8200 美元的净利。

三角套汇的一个重要含义是如果任何一种汇率发生变化，那么套利将导致其他所有汇率发生变化。这使得固定某一汇率变得十分困难，因为很难让其他所有汇率中的每一种汇率保持不变。

二、套利交易

即期汇率和远期汇率分别由现在的货币供求和未来的货币供求决定。一般而言，未来的货币供求所达到的均衡汇率与当前的汇率不会一致，这段时间内可能发生许多事情，如物价水平的变动，经济增长的变化。总之，那些影响国际贸易和国际投资的因素都在变化，而远期汇率反映的就是这段时间内人们对上述因素的变化所做出的预期。一般地，人们对未来货币的供求预期与他们对当前货币的供求判断时长不一致。尽管如此，即期汇率与远期汇率并非彼此独立，资产与负债可以从当期持有至下一期。当即期汇率与远期汇率相差比较大时，外汇的买卖也会相应增加或减少。如果外汇的买卖在即期市场和远期市场都不受限制，即期汇率和远期汇率的关系就与套利交易（简称“套利”）有关系。套利反映了持有不同币种的资产和不进行套期保值将面临的预期风险，以及在收益方面的差别。

套利揭示了货币市场与远期外汇市场之间的关系。货币市场是资金的借贷市场。套利又可称为利息套汇，就是指套利者利用两个不同金融市场上短期资金存贷利差与远期掉期率之间的不一致，将资金由利率较低的国家或地区转移到利率较高的国家或地区进行投资，从中获得利息差额收益的外汇交易。

一个简单的假设就能反映套利行为。假设你现在有一笔资金，你可以选择以本币或外币的形式储存你的资金。也就是说，你可以将这笔资金存在家乡的银行里，或者购买政府债券，或者购买本国公司的股票，也可以购买本国的其他资产，总之都是用本币。你也可以将这笔资金转移到国外去购买外币，在国外银行开户，购买外国公司的股票或债券，也可以购买海外的房产。到底选择国外资产还是本国资产，取决于国外资产和本国资产的收益与预期风险。假设你不关心持有本币还是外币的风险，只关心本币与外币的潜在收益，那么，你只需要比较国内外资产的预期收益即可。这就是最简单的无抛补套利。所谓抛补，就是抵补，也就是覆盖风险的意思。无抛补套利意味着套利者没有覆盖风险，或者说是风险中性的，或者说套利者不考虑未来将外币换成本币的价格变动。

互联网和数字时代使得外汇市场与货币市场之间的联系更加密切，套利活动更加频繁，套利机会在外汇市场上转瞬即逝。套利活动一旦出现，银行和大公司会迅速投入大量资金，使得两种货币的利差与对应期限两种货币的升贴水率之间的不一致迅速消除。这样，套利活动客观上加强了国际金融市场之间的联系，使两种货币之间的短期利率与升贴水率之间趋于均衡。

根据套利者在套利活动中是否组合了掉期交易来防范汇率波动风险，套利可分为无抛补套利和抛补套利两种类型。

1. 无抛补套利

无抛补套利是指利用两种货币的市场利率差，根据对汇率的预测，将利率低的货币（按即期汇率）兑换成利率高的货币，进行一定期限的投资，这期间要承受高息货币汇率变化的风险（贬值），到期再兑换回原来的货币。由于到期时的汇率是变动的，而无抛补的行为人并未考虑汇率的变动，不会采取任何其他行动去防范汇率的变动，因而风险没有被覆盖，故称之为无抛补套利。

无抛补套利意味着投资人是风险中性的，除非其对市场的预测十分准确，无抛补套利才能获得预期收益，否则低息货币大幅升值或者高息货币大幅贬值都可能造成损失。在现实生活中，投机行为往往被认为是一种无抛补套利行为。

在进行无抛补套利交易时，最重要的是时常检查敞口的规模。一旦市场朝着不利的方向波动，就立即采取行动。这种套利交易策略会造成市场的波动性加大，因为套利者都在寻找市场不均衡带来的利润机会。特别是很多套利者都采用杠杆投资，这样风险就会放大，当然预测准确，其利润也放大了。由于套利者很清楚无抛补套利的风险，再加上高杠杆的财务风险，其每分每秒都在密切关注市场变动。通常，我们将无抛补套利作为理论分析的起点。

【例 2-13】 外汇市场　　即期汇率＄1＝￥107.65

货币市场　　3 个月期年利率　$i_{\$}=5.5000\%$p.a.

$i_{¥}=2.3438\%$p.a.

问：若预测 3 个月后汇率仍为＄1＝￥107.65，则盈利是多少？

解：借￥1，3 个月后归还的本息和为 1＋2.3438％×(3/12)＝￥1.0059

卖￥1 买＄(1/107.65)，投资利息高的美元，3 个月后肯定得到美元(1/107.65)×[1＋5.5000％×(3/12)]。

若汇率仍为 3 个月以前的＄1＝￥107.65，再将美元本息折回日元(1＋5.5000％×(3/12)＝￥1.01375，则比借日元本息多。

折算成年利率为 5.5000％－2.3438％＝3.1562％＞2.3438％

本例中汇率不变，所以无抛补套利可能。

【例 2-14】 如果 3 个月后，美元兑日元的汇率为＄1＝￥106.65，虽然他肯定得到美元(1/107.65)[1＋5.5000％×(3/12)]，但将美元换回的日元为(106.65/107.65)[1＋5.5000％×(3/12)]＝1.00433。

￥1.0043＜ ￥1.0059，不足以归还所借日元本息。

如果 3 个月以后汇率升值，他可获得超额利差和高息货币升值的双重好处。无抛补套利必须对未来套利期间的汇率变化做出较准确的预测。

2. 抛补套利

抛补套利就是期望规避风险，利用两种货币利率之差与外汇市场两种货币升贴水率之间的不一致，进行资金的转移，同时在外汇市场做掉期交易防止风险。例如，投资者有一笔资金，既可以存放在本国的货币市场，也可以存放在国外的货币市场。在比较了到期收益后，该投资者考虑到，将资金存放在国外市场，到期后，将外币再转换成本币时的汇率是变动的。该投资者就会在当前签订一份合同，将在国外到期后的外币计价的资金按照远期汇率卖掉，而不是直接兑换成本币，这样就避免了到期时外币兑换成本币时价格的不确定性。这种行为就是抛补套利，即通过远期合约或者其他类型的交易，覆盖或者抵补未来两种货币价格变动的不确定性。抛补套利净收益与利率差和汇率的升贴水率有关。抛补套利者是风险回避的，在转移资金时会要求风险补偿，即要求抵补或覆盖所面临的汇率变动的风险。

【例 2-15】 外汇市场　　即期￡1＝＄2.00

货币市场　　3 个月期 $i_{\$}=7\%$　　$i_{£}=10\%$

3 个月期远期贴水 200 点　￡1＝＄1.98

问：是否存在套利的可能性？如果有套利机会，收益是多少？

解：有无套利的可能性，要判断在当前的市场状况下，利率平价(IRP)是否存在。利率平价是指外汇市场两种货币的升贴水率与货币市场对应的各种货币同期短期利率之间的均衡一致关系。利率平价过程是通过一系列的抛补套利来实现的，也就是说，当市场处于利率平价时，意味着不同的货币市场其收益率相同，处于一种均衡状态，汇率变动引起的套利活动消除利差，或者反过来，利差引起套利活动结清外汇市场。当达到利率平价时，金融市场是均衡的，各金融市场的收益率相同。

假定投资者手里有1美元，既可以存放在美国，也可以存放在英国，在美国和英国的年利率分别是 $i_{\$}$ 和 $i_{£}$，S 是美元兑英镑的即期汇率，F 是美元兑英镑的远期汇率。如果存放在美国和英国的到期收益相同，也就是说，1美元即使以当期汇率 S 换成英镑存放在英国，到期后再将英镑按照远期汇率 F 换成美元，与1美元存放在美国无差别。

利率平价的表达式为：

$$(1+i_{\$})=F/S(1+i_{£})$$

如果 $(1+i_{\$})\neq F/S(1+i_{£})$，则有套利的可能性。

$$1+7\%\times(3/12)=1.0175$$

$$(1.98/2.00)\times[1+10\%\times(3/12)]=1.0148$$

比较上面两个算式，存在套利机会，并且将资金存在美国具有较高的利率。因此，投资者在即期市场卖出英镑买入美元＄2.00，并且存放在美国3个月，与此同时，投资者签订卖出美元3个月期远期合约。3个月后投资者收到本息和为 $2\times[1+7\%\times(3/12)]=\$2.035$，在收到本息的同时卖出美元，得到 $2.035\div1.98=£1.0278$。

如果£1存在英国，则到期收益为 $1+10\%\times(3/12)=£1.025$，则套利收益 $=1.0278-1.025=£0.0028$。

上述利率平价式子，如果 $(1+i_{\$})>F/S(1+i_{£})$，则投资者将资金存放在美国。

如果 $(1+i_{\$})<F/S(1+i_{£})$，则投资者将美元换成英镑存放在英国。如果很多人都将美元换成英镑，我们仍然将美元作为本币的话，那么英镑的美元价格就变得很高，美元的价值相对于英镑就下降了，也就是美元对英镑的即期汇率下降了。

而购买了英镑的美国人收获了资产的价值和利润，之后他们会发现用英镑购买美元更划算，这样远期市场上美元的需求和英镑的供给将增加，造成英镑远期汇率下降，即英镑的美元价格下降。这使得不等式 $(1+i_{\$})<F/S(1+i_{£})$ 右边的值减少。当然，如果从美国转移到英国的资金量非常大，也会影响两国的利率水平。随着投资者对英镑投资的增加，英镑的利率就会下降，不等式 $(1+i_{\$})<F/S(1+i_{£})$ 右边的值减少。而随着资金不断流出美国，美元资金的收益率就会上升，不等式 $(1+i_{\$})<F/S(1+i_{£})$ 左边的值就会增加。在不考虑所有交易成本的情况下，套利的过程会引起资金在国家间转移，直到不等式 $(1+i_{\$})<F/S(1+i_{£})$ 变成等式 $(1+i_{\$})=F/S(1+i_{£})$。这个式子既反映了金融市场出清的过程，也将即期汇率与远期汇率联系起来。

抛补套利可获得无风险的利润，是市场不均衡的表现。抛补套利的过程是资金不断流向利率高的市场，这样必然导致利率高的货币远期贴水，利率低的货币远期升水，直至即期汇率和远期汇率的差异等于两地利率差异，正好冲销利率差，货币市场结清，达到套利平价，从而无利可套。

在实施外汇管制和金融管制的国家之间不会发生套利交易。货币市场上利率的高低不同，是就同一类性质和同一类金融工具的名义利率而言，否则不具有可比性。套利受到实际经济增长率、流动性偏好、通胀率、财政与贸易政策等因素的影响，以及信息不充分、政府对国际短期资本流动的限制，所有这些因素都使得现实中的套利存在弹性的抛补套利收益率，而且也反映了抛补套利有交易成本和风险。

三、外汇市场交易量

外汇市场每日交易量超过 6 万亿美元，外汇市场的交易量为什么如此之大？我们无法用 200 多个经济体的国际收支平衡表上分类的国际交易，如国际贸易、国际投资等国际支付来说明。国际商品和服务以及个人和企业在实物资产和金融资产上的国际投资总额，只占外汇市场日交易额的很小的一部分，每天交易的货币 90%以上都是用于套利和投机。

如果将以上章节中涉及套利、套汇以及掉期等交易联系起来，我们发现汇率形成的套利形式反映在以下三个方面，即市场上不同地理位置之间的套利（套汇）、多种交叉汇率之间的套利（掉期或三角以上套汇）、即期与预期未来汇率之间的套利（抛补或无抛补套利）。每次一个地方、两种货币之间或者一个时间点的汇率变动，都是一次套利机会。也就是说，每次由于进出口商品、并购或出售国外资产、一种货币转换成另一种货币支付每笔交易，都会引发额外的套利交易。例如，某家中国公司签订了一份 500 万美元的合同，为一家美国公司设计产品，一个月后美国公司支付服务费用。伴随这项交易活动的是，中国公司会让其在国内的银行买入 500 万美元的一月期人民币远期，就相当于在一月期远期市场上卖出 500 万美元。

这个操作在远期市场上增加了美元的供给和人民币的需求。在不考虑其他条件的情况下，在中国的远期外汇市场上，人民币的远期价格相对于美元将上升。这又可能产生即期与远期市场之间的套利机会，这些交易也可能引发人民币相对于美元的即期市场的价格上升，直到利率平价下远期汇率与即期汇率相一致。而这还可能引起同一时间不同市场之间的套利机会产生，即直接套汇，将导致中国和世界其他市场的交易商之间进行交易。更进一步地，还可能出现三角套汇的机会。当人民币兑美元的汇率变动时，也会改变其他货币之间的汇率。如近期贸易战，美元升值波及一些新兴市场国家，导致这些国家的货币贬值，特别是土耳其里拉大幅下跌，阿根廷比索也大幅贬值。

因此，一笔收支平衡表上与基本的国际交易直接相关的货币交易，会引发交易商之间利用外汇市场上最初的货币交易产生的套利机会，从事各种货币交易。

外汇市场的交易量远远超过全球经济的基本交易量，如商品劳务的进出口和借贷等，原因就是套利和投机的存在，并且人们预期的变化会引起货币供求的变化。

（1）外汇市场是外汇买卖的场所，它包括四个层次的参与者，即中央银行、外汇经纪人、商业银行和外汇买卖客户。外汇市场可以实现购买力的国家间转移。外汇需求来自进口或者购买国外的产品和服务或到海外投资的需要。外汇供给来自本国

出口或者国外资本流入。

(2) 汇率是两种货币的比价，是用一种货币表示另一种货币的价格。均衡汇率反映外汇供给与需求相一致的情形。

(3) 即期外汇交易是指在两个营业日内交割的外汇交易。远期外汇交易是按照当前约定的价格、币种和数额在未来交割的外汇交易。远期汇率比即期汇率高就是升水，远期汇率比即期汇率低就是贴水。掉期外汇交易是指在买进一种期限外汇的同时，卖出另一种期限的该种外汇，或反之。

(4) 套汇是利用同一时间不同外汇市场的汇率差异，在汇率低的市场买进某种外汇，再在汇率高的市场卖出，以获取利润为目的的外汇交易。套汇的机会稍纵即逝。

(5) 套利是利用不同金融市场上短期资金存贷利差与远期汇率之间的不一致，将资金由利率较低的市场转移到利率较高的市场，以获得利差收益的交易。根据套利者的风险态度不同，套利可分为无抛补套利和抛补套利。

关键词

外汇	foreign exchange
外汇市场	foreign exchange market
汇率	foreign exchange rate
直接标价法	direct quotation
间接标价法	indirect quotation
即期汇率	spot exchange rate
远期汇率	forward exchange rate
交叉汇率	cross exchange rate
升水	premium
贴水	discount
外汇掉期	foreign exchange swap
外汇头寸	foreign exchang position
多头	long position
空头	short position
平衡头寸	equilibrium position
升值	appreciate
贬值	depreciate
直接套汇	direct arbitrage
间接套汇	indirect arbitrage
无抛补套利	uncovered arbitrage
抛补套利	covered arbitrage

复习思考题

1. 简述外汇市场的功能和结构。

2. 什么是无抛补套利和抛补套利?

3. 举例说明什么是掉期交易。

4. 举例说明什么是外汇头寸。

5. 什么是间接套汇?什么情况下存在间接套汇的机会?

6. 美国公司向英国公司出口了价值10万英镑的货物,在1个月后将收到10万英镑,该美国公司在3个月后又要向外支付10万英镑。假设外汇市场行情为:

30天远期汇率　　GBP/USD=1.6868/1.6880

90天远期汇率　　GBP/USD=1.6729/1.6742

问:

(1) 美国公司做一笔远期对远期的掉期交易的收益情况如何?

(2) 假设三个外汇市场的汇率如下:纽约外汇市场＄2=￡1,伦敦外汇市场￥410=￡1,东京外汇市场＄200=￥1。投机者将如何进行三角套汇?

(3) 美国和瑞士的年利率分别是10%和4%,即期汇率是＄0.3864/SF,如果抛补套利平价满足,则90天美元兑瑞士法郎的远期汇率是多少?如果美元兑瑞士法郎90天的远期汇率是＄0.3902/SF,外汇市场上是否存在套利机会?如果存在,如何套利?

案例2-1　2005年7月至今的人民币汇率改革

案例 2-2　为什么美元的汇率如此多变?

案例 2-3　美元涨势还能持续多久?

案例 2-4　贸易战之下的人民币:新矛盾的开始

第三章 外汇衍生金融交易

本章概述　本章主要阐述了衍生金融工具(又称“金融衍生工具”)的基本概念和特点,以及衍生金融交易的方式和交易状况。阐述了货币期货和货币期权的基本概念及其在套期保值中的作用,举例说明了货币期货与期权交易的基本规则。

通过对本章的学习,了解衍生金融交易的形式,深入理解货币期货合约和期权合约的标准化特点与套期保值作用,了解货币期货与期权合约的不同用途,通过比较货币期货合约、期权合约以及远期合约的异同点,掌握货币期货和期权合约套期保值的基本操作原则。

第一节 衍生金融交易的概念

1995年2月27日,英国最古老的有着223年历史的商人银行巴林银行宣布倒闭。因巨额金融期货和期权,主要是日经指数期货进行投机交易,而市场价格变化与其投机头寸相反,造成9.16亿英镑的巨额亏损而倒闭。后来经过英格兰银行斡旋,荷兰国际集团以1美元的象征性价格完全收购巴林银行。

这个故事告诉我们,如果以投机为目的,期货或者期权这些金融衍生交易就是一种风险投资。然而,它们又是一种风险管理的工具,投机或套期保值,关键看操作者的态度。衍生金融交易具有两面性,风险投资的同时也可以应对汇率波动的不确定性。

一、衍生金融工具的概念和分类

金融衍生品的价值产生于其他基础资产或权益。从古希腊泰勒斯对橄榄油收成的下注，到荷兰东印度公司股票价格的远期交易，衍生金融工具已经存在了几个世纪。世界上最早的期货市场源于日本大阪的大米期货交易。衍生品真正的兴起是 20 世纪 70 到 80 年代。第一笔利率期货交易是在 1975 年 10 月推出的。第一笔利率互换产生于 1981 年。推动金融衍生品发展的因素除了各种金融力量以外，还在于理论上的突破，期权定价模型为衍生品的爆发式增长铺平了道路。而科技也是金融衍生品发展的驱动力，使得衍生品交易更加便捷。

衍生金融工具是在传统金融工具的基础上衍生出来的，通过预测股价、利率、汇率等未来行情走势，采用支付少量保证金或权利金，签订远期合同或互换不同金融商品等交易形式的新兴金融工具。原生金融资产一般指股票、债券、存单、票据、贷款凭证等。换言之，衍生金融交易是在各种原生金融资产交易的基础上派生出来的，以原生金融资产本身（如外汇），或是以原生金融资产的价格（如利率、汇率、股价等）为合约的标的物，而进行的各种金融合约的买卖，也可以是对某种金融资产的选择权的买卖或者互换的行为。

衍生金融交易产生的初衷是为了保值避险，然而在价格发现、降低交易成本方面，衍生金融交易也发挥着巨大的作用。衍生金融交易提供了许多关于市场未来走势的信息，成为国际金融交易的重要组成部分。

任何衍生金融交易都是以原生金融资产的价格为基础而进行的，所以按照基础工具的种类划分，衍生金融工具可分为以下三种类型。

（1）建立在各种外汇汇率基础上的衍生金融工具。例如，对美国投资人而言，以欧元、英镑、日元等货币对美元的汇率变动为基础的衍生金融工具。

（2）以股票或股票指数为基础工具的股权式衍生工具。主要包括股票期货、股票期权、股票指数期货、股票指数期权以及上述合约的混合交易合约。

（3）以各种利率或利率的载体为基础工具的利率衍生工具。主要包括远期利率、利率期货、利率期权、利率互换以及上述合约的混合交易合约。

二、衍生金融交易方式

传统的外汇交易方式主要有即期交易、远期交易及掉期交易，而衍生金融交易方式主要有期货交易、期权交易和互换交易。

1. 期货交易

期货交易是指人们在有形的交易所内，通过清算公司或经纪人，根据成交单位、交割时间等标准化的原则，按固定价格买入或卖出各种期货合约的交易方式。

金融期货作为一种标准化合约，它载明买卖双方同意在约定的时间按约定的条件（包括交易价格、交易数量、交割地点、交割方式）买入或卖出一定数量的某种金融商品。在这种合约中，除价格外，其余的条件都是事先规定的，交易者只能选择不同的合约而无法改变合约中规定的条件。

金融期货交易按其产生的顺序，最早出现的是外汇期货，接着出现了美国国债、欧洲美元等利率期货，稍晚出现了股票指数期货。现在世界上主要的金融期货市场有国际货币市场、芝加哥期货交易所、伦敦国际金融期货交易所和东京证券交易所等。

2. 期权交易

期权交易是指期权购买者向期权出售者支付一定费用后，就获得了能在未来某个特定时间以某一特定价格向期权出售者买进或卖出一定数量的某种金融商品或金融期货合约的权利。持有人拥有选择是否交割的权利，但并没有义务一定交割，因此，合约持有人要交纳一定的额外费用。这个费用也称权利金或期权费用。

买入期权，又称看涨期权，是指期权购买者可在约定的未来某日期以事先约定的价格向期权出售者买进一定数量的某种金融商品或金融期货合约的权利。卖出期权，又称看跌期权，是指期权购买者可在约定的未来某日期以协定价格向期权出售者卖出一定数量的某种金融商品或金融期货合约的权利。根据对履约时间的不同规定，期权交易又可分为欧式期权和美式期权。欧式期权是指期权购买者只能在期权到期日这一天行使其权利，既不能提前，也不能推迟；美式期权是指期权购买者既可在期权到期日这一天行使其权利，也可在期权到期日之前的任何一个营业日行使其权利。

与金融期货交易不同，金融期权交易未必有固定、集中的交易场所。因此，金融期权市场既包括各种场内市场（如交易所），也包括各种场外市场（如银行、证券公司）。

3. 互换交易

互换交易是指约定的两个或两个以上的当事人，按照商定的条件，在约定的时间内，交换他们之间由资产或负债而产生的现金流的流入和流出，以此避免将来因汇率和利率变动而引起的风险，获取用常规筹资方法难以得到的币种或较低的利息，达到降低筹资成本等目的。例如，只要是货币种类或利率类型不同，就可以进行利率互换。

特别需要指出的是，衍生金融市场上的互换，不同于传统外汇市场上的掉期交易。

三、衍生金融交易的特征

1. 交易产品的标准化

通过交易产品的标准化，衍生金融交易极大地提高了金融资产的流动性，分散了金融市场的风险。以期货交易为例，无论是何种金融资产的期货合约，都要对交易单位、报价方式、最小变动单位、每日交易限价、合约月份、交易时间、最后交易日、交割日与交割方式等项目内容作标准化的规定。于是，投资者在进行期货交易时，只需关注资产的价格，这种安排有利于交易的达成，从而促进了金融资产流动性的提高。

2. 联动性

衍生金融工具的价值与基础产品或基础变量紧密联系、规则变动。通常，衍生金融工具与基础变量相联系的支付特征由衍生工具合约规定，其联动关系既可以是简单的线性关系，也可以表达为非线性函数或者分段函数。

3. 杠杆性

衍生金融工具交易一般只需要支付少量的保证金或权利金就可签订远期大额合约或互换不同的金融工具。例如，若期货交易保证金为合约金额的 5%，则期货交易者可以控制 20 倍于所投资金额的合约资产，实现以小搏大的效果。在收益可能成倍放大的同时，投资者所承担的风险与损失也会成倍放大，基础工具价格的轻微变动也许就会带来投资者的大盈大亏。金融衍生工具的杠杆效应一定程度上决定了它的高投机性和高风险性。

四、衍生金融交易的状况

外汇衍生品交易从 2002 年至 2017 年呈现增长趋势。表 3-1 显示了全球外汇市场场外衍生品成交情况。从市场格局来看，截至 2017 年，全球外汇衍生品市场仍以场外交易为主，其中外汇远期和掉期交易最为活跃，近年来场外交易量增速开始加快。表 3-2 显示，全球外汇期货交易占比逐渐下降，而外汇期权交易占比呈增长趋势。2017 年外汇期货交易占期货市场的 15%，比高峰时期 2011 年的 24%下降了 9 个百分点。2008 年外汇期权交易占比仅为 0.6%，2017 年达到 7.9%，反映了外汇期权在套期保值中的运用越来越多。图 3-1 显示中国的外汇即期交易与外汇衍生品交易状况，外汇即期交易平稳增长。2017 年，外汇即期交易累计成交 9.49 万亿美元，外汇衍生品交易呈稳步上升趋势。

表 3-1　全球外汇市场场外衍生品成交情况　（单位：百万美元）

年份	场外衍生品成交额：即期	场外衍生品成交额：直接远期	场外衍生品成交额：外汇掉期	场外衍生品成交额：货币掉期	场外衍生品成交额：期权总计	场外衍生品成交额：其他产品
1995	494190.00	96860.00	545862.00	3772.00	40702.00	566.00
1998	577737.00	129671.00	734122.00	9902.00	87093.00	383.00
2001	386963.00	130575.00	655528.00	7189.00	59568.00	116.00
2004	621073.00	208333.00	943869.00	21116.00	116917.00	2066.00
2007	1004889.00	361730.00	1714370.00	31497.00	211657.00	94.00
2010	1490205.17	475007.09	1765210.38	42866.26	207263.75	149.96
2013	2046158.12	679993.87	2227628.55	54023.09	336744.80	0.13
2016	1652348.80	699676.26	2378303.56	82151.00	254413.54	61.93

（资料来源：汇讯网，2016 年 11 月 11 日。）

表 3-2　全球外汇期货与期权交易所占市场份额

年份	外汇期货交易所占市场份额	外汇期权交易所占市场份额
2008	6%	0.6%
2009	12%	0.4%
2010	22%	0.5%
2011	24%	2.3%
2012	20%	2.7%
2013	18%	3.5%
2014	15%	2.5%
2015	16%	4.6%
2016	15%	7.0%
2017	15%	7.9%

（资料来源：汇讯网，2018 年 2 月 5 日。）

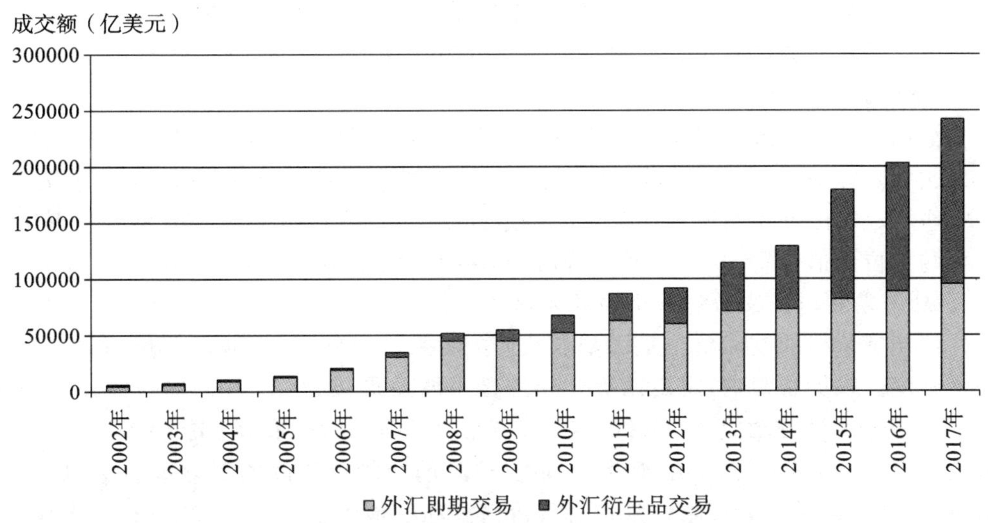

图 3-1 中国的外汇即期交易与外汇衍生品交易状况

（资料来源：国家外汇管理局官方网站。）

第二节 外汇期货

一、外汇期货合约的内容

外汇期货作为一种金融期货于 20 世纪七八十年代在美国和欧洲兴起。1972 年 5 月，芝加哥期货交易所(CME)正式成立国际货币市场(IMM)分部，推出了 7 种外汇期货合约，从而揭开了货币期货市场创新发展的序幕。1978 年，只有 200 万份外汇期货合约交易，1997 年外汇期货合约交易超过 3000 万份。英国于 1982 年 9 月成立伦敦国际金融期货交易市场，也正式开始做金融及外汇期货交易。1986 年 7 月，费城股票交易所(PBOT)也推出了外汇期货合约市场。随后，澳大利亚、加拿大、荷兰、新加坡等国家和地区也开设了外汇期货交易市场。从此，外汇期货市场便蓬勃发展起来。芝加哥期货交易所和费城股票交易所交易的规模较大。

外汇期货合约与外汇远期合约相似。外汇期货合约是在期货交易所，按照指定的未来时间和指定的价格，交割标准数量的外国货币。外汇期货合约主要包括以下内容。

1. 货币种类

以国际货币市场为例，它的外汇期货合约有英镑期货合约、日元期货合约、欧元期货合约、瑞士法郎期货合约、加拿大元期货合约等，它们都以美元标价，也就是说，以每英镑、每日元、每欧元、每瑞士法郎、每加元等折合多少美元计。

2. 合约金额

外汇期货交易有最小成交单位限制，这个最小成交单位即为一份合约的面值。外汇期货买卖都是针对合约而言的，所以成交的货币数量必然是成交最小单位的倍数。例如，IMM 规定每份英镑期货合约单位面值是 62500 英镑(后改为 25000 英镑)，每份欧元期货合约单位面值是 125000 欧元，每份日元期货合约单位面值是 12500000 日元。

3. 外汇期货价格波动的最小和最大幅度

外汇期货价格的波动单位是以基点数或刻度来计量的，最小波动单位即为一个基点或一个刻度。以英镑为例，规定期货合约的最小波动价位为 0.0005(简称 5 点)，每份英镑合约的最小价格波动应为 25000×0.0005＝12.5(美元)。欧元、瑞士法郎等货币的最小报价刻度为 0.0001 美元，由于欧元、瑞士法郎的合约单位面值都为 125000，因而其刻度值也为 12.5 美元。最高限价是指每日价格波动的最大幅度限额，超过这一限额，该种货币期货交易就将停止，这一最高限额也就是我们常说的每日停板额。不同货币波动的最高限额也不一样，如英镑 500 点、欧元 100 点、瑞士法郎 150 点、加元 75 点等等。

4. 交割日

合约的到期日只能规定在 3 月、6 月、9 月、12 月的第三个星期三。也就是说外汇期货一年中只有四个交割日。然而，大多数情况下，期货买方和期货卖方在交割日之前就通过持有相反的头寸来抵消原有的头寸，退出市场。大约 99%的合约在到期之前就已经对冲平仓了，实物交割不到 1%。芝加哥期货交易所正常的交易时间一般是工作日芝加哥时间的上午 7 点 20 至下午 2 点。

5. 期货保证金

期货保证金是买卖外汇期货合约的信用保证。

保证金可分为以下两类。

一是初始保证金。它一般占合约价值的 2%～4%。现金或者短期国债可以作为初始保证金。通过每天的结算，初始保证金账户是变动的，而保证金账户的持有人要确保初始保证金始终与合约的市场价值一致。每天的结算价格反映期货合约每天交易结束时的价格。多头期货合约，也就是买入期货合约时，如果结算价格高于前一天的结算价格，则保证金账户余额是正的，意味着购买的期货合约价值增加；如果结算价格低于前一天的结算价格，其保证金账户余额为负，意味着购买的期货合约价值降低。结算价格的变化决定了初始保证金的变动。若为空头期货合约，即卖出期货合约时，如果结算价格低于前一天的结算价格，则卖出的期货合约价值增加；如果结算价格高于前一天的结算价格，则卖出的期货合约价值降低。期货合约的多头与空头交易是一种零和博弈，也就是说多头和空头交易每天结算的结果是零。

二是维持保证金。投资者的初始保证金账户价值减少到 75%时，我们称之为维持保证金。初始保证金是交易开始前交纳的保证金，交易的币种不同，保证金数额也不同。除此之外，交易所还要求购买者持有一定维持保证金。维持保证金是交易所允许的最低保证金水平。期货合约的价值是逐日结算的，当期货价格的变动对客户不利，以致账户中的保证金逐渐减少至维持保证金以下，客户就会被要求追加保证金重新达到初始保证金金额，以维持敞开的头寸。否则，经纪人就会将期货头寸熔断。熔断使合约买卖报价在一段时间内只能在某一价格范围内交易。

二、外汇期货交易的特点

表 3-3 是外汇期货合约与远期合约的比较。

表 3-3 外汇期货合约与远期合约的比较

项　目	期　货	远　期
交易场所	期货交易所	场外交易
交易数量	标准化的合约金额	量身定做
合约结算	清算所通过客户保证金账户每天结算	按约定的到期日买卖
交割时间	标准到期日	双方约定到期日
交割与否	很少到期交割，到期日前反向交易退出市场	通常到期日交割，否则违约
参与者	小公司、个人、投机者	大的金融机构、商业银行、商业企业、银行间市场

外汇期货交易是在固定的期货交易所内进行的标准化的合约交易，期货交易所规定了期货单位合约的数量、交割期、买卖双方缴纳保证金的数量，各种货币期货合约价格每日最低波动幅度和最高波动幅度等。买卖双方通过期货交易所内的经纪人，在公开市场通过竞价进行交易，最高买价和最低卖价配对成交，期货交易者要向经纪人和期货交易所交纳佣金和手续费。

在外汇期货交易中，期货买卖双方通过清算所进行结算，大多数期货合约通过对冲方式结清，即通过反向交易退出期货市场，只有少数期货合约进行实物交割。外汇期货交易实行了保证金制度，合约价值逐日用每天的结算价格进行重新计量。当客户账户中保证金的金额低于维持保证金，就会被要求追加保证金。期货市场这种逐日盯市的特点意味着市场参与者需要看清每日收益和损失的基点而非到期日。期货的收盘价格就是前一天交易的即期价格，交易的最后一天的即期价格会收敛于期货的价格中。

外汇期货交易与外汇远期交易有着密切的联系，它们都是通过合同形式将汇率固定下来以防范外汇风险，交割日期都是在一定时间以后，并且交易的标的物相同，一旦两个市场出现较大差距，就会出现套利行为。但外汇期货市场与外汇远期市场又是两个独立的市场，外汇期货交易有外汇远期交易所不具备的许多特点：如标准化合约，买方只报买价，卖方只报卖价。而远期外汇交易买卖双方都要分别报出各自的买价和卖价，即所有外汇远期交易的参与者都是双向报价。

外汇期货交易所实行会员制，非会员要进行外汇期货买卖必须通过经纪人，所以要向经纪人交纳佣金；每种货币的期货合约的佣金一般是 15 美元。远期外汇交易一般不通过经纪人，不需交纳佣金。外汇期货交易一般不以最后的交割来结束，往往是在交割日之前做一笔币种相同、数量相同、方向相反的交易退出市场。外汇期货交易实行保证金制度,而远期外汇交易一般不收保证金。外汇期货与远期合约都具有流动性。

外汇期货市场中,清算所扮演着第三方的角色。期货合约的买卖各方分别与清算所签订买卖合同。买卖双方没有直接的关系,不需要评价对方的信用价值。清算所采取会员制,经纪人一般都是清算所的会员,否则也可以通过有会员资格的经纪人进行交易。通常,期货交易有每日限价,也就是每日结算价格的增加或减少依据前一日结算的价格加以限制,而远期合约没有这个特点。

三、外汇期货合约的应用与计算

衍生金融交易有两类参与者:投机者和套期保值者。投机者企图从未来价格的变动中获利。为达到这个目的,投机者需要依赖对期货价格走势的预测,来建立期货的敞开头寸。而套期保值者期望通过锁定买入或卖出某种资产期货的价格来避免价格波动。实际上套期保值者将价格波动的风险转移到了投机者那里,后者更愿意承担价格变动的风险。

1. 期货合约行情

表 3-4 是 9 月到期的欧洲美元期货合约的价格情况,其中最高和最低分别指该期货合约一天中的最高价和最低价,单位是美元。变化指的是一天中价格变化的幅度,未平仓量指的是合约到期时还没有交割的期货合约数量。未平仓量反映期货市场的深度,而不同的交割期限和不同货币的期货合约数量反映期货市场的广度。

表 3-4 欧洲美元期货合约报价(每份合约 $ 1000000)

到期月份	开盘价	最高	最低	收盘价	变化	合约期内最高	合约期内最低	未平仓量
9 月	0.9282	0.9385	0.9276	0.9309	+0.0027	1.2085	0.8636	74639

(资料来源:《华尔街日报》中文网。)

2. 套期保值

外汇期货的套期保值分为多头套期保值和空头套期保值两种。其主要原理就是利用期货市场和现货市场价格走势一致的规律,在期货市场和现汇市场上做币种相同、数量相等、方向相反的交易。不管汇率如何变动,利用期货市场上的盈与亏和现货市场上的亏与盈相补平,使其价值保持不变,实现保值。

具体而言,如果交易者要以外汇作为支付款,则应采取先在外汇期货市场上购进同等数量的外汇期货合约,等到将来在现货市场上购进所需外汇时,卖出购进的期货合约的保值方式;反之,如果交易者在现货市场上处于多头的地位,则应在期货市场上做一笔相应的空头交易,以防止外汇风险。相关计算公式如下:

期货合约的买卖盈亏=(卖出价－买入价)×单位合约面值×当日平仓合约数

【例 3-1】 美国某进口商于 6 月 8 日从瑞士进口价值 SF240000 的商品,3 个月后,即 9 月 8 日,需向瑞士出口商支付 SF240000 的货款。假设 6 月 8 日的即期汇率为 SF1.6511/$,9 月期瑞士法郎期货价格为 $0.6057/SF。美国进口商如何利用期货交易防范汇率风险?(假设 9 月 8 日即期瑞士法郎的汇率为 SF1.6471/$,卖出期货的价格为

$0.6071/SF)

期货交易操作过程与结果如表 3-5 所示。

表 3-5 期货交易操作过程与结果

即期市场	期货市场
6 月 8 日 SF240000 价值为： 240000÷1.6511=145357.64(美元)	6 月 8 日 买入 2 份瑞士法郎期货，价值为： 2×125000×0.6057=151425(美元)
6 月 8 日 SF240000 价值为： 240000÷1.6511=145357.64(美元)	6 月 8 日 买入 2 份瑞士法郎期货，价值为： 2×125000×0.6057=151425(美元)
9 月 8 日 SF240000 价值为： 240000÷1.6471=145710.64(美元)	9 月 8 日 卖出 2 份瑞士法郎期货，价值为： 2×125000×0.6071=151775(美元)
在即期市场上，在 9 月 8 日买入瑞士法郎与在 6 月 8 日买入相比，需多付：145710.64－145357.64＝353(美元)	在期货市场上可赚： 151775－151425=350(美元)

【例 3-2】 美国一出口商于 3 月 6 日向加拿大出口一批货物，价值 500000 加元，以加元结算，3 个月后收回货款。美国出口商用外汇期货交易来防范汇率风险（一份加元期货合约的标准价值为 C$100000），3 月 6 日的即期汇率为 $1=C$1.1779，6 月期期货价格为 $0.8490/C$。美国进口商如何利用期货交易防范汇率风险？（假设 6 月 6 日的即期汇率为 $1=C$1.1820，6 月期期货价格为 $0.8460/C$）

期货交易操作过程与结果如表 3-6 所示。

表 3-6 期货交易操作过程与结果

即期市场	期货市场
3 月 6 日 500000 加元的价值为： 500000÷1.1779=424484.25(美元)	3 月 6 日 卖出 5 份 6 月期期货，价值为： 5×100000×0.8490=424500(美元)
6 月 6 日 500000 加元的价值为： 500000÷1.1820=423011.84(美元)	6 月 6 日 买入 5 份 6 月期期货对冲原有期货，价值为： 5×100000×0.8460=423000(美元)
6 月 6 日卖出加元比 3 月 6 日卖出加元少得：423011.84 － 424484.25 = －1472.41(美元)	在期货市场上，加元对冲交易的收益为： 424500－423000=1500(美元)

当对某种现货货币进行套期保值时，如果没有恰好与之相对应的同种货币的期货合约或者其他的原因，而采用另一种具有相同价格发展趋势的外币期货合约为该现货交易进行保值，这种套期保值叫交叉套期保值。

外汇期货交易为交易者提供了又一种套期保值机制。但是，就回避外汇风险而言，在货币期货市场上抛补并不比在远期外汇市场上优越，原因如下。

(1) 做期货套期保值时总存在即期汇率与期货价格变动不同步的风险，一般称之为基差风险。基差=即期汇率－期货价格，是指某一特定地点的某一商品的现货价格与该商品在期货市场中的近期月份期货价格之差。

(2) 只有少数几种货币可在期货市场上交易，且交易的货币数量和交割日期必须标准化。

(3) 期货套期保值成本(保证金、佣金、买卖差价等)要高于远期外汇交易成本。

因此，外汇期货市场并不是一个理想的套期保值场所。

3. 投机

1) 空头投机

所谓空头投机，是指投机者预测某种货币期货的市场价格将下跌，从而卖出该期货，以期在市场价格下跌后通过对冲而获利的交易策略。相关计算公式为：

到期价值=名义本金×(即期汇率－期货合约规定汇率)

【例 3-3】 某投机者预期 9 月期英镑期货价格将会下跌，于是在 2 月 20 日￡1=＄1.7447的价位上卖出 4 份 9 月期英镑期货合约(每份英镑期货面额为 62500 英镑)。5 月15 日，9 月期英镑期货价格果然下跌，投机者在￡1=＄1.7389 的价位上买入 4 份 9 月期英镑期货合约对全部空头头寸加以平仓。

请计算该投机者的损益情况(不考虑投机成本)。

解：交易过程如下。

2 月 20 日卖出 4 份合约的总价值为：

1.7447×62500×4=436175(美元)

5 月 15 日买入 4 份合约的总价值为：

1.7389×62500×4=434725(美元)

该投机者可获取的投机利润为：

436175－434725=1450(美元)

2) 多头投机

所谓多头投机，是指投机者预测某种货币期货的市场价格将上涨，从而买进该期货，以期在市场价格上涨后通过对冲而获利的交易策略。相关计算公式为：

到期价值=名义本金×(即期汇率－期货合约规定汇率)

【例 3-4】 某投机者预期 3 月期日元期货价格将上涨，于是 1 月 10 日在国际货币市场买进 20 份 3 月期日元期货合约(每张日元期货面额为 12500000 日元)，当天的期货价格为＄0.008333/￥(即￥120.00/＄)。到 3 月 1 日，上述日元期货的价格果然上涨，价格为＄0.008475/￥(即￥117.199/＄)，该投机者悉数卖出手中日元期货合约。

请计算该投机者的投机损益情况(不考虑投机成本)。

解：1 月 10 日购入 20 份日元期货合约的总价值为：

0.008333×12500000×20=2083250(美元)

3 月 1 日出售 20 份日元期货合约的总价值为：

0.008475×12500000×20=2118750(美元)

该投机者可获取的投机利润为：

$$2118750-2083250=35500(\text{美元})$$

当然，投机者如果预测错误，即日元期货不涨反跌，就要承担风险损失。

4. 套利

套利是指利用同一货币期货市场的同一货币、不同交割月份的期货合约间的价格变化，采用同时买进和卖出近期合约和远期合约的方法，进行对冲，从而达到赚取其中差价收益目的的交易方式。套利可以分为买空套利和卖空套利两种。

买空套利，又称牛市套利，它的操作方法是买进近期合约，而卖出远期合约。做买空套利的交易者认为：在看涨市场，近期合约价格的涨幅将大于远期合约价格的涨幅；在看跌市场，近期合约价格的跌幅将小于远期合约价格的跌幅。套利者就能够从合约价格变动趋势的差异中获利。

卖空套利，又称熊市套利，它的操作方法是买进远期合约，而卖出近期合约。做卖空套利的交易者认为：在看涨市场，近期合约价格的涨幅将小于远期合约价格的涨幅；在看跌市场，近期合约价格的跌幅将大于远期合约价格的跌幅。套利者能够从合约价格变动趋势的差异中获利。

第三节 外汇期权

一、外汇期权的基本概念及分类

外汇期权是指外汇期权合约的持有人在向期权合约的卖出者支付一定期权费用后，所获得的在一定时间内按照协定汇率买进或卖出一定数量的外汇资产的选择权。

1982 年，费城股票交易所在全美国范围内首次引进标准化的外汇期权合约。芝加哥期货交易所和其他一些交易所也争相跟随。在过去 30 年间，用于套期保值和投机操作的外汇期权在整个外汇市场中相当繁荣。外汇期权与外汇期货一起，构成外汇市场的主要衍生金融工具，是当前全球外汇交易市场中发展较为迅速的金融工具，不仅可以规避外汇交易风险，还可以作为一种投机手段。

1. 外汇期权的基本构成要素和特点

外汇期权的基本构成要素有合约到期日、执行价格、期权合约规模、标的资产和期权费等。其中，合约到期日是指期权合约必须履行的最后日期；执行价格，也称协议价格，是契约中规定交易双方未来行使期权时买卖外汇的交割价格；期权费，也称权利金或保险费，是期权买方获得选择权而支付给卖方的代价。它作为期权的价格，由买方在确立期权交易时付给卖方。

外汇期权与外汇远期或外汇期货相比，有其独特的特点。

首先，期权交易中，买卖双方的权利、义务是不对等的，期权的买方购买到的是一种选择权，当协定汇率与未来的市场汇率相比，对买方有利时，其就执行合同，否则就放弃合同。但对期权交易的卖方而言，当买方要求执行合同时，其必须履约，没有选择的余地。

其次，保险费或期权费不能回收。期权交易规定合约买方必须向合约卖方支付一笔费用，以弥补卖方在汇率上可能的损失，这就是期权费。期权费在期权合约成交的第二个营业日一次付清，而且不可追回。期权费的多少取决于汇率的波动性和期权合约到期长短等因素。

最后，期权交易的收益与风险具有明显的非对称性，期货交易具有对称的风险和收益。期权买卖双方的盈亏结构不同。不管汇率如何变动，期权持有者的损失不会超过期权的保险费，而期权的卖方则有可能因为汇率的变动而承受较大的损失。

2. 外汇期权的分类

根据期权持有者交易目的的不同，期权可以分为买入期权（看涨期权）和卖出期权（看跌期权）；根据期权持有者可行使交割权利的时间的不同，期权可以分为欧式期权和美式期权。除此之外，外汇期权还可以进行以下分类。

(1) 按产生期权合约的原生金融产品的不同，外汇期权可分为现汇期权和外汇期货期权。现汇期权以外汇现货作为制定期权合约的基础。与现汇期权不同，外汇期货期权是指期权买者支付给卖者一定的期权费，以获得按照一定的价格买入或卖出在交易所交易的外汇期货合约的权利。现在交易的外汇期货合约的期权都是美式的，可以在到期日前的任意一天执行。

(2) 按执行价格与市场价格的关系，外汇期权分为实值期权、虚值期权和平价期权。实值期权(ITM)是指从客户的角度看，买权的执行价格低于市场价格，卖权的执行价格高于市场价格。虚值期权(OTM)是指从客户的角度看，买权的执行价格高于市场价格，卖权的执行价格低于市场价格。平价期权是指执行价格与市场价格相等。

(3) 按交易地点划分，外汇期权可以分为场内期权和店头期权。场内期权也称交易所期权，是在外汇交易中心与期货交易所中进行交易的期权。世界范围内的很多有组织交易市场都可以进行实体外汇期权交易，这其中包括费城股票交易所和芝加哥期货交易所。店头期权也称场外期权或柜台式期权，是在外汇交易中心与期货交易所之外进行的期权。店头期权最大的好处是其条款可以按照公司的特定要求进行设定，也就是量身定做的期权合约，比较灵活。但是随着跨国公司对期权和互换等金融工具的使用日益增加，交易对手的风险也不可忽视。在交易所交易的期权，买卖双方不会直接进行交易，清算所充当期权合约的反方并保证履行合约，交易所期权更受个体交易者和金融机构的青睐。相比场内期权交易，店头期权交易的规模更大，通常是美元期权合约，其他包括欧元、英镑、日元、加拿大元和瑞士法郎期权合约。店头期权是典型的欧式期权。

二、外汇期权报价和影响期权价格的基本因素

1. 外汇期权报价

在交易实务中，外汇期权报价通常采用买入价和卖出价双向报价的形式。外汇期权报价的方式主要有以下两种。

(1) 用报价币的点数报价，即以报价币表示被报价币的单位价。同外汇买卖一样，左边是报价方愿意买入该期权的价格，右边是卖出该期权的价格。例如，USD Call /JPY Put，交易金额为 USD1000 万，期权费为 1.30～1.50。1.30 表示报价方买入 1 美元的美元买权所愿意支付的日元期权费，报价方买入 1000 万美元的美元买权愿意支付的期权费为＄1000 万×1.30＝￥1300 万；1.50 表示报价方卖出 1 美元的美元买权所获得的日元期权费收入，报价方卖出 1000 万美元的美元买入权，期权费收入为＄1000 万×1.50＝￥1500 万。

(2) 用被报价币的百分比报价，这种报价应用较为广泛，表示交易 1 单位被报价币期权所需交纳的以被报价币计价的期权费。例如，USD Put /CHF Call，交易金额为＄100 万，期权费为 0.025～0.028。0.025 表示报价方买入 1 美元的美元卖权所愿意支付的美元期权费，报价方买入 100 万美元的美元卖权所愿意支付的期权费为＄100 万×0.025＝＄2.5 万；0.028 表示报价方卖出 1 美元的美元卖权所获得的美元期权费，报价方卖出 100 万美元的美元卖权的期权费收入为＄100 万×0.028＝＄2.8 万。

2. 影响期权价格的基本因素

对于任何一种期权来说，期权费都由两部分构成：即内在价值与时间价值。

内在价值是指期权购买者如果立即执行该期权所能获得的收益。看涨期权内在价值的计算公式为 $\text{In}=\max\{0,p-a\}$，看跌期权内在价值计算公式为 $\text{Iv}=\max\{0,a-p\}$。其中，a 代表协议价格，p 代表即期汇率。例如一份交割价格（即期汇率）为 20 的看涨期权，对应资产现在的交易价格（协议价格）为 25，则期权的内在价值为 5；如果对应资产现在的交易价格跌到 20 以下，则期权的内在价值为 0，因为期权买方在这种情况下不会行使期权。换言之，实值期权的内在价值为正，虚值期权和平价期权的内在价值为 0。

时间价值是指期权价值超过内在价值的部分，即随着时间的延长，市场汇率的变动有可能使期权增值时期权买方愿意支付的期权费。一般来说，期权合约有效期越长，其合约时间价值越大。因为对于买方而言，期权有效期越长，其获利的可能性就越大；对于卖方而言，期权有效期越长，其风险越大，因而要求的风险补偿即期权费也就越高。期权在到期时，是不会超出其内在价值的，只有离到期日还有一段时间时，才具有除内在价值以外的价值。时间价值来源于汇率的波动，随着期权临近到期日，其时间价值趋向于 0。

影响内在价值和时间价值的因素是不同的，但对期权费内在价值的影响是主要的。期权业务所交付的保险费反映了外汇升水、贴水的水平，所收费率的主要制约因素有以下几种。

1) 执行汇率

看涨期权的执行汇率越低，期权价格越高；而看跌期权的执行汇率越高，期权价格越低。

2）期权的有效期和到期时间

这个因素通过对时间价值产生影响，从而影响期权费，越临近到期日，期权价格下跌越快。对美式期权而言，期权价格随到期时间的延长而增加；而由于交割日期固定，有效期长短不影响欧式期权价格。

3）本外币利差

这个因素是通过影响汇率的预期来影响期权的价格。标的外汇利率较本币利率高时，外汇贬值，从而看涨期权价格下跌，看跌期权价格上涨。

4）汇率波动幅度

这个因素对期权费的决定极为重要。汇率波动幅度增大，看涨期权和看跌期权的价格会同时上涨。一般而言，汇率较稳定的外币期权的保险费较少，汇率波动大的外币期权的保险费较高。

三、外汇期权交易的损益分析

外汇期权交易的关键在于买卖双方对价格走势的判断是否正确。买方认为市场价格出现大起大落时，买进看涨或看跌期权，卖方认为价格比较平稳，甚至价格波动难以达到对方执行期权的水平时，卖出看涨或看跌期权。判断正确则能赢利，否则会受损失。

在外汇期权交易中，合约上赋予买方执行或不执行期权的权利。投资者只要支付一定的期权费，在市场价格变化对其不利时，可以将未来的汇率风险限定在期权费水平上，从而达到保值的目的。而当市场价格变化对其有利时，投资者可以随市场价格变化获得较大收益，这也是利用远期或期货保值所不具备的优势。因此，买入期权主要运用于套期保值，也可以用于单独投资。交易者卖出期权的目的是赚取期权费，但要承担按协定汇率卖出或买入一定数量外汇的风险，并且在市场汇率出现不利变化（大起大落时），期权卖方的风险是无限的。因此，只有在预测市场汇率比较平稳的情况下，交易者才会卖出期权。

1. 买进外汇看涨期权

期权合约购买方通常预测外汇汇率将要上升，即看涨，当市场汇率朝着预测方向变动时，购买者的收益不封顶；但当市场汇率朝着预测相反方向变动即市场汇率趋跌时，购买者的损失是有限的，最大的损失就是支付的期权费。在期权到期日的盈亏平衡点，即期汇率为 $S_T \geqslant X + C$，其中 S_T 为期权到期日的外汇价格，X 为执行价格，C 为期权价格或期权费用。

【例 3-5】 一个美国进口商要在 90 天后向英国出口商支付 100 万英镑的货款，市场上的即期汇率为 1￡＝＄1.4。为避免英镑汇率上涨的风险，该进口商可以利用期权买入 100 万英镑的看涨期权（买权），既可以在英镑升值时获益，又可以在英镑贬值时起保护作用。假设购买英镑的期权费为每英镑 0.02 美元，协定汇率为 1￡＝＄1.4。3 个月后，市场汇率可能会出现 3 种情况：第一种情况，英镑升值，￡1＝＄1.5；第二种情况，英镑贬值，￡1＝＄1.3；第三种情况，汇率不变。试分析在上述三种情况下期权的执行与损益情况。

解：第一种情况，英镑升值。若市场汇率大于等于 1.4 美元，那么该进口商执行买权，因为购入1英镑只需付1.4美元，该货款的支付成本为142万美元。若不做期权，按市场汇率必须支付152万美元。

第二种情况，英镑贬值。若£1＝＄1.3，期权的买方可以放弃英镑买权，直接去银行以较低的市价购买英镑，只需支付130万美元，加上期权费2万美元。

第三种情况，汇率不变。该进口商可以执行期权合约，也可以放弃，仅损失2万美元的期权费。

2. 买进外汇看跌期权

当预期市场汇率将下跌时，可买入看跌期权。若有对等现货或期货多头部位，可达到避险保值的目的；若无，则可以单独投资期权而牟利。在市场汇率下跌时，买方获得盈利；在市场汇率不变或上涨时，买方损失以已付期权费为限。在期权到期日的盈亏平衡点，即期汇率为 $S_T \leqslant X-C$ 。

【例3-6】 我国某外贸公司向英国出口商品，3月后收回100万英镑。因担心到期后英镑对美元贬值，减少美元创汇收入，故以外汇期权进行保值。

已知：即期汇价为£1＝＄1.4865

(IMM)协定价格为£1＝＄1.4950

(IMM)保险费为£1＝＄0.0212

交易佣金占(期权的买方在购买期权时被交易所或期货公司等收取的一定比例的手续费)合约金额的0.5%，在3个月后英镑对美元创汇价分别为£1＝＄1.4000与£1＝＄1.6000的两种情况下，该公司的收益如何？

解：(1) 在£1＝＄1.4000的情况下，若按市场价格，该公司能收回140万美元。

履行期权合约，按照协定价格£1＝＄1.4950卖英镑得到149.5万美元，扣除期权费与佣金可得：

$$149.5-(100\times0.0212+100\times0.5\%\times1.4865)=146.64(\text{万美元})$$

(2) 在£1＝＄1.6000的情况下，若按市场价格，该公司能收回160万美元。

履行期权合约，按照协定价格£1＝＄1.4950卖英镑只能得到149.5万美元，放弃履行期权合约，实际收入为：

$$160-(100\times0.0212+100\times0.5\%\times1.4865)=157.14(\text{万美元})$$

3. 卖出看跌期权

当预期市场汇率稳定或上涨时，投资者可卖出看跌期权，同时买方在此情况下不会执行期权，卖方即可赚取期权费。事实上，卖出看跌期权与买入看跌期权是一对反向操作，它们的收益正好相反。市场汇率不变或上涨时，卖方所得的利润以已收的期权费为限；汇率下跌时，卖方受到损失。在期权到期日的盈亏平衡点，即期汇率为 $S_T \geqslant X-C$ 。

【例3-7】 假设一家德国公司9个月后需要100万美元，财务人员进行了如下交易：卖出100万美元的美元看跌期权。期权费为每美元0.0676欧元，协议价格为＄1＝€1.7000。他将收入的期权费进行了9个月的投资以赚取利息，到期时，期权费价值为€0.0706。假设9个月后出现了以下两种情况。

(1) 美元价格跌到1.7000欧元以下。这时，期权的买方会要求执行期权。这样公司将按＄1＝€1.7000的价格买入100万美元。但是他得到的期权费抵消了一部分成本，公司实际承担的成本为：

$$\$1=€(1.7000-0.0706)=€1.6294$$

假设该公司没有进行这笔交易，那么他就可以按照市场汇率买入美元，享受美元贬值的好处。所以，在这种情况下，这笔交易实际上剥夺了公司一次获利机会。公司可从这笔交易中得到的好处有：第一，公司按固定的价格买到了美元；第二，期权费在一定程度上降低了公司承担的实际成本。

(2) 美元价格升到 1.7000 欧元以上，此时期权不会得到行使。公司必须在公开市场购买美元，并且按即期汇率支付。实际成本将是按即期汇率减去 0.0706 欧元。所以，在这种情况下，交易并没有起到保险作用，交易的作用只在于抵消了一部分成本。

4. 卖出看涨期权

当预期市场汇率平稳或下降时，投资者可卖出看涨期权，同时买方在此情况下不会执行期权，卖方即可赚取期权费。事实上，卖出看涨期权与买入看涨期权是一对反向操作，它们的收益正好相反。市场汇率不变或下降时，卖方所得的利润以已收的期权费为限；汇率上升时，卖方受到损失。在期权到期日的盈亏平衡点，即期汇率为 $S_T \leqslant X+C$。

【例 3-8】 假定某美国公司的账户上有一笔加元余额，6 个月后，即本会计年度的期末，将加元兑换成美元，即期汇率 1 美元兑换 1.30 加元。该公司为了减少可能的损失，卖出 6 个月加元看涨期权，协议价格为 1 美元兑换 1.30 加元，权利金 2.5%，作为公司收益。若加元汇率下跌，期权买方将不会履行合约，权利金即为卖方的收入；若加元汇率上涨，买方执行合约，期权卖方必须以 1 美元兑换 1.30 加元的汇价出售加元，买入美元，从而出现汇兑损失，但是可以用权利金的收入抵消一部分损失。总而言之，期权卖方的收入取决于汇率变动和卖出期权的协议价格。

上述四种期权交易方式是外汇期权市场中的基本交易方式，它们之间还可以进行一定的组合。例如骑墙套利策略，是指同时买入协定价格、金额和到期日都相同的看涨期权和看跌期权的一种交易方式。这种策略一般是在预期汇率有较大变化时作为一种投机方法来使用。在这种策略中，期权买方的潜在收益是无限的，而其投资成本是有限的(两倍的权利金)；无论汇率朝哪个方向变动，期权买方的净受益一定是某种货币汇率差价收益减去两倍的权利金。也就是说，只要汇率波动幅度较大，使汇率差价大于投资成本，无论汇率波动的方向是怎样的，期权买卖均可受益，所以这种策略在汇率变化较大时才采用。

(1) 衍生金融工具是在传统金融工具的基础上衍生出来的，可以分为利率衍生金融工具、股权衍生金融工具以及以外汇为基础的衍生金融工具。衍生金融交易的特征包括交易产品的标准化、联动性和杠杆性。

(2) 传统的外汇交易方式主要有即期交易、远期交易及掉期交易，而衍生金融交易方式主要有期货交易、期权交易及互换交易。

(3) 外汇期货是标准化的合约,外汇期货交易实行保证金制度,交易者往往是在交割日之前做一笔币种相同、数量相同、方向相反的交易,对冲退出市场。而实际交割通常不到交易额的1%。

(4) 外汇期权合约的持有人在向期权合约的卖出者支付一定期权费后,可获得在一定时间内按照协定汇率买进或卖出一定数量的外汇资产的选择权。

(5) 期权交易中,买卖双方的风险和收益不对称,买方是权利方,而卖方有履约义务。影响外汇期权价格的基本因素有执行汇率,期权的有效期和到期时间,本外币利差,以及汇率波动幅度。

关键词

衍生金融工具	derivate instrument
外汇期货合约	currency futures
基点	basic point
外汇期权	currency options
执行价格	exercised price
期权费	premium
看涨期权	call options
看跌期权	put options

复习思考题

1. 说明外汇远期、外汇期货和外汇期权之间的差别。

2. 假设:S(SF/\$)=1.5015,F90(SF/\$)=1.5150,期货市场3个月期远期报价为0.6600。美国进口商在3个月内要付SF 1250000给国外,且未来3个月内美元兑瑞士法郎升值。3个月后美元兑瑞士法郎的即期汇率为1.4850。如何进行期货多头套期保值,以免本币贬值?

3. 10月中旬,外汇市场:S(\$/£)=\$1.6100。PHLX期权市场:12月到期的执行价为X=\$1.6100/£欧式,英镑看跌期权费为P=1.84美分/英镑,每份期权合约交易的佣金为\$16。每单位英镑佣金为 \$16/£31250=\$0.000512/£,期权费和佣金以美元在期权成交时即刻支付,2个月期年利率为$i_{\$}$=5%。10月中旬,美国出口商与英国进口商签订出口协议,2个月以后,美国出口商收到£62500,S60(\$/£)=\$1.6000。如何利用期权保值?

4. 某进口商年底将支付欧盟一家公司2万欧元的货款,预计欧元年底升值,他将如何运用期权保值?

5. 判断以下有关期货合约和期权合约的论述的正误。

(1) 期货交易是在正规的交易场所进行的。

(2) 期货合约虽然规定了到期日和执行日，但是可以不最后执行合约。

(3) 期货合约可以在合约到期日之前的任一天执行。

(4) 期权交易的是选择权，期权的价格就是期权费。

(5) 期权合约有场外交易，支付权利金以后，权利方可以放弃合约。

(6) 看跌期权是指货币的价格下跌。

(7) 期货合约是每天结算。

(8) 期货合约空头是指买入某种货币的合约。

案例 3-1　期货套期保值面临的风险——保证金风险：德国金属公司套期保值

案例 3-2　境外人民币期货交易状况

第四章 外汇风险

本章概述　本章主要阐述了外汇风险的含义和外汇风险的类型，论述了外汇风险管理的基本策略，以及交易风险防范的各种套期保值方法和运用条件。

通过对本章的学习，理解企业对外经营的外汇头寸的基本概念，判断外汇风险头寸、敞开头寸，并计算净风险头寸。通过跨国公司经营活动的具体例子深入理解经营风险、交易风险和会计风险。针对具体的风险类型，掌握基本的外汇风险防范策略与套期保值方法。通过具体例子，熟悉并运用外汇远期、货币市场和期权交易进行套期保值，掌握这三种套期保值方法运用的条件。

第一节 外汇风险的基本概念

随着经营的全球化，越来越多的企业关注外汇风险或外汇暴露，并采取套期策略。在经营和交易活动中使用的不同货币对汇率变化很敏感。由于美元、英镑、欧元等主要货币都是自由浮动的，汇率随时波动，这就给跨国经营的企业带来了不确定性。特别是随着金融业的不断发展以及金融的全球化，汇率波动无常，给企业经营活动带来了风险。早在20世纪80年代，英国雷克航空公司（简称“雷克公司”）为了开创低价大市场的概念，借了大量的美元购买飞机，同时将收入的一半用于还款，雷克公司也没有为美元借款安排套期保值。结果整个80年代上半期美元兑英镑升值，雷克公司的美元债务成为沉重的负担，只得违约，最后宣布倒闭。与此同时，另一家英国企业里昂公司在资产负债表上持有大量的瑞士法郎借款。当英镑相对瑞士法郎贬值时，由于没有对硬通货借款安排套期保值，里昂公司面临的处境与雷克公司相似。最后，里昂公司被联合酿酒公司接管。

最近美国对中国以及其他国家和地区开展的贸易战，导致美元汇率相对于其他货币升值。在一些遭遇货币贬值的国家，企业的经营活动受到严重影响，美元外债负担增加，央行不得不出手干预外汇市场。汇率变化不仅对直接从事国际贸易和国际投资的企业有影响，对单纯在国内经营的企业也有影响。例如，美国的自行车制造商完全以国内原材料为基础并将产品销往国内市场，但是其也会面临外汇风险或外汇暴露。如果其竞争对手是进口的意大利自行车制造商，当欧元兑美元贬值时，意大利自行车的美元价格降低。意大利自行车在美国的销量将迅速上升，美国制造商就会蒙受损失。在经济相互联系和依赖加强的时代，几乎所有的企业都会面临外汇风险。

一、外汇风险的含义与分类

外汇风险，有时也称外汇暴露，是指经济实体和个人，在其经济活动中，以外币计价的资产或负债因未预期到外汇汇率波动，而引起的以本币衡量的价值上升或下降的影响。本章所讨论的外汇风险是指汇率变动对微观企业造成的不利影响。

外汇风险也称敞口，敞口是指敞开头寸。企业持有的资产、负债、利润或者未来的预期现金流的本币现值会因汇率波动而变化，形成的风险缺口就是敞口。例如，中国海尔集团在美国南卡罗来纳州的坎登市设有分厂，其制造设备和原材料完全根据成本与需求，从美国和世界各地采购。设备来自中国、意大利、日本、德国，钢板来自中国和美国，压缩机来自中国和巴西，塑料是美国生产的。每年能生产 20 多万台电冰箱和冷藏柜，主要在美国销售，也销售到世界其他地方。目前，海尔的产品已经进入美国最主要的家电和百货零售连锁店，如百思买、沃尔玛等。对于海尔而言，每年既有冰箱等产品销售产生的美元应收款，也有在美国当地采购原材料产生的美元支付。美元收付款就是海尔的敞口。海尔的美元净敞口就是所支付的美元和收回的美元的净差值。我们通常所说的外汇风险就是这个净敞口。

根据外汇风险的来源，外汇风险一般可以分为三类：经济风险、交易风险和折算风险。

1. 经济风险

经济风险，又称经营风险，是指汇率波动引起的企业价值变动的风险。经济风险的发生是未预期的汇率变动通过影响企业的生产活动（包括成本、销售数量、价格等），引起企业未来一定时期收益或现金流量的变化，以及用本币表示的企业资产和负债的变化，最终影响到企业的价值。本质上，经济风险代表了企业未来竞争力的可能变化，它对于企业来说比会计风险和交易风险都更为重要，因为其影响是长期性的。

如何衡量经济风险？通常用敏感度来度量。企业未来的资产与负债的价值以及企业未来的现金流对汇率变动很敏感，直接影响到企业价值。例如，某家美国的跨国公司，其英镑资产的未来价值可以通过计算回归价值来衡量可能的经济风险。相关计算公式为：

$$P=a+b\times S+e \tag{4-1}$$

其中，P 是英镑的美元价格；S 是汇率，此处为 $S(\$/£)$，即英镑兑美元的即期汇率；$a$ 是常数项；e 是随机误差项；b 是回归系数，也是风险相关系数，它衡量的是资产的美元价格对汇率 S 变动的敏感性。

我们用以下公式定义 b：

$$b=\frac{\mathrm{Cov}(P,S)}{\mathrm{Var}(S)} \tag{4-2}$$

其中 $\mathrm{Cov}(P,S)$是资产的美元价格与汇率的协方差，$\mathrm{Var}(S)$是即期汇率的方差。

因此，风险相关系数反映出经济风险来自两个方面：一是汇率的变动；二是美元资产价值与汇率的总体变动。

随机误差一般不太容易衡量，有时将其视为零。实际上，比较可行的衡量经济风险的方法是汇率变动对企业经营现金流的影响程度。与企业资产与负债（如企业应收与应付账款、国外贷款）等敞口不同的是，企业经营现金流更依赖于汇率随机波动对企业竞争地位的影响。

经济风险既适用于企业设在海外的分支机构通过经营活动获得的以外币计价的未来现金流（未套期保值），也适用于企业国内经营获得的现金流。无论如何，企业关注的始终是汇率波动对其经营获得现金流现值带来的影响。

总之，研究经济风险，需要分析汇率变化对企业经营各方面的影响。

2. 交易风险

交易风险是指企业或个人在交割、清算对外债权、债务时因汇率变动而导致经济损失的可能性。这些债权、债务在汇率变动前已经发生，但在汇率变动后才清算。换言之，交易风险是由于以外币计值的未来应收款、应付款在以本币进行结算时，其成本或收益即预期的未来现金流因汇率变动而造成的影响。这是一种流量风险，与交易现金流（如用外币计价的应收账款和应付账款）有关，也与股息现金流和资本现金流（如用外币计价的股息或贷款偿还款）相关。

交易风险又可以进一步分为金融性外汇买卖风险、交易结算风险和外汇借贷风险。例如，一家美国公司将产品销售给一家德国客户。德国客户 3 个月以后支付 100 万欧元货款。3 个月以后，美国公司收到 100 万欧元，再按照市场即期汇率换成美元。如果情况如上所述，美国公司销售的美元货款就是不确定的，因为美国公司不知道 3 个月以后欧元升值还是贬值。在这种情况下，也意味着美国公司具有风险敞口。当涉及外币收付款时，就存在外汇交易风险，因为收付款的结算直接影响企业现金流。目前企业的商业和经营活动合约中，普遍涉及外币结算。所以，交易风险的防范在国际金融管理中具有重要作用。

3. 折算风险

折算风险，又称会计风险，是指企业出于会计核算和财务报告的目的，对其资产负债表中那些以外币计价的项目，或在对海外子公司与分公司合并财务报表时，由于汇率变化而引起的以本币确认的账面价值变动的风险。这种风险主要是指账面或簿记价值的变化，而真正的损益在现实中有可能发生，也有可能不发生。如果只是在账面上进行换算，而在汇率变动的相应时段并未发生实际的资金运用，则不会发生实际损益；如果在汇率变动的相应时段涉及资金的实际运用，则会发生实际损益，而不只是账面损益。

表 4-1 反映了一家美国的跨国公司在沙特的分公司的财务报表。这个资产负债表左边显示的是资产，右边显示的是负债。资产与负债的价值应该是相等的。权益资产的变化可以调整资产与负债。美国的总公司一般在年终将各分公司的财务报表合并，并以本

币来表示其公司价值。由于分公司的财务报表是用沙特里亚尔(SAR)来计值的,所以合并财务报表时需要将沙特里亚尔转换成美元。假定当初,也就是5月31日时,SAR4=$1。如果6月1日沙特里亚尔贬值,我们会发现,考虑货币汇率的变化以后,以美元计价的公司股东权益资产的价值由1500000美元下降到1200000美元。在这段时间内,公司实际的权益价值并没有发生变化。而合并后的财务报表显示出权益价值降低,将影响公司向股东公布的公司价值,这就是折算风险。

表 4-1　公司财务报表

现金	SAR1000000	负债	SAR5000000
应收账款	3000000	股权	6000000
机器设备	5000000		
库存	2000000		
	SAR11000000		SAR11000000
5月31日,按照SAR4=$1转换成美元			
现金	$250000	负债	$1250000
应收账款	750000	股权	1500000
机器设备	1250000		
库存	500000		
	$2750000		$2750000
6月1日,按照SAR4=$1转换成美元			
现金	$200000	负债	$1000000
应收账款	600000	股权	1200000
机器设备	1000000		
库存	400000		
	$2200000		$2200000

(资料来源:Stenven Husted,Michael Melvin,International Economics,5th Pearson Education,2001。)

交易风险也是一种经济风险,汇率变化可能影响未来的现金流,进而影响企业的价值。假定上例中这家美国公司的沙特分公司将向韩国公司出口商品,并且30天以后收到韩国公司KRW120000的韩元付款。如果出口协议签订时的汇率是KRW120=SAR1,那么将收到的韩元货款换成沙特里亚尔就是SAR1000。如果30天以后韩元对沙特里亚尔意外贬值,虽然沙特分公司仍然会收到KRW120000货款,但是换成沙特里亚尔的价值低于SAR1000。这就是交易风险,也是一种折算风险。对于母公司而言,如果这笔应收款是以沙特里亚尔存在沙特的银行,由于此时美元相对于沙特里亚尔升值,再换算成美元其价值就降低了。

虽然可以用远期合约来对冲这笔交易的风险,但是要完全消除交易风险和折算风险是不可能的。有时,在采取措施消除一种风险的同时,另一种风险也能消除。但是有时,又可能产生新的风险。通常,企业会重点考虑交易风险的管理,因为交易风险直接与企业真实的现金流相关。在管理交易风险的同时，尽量将折算风险减小，毕竟折算风险与现金流没有直接关系。从美国、英国和亚太地区的跨国公司的外汇风险管理经验来看，有83%的企业最强调交易风险的管理，而只有37%的企业重点关注折算风险。

总之，外汇风险是由于汇率波动引起的。降低外汇风险，要么通过减少汇率波动，要么通过降低公司或投资者面临的汇率波动风险。降低汇率波动，国际上经过了很多的尝试，国际货币体系的制定和完善就是要降低汇率的波动。在1944年布雷顿森林集会上，英国和美国代表团担心汇率波动影响国际贸易和投资，遂提出了可调整的钉住汇率制，即布雷顿森林体系，以稳定汇率。而欧元区目前有19个国家使用同一种货币欧元，减少了欧元区汇率波动的不确定性。但是，大多数货币还是自由浮动的。尽管如此，个人或企业仍然可以通过金融创新和各种金融工具来减少汇率波动的风险。

二、套期保值与投机

1. 套期保值

套期保值是指为回避外汇风险、覆盖暴露头寸而采取的反向交易策略，有时称为对冲交易。保值是针对现有的风险头寸，创造与之相反的头寸，通过这个保值头寸所发生的收益或损失，来抵消风险头寸的损失或收益，锁定风险头寸的货币价值，因而套期保值也称相反交易。

例如某进口商借€100000，即期市场$/€=1，并存入银行以便3个月以后用于支付货款。对于该进口商而言，其要尽量避免3个月以后的市场汇率高于当前的即期汇率，否则其就有损失。其将€100000按照即期汇率换成$100000存在银行3个月，可以得到美元利息，以弥补其可能面临的汇率波动的损失。在这个例子中，防范风险的成本就是存贷利差。这是在即期市场进行的风险覆盖，对进出口商而言并非很有利，因为需要在货币市场进行借贷活动，占用了资金。最简单可行的做法一般是在远期市场进行套期保值。在上例中，进口商可以按照当前的3个月期远期汇率买入欧元，假定3个月以后欧元年升水4%，进口商不得不支付€101000的货款，其风险防范成本是$1000。尽管如此，对进出口商而言，这3个月内并没有资金的借贷和转换。其他的衍生金融交易如货币期货与期权也常用于套期保值。

在外汇市场上，由于商人和投资者们进行的大量套期保值活动，导致国际资本流动，改变着生产、交换和利润。值得注意的是，对于大的跨国公司，其货款的收付通常以同一种货币计价集中在同一时间进行，这样，其就只需要对净头寸暴露进行套期保值。与此相似，对银行而言，为了明确外汇缺口头寸的大小，银行建立外汇交易记录表，按照每种货币合约到期日记录每笔交易的外汇流量，这些头寸按比重和期限列示。如果某种货币的交易记录表中，存在着金额或者期限的不匹配，银行就承担了外汇风险。为了控制敞开头寸的汇率风险，银行要制定对应每种货币各个时期的缺口限额，当缺口超过限额时，交易员必须在外汇市场上将多余的头寸对冲掉。

【例4-1】 某中国出口商有以下4笔6个月后到期日相同的交易：

出口货物应收款1000000美元

进口原材料应付款800000美元

美元债券投资 200000 美元

美元贷款 300000 美元

这些资产的净风险头寸是多少？

解：该出口商的净风险头寸如表 4-2 所示。

表 4-2　净风险头寸　　(单位：美元)

头　　寸	交　　易	数　　量
现金流入	出口货物应收款	1000000
	美元债券投资	200000
现金流出	进口原材料应付款	－800000
	美元贷款	－300000
净风险头寸		100000

因此，该公司面临 100000 美元的现金流入，也就是多头状态。根据套期保值的定义，可以进行等额的现金流出，即卖出 6 个月期 100000 美元的远期合约。

【例 4-2】 某中国企业有如下欧元资产和负债：

出口应收货款：3 个月后到期的 200000 欧元，6 个月后到期的 100000 欧元

欧元债券投资：3 个月后到期的 100000 欧元，6 个月后到期的 30000 欧元

进口应付货款：3 个月后到期的 120000 欧元，6 个月后到期的 150000 欧元

发行商业票据：3 个月后到期的 150000 欧元

该企业的净风险头寸如何？

解：该企业的净风险头寸如表 4-3 所示。

表 4-3　净风险头寸　　(单位：欧元)

头　　寸	交　　易	3 个月到期	6 个月到期
现金流入	出口应收货款	200000	100000
	欧元债券投资	100000	30000
现金流出	进口应付货款	－120000	－150000
	发行商业票据	－150000	
净风险头寸		30000	－20000

该公司 3 个月后的净风险头寸为 30000 欧元现金流入，6 个月后的净风险头寸为 20000 欧元的现金流出。将 3 个月后和 6 个月后的净风险头寸加总。由于两个净风险头寸在时间上相差 3 个月，需要考虑时间价值。这里可以考虑用远期利率协议回避风险。如果知道 3 个月期存款利率是 2%，使用远期利率协议，3 个月后到期的 30000 欧元按 2%的收益率存 3 个月，则它在离现在 6 个月后的价值为 30000×(1＋2%)＝30600(欧元)。这样，3 个月后和 6 个月后的净风险头寸加总是 30600＋(－20000)＝10600(欧元)。因此，可卖出 6 个月期 10600 欧元来套期保值。

本例中也可以做两份远期合约以达到套期保值的目的，即卖出 3 个月期 30000 欧

元，买入 6 个月期 20000 欧元。

【例 4-3】 2017 年 6 月 1 日，假定一家德国公司与一家美国公司签订协议，将价值 10 万美元的原材料卖给这家美国公司。双方商定 2017 年 9 月 1 日交货时才支付货款。假设 6 月 1 日的即期汇率是 USD/EUR＝1.245/1.255，3 个月远期汇率是 USD/EUR＝1.255/1.270，如何套期保值？

解：对于德国公司而言，存在的风险是收到的货款价值降低，也就是 2017 年 6 月 1 日到 9 月 1 日之间欧元兑美元升值。但是如果情况相反，欧元兑美元贬值，德国公司实际上将获得更多的欧元。

对于美国公司而言，是用本币美元支付，没有风险。德国公司可以在 6 月 1 日签订卖出 3 个月期 100000 美元买入欧元的远期合约。将货款收入锁定在 100000/1.270＝78740.16（欧元）。

2. 投机

投机与套期保值正相反。套期保值者尽量防范风险，而投机者愿意接受风险，并希望其外汇资金头寸是敞开的，这样就有盈利的机会，并从汇率波动中赚取收益。所以，投机的目的就是获取超额利润。如果投机者能十分准确地预测未来汇率的走势，其就能盈利，否则就会面临巨大损失。所以，投机的成功与否，取决于投机者对市场的判断。

一般投机者会在即期市场建立敞口，这样做通常会有资金的借贷活动，但是投机者会在远期市场进行套期保值来克服这个缺点。买空和卖空就是典型的投机行为。一些外汇衍生交易如期货与期权都是投机的工具。投机者可以是在专属交易平台进行交易的银行，也可以是零售客户。尽管投机者的名声不佳，但是投机者向市场提供的流动性对提升外汇市场的效率有一定积极作用。投机者与进出口商、国际投资者以及那些将收入寄回国的移民一样，一起改变了外汇市场上的汇率。

较有名的货币投机者是乔治·索罗斯。1992 年，他的量子基金押注英镑，投入大量投机空头头寸在英镑上，据报道超过 100 亿美元。他预期英镑将走弱，与英格兰银行的观点相反。英格兰银行不愿意让英镑下跌，也不愿意提高官方利率。最终市场力量导致英镑大幅下跌，欧洲汇率机制崩溃。据报道索罗斯获利 11 亿美元，并被冠以“打败英格兰银行的人”。1995 年，索罗斯在类似的日元投机中，损失数亿美元。1997 年亚洲金融危机中，他被冠以“金融大鳄”。并不是所有的投机者都具有如此大的影响力，但是作为一个群体，投机者占据着外汇市场活动中很大的一部分。

虽然投机多少带有一点负面含义，但是在外汇市场上，当一个人买进或卖出某种货币时，他既是在投资，也是在投机。投机者是基于预期买入和卖出货币的投资者。投机者对价格或者汇率很有信心。没有这种信心，他们就会卖出。卖出不是一种贪婪行为，而是一种恐惧行为。相比投机，套利并没有改变汇率太多，它只是使不同地区、不同币种、不同时间的汇率趋于一致。套利可以消除价格差异，使一系列汇率趋于相等。而投机改变了一系列汇率，投机者对“新闻”的反应就是买入或卖出更多某种货币。无抛补套利就是一种投机行为，套利者预测未来的汇率，并期望从预期值与即期汇率的差额中套利，例如长期以来日元与美元之间的套息交易。投机行为有时会使得市场远离长期均衡。

第二节 外汇风险管理

一、外汇风险管理程序

外汇风险管理程序一般包括风险识别、风险衡量、风险管理方法选择、风险管理实施和监督与调整。

1. 风险识别

风险识别，即识别出各种可能减少企业价值的外汇风险。企业必须根据自己的业务活动判别可能面对的风险状况，包括经济风险、折算风险和交易风险等。由于折算风险即单纯的折算损失已经在企业合并财务报表时记入准备账户，因此折算风险并不会对企业造成很大影响。企业应高度关注经济风险和交易风险。例如福特在墨西哥的分公司(以下简称“墨西哥福特公司”)，其在墨西哥销售的汽车主要是从美国的母公司进口，当美元对墨西哥比索升值时，墨西哥福特公司用比索计算的成本就会上升，这样的市场结构是否会导致经济风险呢？我们可以来分析一下，如果墨西哥福特公司的竞争对手只是墨西哥汽车制造商，虽然比索贬值，但是对墨西哥汽车制造商而言，其比索成本没有上升，而墨西哥福特公司也不会提高进口车的墨西哥比索价格，这样不会引起销售量的下降。并且福特汽车的需求弹性比较高，墨西哥福特公司不会改变以墨西哥比索标示的销售价格而使这种汇率变动传递到墨西哥市场。结果是墨西哥福特公司的利润减少了，但是其母公司的经济风险头寸增加。在其他情况下，如果墨西哥福特公司的竞争对手是美国汽车制造商如克莱斯勒、通用汽车公司，而不是本地制造商，那么，当美元对墨西哥比索升值时，由于竞争对手的汽车也都是从美国进口，所以这几家公司都会提高在墨西哥销售的汽车的价格。美元升值时，墨西哥市场上美国车的比索价格迅速上升。结果，福特公司的美元利润不会减少，也不会面临经济风险头寸。

所以，经济风险的识别主要看企业的经营成本和价格对汇率变动是否敏感。如果成本和价格同时对汇率变动敏感，或同时对汇率变动都不敏感，则企业不会面临主要的经济风险。

2. 风险衡量

风险衡量，即衡量外汇风险带来的潜在损失的概率和损失程度。经济风险的计算十分复杂，需要详细计算需求弹性、竞争者评估以及其他相关数据。企业管理者首先要明确汇率波动将对企业价值产生的影响，而这种价值影响又是动态的，汇率波动频繁、竞争激烈使得信息管理需要及时更新。经济风险反映的是对企业净现值的影响，也意味着需要不断获取总公司下属所有分支机构的现金流现值数据，各分支机构使用当地或其他金融工具对风险敞口进行套期保值的详细情况，以及经营活动对汇率变动的敏感程度。

交易风险的识别和衡量没有经济风险的识别那么难。如果企业对交易风险敞口没有进行套期保值，当外币升值时，外币贷款可能给企业造成巨大的损失。如果各分支机构只从各自的角度考虑策略，套期保值也可能是次优选择。例如，两家全资子公司都对500万欧元的风险敞口进行套期保值，对总公司而言，这可能浪费了双倍买卖差价的成本。交易风险的衡量可以根据总公司掌握各分支机构的风险敞口的规模和期限，建立信息系统。

3. 风险管理方法选择

为了有效实现预定的外汇风险管理目标，企业需要甄选出适当的风险管理方法。例如，利用套期保值管理交易风险。套期保值可以有两个途径。第一个途径是通过企业本身的躲避交易来相互构造保值头寸。如日本某企业向美国出口产品，3个月后收到美元货款。如果在出口合约签订若干天以后，该企业需要从美国进口一批货物，这批进口货物的金额恰好与出口货款相等，并且进口付款的到期日与出口货款的到期日相同，那么进口交易应付款就可以成为之前出口交易应收款的保值头寸。实际中，这种风险头寸完全抵消的情形是很难遇到的。这就需要借助金融工具或者利用各种金融交易来构造保值头寸，也就是第二个途径，即利用金融工具如期权、期货等做套期保值，对冲风险。

4. 风险管理实施

风险管理实施，即通过具体的安排，落实所选定的外汇风险管理方法。

5. 监督与调整

监督与调整，即根据市场和自身的情况，对战略战术进行监控管理，适时做出调整。

二、外汇风险管理策略与手段

1. 调整经营管理模式和财务管理手段

通过调整经营管理模式和财务手段，来防范外汇市场和金融市场波动对企业预期收益和现金流带来的不利影响，主要是应对经济风险和交易风险。经营管理模式调整包括采购、产品、厂址选择、市场选择、信贷和定价等方面的变化，例如选择成本低的地方进行生产，采用灵活的资源采购政策，实行产品差异化，以及加大研发投入以增强核心竞争力。

选择低成本的地方进行生产，通常用于应对低估的货币或生产要素的价格带来的经济风险头寸。如日本的尼桑和丰田公司将生产转移到美国，以减缓由于日元坚挺在美国销售的不利影响。1996年，丰田公司在减少了对美国的汽车出口的同时，增加了其在乔治城分工厂的汽车生产。在美国销售的丰田汽车，60%由丰田美国公司生产，而1993年这一数据大约只有46%。德国的汽车制造商奔驰和宝马出于同样的原因，也在美国建立生产厂。通过在全球设立生产厂，尼桑的市场调整变得灵活。不仅在美国，在墨西哥也有尼桑的生产厂。当日元对美元升值，而日元对墨西哥比索贬值时，尼桑在美国增加汽车生产，然后将汽车销售到墨西哥的市场。这也是过去几年尼桑应对日元升值的策略。这种情况不是总能实现的，利用多国市场，有时也可能增加额外的生产成本。

即使生产企业的分厂都在国内，也可以通过灵活的原料和资源采购计划来降低成本。例如20世纪80年代美元对主要货币升值，美国的跨国公司纷纷从低成本的地方采购原材料和零部件。过去的几年中，由于日元升值，日本的汽车制造商和电子产品制造商在泰国、马来西亚和中国等地采购原材料和零部件。当然，企业也可以雇佣外来劳动力以降低成本。在给定的市场结构下，例如，墨西哥福特公司的竞争对手如果是本地的制造商，当美元升值时，该公司也可以利用本地的原材料和零部件来降低成本，不从母公司进口汽车。福特还可以在墨西哥雇佣当地的工人进行汽车制造，这样，在生产成本降低的同时，成本的变化对美元一比索汇率的变动不敏感进而减少经济风险头寸。

研发投入使得企业能保持持续的竞争力。特别是成功的研发投入，能有效降低成本、提高劳动生产率。独特的产品和新产品的替代性低，也就是需求弹性比较低，对价格反应不敏感，可以降低经济风险头寸。例如，汽车制造商沃尔沃，将安全性作为造车的第一要务，赢得了市场的认可。电信设备供应商华为，每年投入研发的资金在150亿到200亿美元，以应对快速升级的产业和市场结构。

当名义汇率波动时，如果购买力平价成立，跨国经营的企业也不会面临经济风险头寸。然而，实际中，价格在短期内的调整存在时间上的滞后。再者，价格的传递效应，如因公司竞争的需要而不降价或有意保持低价，使得短期内购买力平价难以存在。在这种情况下，名义汇率变动时，企业仍然会面临经济风险头寸。所以，使用这些策略时要谨慎，以免短期调整对企业长期经营模式造成不利影响。

对财务项目进行调整可以保护预期收益与现金流，通常是对负债进行调整。一般而言，企业可以选择借入与自身经营现金流正相关的货币。例如，一家美国在英国的分公司（以下简称“英国分公司”），向德国出口商品，用欧元结算，英国分公司的营业收入与欧元汇率的波动呈正相关。因此，英国分公司决定借入欧元贷款。这样，欧元相对于英镑的汇率波动不仅会影响英国分公司的经营收入，还会影响其融资成本。两者存在相互抵消的作用，外汇风险得以降低。

2. 合理选择结算货币

这是最简单可行的做法，对风险防范比较有效。以何种货币结算，实际上就决定了企业将承担何种汇率风险以及汇率风险由谁承担。

在国际贸易中，结算货币的选择可遵循以下原则。

1）应尽可能选择以本国货币结算

例如波音公司出口1500万美元的飞机给英国航空，用美元来结算，就不会面临风险头寸。尽管这样便于管理，但是商品或服务贸易合约中规定的结算货币，本质上已经向客户提供了一整套销售合约不可或缺的基本组成部分。出口商希望用本币结算，可是买家倾向于用其他货币结算。在许多市场，如石油市场，要求结算货币与市场上主要竞争对手的报价货币一致，这往往不是卖家所在国货币。在买方市场，卖家尽量选择令买家满意的货币进行结算。卖家越能接近买家的要求，成交的可能性就越大。因此，即使波音公司选择用美元结算，外汇风险并没有消失，而是转嫁给了英国航空，英国航空面临美元支付的风险头寸。不过，波音公司也可以与英国航空共同承担汇率波动风险，将总货款的一半用美元支付，另一半用英镑支付。但这种情况并不适用于所有企业。无论怎样，企业最终选择的结算货币都必须具有较为活跃的远期外汇市场。

2）选择自由兑换货币，坚持“收硬付软”原则

习惯上，人们把汇率稳定或者趋于升值的币种称为硬货币，把币值不稳定或者预计会贬值的币种称为软货币。通常，在没有外汇管制的国家，无须花费大量时间去做到以硬货币结算。因为，在没有外汇管制的国家，企业随时可以买到想要的外汇。面对远期、期货或期权等众多的衍生金融产品，企业可以随时建立外汇风险敞口，只要企业愿意这样做。然而，多数企业不管是否存在外汇管制，更愿意使用硬货币结算，这是出于商业原因。最常见的是，使用硬货币可以使得企业保持一个相对稳定的价格目录（修改价格目录成本较高）。而存在外汇管制的国家，对外贸易是企业合法持有外汇头寸的唯一渠道。“收硬付软”意味着买方一般希望用软货币结算，而卖方更倾向于用硬货币来结算。这两者之间存在明显的利益冲突。为了达成交易，企业营销部门可能被迫答应客户所有的条件，使用软货币结算。所以，总公司需要建立营销控制体系以防止此类现象发生。

3）进行中长期的大额交易时，采用一篮子货币计价

用一篮子货币（如特别提款权（SDRs））作为结算货币可以分散风险。例如，苏伊士运河项目，埃及政府就是用 SDRs 结算的。目前 SDRs 由美元、欧元、日元、英镑和人民币 5 种货币的加权平均值构成，其价值比构成一篮子货币中的每种单个货币的价值稳定。

3. 提前或延迟收付外汇

提前或延迟收付外汇是指在国际收付中，通过预测计价货币汇率的走势，提前或推迟收付有关款项来降低交易风险。提前或延迟收付外汇是企业之间对付款安排进行的调整。当预测外币升值时，出口商可在信用期内推迟交货，或允许进口商延期付款，以期获得计价货币汇率上浮的好处。当预测外币升值时，进口商则应提前购货，或在价格相宜的条件下预付货款，以防范日后外币汇率上浮带来的风险。例如，波音公司出口产品将收到 100 万英镑的货款，考虑到英镑兑美元可能贬值，波音公司要求英国航空提前支付这 100 万英镑。而英国航空想延迟支付这笔货款，除非波音公司能给予打折之类的补偿，英国航空才愿意提前支付这笔货款。但是这样就减少了波音公司提前收回货款的利益。并且让英国航空提前付款，也会影响波音公司未来的销售。再者，从某种程度上说，最初的 100 万英镑定价已经包含了英镑的预期贬值，也就是说波音公司定价时已经考虑了英镑的贬值因素。

提前或延迟收付比较适用于跨国公司的各分公司之间的外汇收付，因为各分公司首先考虑的是总公司的利益。例如，市场预期人民币兑美元将升值，那么子公司可能会选择推迟付款策略。无论提前还是延迟付款，子公司必须都要站在总公司的角度仔细考虑汇率变化及其发生的时间、相对利率及税后效应。此时总公司的财务部门会介入，保证公司内部的结算时间点满足总公司的利益。提前或延迟收付的策略已经超出了单纯风险敞口最小化的范畴，企业融资时可采取这种策略。

4. 利用金融工具进行套期保值

远期外汇交易、掉期交易、货币互换、外汇期货、外汇期权都是常用的套期保值方法，也就是构造保值头寸的工具，以对冲交易风险。例如，发达国家的农民通常使用商品期货市场来锁定价格，即将收获的农作物的价格锁定。在种子还没有种到地里之前，就签订交付农作物的合同，以确保他们的劳动成果将会收到的价格。期货市场也允许农作物

的买家(如食品加工者),提前知道其将要付出的价格。

对冲外汇风险敞口的传统方法是利用不同国家的货币市场创建资产和负债,来抵消外汇风险敞口。随着衍生金融交易的出现,衍生金融工具成为可用的对冲风险的工具,如期权和远期汇率,其价值与将来的实际即期汇率直接相关。在远期外汇市场,对将来的买卖双方而言汇率风险实际已经消除了。在运用期权时,外汇风险敞口可以转移到其他更有能力或更愿意承担风险的人身上。如果全球经济所有的参与者都能承担国际交易带来的全部风险,则意味着全球化的程度会更高。

1) 远期套期保值、货币市场套期保值与期权套期保值

(1) 远期套期保值。

【例 4-4】 假定波音公司出口产品给英国航空,英国航空一年支付一次,每次£10000000。美国的年利率是6.10%,英国的年利率是9.00%,外汇市场上即期汇率为\$1.50/£,远期汇率是\$1.46/£。波音公司应如何管理交易风险?

解:波音公司在一年后收回货款,其资金头寸是多头,可以做空头套期保值。波音公司可以与银行签订一份英镑的远期合约,在收到英镑货款的同时卖掉英镑兑换成美元。具体做法是,以\$1.46/£的汇率卖出一年期英镑£10000000。这样套期收益为(1.46－1.50)×10000000＝－\$400000,也就是说一年后无论市场即期汇率如何变,波音公司都可以通过这份远期合约稳定获得\$14600000。

到期时即期汇率如果是\$1.50/£,虽然看起来有损失,但是一年后的市场汇率是变化的,即使是远期贴水,远期交易也能完全对冲现汇头寸,回避风险。例如,到期时的即期汇率是\$1.40/£时,波音公司如果不进行远期套期保值,到年底就只能收到\$14000000。但是如果进行远期套期保值,就能获得\$14600000,多出了\$600000。如图4-1和表4-4所示,一旦波音公司进行远期合约交易,汇率波动的不确定性实际上就与波音公司无关了,波音公司到年底稳定获得\$14600000。图4-1反映了外汇市场上未来即期汇率变动下,远期套期保值与不套期保值下波音公司的外汇头寸变化。

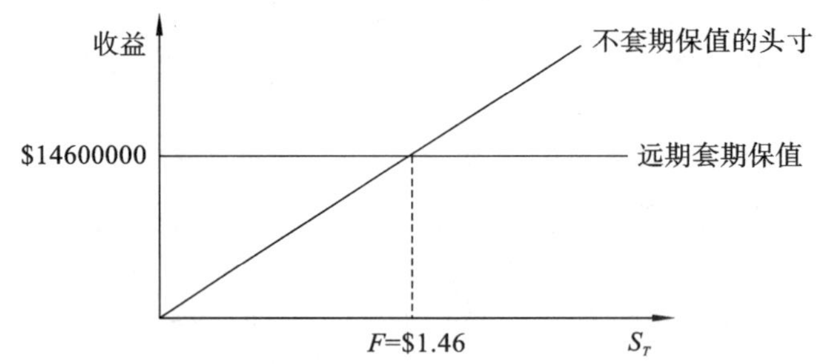

图 4-1 远期套期保值与不套期保值下的美元收益

表 4-4 远期套期保值损益

到期日的即期汇率 S_T	不套期保值头寸	远期套期保值头寸	套期保值损益
\$1.30	\$13000000	\$14600000	\$1600000
\$1.40	\$14000000	\$14600000	\$600000

续表

到期日的即期汇率 S_T	不套期保值头寸	远期套期保值头寸	套期保值损益
＄1.46	＄14600000	＄14600000	0
＄1.50	＄15000000	＄14600000	－＄400000
＄1.60	＄16000000	＄14600000	－＄1400000

由于到期时的汇率变化是不确定的，公司必须决定是否进行套期保值。一般考虑到期日即期汇率与远期汇率之间的三种情形：$S_T \approx F$，$S_T < F$，$S_T > F$。其中，S_T 是到期日即期汇率的预期值，F 是远期汇率。第一种情况下，公司的预期收益或损失为零。运用远期套期保值可以消除外汇风险，也就是说在不牺牲国外销售收入的情况下，公司倾向于套期保值。在第二种情况下，到期时的即期汇率的预期值低于远期汇率，公司可以从远期套期保值中获利，相比第一种情况，公司更愿意套期保值。在第三种情况下，到期时的即期汇率预期值高于远期汇率，公司不太愿意套期保值，因为美元的预期收益减少，公司会考虑这种成本。是否套期保值主要取决于公司的风险厌恶程度。此时，公司也可能使用期货合约或其他套期保值工具。

然而，运用期货合约进行套期保值远没有运用远期合约稳定。远期合约是量身定制的，而期货合约在合约规模、交割期限以及到期日等方面都有严格规定，是标准化的合约，同时采取逐日盯市制度，套期保值比较困难。

（2）货币市场套期保值。

交易风险也可以通过在本国和国外货币市场上进行套期保值来回避。一般而言，公司可以在货币市场上借贷外币，来应对收付外币货款。在例 4-4 中，对于波音公司来说，首先可以借入英镑，再将其转换成美元，投放在美元市场。到期时，波音公司可以用收到的英镑偿还英镑贷款。如果波音公司到期时的贷款价值与当初的借款价值相同，并且正好与销售产品的英镑货款相等，那么波音公司的净风险头寸刚好冲销，净风险头寸为 0。关键的一步是在货币市场上借多少英镑。由于借款的到期价值与收到的英镑货款价值应该相等，我们可以算出 1000 万英镑货款的现值，即￡9174312＝￡10×（1＋9%）。利用货币市场套期保值的步骤如下：

①在英镑市场借入 ￡9174312＝￡10/1.09；

②将￡9174312 按照即期汇率＄1.5/￡换成＄13761468；

③再将＄13761468 投资到美元市场；

④到期时将收到的 1000 万英镑货款归还到英镑市场，同时收到美元到期收益＄13761468×1.061＝＄14600918。

表 4-5　货币市场套期保值现金流量表

交　　易	现　金　流	到期现金流
借入英镑	￡9174312	－￡10000000
用英镑买入美元	＄13761468	
	－￡9174312	

续表

交　　易	现　金　流	到期现金流
投资美元市场	－＄13761468	＄14600918
收到英镑货款		￡10000000
净现金流	0	＄14600918

从表 4-5 可以发现净现金流为 0，也就是说在不考虑可能的交易成本时，货币市场套期保值完全靠货币市场自身融资。表 4-5 同样显示，1000 万英镑的应收款可以用 1000 万英镑支付，正好被最初的借款冲销，到期时还有＄14600918 净现金流入。当然，这里用货币市场进行套期保值是基于利率平价。在实际中，利率平价不一定存在，因而利用货币市场套期保值的结果不会与远期套期保值具有同样的结果。

无论是远期合约还是货币市场套期保值，其共同特点就是要完全消除汇率波动，保持净风险头寸为零。然而这样做，公司也会失去享受汇率波动带来的利益的机会。

（3）期权套期保值。

外汇期权合约可以从汇率的波动中灵活地选择，也可以享受汇率波动带来的收益。一般而言，企业可以买入看涨或看跌期权来对冲外汇支付或收入。在例 4-4 中，在期权的场外交易市场，假设期权费用是＄0.02/￡，也就是＄200000。如果考虑时间价值，则期权费用是＄200000×（1＋6.1%）＝＄212200。波音公司可以买入看跌期权 1000 万英镑，每份合约金额是￡31250，即买入英镑看跌期权 320 份，价值是￡10000000，执行价格是＄1.46/￡。这笔交易对波音公司来说，无论未来市场汇率如何变化，波音公司都拥有以＄1.46/￡卖出 1000 万英镑的权利。如果一年后市场汇率低于（＄1.46/￡－＄0.02/￡），则执行期权；若市场汇率高于（＄1.46/￡－＄0.02/￡），则不执行期权。无论如何，出口商的损失仅为期权费用。但是如果预测准确，执行期权，将获得的净收益是＄14600000－＄200000×（1＋6.1%）＝＄14387800。

市场上到期时的即期汇率是＄1.60/￡时，波音公司将放弃权利。此时，在现汇市场，波音可将 1000 万英镑换成 1600 万美元。考虑到付出的期权费用是 212200 美元，其净美元收益是＄16000000－＄212200＝＄15787800（见表 4-6）。在这种情况下，期权就能保持公司的潜在收益。

表 4-6　期权套期保值现金流量表

到期日的即期汇率 S_T	行权与否	美 元 收 益	期 权 费 用	净　收　益
＄1.30	是	＄14600000	＄212200	＄14387800
＄1.40	是	＄14600000	＄212200	＄14387800
＄1.46	中	＄14600000	＄212200	＄14387800
＄1.50	否	＄15000000	＄212200	＄14787800
＄1.60	否	＄16000000	＄212200	＄15787800

图 4-2 反映了期权套期保值与远期套期保值收益和损失的差别(其中,E 为执行价格,S_T 为临界点)。如果波音公司期望未来市场即期汇率高于(或低于)临界点,期权或远期就会执行。期权提供了多个执行价格,特别是在美式期权下,而执行价格的选择,取决于企业对汇率波动风险的承受程度。如果企业期望尽量回避汇率风险,如例 4-4 中波音公司期望避免英镑贬值,公司就可以买入虚值看跌期权,因为虚值看跌期权的执行价格低于市场价格或期货价格,这样可以节约成本。

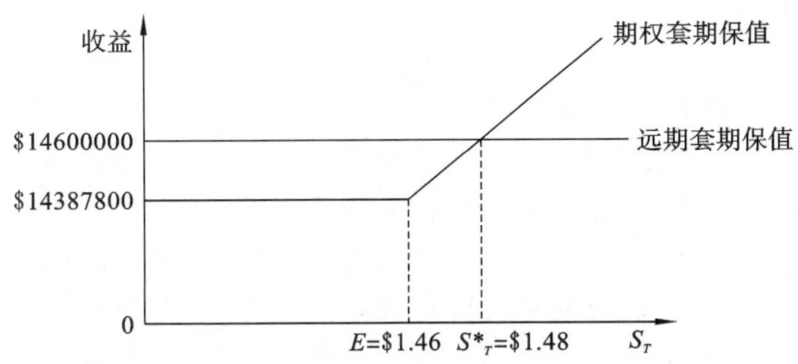

图 4-2 期权与远期套期保值损益比较

2）货币互换

在全球化经营过程中,绝大部分国际交易是正在发生的支付流程的一个部分,而不是一次性独立完成的交易。绝大多数进出口都是基于长期的供应商合同,是跨国公司供应链或永久性批发分销协议的一部分。国际投资包含了从初始的资产购置到出售,以及这个过程中的利润、租金、利息、股息等流动,对于国际投资者来说,要考虑的是一系列的未来外币收付款的汇率风险下的套期保值,而不是单笔未来外币收付款的交易。互换本身包含套利和套汇,机会来自:外汇管制或资本流动的限制;税法规定的不同,如有些国家鼓励商品出口,给予出口企业优惠利率贷款;资金使用者对未来利率、汇率变动趋势估计不一致;偏好不同;资金市场不同,货币资产定价不一致。

因此,货币互换就显得比较实用。双方利用比较优势降低筹资成本,提高资产收益;转移和防范中长期汇率与利率变动风险;有效运用资产负债管理工具;避开外汇管制、利率及税收管制等。

货币互换是指按照当前约定的汇率在未来交换货币。实际上货币互换是一整套各种期限的远期交易。货币互换与外汇掉期不同,外汇掉期通常是用来验证利率平价条件的跨期套利,而货币互换是包含一系列货币交换的更为复杂的协议。

货币互换可在初级市场和二级市场进行。初级市场主要是筹资互换市场,主要目的是降低筹资成本。二级市场中主要进行资产负债管理,降低风险,交易的主要内容包括互换转让、再互换等,可灵活进行反互换和主动终止互换,使互换市场的流动性提高。

假定德国宝马汽车公司(以下简称“宝马”)在未来两年内,从日本工业机器人制造商川崎公司购买 48 个机器人,或者说在 24 个月中每个月购买 2 个机器人。假定宝马同意为每个机器人支付 5000 万日元。如何回避日元汇率风险?对于宝马而言,可以通过签订一系列的远期合约来进行套期保值,在未来的两年中每个月买入 1 亿日元来对冲需要支付的日元。但是未来的 24 个月中日元的汇率是不断变化的,而且时间较长,根据外汇市场与货币市场之间的关系，套利平价远期的汇率取决于国外利率比本国利率高还是低。同时，宝马要保护的日元付款超过远期市场期限。在这种情况下，运用货币互换可以应对日元汇率波动的风险。货币互换就是由两个不同国家的组织或企业交换由两种货币计价的债务或债权。

【例 4-5】 假设美国福特部件公司（以下简称“福特部件”）想投资 50 亿日元在日本建立工厂，生产用于日本市场的产品。该项投资预计 10 年后可以收回成本。如何为此项目融资并回避汇率风险？

解：福特部件可以用以下三种做法来筹集这 50 亿日元。

一是在日元市场借入 10 年期 50 亿日元。福特部件这样做成本将会很高，因为福特部件不是日本商业银行的传统客户，无法获得优惠利率（2%）贷款。日本商业银行提供给福特部件的贷款利率为 3%。对福特部件而言，货币市场套期保值成本较高。

二是福特部件在美元市场借入美元。毕竟福特部件与美国的商业银行有长期合作关系，福特部件可以得到最优惠的贷款利率 6%，但是借入的美元需要转换成日元投资到日本，这将面临汇率波动的风险。特别是当日元发生贬值时，其投资产生的日元收益可能不足以偿还美元债务。而项目的期限又是 10 年起，远期合约不可能延伸这么长时间。

三是货币互换，福特部件的合作商业银行愿意为其提供货币互换服务。

假定有一家日本公司——樱花小发明公司（以下简称“樱花”），打算在美国建立一个生产小发明的新工厂，正在为新工厂的建立筹集所需的 5000 万美元资金。该工厂也预计 10 年后可以回收成本。福特部件、樱花都是不太有名的公司。同样地，樱花在美国的融资成本也比较高，美国商业银行提供给樱花的贷款利率为 7%。若樱花在本国借入日元，虽然借贷成本低，但是同样面临汇率风险。

因此，在这样的情形下，美国的一家商业银行愿意为这两家公司提供货币互换服务。福特部件和樱花在经纪人的帮助下达成了货币互换协议。

假定即期 1USD＝100JPY，此时这两个项目的价值相同。福特部件以最优惠利率 6%得到 5000 万美元，樱花以最优惠利率 2%得到 50 亿日元（见图 4-3）。根据协议，福特部件同意用 10 年内经营日本工厂的预期收益还清樱花的贷款利息加本金。与此同时，樱花也同意用其在美国工厂经营 10 年的美元收益还清福特部件的贷款利息加本金（见图 4-4）。这样，两家公司都对汇率风险进行了套期保值。这两家公司偿还的债务和获得的收益都是同一种货币，实际上，它们都是以优惠利率借入了本国货币。表 4-7 为货币互换中的现金流。

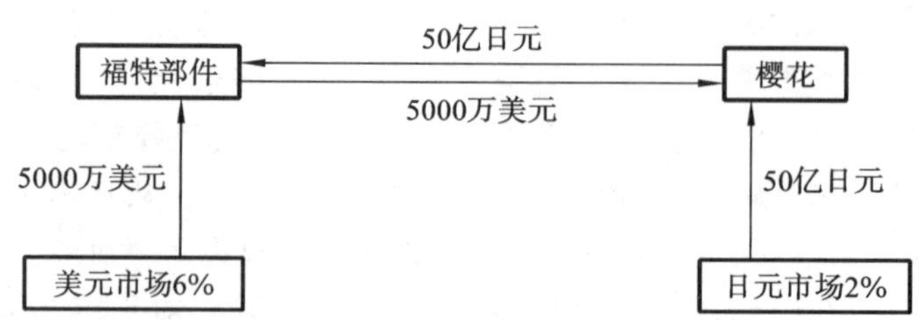

图 4-3　货币互换期初

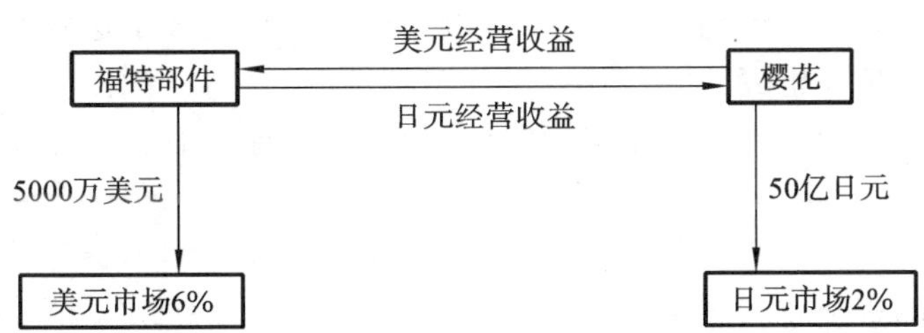

图 4-4 货币互换期中和期末

表 4-7 货币互换中的现金流

项　　目	0	1	2	3	…	8	9	10
日元现金流/百万日元	5000	100	100	100	…	100	100	5100
美元现金流/百万美元	50	3	3	3	…	3	3	53
预期远期汇率￥/$	100	96.23	92.23	89.10	…	73.51	70.74	68.07
预期远期汇率$/￥	0.01	0.0104	0.0108	0.0112	…	0.0136	0.0141	0.0147
预期美元现金流/百万美元	50	1.04	1.08	1.12	…	1.36	1.41	74.97
预期日元现金流/百万日元	5000	289	277	267	…	221	213	3608

第 10 年末日元本金和利息：5000000000×(1+2%)=5100000000(日元)。

第 10 年末美元本金和利息：50000000×(1+6%)=53000000(美元)。

货币互换交换的是比较优势，互换给双方带来的利益并不总是均等的。在这个例子中，日元的利率是 2%，美元的利率是 6%，即期汇率 S 是 1USD=100JPY。如果货币市场一定会结清，那么根据利率平价，美元、日元市场与外汇市场的关系，10 年后美元兑日元的远期汇率 F 是 1USD=68JPY。如果美元真的如市场预期那样贬值了，那么时间越长，偿还日元本金和利息所需要的美元就会越多。按照利率平价，美元贬值的幅度正好抵消美元与日元的利差，美元如果预期贬值，就使得以美元计算的日元的贷款利息增加以弥补当前比较低的日元贷款利率，表 4-7 中的数据可以反映利率与汇率之间的这种关系。表 4-7 第 1 行和第 2 行分别列出了 50 亿日元贷款和 5000 万美元贷款的现金流。第 3 行和第 4 行从美国和日本的角度，分别列出了在即期汇率下的日本 2% 和美国 6% 利率水平下的预期远期汇率。第 5 行列出了日元现金流按照每一期远期汇率折算后的美元现金流，第 6 行列出了美元现金流按照每一期远期汇率折算后的日元现金流。如果按照 6% 的利率贴现，第 2 行和第 5 行的美元现金流的现值相等；如果按照 2% 的利率贴现，第 1 行和第 6 行的日元现金流的现值相等。通过货币互换，福特部件实际上为樱花 2% 的日元贷款支付了 6% 的利息，樱花为通用部件 6% 的美元贷款支付了 2% 的利息。

这个例子中，双方是直接互换，通常发生在初级市场。双方签约同意，在合约生效日以约定汇率交换等值通货本金，在合约期内按约定日期根据所换币种的利率相互支付经营利息给对方。这些利息的支付通常是在利率互换的基础上商定，合约到期，再按原汇率换回本金。

从现值来看，实际上每家公司在国内和国外贷款没有差别，但是每家公司在国外一般不会得到优惠贷款。考虑到汇率风险，货币互换有效地避免了这两方面的问题。最早的一笔货币互换发生在世界银行（简称“世行”）和IBM之间，由所罗门兄弟公司作中介，世界银行将2.9亿美元的固定利率美元债务与IBM已有的瑞士法郎和德国马克债务进行互换。

IBM采用多种货币筹资方法，运用自身优势在瑞士和德国市场已筹集了固定利率德国马克和瑞士法郎资金。1981年，美元兑德国马克和瑞士法郎急剧升值，IBM从其贬值的外汇负债中获得了资本收益（以美元衡量），此时只需较少的美元就可归还原来所借的外汇债务本息。德国马克从1980年3月的DM1.93/$跌到8月的DM2.52/$，因此IBM支付DM100利息的费用从$51.81减少到$36.68。如果将外币本息支付债务转化为以美元支付的债务，IBM可立即实现其资本收益。世行希望筹集固定利率的德国马克和瑞士法郎低利率资金，它可以筹集到最优惠利率的美元借款，发行两种欧洲美元债券：一种与IBM的德国马克债券期限一致，另一种与瑞士法郎的债券期限一致。

互换后，世行同意支付IBM所发行德国马克和瑞士法郎债券的全部未来本息，而IBM同意支付世行所发行的美元债券的全部未来本息。

货币互换存在以下难点。一是要求互换双方的信用等级相当，否则容易引起信用违约风险。上例中，由于还款周期比较长，福特部件和樱花都存在不能按期支付本金和利息的风险。信用等级不同的双方进行互换，利率变化幅度过大或对方破产无力履约，都会引起信用风险。二是互换双方能认可并接受利益分配上的不均。上例中，双方在期限和现金流方面完全吻合，所以可以完全对冲汇率风险，并且利益分配是均等的。利益分配不均还体现在双方支付利息的期限上，一方要支付浮动利息，而另一方的固定利息还未收到，为保证支付，需另外融资。基点差风险也是利益不均的表现，例如一方收到的是以LIBOR为基础的浮息，支付的是以商业票据利率为基础的浮息，两种利率差发生变化，产生风险。现实中，经纪人很难找到上例那样十分匹配的互换对象。当然，一家公司也可以选择与多家公司互换货币或利率，以便达到冲销汇率波动的目的。三是存在主权风险，不同的国家或者政府可能限制金融交易，可能增加筹集资金的成本。

5. 建立再结算中心

为了防范折算或会计风险，如果对每笔交易都进行套期保值，成本将很高，而且会进一步增加会计风险。通常跨国公司会建立一个专门的财务机构，集中冲销由于计价或结算货币不同所引起的财务报表数据无法真实反映的那些净敞开头寸。这个专门的财务机构叫再结算中心，其作用是将事后合并财务报表可能引起的风险在事前就加以控制。

例如，1984年德国汉莎航空公司（以下简称“汉莎公司”）与美国波音公司签订合约，购买价值30亿美元的飞机。与此同时，汉莎公司做了一份15亿美元的远期合约以防止美元兑德国马克升值。这项决策中，汉莎公司的现金流都是以美元计价的，所以其净风险头寸（净敞口）相对于外汇风险并不严重，处于所谓的自然套期保值状态。但是1985年美元对马克包括对主要欧洲货币大幅升值，结果汉莎公司遭到了外汇风险损失。这个例子显示，当企业如果同时存在外币的收付款时，应该只考虑净风险头寸。显然，跨国公司必须选择净敞口而不是单独用总敞口来应对汇率波动。

再如，德国汽车制造商宝马公司（以下简称“宝马”），与日本工业机器人制造商川崎公司签订合约，两年内购买 48 个机器人，用来升级其汽车装配线，降低劳动力成本。宝马同意以日元每个月购买 2 个机器人，同时也在日本销售汽车。日本并不从其他国家大量进口汽车，但是多年来，宝马成功地在日本获得利好市场。这样，宝马每个月不仅在日本使用日元支付，而且收到日元的回款。实际上，宝马在日本有一系列的现金流入和流出，公司不仅在日本购买机器人，还从日本许多非常高效的零部件制造商那里购买各种组件，提供给宝马在德国、南非和美国的组装工厂。宝马为此也会增加广告、宣传以及提高销售人员薪资等销售成本，当然在日本，宝马也有额外的收入，如零配件销售收入，为购买汽车的人提供消费贷款的利息收入等。所以，宝马只需要对冲在日本的收入与支出之间的差额，即净敞口，就可以覆盖日元敞口。

实际中，跨国公司存在多种货币组合的风险头寸。例如，一家美国公司可能将收到德国某公司的欧元货款，同时要支付瑞士某公司的瑞士法郎货款。如果该美国公司分别考虑欧元兑美元、美元兑瑞郎的风险头寸，也就是卖出欧元远期合约，同时买入瑞士法郎远期合约。这样做，既浪费时间，也增加了成本，效果还不一定好。如果能将多币种的风险头寸进行组合，并对净风险头寸组合进行套期保值，则是合理的。跨国公司还可以将这样的再结算中心建立在某个区域，将各分公司的多币种净风险头寸组合进行风险管理。例如，中国华为公司在非洲的区域再结算中心设在肯尼亚，集中冲销赞比亚、津巴布韦、马拉维、莫桑比克等分公司的风险头寸，同时与亚洲的再结算中心连接。所以，再结算中心往往扮演着银行家的角色，在这种情况下，现金管理工作也可以交由再结算中心处理，相当于提供母公司借款。当然，这种高度复杂、成本高昂的外汇风险管理方法只适用于拥有大量国际贸易、国际借贷以及现金流的大型跨国集团。而对再结算中心的成本的管理和事后审计十分必要。

第三节 套期保值是否必要

一、套期保值工具的比较

最常用的套期保值如远期套期保值、货币市场套期保值与期权套期保值之间存在差别。远期套期保值与货币市场套期保值几乎相同，但是货币市场套期保值的成本相对较高，因为存在借贷利差。如果是在货币市场做抛补套利，其中一般包含远期交易，而此时，货币市场套期保值相较于纯粹的远期套期保值也无太大意义。

对于那些未来时间久远的交易或者小币种交易，只能运用货币市场套期保值。

期权虽然有固定成本即权利金，但是可以防范不利的汇率变动，而不会减少有利的汇率变动带来的潜在收益。期权将汇率变动的不确定性变得明确。然而，期权的适用范围比远期合约小得多。

当未来存在外币收付款不确定时，例如，国际大型的工程项目投标报价，中标与否存在很大的不确定性，利用期权进行套期保值是可行的。假如一家中国公司正在竞标一份为外国政府机构供应设备的合同，3个月以后公布中标者。交货和付款时间是一年后，或者是知道中标后的第9个月。如果竞标成功，期权可以使中国公司免受接下来3个月外币价值下降的风险。如果不中标，放弃期权的执行，在这种情况下，期权费用就是避免遭受巨大汇率波动损失的成本。如果中标而且汇率上升，那么也放弃期权，此时现汇市场汇率更有利。

当未来事件不确定时，期权可以与远期套期保值产品结合使用。例如，一家日本公司预计明年在美国的销售额要达到1500万至2500万美元。该公司可以利用远期套期保值来保护确定的1500万美元，另外的不确定的1000万美元则利用期权来套期保值。

期权的优势体现在两个方面：一是企业可以从意想不到的有利的汇率变动中获利；二是美式期权提供了期权买入方在最合适的时间行权的灵活性。期权比规定到期日交割的远期合约更能防范意外损失。

二、套期保值是否必要

随着企业经营的全球化，外汇风险是不可回避的问题。事实上，企业对待风险的态度不同，也会产生关于企业是否必须进行套期保值以防范风险的不同观点。

根据市场有效性假设，至少在较长期限内，当前的远期汇率是未来即期汇率的无偏估计。在长期内，远期汇率大于实际未来即期汇率的概率与远期汇率低于未来即期汇率的概率相等。这就是无偏估计的含义。这个无偏估计对拥有大量外币交易的企业来说，使用远期外汇协议进行套期保值没有太大意义。这样的企业完全可以等到应收账款或应付账款到期时，直接按照当时市场上的即期汇率进行兑换。因为从长期看，远期外汇协议套期保值的结果与持有债务到期并按照到期时的即期汇率进行汇兑所得到的结果没有什么差别。事实上，与即期外汇交易相比，外汇交易商向客户也即企业收取的远期外汇买卖的差价要更大一些，因为企业做的外汇远期协议是在零售市场上。长期内，企业如果不进行套期保值交易，可以给企业带来更大的收益。

但是不进行套期保值也是极端危险的政策。如果企业对外汇交易风险敞口不进行套期保值，那么只要有一笔外汇金额比较大的应收账款或应付账款出了问题，企业就会蒙受巨大的损失。这会使得企业在特定会计年度内的损失额急剧上升，导致企业可能陷入财务困境。因此，财务管理者都明白远期套期保值策略可以降低风险，即外币现金流的本币价值具有稳定性。当然也可能减少未来可能获得的潜在收益。从长期看，远期套期保值策略无法实现利润最大化的目标，但是从风险回避的角度看，它对企业的财务管理具有明显的吸引力。

某些企业的外汇交易数量极少，因此该企业可以对每笔外汇交易都进行套期保值。而某些企业的外汇交易数量非常大，财务风险管理者也愿意对所有的外汇交易进行套期保值安排。不过在实际中，对于有大量外汇交易的企业而言，可以有选择性地进行套期保值，而不必对所有的外汇头寸都进行对冲。有时外汇交易数量很少的企业，甚至可以不采取任何套期保值的行动。

实际上企业对待风险的态度也是不断变化的，通常是介于套期保值与否之间。反对者认为套期保值并不能有效增加股东的财富。由于外汇市场的不完善，存在各种税收歧视和资本流动限制，套期保值的成本并不低。因此，应对外汇风险，也有不采取任何措施的策略。那么，进行套期保值的工具一般有哪些呢？哪些行业的企业更愿意进行金融套期保值？

表 4-8 显示了各种套期保值方式的使用情况。表中数据是根据《财富》杂志评选的 500 强企业的情况统计的，从中可以发现远期交易应用最多，主要原因在于远期套期保值可以完全对冲敞开头寸。如果外汇市场是有效的，则远期汇率是即期汇率的期望值，可以有效地确定未来汇率的波动。其他使用普遍的套期保值方法分别是掉期交易和场外期权。研究表明，金融、保险和房地产行业使用金融套期保值比较普遍。这不奇怪，因为这些行业的金融专家相对于其他行业来说更为集中，他们更愿意利用金融衍生工具来套期保值。此外，企业的国际化程度越高，参与国际经营活动的程度越高，更愿意管理汇率波动风险。同样不奇怪，随着企业跨国经营的国际化程度提高，需要处理的外汇业务越来越多，客观上对企业外汇风险的套期保值提出了更高的要求。

表 4-8 各种套期保值方法的使用情况

套期保值方法	已知比例	使用比例
远期交易	100%	93%
掉期交易	98.8%	52.6%
外汇期货	98.8%	20.1%
外汇期权	96.4%	17.3%
期货期权	95.8%	8.9%
场外期权	93.5%	48.8%

（资料来源：*Columbia Journal of World Business*(1995)。）

三、套期保值与汇率变动

短期内，套期保值也可能会减少汇率对国际经济活动的影响。当美元升值时，中国国内进口商品的价格并不会按照美元升值的幅度变化。美元贬值时，中国国内进口商品的价格也很少立即下降。那么，汇率变化的影响呢？这就是汇率的传递，我们会在价格的调整机制中进一步讨论。相关计算公式为：

汇率传递的百分比变化＝进口商品的本币价格变化的百分比/名义汇率变化的百分比

利用汇率传递的百分比来衡量有多少生产商、进口商、零售商、消费者等最终受到汇率波动的影响。赫勒斯坦(2004)观察了，当汇率变化时，本土啤酒与进口啤酒的批发价格和零售价格的变化。赫勒斯坦发现汇率变化的影响非常大，但是对啤酒制造商和消费者的影响不同。赫勒斯坦的研究解释了汇率变动并不能完全被汇率传递，汇率变动对国际收支的影响在短期内比较温和。克鲁格曼(1989)指出，汇率被认为比决定汇率的经济基本面波动更大，汇率的高波动性似乎并没有对经济基本面产生太大的影响。他认为，汇率波动松散，既不受实体经济相应变化的推动，也没有直接推动实体经济相应的变化。德弗罗和恩格尔(2002)则将汇率的高波动性，包括汇率变动对实体经济无影响归因于本国货币的定价，以及国际市场上营销策略的不同。

汇率变动看起来影响似乎不大，或许很大程度上是由于套期保值。这样做，生产厂商、进口商、分销商和零售商等都不会急于对汇率变动采取行动做出调整。因而，实际中看起来汇率变动似乎没有对实体经济产生影响。然而，经济体对市场的适应性会从内在要求实体经济对没有进行对冲的那部分做出更大幅度调整，这样，短期内汇率的变动必须比长期内更剧烈。长期内，市场所有的参与者只能适应汇率变动。从这个意义上说，那些不进行套期保值者会面临更大的不确定性，因为其他参与者都进行了套期保值。套期保值可能保护了一些人的头寸而增加了另一些人的外汇风险。这也是采取宏观经济政策减少汇率变动的原因。

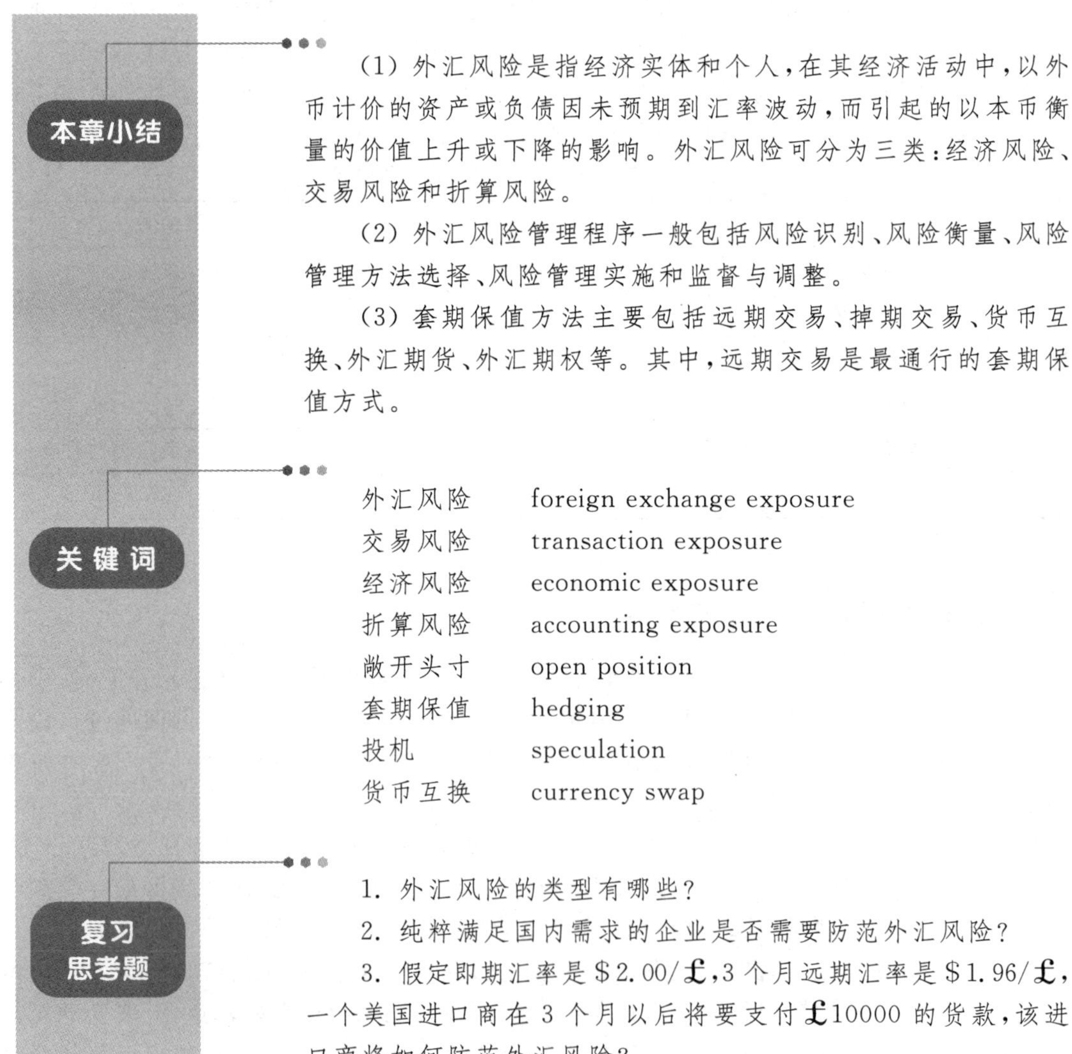

本章小结

(1) 外汇风险是指经济实体和个人，在其经济活动中，以外币计价的资产或负债因未预期到汇率波动，而引起的以本币衡量的价值上升或下降的影响。外汇风险可分为三类：经济风险、交易风险和折算风险。

(2) 外汇风险管理程序一般包括风险识别、风险衡量、风险管理方法选择、风险管理实施和监督与调整。

(3) 套期保值方法主要包括远期交易、掉期交易、货币互换、外汇期货、外汇期权等。其中，远期交易是最通行的套期保值方式。

关键词

外汇风险	foreign exchange exposure
交易风险	transaction exposure
经济风险	economic exposure
折算风险	accounting exposure
敞开头寸	open position
套期保值	hedging
投机	speculation
货币互换	currency swap

复习思考题

1. 外汇风险的类型有哪些？

2. 纯粹满足国内需求的企业是否需要防范外汇风险？

3. 假定即期汇率是＄2.00/￡，3个月远期汇率是＄1.96/￡，一个美国进口商在3个月以后将要支付￡10000的货款，该进口商将如何防范外汇风险？

4. 为什么套期保值很难在即期市场发生?

5. 所有的外汇风险都可以对冲吗?

6. 假设中国一家航空公司从美国波音公司订购了8架飞机。每架飞机收费2500万美元,将于3年内交清飞机货款,美元与人民币的即期汇率是¥6.92/$。如何套期保值?是否存在不涉及金融市场的套期保值策略?

7. 简述远期套期保值、货币市场套期保值与期权套期保值的差别。

案例4-1 期货套期保值面临的风险——基差风险:中盛粮油套期保值

案例4-2 伦敦金融城交易员的一天

第五章 国际收支

本章概述　本章主要阐述国际收支的基本概念、国际收支平衡表的基本编制原则、国际交易的分类以及国际收支平衡与不平衡的基本概念，概述国际收支不平衡的原因以及国际收支平衡表的作用。

通过对本章的学习，理解国际收支的基本概念，掌握和了解一国国际收支平衡表的复式簿记编制原则，即每一笔交易等额记录两次，记录方向相反，并用贷和借来表示。理解自主性交易和调节性交易的含义，掌握国际交易的基本分类，包括经常项目、资本项目、资本与金融项目的含义。通过经常项目与资本项目交易的总余额理解国际收支平衡与不平衡的含义，了解国际收支不平衡的原因和影响因素。通过了解官方是否冲销或干预自主性交易的总余额，理解国际收支与外汇市场汇率的基本关系。

第一节 国际收支的概念及编制原则

一、国际收支的概念

我们经常听到国际收支这个词，它是新闻媒体和世界各地经济与政治经常提及的话题。但是对它的理解有时也是模糊的，特别是各种表格或文件中表达的期限和分类数据，有时也让我们产生误解。

国际收支记录了一国与其他国家之间的商品与劳务以及金融资产交易的总收入与总支出的状况。这些交易被区分为各种类型，其中私人和政府的交易活动有明显的差别。而国际收支平衡表反映了一定时期内一国的国际竞争地位，也为该国的财政与货币政策的制定提供帮助。政府可以通过国际收支平衡表了解本国贸易伙伴并做出相应的政策决定。同时，国际收支平衡表也能反映一国货币供给与需求的状况。例如，中国的出口大于进口，中国的产品在国际市场上受到欢迎，意味着在外汇市场上其他国家的居民需要将他们自己的货币换成人民币才能得到来自中国的产品和服务，这反映出其他国家的居民对人民币的需求很高。如果其他条件都不变，在浮动汇率下，人民币相对于其他货币面临升值的压力。因为人民币的需求大于供给。相反地，如果美国的进口大于出口，反映出美国的居民更愿意消费来自其他国家的产品和劳务，意味着美国居民更愿意将美元换成其他国家的货币，在这种情况下，对美元的需求下降了。反映在外汇市场上，美元对其他货币面临贬值的压力。

当然，只根据进出口的余额来预测汇率的走势是片面的。商品劳务的进出口只是国际收支或者说国际交易的一部分。我们还要考虑国际资本流动的影响。

国际收支是指一定时期内，一国居民与其他国家的居民之间所进行的所有国际交易的统计记录。通常，我们用简明扼要的统计表来反映这种国际交易。这里的特定时期或一定时期，指国际交易统计的时间段通常是一个季度、半年或一年。定义中的居民是一个经济概念，是指永久居住或居住一年以上的本国境内的人，包括法人和自然人，也包括外国人。如美国花旗银行在伦敦的分行是英国的居民，是美国的非居民。分行与总行的业务往来成为美、英国际收支项目的内容。各国使领馆的外交人员、外来旅游者以及外国驻军人员都是非居民，国际性组织如国际货币基金组织、世界贸易组织和世界银行是所在地的非居民。

国际交易是指本国居民与其他国家居民之间的商品、劳务以及资产交易活动的总称。而国际交易通过本国与其他国家居民之间商品和劳务流动以及资本流动得以实现。所以，国际收支是一个流量的概念。这些流量代表的是资金收入与支出。国际收支平衡表更像是企业的资源与资金使用表。对企业而言，资金来源意味着获得了外部的购买力，可以消费商品和劳务，或者投资于其他国家。对于一国而言，资金使用意味着外部购买力的下降。

二、国际收支平衡表的编制原则

国际收支账户采用复式簿记原则来记录，记录时，将每一笔国际交易记录两次，分别为贷方和借方。

1. 贷方和借方

贷方交易包含所有对外收款，记录一国商品和劳务的出口收入，用“＋”表示。借方交易包含所有对外支付，记录一国商品和劳务的进口支出，用“－”表示。例如，美国波音公司出口飞机给日本航空，日本航空将通过美国的大通曼哈顿银行支付 5 亿美元。在美国的国际收支记录中，波音公司收到的 5 亿美元，我们记为贷（＋），与此同时，大通曼哈顿银行的债务减少相同的 5 亿美元，我们记为借（－）。再假定美国的福特汽车公司以 75 亿美元收购英国的捷豹公司，捷豹公司将钱款存在英国的巴克莱银行，而巴克莱银行又用这笔钱购买了美国的短期国债。在这种情况下，在美国的国际收支记录中，美国支付的75亿美元记为借(－),而英国的巴克莱银行购买的短期国债记为贷(＋)。

资本流入包含了以下任意一种,即外国在本国的资产增加或者本国在海外的资产减少。例如,中国居民购买了美国公司的股票,意味着外国在美国的资产增加。对美国而言,这是资本流入,在美国的国际收支账户上贷记此项,相当于从国外收款。如果美国居民卖掉中国公司的股票,意味着美国在海外的资产减少。对美国而言,也是一种资本流入,在国际收支账户中记为贷方。

而资本流出包含了以下任意一种,即本国在海外的资产增加或者外国在本国的资产减少。例如,美国居民购买了欧盟的债券,美国在海外的资产增加。对美国而言,这包含了对外支付,所以在国际收支账户中记为借方。相似地,德国公司卖掉美国国债,意味着在美国的国外资本减少,包含了对外支付,所以记为借方。

总之,商品劳务的出口、单方转移收入以及资本流入都记为贷方,贷方意味着资金的流入。而商品和劳务的进口、对外转移支付以及资本流出都记为借方。贷方会引起本币需求,借方引起本币供给。

2. 复式簿记原则

在记录每一笔国际交易时,我们采用复式簿记原则。这意味着每一笔交易等额地记录两次,即贷方和借方,方向相反。每笔交易都包含贷方和借方。我们将商品卖掉的同时又收到货款,而当我们买入某种商品时需要支付货款。

假定一年中,中国所有的国际交易有以下几项。

(1) 某中国公司出口＄500商品,3个月后收到付款。商品出口意味着从外国收到货款,所以记为贷方。而支付本身是资本流动,就记为借方。由于要等待3个月才能收到货款,这3个月内,中国出口商相当于为对方进口商提供了信贷,是资本的流出,而出口商具有债权,因此记为借方。中国公司的交易记录如表5-1所示。

表5-1　中国公司向国外出口商品

项　　目	贷方(＋)	借方(－)
商品出口	500	
短期资金流出		500

(2) 一中国公民到欧洲旅游花费＄200,这意味着中国公民购买了国外提供的旅游服务,是对外支付,所以记为借方。但是支付本身记为贷方,因为旅游费的支付表示国外资产在中国增加。交易情况的记录如表5-2所示。

表5-2　中国公民到欧洲旅游的交易记录

项　　目	贷方(＋)	借方(－)
到欧洲旅游		200
短期资金流入	200	

(3) 中国政府通过中国银行向某发展中国家提供了＄100的援助,这是一种对外支付,所以记为借方。支付本身意味着本国对外的债权增加,是资本流入,记为贷方。相关交易情况的记录如表5-3所示。

表 5-3 中国政府向某发展中国家提供援助

项　　目	贷方(＋)	借方(－)
单方转移支付		100
短期资金流入	100	

(4) 一中国公民购买了＄400美国公司的股票,通过银行间系统来支付,这意味着在国内的外国银行账户余额增加。购买美国公司的股票导致中国在海外的资产增加,是资本流出,记为借方。而支付本身意味着美国在中国的分支行的资产增加,在本国的外国资产增加,是资本流入,记为贷方。当然,如果中国公民通过在美国的银行账户余额减少来支付,意味着中国在海外的资产减少,也是资本流入,同样记为贷方。相关交易情况的记录如表5-4所示。

表 5-4 中国公民购买美国公司股票

项　　目	贷方(＋)	借方(－)
购买美国公司股票		400
短期资金流入	400	

(5) 一外国投资者购买了＄300中国的债券,并且通过在中国的国外分支行支付。购买中国债券意味着在本国的国外资产增加,是资本流入,记为贷方。而支付本身表明外国人在中国的资产减少,这是资本的流出,记为借方。相关交易情况的记录如表5-5所示。

表 5-5 外国投资者购买中国债券

项　　目	贷方(＋)	借方(－)
外国购买中国债券	300	
短期资金流出		300

因此,年度中国国际收支平衡表如表5-6所示。

表 5-6 年度中国国际收支平衡表

项　　目	贷方(＋)	借方(－)
商品	500	
劳务		200
单方转移支付		100
净资本流动		200
总贷方与总借方	500	500

其中净资本余额是以下7项金额之和:－＄500,＄200,＄100,－＄400,＄400,＄300,－＄300。从统计表上可以发现,总贷方与总借方相等。在上述旅游等例子中,银行账户余额的增减,似乎与银行存款没有关系。银行账户余额是属于本国居民还是外国居民,在国际收支记录中较重要,银行是否存在实际的货币余额与国际收支记录无关。

第二节 国际交易

国际收支记录了一定时期内国与国之间贸易和资本流动的状况。这些交易包括的项目很多,我们通常将其分类记录,一般分为两类。一类是自主性交易,这些交易来自盈利和商业需要,是市场的自发行为,也称线上项目。自主性交易活动的变化会导致汇率的波动。另一类是调节性交易,是官方为了平衡国际交易的需要而进行的干预活动,即官方冲销自主性交易余额的行为,表现为官方储备资产的变化,即官方增加或减少一系列有价资产的过程,也称线下项目,或官方储备项目,或官方结算余额。表 5-7 给出了 2016 年中国国际收支平衡表的简化形式。之所以说是简表,因为该表只包含了 10 多行数据,而国家外汇管理局官方网站或者国际货币基金组织官方网站公布的完整的国际收支平衡表包含 50 多行数据。为了分析汇率的变化,我们将复杂、完整的国际收支平衡表适当转变为类似表 5-7 的分析模式。

表 5-7　2016 年中国国际收支　　(单位:亿美元)

项　目		贷　方	借　方
经常项目			
1	商品和劳务	21979	(19480)
2	投资收入	2258	(2698)
3	单方转移	309	(404)
	经常项目余额	1964	
资本项目		3	(7)
资本项目余额			(4)
非储备性金融项目			
4	直接投资	1706	(2172)
5	间接投资	434	(1103)
6	其他投资	301	(3336)
	非储备性金融项目余额		(4170)
储备性金融项目		4437	
净误差与遗漏			(2227)

(资料来源:根据国家外汇管理局官方网站数据整理而成。)

一、自主性交易

自主性交易包括经常项目和资本与非储备性金融项目。

1. 经常项目

经常项目反映的是一国与其他国之间真实资源转移的项目，是商品、服务贸易和捐赠等带来的资金流动，是国际收支账户中最基本的项目。它包括以下三项。

1）商品和劳务的进出口

如石油、计算机、小麦和服装等商品进出口。贷方记录货物出口，借方记录货物进口。包括加工服务，维护和维修服务，运输，旅行，建设，保险和养老金服务，金融服务，法律、咨询、工程劳务、保险费、专利及知识产权特许费，电信、计算机和信息服务，其他商业服务，个人、文化和娱乐服务，以及别处未提及的政府服务。贷方记录提供的服务，借方记录接受的服务，即这些服务费用的收支。这些服务贸易是看不见的贸易。贸易余额指的是净出口，它是出口值与进口值的差值。表 5-7 显示，2016 年中国的商品与服务贸易顺差为 2499 亿美元。

2）初次收入

初次收入是指由于提供劳务、金融资产和出租自然资源而获得的回报，包括雇员报酬、投资收入和其他初次收入三部分。

雇员报酬是指根据企业与雇员的雇佣关系，因雇员在生产过程中的劳务投入而获得的酬金回报。贷方记录本国居民个人从非居民雇主处获得的薪资、津贴、福利及社保缴款等。借方记录本国居民雇主向非居民雇员支付的薪资、津贴、福利及社保缴款等。

投资收入是指因金融资产投资而获得的利润、股息（红利）、再投资收益和利息，但金融资产投资的资本利得或损失不是投资收入，而是属于金融账户统计范畴。贷方记录本国居民因拥有对非居民的金融资产权益或债权而获得的利润、股息、再投资收益或利息。借方记录本国居民因对非居民投资者有金融负债而向非居民支付的利润、股息、再投资收益或利息。这项也称为投资的利息和红利收入，由利息、红利以及其他对外投资收入的收支构成。例如本国投资者持有外国债券的利息收入，记为贷方，将利息支付给国外的资产所有者，记为借方。

其他初次收入是指将自然资源让渡给另一主体使用而获得的租金收入，以及跨境产品和生产的征税与补贴。贷方记录本国居民从非居民处获得的相关收入。借方记录本国居民向非居民进行的相关支付。

总之，初次收入包括对外投资的利息和红利。

表 5-7 显示，2016 年中国的初次收入逆差为 440 亿美元。

3）二次收入

二次收入是指居民与非居民之间的经常转移，包括现金和实物。贷方记录本国居民从非居民处获得的经常转移，借方记录本国居民向非居民提供的经常转移。以往的国际收支统计表中称该项为转移收付。表 5-7 显示，2016 年中国的二次收入逆差为 95 亿美元。

表 5-7 显示，2016 年中国经常项目盈余为 1964 亿美元。经常项目盈余将增加净外

汇财富,经常项目逆差则意味着产出的消耗大于生产,逆差反映一国的净外汇财富的生产。经常项目余额,特别是贸易余额对汇率的变化很敏感。当一国货币对主要贸易伙伴国的货币贬值,该国的出口上升,进口下降,贸易余额或收支改善。一国贸易收支下的货币贬值效应很复杂,贸易收支开始可能恶化,但随后趋向改善,这就是J曲线效应。

2. 资本项目与非储备性金融项目

1) 资本项目

资本项目是指居民与非居民之间的资本转移,以及居民与非居民之间非生产非金融资产的取得和处置。贷方记录本国居民获得非居民提供的资本转移,以及处置非生产非金融资产获得的收入,借方记录本国居民向非居民提供的资本转移,以及取得非生产非金融资产支出的金额。一般包括无形资产的买卖,如知识产权、商标、经销权及租赁或其他可以转让合同的交易等。表5-7显示,2016年中国的资本项目逆差为4亿美元。

2) 非储备性金融项目

金融项目是指发生在居民与非居民之间、涉及金融资产与负债的各类交易。也可以理解为本国出售和购买国外资产的行为。根据会计记账原则,当期对外金融资产净增加记录为负值,净减少记录为正值;当期对外负债净增加记录为正值,净减少记录为负值。金融项目可细分为非储备性金融项目和国际储备资产。

非储备性金融项目是自主性的交易。非储备性金融项目包括直接投资、间接投资和其他投资。在随后的内容中我们将资本项目与非储备性金融项目归纳为资本项目(又称资本与金融项目)。

直接投资是以投资者寻求在本国以外运营企业获取有效发言权为目的的投资,包括直接投资资产和直接投资负债两部分。相关投资工具可划分为股权和关联企业债务。股权包括股权和投资基金份额,以及再投资收益。关联企业债务包括关联企业间可流通和不可流通的债权和债务。

总之,直接投资以获取经营管理权为目的,主要特征是投资者对另一经济体的企业拥有永久利益。直接投资可以是在国外建立分支企业,也可以采取购买国外企业一定比例以上的股票或者利润再投资等形式。对外直接投资的方向和规模对变化反应敏感。例如,20世纪80年代日本本田公司在美国俄亥俄州设立分厂,部分原因是日元对美元大幅升值。表5-7显示,2016年中国的直接投资逆差为466亿美元。

间接投资包括证券投资和衍生金融工具。其中,证券投资包括证券投资资产和证券投资负债,相关投资工具可划分为股权和债券。股权包括股权和投资基金份额,记录在证券投资项下的股权和投资基金份额均应可流通(可交易)。股权通常以股份、股票、参股、存托凭证或类似单据作为凭证。投资基金份额指投资者持有的共同基金等集合投资产品的份额。债券指可流通的债务工具,是证明其持有人(债权人)有权在未来某个(些)时点向其发行人(债务人)收回本金或收取利息的凭证,包括可转让存单、商业票据、公司债券、有资产担保的证券、货币市场工具以及通常在金融市场上交易的类似工具。衍生金融工具用于记录我国居民与非居民衍生金融工具和雇员认股权交易情况。

总之,间接投资是居民与非居民之间买卖外国债券、股票(直接投资中的股票除外)票据、货币市场工具以及衍生金融工具的交易。管制的放松、金融的全球化、盈利的需要使得国际证券投资达到了高峰。表 5-7 显示，2016 年中国的间接投资逆差为 669 亿美元。

其他投资是指除直接投资、证券投资、衍生金融工具和储备资产外，居民与非居民之间的其他金融交易，包括其他股权、货币与存款、贷款、保险与养老金、贸易信贷、信用交易、商业票据等。这些投资对国家间利率、汇率的变化很敏感。

有些非储备性金融项目也是商品和劳务贸易的结果，记录在其他投资项下。例如，商品贸易使用贸易贷款、出口信贷，即出口商允许进口商在一段时间后付款。这种融资方式会反映在银行的债权和债务中，因为这些交易是由出口商的银行账户来处理的。表 5-7 显示，2016 年中国的其他投资逆差 3035 亿美元。

表 5-7 反映出 2016 年中国的非储备性金融项目逆差为 4170 亿美元，经常项目顺差为 1964 亿美元，所以，在缺乏官方储备的情况下，自主性交易不平衡，出现了逆差。这也是延续多年双顺差以来的罕见逆差。

二、储备性金融项目

1. 构成

储备性金融项目是一国货币当局持有的各种外国资产，通过它可以达到平衡国际收支、干预外汇市场从而影响汇率水平等目的。储备性金融项目主要是官方储备资产，也称国际储备项目。储备性金融项目的构成包括货币性黄金、外汇储备、普通提款权（IMF 储备头寸）、特别提款权（SDRs）等。储备性金融项目也称调节性交易。

货币性黄金是指中央银行作为国际储备持有的黄金。

外汇储备是由各种能充当储备的货币资产构成的，是中央银行持有的可用作国际清偿的流动性资产和债权。能充当储备的货币一般应满足三个条件：可自由兑换的货币；普遍接受的货币，即货币能够随时转换成其他国家的购买力或清偿债务；货币内在价值稳定。

普通提款权是指成员国在 IMF 的普通资金账户中可自由提取和使用的资产。普通提款权主要包括以下三个部分。一是向 IMF 认缴份额中 25% 的黄金或可兑换货币部分。成员国可自由提取和使用这部分资金，是成员国的国际储备资产。二是 IMF 为满足成员国借款需要而使用的本币，成员国认缴份额的 75% 可用本币缴纳。IMF 向其他成员国提供某种货币贷款时将产生该货币发行国对 IMF 的债权。某成员国对 IMF 的债权，该成员国可无条件提取并用于支付国际收支差额。三是 IMF 向该成员国借款的净额，也构成该成员国对 IMF 的债权。对大多数成员国而言，第一种情况最多。

特别提款权是为弥补国际储备的不足而创造的，是 IMF 根据成员国认缴的份额分配的，可用于偿还 IMF 债务、弥补成员国政府之间国际收支赤字的一种账面资产。它是 IMF 根据份额分配给成员国的、可用来归还 IMF 贷款和成员国政府之间清偿国际收支逆差的一种记账单位或账面资产。由于它是成员国原有的普通提款权以外的提款权，所以称为特别提款权。特别提款权具有三个特点：一是它不具有内在价值，是人为创设的记账单位。其价值目前由 5 种主要货币的加权平均值构成，其权数每 5 年调整一次；二是它只能在 IMF 及成员国政府之间使用，可用于成员国向其他成员国换取可兑换货币外汇，支付国际收支差额，偿还 IMF 的贷款，任何私人与企业都不能持有和使用，也不能直接用于支付；三是它由 IMF 根据份额大小向成员国政府无偿分配。2015 年 11 月 30 日，国际货币基金组织正式宣布人民币将于 2016 年 10 月 1 日加入特别提款权(SDRs)。2016 年 10 月 1 日，特别提款权的价值由美元、欧元、人民币、日元、英镑这五种货币所构成的一篮子货币的当期汇率确定，所占权重分别为 41.73%、30.93%、10.92%、8.33%和 8.09%。

一国因为国际收支逆差必须使净收支与国外相等，这样中央银行可以动用官方储备资产或向国外央行借款。一国国际收支盈余，其央行消除外债或从国外获得额外的储备资产。表 5-7 显示中国为了弥补 4437 亿美元的(总余额)逆差，减少了等量的储备资产。所以，储备性金融项目是官方对总余额进行的融资和对外汇市场的干预。官方或货币当局对外汇市场的干预越多，储备性金融交易就越大。表 5-8 显示 2008—2017 年中国外汇储备资产余额及变动。从表 5-8 可以看出，2015 年和 2016 年中国外汇储备有较大规模减少，分别减少了 5127 亿美元和 3198 亿美元。主要原因是资本外流规模加大，除了“一带一路”倡议的推行带来的对外投资增长外，服务贸易引起的资金外流也在增长。

表 5-8　2008—2017 年中国外汇储备余额及变动额　(单位：亿美元)

年　份	外汇储备余额	外汇储备变动额
2008	19460	—
2009	23992	4532
2010	28473	4481
2011	31811	3338
2012	33116	1305
2013	38213	5097
2014	38430	217
2015	33304	−5126
2016	30105	−3199
2017	31399	1294

(资料来源：国家外汇管理局官网。)

表 5-9　2017 年中国国际收支　(单位：亿美元)

项　目		贷方	借方
经常项目			
1	商品和劳务	24229	(22122)
2	投资收入	2573	(2918)
3	单方转移	286	(400)
	经常项目余额	1649	

续表

项　　目		贷方	借方
资本项目		2	(3)
资本项目余额			(1)
非储备性金融项目			
4	直接投资	1682	(1019)
5	间接投资	1173	(1094)
6	其他投资	1513	(769)
	非储备性金融项目余额	1486	
储备性金融项目			(915)
净误差与遗漏			(2219)

（资料来源：根据国家外汇管理局官方网站数据整理而成。）

表 5-9 显示，2017 年，我国交易形成的储备资产（剔除汇率、价格等非交易价值变动影响）增加了 915 亿美元。表 5-8 显示，截至 2017 年末，我国外汇储备余额为 31399 亿美元，较 2017 年末上升 1294 亿美元。

在理解储备性金融项目时，可与国际清偿能力相区别。国际清偿能力的内容更广，它体现为一国为弥补国际收支赤字而融通资金的能力。因此，它除了包括一国货币当局所持有的各种形式的储备资产外，还包括该国政府在国外筹措资金的能力，即向国外政府或中央银行、国际金融组织和商业银行借款的能力。

2. 储备性金融项目的作用

1）弥补国际收支逆差

当一国出现国际收支逆差时，可以动用储备弥补逆差造成的外汇供求缺口，调整经济发展目标。但是长期和根本的国际收支困难，无法依赖储备项目来调节。

2）干预资产，维持本国货币稳定

一国储备的多少反映了其干预外汇市场的实力。

3）清偿外债的保证

一国在必要时可将储备兑换或直接用于支付对外债务，国际金融机构和国际银行在提供贷款时通常要评价一国的偿还能力，储备性金融项目是一个重要指标。

一国的储备性金融项目也并不是越多越好，储备性金融项目过多，持有的成本和风险会增加，特别是外汇储备资产，它的价值随市场供求变化而变化。一国国际收支盈余就是其他国家的赤字，从世界经济总体看，一国储备急剧增加也是一种不平衡。表 5-10 显示 2016 年到 2018 年第二季度全球外汇储备的构成比例。美元仍然占比很高，不过人民币在 2016 年底开始成为新兴国家和发展中国家的储备货币，并且在全球储备货币中有所增加。

表 5-10　全球外汇储备货币的构成比例　（单位:%）

项目	年份						
货币	2016	2017Q1	2017Q2	2017Q3	2017Q4	2018Q1	2018Q2
美元	65.19	64.68	64.83	63.52	62.72	62.47	62.25
欧元	19.45	19.28	19.95	20.06	20.16	20.40	20.26
人民币	—	1.07	1.07	1.12	1.23	1.40	1.84
日元	3.99	4.54	4.63	4.52	4.90	4.82	4.97
英镑	4.47	4.27	4.41	4.49	4.53	4.68	4.48
澳元	1.73	1.77	1.75	1.77	1.80	1.70	1.70
加元	1.87	1.90	1.93	2.00	2.03	1.86	1.91
瑞士法郎	0.18	0.17	0.17	0.17	0.18	0.18	0.16
其他	2.86	2.33	2.24	2.33	2.44	2.48	2.44

（资料来源:IMF 外汇储备货币构成,2016 年的数据为四个季度的平均值。）

三、统计误差

统计误差是国际收支账户编制中出现的错误与遗漏,也称净误差与遗漏。由于国际收支账户是在不同时间、不同地点进行编制的,可能会以不同的方式记录。使得国际收支的构成内容也不完善。商品交易按照惯例以某种精确度记录,但是像咨询这类看不见的服务可能会被漏掉。跨国金融交易大部分通过电子化完成,难以统计。再者,在实际操作中,国际收支的统计不是一条一条逐次进行的,统计机构只是对一定时期中的国际交易总额进行测算。关税部门会提供有关商品、劳务进出口总量的数据,而政府部门、金融机构以及各行业提供自己持有的外国金融资产和对外负债情况,由于数据来源多种多样,国际收支平衡表较难达到平衡。因此,国际收支平衡表用错误和遗漏项来平衡借方与贷方。表 5-7 显示,2016 年中国国际收支的净误差与遗漏为 2227 亿美元。表 5-11 显示 2007—2017 年中国国际收支净误差,可以发现净误差与遗漏呈增长趋势,而且显示净误差与遗漏主要体现为资金的外流。

表 5-11　2007—2017 年中国国际收支净误差　（单位:亿美元）

年份	2007	2008	2009	2010	2011	2012	2013	2014	2015	2016	2017
净误差	133	188	−414	−529	−138	−871	−629	−669	−2130	−2295	−2219

（资料来源:国家外汇管理局官网。）

编制国际收支平衡表简表时,除了经常项目、资本项目、非储备性金融项目、净误差与遗漏等以外,有时也会考虑全部差额(总余额),或官方结算余额。总余额反映与官方储备交易相一致的一国国际收支差额,也反映一国货币面临的升值与贬值压力。表 5-7 中,我们将经常项目、资本项目、非储备性金融项目以及净误差与遗漏合计,可以得到 2016 年全部交易的总余额是借记 4437 亿美元,是逆差。这意味着本国要使这个逆差与其他国家的净收支相等,在固定汇率或有管理的浮动汇率下,官方将会通过储备金融交易冲销总余额。

四、国际投资头寸

与国际收支相关的另一个概念是国际投资头寸，它衡量的是一定时期内本国在海外的资产以及国外在本国资产的总量之和。也称国际债务收支。一国国际投资头寸记录的总资产价值反映那些记录在金融账户中过去对资产的购买，以及对累计资产的贬值和资产价值的变化。与国际收支不同，国际投资头寸衡量的是资产的规模，是一国资产在国际上所处的状况，它是一个存量的概念。表 5-12 显示 2007—2017 年中国国际投资头寸年度变化，国际投资在两个方向上都在增长。2017 年中国个人、企业、政府机构、商业银行和其他组织拥有的外国资产的总额已经远高于 2007 年的 24162 亿美元，达到 69256 亿美元。净投资头寸也处于增长状态，相比 2007 年的 11881 亿美元，2017 年中国的净投资头寸达到 18141 亿美元。

表 5-12　中国国际投资头寸年度表　（单位：亿美元）

年　份	中国拥有的外国资产	外国拥有的中国资产	净投资头寸
2007	24162	12281	11881
2008	29567	14629	14938
2009	34369	19464	14905
2010	41189	24308	16880
2011	47345	30461	16884
2012	52132	33467	18665
2013	59861	39901	19960
2014	64383	48355	16028
2015	61558	44830	16728
2016	65070	45567	19504
2017	69256	51115	18141

（资料来源：国家外汇管理局官网。）

第三节 国际收支不平衡

一、国际收支不平衡与调整

国际收支平衡表采用的是复式记账原则，因此自主性交易的贷方总额与借方总额的差值应该为0,也就是说,贷方总额与借方总额是相等的。所以,国际收支平衡表永远是平衡的。但是我们会发现国际收支平衡表中具体项目的借方和贷方经常是不相等的,国际收支盈余或赤字就是针对按不同口径划分的特定账户上出现的余额而言的。当特定项目的贷方总额大于借方总额时,称国际收支有顺差(盈余);当特定项目的贷方总额小于借方总额时,称国际收支有逆差(赤字);当特定项目贷方总额与借方总额相等时,称国际收支平衡。

更一般的定义为,若自主性的交易不平衡,或者借方总额与贷方总额不相等,或者经常项目与资本项目的余额存在差值,都被认为是国际收支不平衡。例如,表5-7显示,2016年中国的国际收支不平衡,体现为自主性交易总余额逆差是4437亿美元。

自主性交易的余额决定国际收支是顺差还是逆差。而调节性交易即官方储备的余额能说明国际收支顺差如何被使用,或者逆差如何被融资。如果考虑调节性交易,正确的记录是经常项目、资本项目和官方储备项目的总余额为0,即:

$$BCA+BKA+BRA=0$$

我们也称上式为国际收支恒等式。其中,BCA表示经常项目;BKA表示资本项目,包含资本项目与非储备性金融项目;BRA表示官方储备项目。

当一国国际收支出现顺差时,该国在这个时期内的国际购买力就会提高。因为自主性交易的贷方超过借方,即自主性收入超过自主性支出。当一国国际收支出现逆差时,该国的国际购买力在这个时期内就降低了,自主性交易的借方超过了贷方,即自主性支出超过了自主性收入。自主性交易的顺差伴随着外汇储备的增加或者调节性交易中官方债务减少。这就给本币的外部价值上升带来了压力。而自主性交易的逆差伴随着外汇储备的减少或者官方对外债务的增加,这就给本币的外部价值下跌带来压力。国际收支与外汇市场之间存在着密切关系,在不同汇率制度下表现不同。

第一,在固定汇率制下,一国的官方储备允许国际收支不平衡,即 $BCA+BKA\neq 0$,汇率可以保持不变,只要 $BCA+BKA=-BRA$。

例如,如果一国国际收支的总余额存在赤字,央行就会从持有的储备中提供外汇供给。但如果持续赤字,储备用尽后就不得不贬值。

第二,在自由浮动汇率制下,央行不干预外汇市场,实际上也不需要官方储备,总余额必须平衡,$BCA=-BKA$。换言之,经常项目与资本项目可以相互作用,通过汇率的变动自主平衡。

第三,在有管理的浮动汇率制下,一国为达到汇率在短期内稳定目的,使本币保持低价以刺激出口,$BCA\neq -BKA$。有管理的浮动汇率制,往往被认为是一种以邻为壑的策略。

因此,恒等式 $BCA+BKA+BRA=0$ 不总是恒等。$BCA=-BKA$ 自身也不具有因果关系,经常项目的逆差(顺差)可能引起资本项目的顺差(逆差),或者情况相反。

二、国际收支不平衡的原因

在实际中,国际收支不平衡(又称“国际收支失衡”)可以说是常态。我们可以将国际收支失衡划分为以下几种类型。

1. 周期性失衡

由于受商业周期的影响，经济会周而复始地出现繁荣、衰退、萧条、复苏四个阶段。对于经常账户来说，危机阶段的典型特征是生产过剩、国民收入下降、失业增加、物价下降，通常有助于该国增加出口和减少进口，从而可以缓解该国的国际收支逆差；高涨阶段的典型特征是生产和收入高速增长、失业率降低、物价上升等，一般会会刺激进口，不利于国际收支顺差。对于资本账户来说，经济繁荣时期投资前景看好，大量资本流入，将会使该账户出现顺差，反之，在经济萧条时资金大量流出则会出现逆差。

2. 收入性失衡

收入性失衡是指国家间收入平均增长速度差异所引起的国际收支不平衡。在其他条件不变时，一国收入平均增长速度越高，进口也会增长得越快，容易出现国际收支逆差，而收入增长较慢的国家容易出现国际收支顺差。但是，如果考虑收入增长过程中其他因素的变化，则需要修正上述结论。例如，如果一国在收入增长过程中通过规模经济效益和技术进步引起生产成本下降，那么，收入增长不仅使进口增加，而且会使出口增长。

3. 货币性失衡

货币性失衡是指一国货币供应量与货币对内价值的变化所引起的国际收支不平衡。一国货币供应量增加，该国物价水平便会上升，会导致出口减少和进口增加，从而引起或加剧该国的国际收支逆差。货币供应量增加还会引起本国实际利率下降，通过刺激资本外逃导致该国的资本项目逆差。总体而论，一国货币供应量增长速度高于别国，其国际收支容易出现逆差。

4. 结构性失衡

结构性失衡是指一国经济结构不能适应世界市场供求结构变动所引起的国际收支不平衡。如果一个国家的产业结构不能随国际分工格局的变化而得到及时调整，便会出现结构性失衡。此外，从需求角度看，消费者偏好的改变、出口市场收入的变化、产品来源及价格的变化等都会使国际需求结构发生变化，一国的产业结构如不能适应这种变化而得到及时调整，也会出现结构性失衡。

5. 临时性失衡

临时性失衡是指短期的、由不确定性因素或偶然性因素引起的国际收支不平。例如，由于气候变化、政局变动等因素引起国内产量下降，会造成出口供给减少、出口需求增加，而国外贸易伙伴国的这类突发性事件也可能带来本国国际收支的变化。这种性质的国际收支失衡，一般程度较轻，持续时间不长。

6. 冲击性失衡

冲击性失衡是指由于游资流动而引起的国际收支不平衡。20 世纪 90 年代以来，追逐高息而流动的高达数万亿美元的短期游资（也称热钱）大多时候并非为了躲避风险而流动，而是有意“狙击”一个甚至几个国家和地区，造成这些国家和地区金融秩序动荡，国际收支严重失衡。

第四节 其他国家国际收支状况

美国从二战后的净出口国和净贷款国变成了净进口国和净借款国。在 20 世纪 60 年代以前,美国一直保持经常项目盈余和贸易顺差。美国之所以成为净出口国和净贷款国,很大一部分原因是正从二战中恢复重建的欧洲和日本急需美国的商品和贷款。20 世纪 70 年代至 80 年代,一种新的格局出现了,美国成为商品和服务的净进口国,但其经常项目仍大致保持平衡,这主要应归功于早期对外投资的利息和利润收入。20 世纪 80 年代,美国存在显著的贸易和经常项目赤字,成为全球最大的债务国。其内在原因是出现了新的联邦政府赤字,美国国民储蓄大幅下降,无法满足国内投资的需求,迫使美国不得不从日本和其他国家大量借债。20 世纪 80 年代末,美国贸易赤字曾一度有所减少,但 1991 年后又再次增加。

次贷危机爆发后,2008 年美国经常项目逆差达到 6688 亿美元。2014 年和 2016 年,经常项目逆差下降,分别为 3291 亿美元和 3157 亿美元。根据 IMF 的统计,2017 年美国经常项目逆差开始有所上升,达到 4491 亿美元,不过其外汇储备一直保持平稳状态。与此同时,美国的投资收益项目存在显著的顺差。虽然从 2014 年到 2017 年美国的金融账户出现逆差,但是到 2017 年逆差规模明显减少。在六轮货币量化宽松以后,美联储进入了加息通道。2018 年,伴随着贸易战的持续,美国的经常项目逆差仍然没有减少。

日本在 20 世纪 80 年代中期,其商品和服务差额几乎与经常项目差额相等,并且从 60 年代初开始,两个项目基本都保持盈余。随着日本商品大量占据外国市场,这一盈余在 80 年代变得很大。在那些年份中,日本的对外投资,包括对美国的大量贷款,成为国际金融的一个主导性因素(尽管其作用在 90 年代逐渐下降)。日本向净贷款国的转变,也反映了日本国民储蓄与国内投资之间差额的扩大。此外,来自外国资产的收益,也使日本自 20 世纪 80 年代中期以来经常项目与商品和服务项目出现正的差额。

次贷危机以后,日本的经济状况呈现低增长、通货紧缩和预算赤字增加的局面。随着安倍政府推出的"三支箭",即宽松的货币政策与财政政策以及结构性改革,日本的对外贸易和投资也发生了变化。伴随日元的贬值,日本的对外贸易有所上升,2014 年到 2016 年经常项目保持顺差,由 586 亿美元增加至 2536 亿美元。投资项目保持逆差,对外投资持续,储备资产 2017 年增加较快。除在 2016 年储备项目减少至逆差外,2014 年以来储备项目保持顺差。2014 年至 2017 年,日本的非储备性金融项目也一直保持顺差。

1978 年到 2008 年,德国国际收支有 18 年呈总体逆差,12 年呈总体顺差。其中经常项目有 17 年呈现顺差,2007 年经常项目顺差最大,为 2631 亿美元,经常项目逆差最大为

323 亿美元。资本项目一直维持在一个稳定水平，既无过大的顺差，也无过大的逆差。金融项目有 17 年呈现逆差，13 年呈现顺差。其中，逆差最大为 2007 年的 3253 亿美元，顺差最大为 1992 年的 492 亿美元。在经常项目中，德国的货物贸易呈现长期顺差，服务贸易保持了一定的逆差，德国的对外转移也有持续的逆差。从 2014 年到 2016 年，德国经常项目和金融项目持续增长，2016 年德国经常项目顺差达到 2902 亿美元，金融项目顺差从 2014 年的 3195 亿美元下降到 2016 年的 2672 亿美元，资本项目的顺差规模很小。尽管如此，德国国际收支顺差并未导致外汇储备的持续增加，各种储备资产的净交易额非常小。

英国的国际收支由经常项目、资本项目、平衡项目构成。三大项目中，经常项目一直呈现高额逆差，而资本项目则呈现高额顺差，平衡项目涉及金额较小，处于波动状态。20 世纪 90 年代，英国贸易模式与其他欧盟国家相差无几，贸易总额有盈有亏。20 世纪 80 年代中期油价下跌后，英国货物贸易余额几乎一直是赤字，在经常项目中，英国商品进出口历年来都呈现逆差状态，受经济危机影响，2008 年商品进出口逆差降至历史最低点，2009 年开始缓慢复苏，劳务一直呈现小额顺差，但相比商品的高额逆差，也无法挽救总体的逆差局面。英国 2004 年至 2009 年的国际收支状况总体来说十分不平衡，一直处于对于本国发展不利的态势，金融危机后，投资收入项目进一步恶化，2011 年后变化更是明显。2011 年后，英国投资收入项目从接近平衡发展到约占 GDP 3%的赤字，而过去 5 年中货物和服务贸易赤字大致维持在占 GDP 2%的水平，因此，投资收入项目的突然恶化几乎可完全解释经常账户近期的整体恶化。金融部门在帮助英国外部账户均衡方面具有关键作用，金融服务盈余占 GDP 的 2%以上，占服务贸易总盈余的近 2/3。服务业整体，特别是金融服务已成为英国对外账户不可或缺的平衡项目。至少从国际收支平衡表上，能够平衡经常项目的逆差，但是也掩盖了经济状况和货币汇率持续走势的判断。2016 年 6 月英国全民公投退出欧盟，虽然失业率有所下降，但是带来了更多的不确定性。

(1) 国际收支是指一定时期内，本国居民与其他国家的居民之间所进行的所有国际交易的统计记录。它以货币为记录单位，是一个事后的、流量的概念。

(2) 国际收支平衡表编制时采用“有借必有贷，借贷必相等”的复式簿记原则，将每一笔国际交易等额记录两次。

(3) 国际交易包括自主性交易与调节性交易。自主性交易包括经常项目和资本项目。官方储备资产是调节性交易。

(4) 如果自主性交易余额不为零，则意味着国际收支不平衡，需要用官方储备资产来冲销，或者由一国汇率调节。

(5) 如果一国国际收支持续顺差，则本国货币面临升值压力；若一国国际收支持续逆差，则本国货币面临贬值的压力。汇率的变动对进出口和国际直接投资具有重要影响。

(6) 中国国际收支面临经常项目与资本项目“双顺差”的特点。

关键词

国际收支	balance-of-payment
贷方与借方	credit and debit
复式簿记原则	double-entry bookkeeping
经常项目	balance of current account
资本项目	balance of capital account
官方储备项目	balance of reserve account
贸易差额	balance of trade
净误差与遗漏	omissions and misrecord
国际收支顺差与逆差	surplus and deficit
国际投资头寸	international investment position

复习思考题

1. 一定时期内，国际收支顺差反映一国(　　)。

A. 经常项目余额大于资本项目

B. 出口大于进口

C. 资本流入大于流出

D. 经常项目与资本项目的总余额大于零

2. 以下项目中，应记入国际收支账户的经常项目的是(　　)。

A. 投资美国的股票

B. 耐克在中国设厂

C. 红利

D. 外国人购买国内股票

3. 国际收支账户的记录采用的是(　　)。

A. 借贷法

B. 复式簿记原则

C. 平衡法

D. 实际发生额原则

4. 美国财政部以在纽约银行的活期存款支付从日本借款的利息25亿美元，应如何记入美国的国际收支账户(　　)。

A. 该项目反映美国的对外支付，记为借方25亿美元

B. 该项目造成本国对外负债增加，记为贷方25亿美元

C. 收益支出项下借记25亿美元，短期资本流入项下贷记25亿美元

D. 收益支出项下贷记25亿美元，短期资本流入项下借记25亿美元

5. 以下不属于短期资本流动的项目是(　　)。

A. 国际贸易资本流动

B. 银行间资本流动

C. 投机资本

D. 国际借贷

6. 国际收支平衡表中为什么会有净误差与遗漏项?

7. 假设一国在某年的经常账户逆差为1000亿美元,则该国的资本和金融账户应是怎样的?其金融账户与国际投资头寸有什么关系?

8. 国际收支平衡表是按照复式簿记原则记录的,为什么实际中国际收支总是不平衡?

案例 5-1　J 曲线效应

案例 5-2　双顺差格局能否持续

第六章 国际收支与汇率理论流派

本章概述　本章阐述了国际金融理论产生的背景，以及经常项目模型和资本项目模型。概述了国际收支自动调节理论产生的背景，以及基本的理论流派。

通过对本章的学习，了解国际金融相关理论产生的背景，了解不同时期产生的有关国际收支调节和汇率决定的思想和流派。通过经常项目模型和资本项目模型，理解国际收支自动调节机制与汇率决定之间的关系，掌握不同理论和模型的核心观点，理解利率、汇率和通货膨胀之间的关系。

第一节 理论产生的背景

国际收支、外汇汇率以及国际储备堪称国际金融理论三大支柱。外汇汇率是这三大支柱的基础。汇率的变动对国际收支、国际储备、国际资本流动、国际货币体系继而对整个世界经济有着深刻的影响。20 世纪 70 年代以前，理论研究的重点在国际收支项目的平衡上，直到 20 世纪 60 年代，国际资本流动日益频繁，随着 20 世纪 70 年代以后布雷顿森林体系的解体，汇率比预测显示出更大的变动性，这使经济学家将注意力转向汇率的决定因素。

由于国际收支对国内宏观经济运行以及开放经济下运行目标的实现至关重要，而汇率变动对国际收支、国际储备、国际资本流动、国际货币体系、国际金融市场、国际债务状况，进而对整个国际贸易与国际经济产生广泛而深刻的影响。国际收支与汇率既是国际金融学的一个难题，又是主题。早期的理论研究强调市场的自动调整能力。金本位制下，英国经济学家大卫·休谟提出了物价黄金流动的自动调节机制。20世纪30年代，以马歇尔为代表的经济学家从贸易收支的角度探讨了国际经济交易的价格调整机制。20世纪70年代之前，关于国际收支的理论研究占据主导。因为大多数国家将其汇率钉住美元或者黄金，随后遵循独立的货币与财政政策。当官方储备在国际收支平衡表上的净额大量减少时，这些国家面临政策问题。这样，国际收支理论研究的是整个国际收支决定因素及其组成部分这个问题，以便分析可能改变国际收支的可选政策，包括汇率变动的多种情况。所以从20世纪50年代开始，基于凯恩斯主义的理论，以亚历山大为代表的经济学家从贸易收支的角度提出了收入的调整机制。与此同时，其他经济学家从政策调整的角度也相继提出了自己的理论。其中，有代表性的理论有以下几种。澳大利亚经济学家斯旺探讨了固定汇率下贸易流内外均衡的斯旺图形。英国经济学家詹姆斯·米德指出了一种政策实现内外均衡目标之间的冲突，被称为米德冲突。荷兰经济学家丁伯根指出实现内外均衡的两个目标需要至少两个以上的政策工具，被称为丁伯根法则。美国经济学家蒙代尔将资本流动引入一般均衡的分析模型，探讨了仅运用财政与货币政策就能实现内外均衡的蒙代尔-弗莱明模型等。

20世纪50—60年代，国际经济学家将研究重点放在经常项目平衡的决定因素上，有以下两方面的原因。一是直到20世纪60年代国际资本流动才开始大量进入国际经济领域。二是固定汇率制时代，投机者只能利用经常项目收支的变化作为信号来估计汇率变动时货币可能承受的压力。然而，20世纪70年代初，发达国家如美国、英国等放弃了固定汇率制，布雷顿森林体系解体。1973年以后，汇率在很大程度上取决于市场的供求力量，而且汇率显示出比以往所预测的情形具有更大的波动性。这使得经济学家将研究的注意力从收支决定的因素转移到汇率(作为内生变量)的决定因素上来。而国际资本市场的一体化和不断增长的重要性，也引起了人们对资本项目作为汇率决定的一个因素的高度关注。相关的理论和思想包括货币主义的分析方法以及资产组合平衡理论。

综上所述，汇率决定和国际收支理论的重点在20世纪60年代主要是在经常项目上，在70年代早期和中期则是在资本项目上。虽然汇率决定的分析中，成功地引入了资本市场的作用，但是仍然存在许多令人不满意的地方。完全忽视汇率对商品和劳务的影响使得理论也存在片面性，同时资产是存量，为了获取或者转让资产，就需要流量。而这个流量也可以是经常项目的不平衡。70年代后期，经常账户盈余的国家趋于使汇率上升，而经常账户逆差的国家则经常面临汇率的下跌，这在以汇率决定为中心的资产模型中并不能看出来。同样地，购买力平价偏差的存在，使得经济学家又开始将经常项目纳入分析的重点。例如，科里的动态局部均衡模型，罗德里格茨的一般均衡下贸易流与资本流之间相互作用的模型，斯托克曼基于传统弹性方法建立的理性预期和交易约束货币需求相结合的模型。

20世纪90年代，随着行为金融学的兴起和发展，特别是90年代爆发的墨西哥金融危机和亚洲金融危机，货币的大幅贬值引起学术界的广泛关注。经济学家运用行为及心理偏差引起的资本流动来分析汇率决定。如德·邦特(1993)的汇率趋势打赌行为理论，分析过度自信引起的投机导致汇率波动。克鲁格曼(1994)、洛(1994)和杨(1993)等认为过度自信的投资者依赖的是那些不能传导的不透明的信息来做出决策而非那些透明公开的信息。当投资者突然意识到公开透明的信息如经常项目大幅逆差时，危机就爆发了。行为金融的汇率模型主要体现在行为的偏差分析如过度反应，投资者基于基本面分析与汇率趋势打赌来进行交易，汇率同时受到基本面和投资者情绪的影响。

第二节 经常项目模型

经常项目模型试图分析存在商品贸易的模型。在这类模型中至少包含商品及私人可能持有的资产。如果模型中只有两种商品，那么，一种商品的过度需求就是另一种商品的过度供给。在这种情况下，对一种商品的市场分析就是必要而全面的，而另一种商品的供求关系就不是独立的。这样的探讨就引出了汇率理论的特征。经常项目模型概述的就是与收支机制相关的汇率与经常项目决定模型。

一、弹性分析法模型

较为人们熟知的模型是弹性分析法模型，它被广泛地了解和应用。弹性分析法模型以其最简单的可能形式揭示相对价格变动对贸易余额的影响。定义 p 为 p_m/p_x，也就是进口商品对出口商品的相对价格，则：

$$M = M(p) \tag{6-1}$$

$$X = X(p) \tag{6-2}$$

$$B = X - p_m M \tag{6-3}$$

上述三个表达式分别代表了进口需求函数、出口需求函数、贸易收支余额。考虑到相对价格 p 变动，假设贬值改变 p，为了解贬值也就是相对价格变动带来的影响效果，我们将上述进口需求函数与出口需求函数的表达式分别代入收支余额表达式(6-3)，并求这个式子的全微分：

$$\mathrm{d}B = \frac{\partial X}{\partial p_x}\mathrm{d}p_x - p_m\frac{\partial M}{\partial p_m}\mathrm{d}p_m - M\mathrm{d}p_m \tag{6-4}$$

定义：

$$\eta_x = -\frac{\Delta X/X}{\Delta p/p} = \frac{\Delta X}{\Delta p} \times \frac{p}{X}$$

$$\eta_x = (\partial X/\partial p_x)(p_x/X)$$

$$\eta_m = -\frac{\Delta M/M}{\Delta p/p} = -\frac{\Delta M}{\Delta p} \times \frac{p}{M}$$

$$\eta_m = (\partial M/\partial p_m)(p_m/M)$$

令 p_m/p_x，并除以 p 得到

$$\frac{\mathrm{d}B}{\mathrm{d}p}=\frac{\Delta X}{\Delta p}-p\frac{\Delta M}{\Delta p}-M\frac{\Delta p}{\Delta p}=\frac{X}{p}(\eta_x+\eta_m-1) \tag{6-5}$$

就某两国而言，弹性都可以分解为出口供求弹性和进口供求弹性。而式(6-5)满足需求。在任何弹性分析的公式中，汇率的变动都可看作是这个体系中某种相对价格的变动。所以通过考察这个式子，弹性显然可能有正的符号，而贬值(即 p 的变动)也可能不会改善经常项目的差额。

所以，这个弹性的公式给予弹性悲观主义概念理论上的支持，因为需求曲线向下倾斜和供给曲线向上倾斜的论据并不充分。显然，足够低的弹性可能导致贬值在改善经常项目差额方面失败。即使贬值必然增加出口，如果需求价格无弹性，贬值并不会减少在进口方面的全部外汇支出。

二、凯恩斯主义总需求模型

以凯恩斯投资乘数为基础的需求模型，对汇率变动进行了分析。大部分的分析建立在以下关系式的变形上：

$$B=B(Y,R/P)$$

其中，B 是贸易余额，Y 是实际产出水平，P 是国内价格水平，R 是外汇价格。储备的变动就是 B 和单独决定的国际收支中资本流动成分的总和，B 对 Y 的偏导数被定义为负值。

这个定义在理论上是存在的。出口是由国外需求水平决定的，进口则是实际收入与支出水平的函数。因此，随着收入水平的增加，经常项目将恶化，也就是说，在出口并没有受到影响的情况下，商品和劳务的进口增加了。并且，任何由实际收支增加所引起的相关的国内价格水平的上升都将进一步恶化经常项目余额。

这个简单的总需求分析被运用到许多方面，米德利用它说明在固定汇率制下各国可能的情况。如果各国面临经常项目逆差和通货膨胀的压力，那么内外均衡的目标将是一致的。总需求的减少可减轻通胀压力并增加经常项目逆差。同样地，面临失业和经常项目盈余的各国，其内外目标是一致的。但是，如果经常项目的改善与实际产出增加是政策的目标，那么内外均衡的目标则存在着冲突。同理，如果减少经常项目盈余并降低通胀是目标，也将产生目标冲突的情况。

如果内外均衡的冲突存在，那么，以汇率变动为工具实现外部均衡是可行的。因为在总需求模型中，汇率是可以使国内经济摆脱国际收支束缚的工具。国内货币与财政政策可以做出调整，以实现国内目标。这种推理为国际收支逆差下的支出转换与支出改变政策，即汇率与财政、货币政策的分析奠定了基础。

三、吸收分析法

亚历山大揭示了弹性分析法的困难。他的出发点为以下公式：

$$B=Y-A$$

其中，B 是经常项目余额，Y 是商品和劳务的生产总额，A 是商品和劳务的支出(吸收)总额。

亚历山大提出的中心问题是，在名义和实际条件下，贬值是怎样改变支出或吸收与收入之间的关系。这个中心问题可以分解为三个基本问题：贬值是如何影响收入的？收入水平的变动又怎样影响吸收或支出？在任何给定的收入水平下，贬值如何直接影响吸收？这正是弹性分析法无法解释的问题。然而，如果汇率是以本币表示的外币的价格，那么，对汇率变动的影响完全从收入方面加以分析似乎仍然不那么全面。

这种汇率决定和国际收支中以价格为基础的分析与以收入为基础的分析之间存在明显的对立。在20世纪60—70年代的研究中，这一对立难题的大部分得到了解决。

四、货币与商品贸易

对支出-吸收和汇率变动的相对价格方面的协调，在早期研究中是努力将资产、货币引入模型来进行。肯普、多恩布什和米凯利都重点研究了汇率变动的实际余额效应。

最简单的假设是，有一个开放的小国，其生产和消费的全部商品所面临的国际价格是给定的。在这个小国中，假设可以将商品看作是一种复合商品，因为它们的相对价格是固定的。如果假定国内市场充分就业，商品与劳务价格互相竞争，这样一国实际收入和实际产出就能确定。显然，如果消费者的收入来自贸易商品的生产，消费者在预算范围内使其最大化，也就是说消费者的收入等于他们的支出，那么，该国的国际收支差额一定为零(不仅是在均衡点，是在任何情况下)。所有的汇率都将产生相同的相对价格、相同的实际收入、相同的支出结构。这样看来，汇率的分析就是多余的。

在这里，需要强调一下货币的作用。在所有新古典主义的经常项目收支模型中都假定：当预期现金余额少于或多于实际货币持有量时，支出相对收入增加或减少(可以用剑桥方程式来证明)。因此，可得出超额需求函数：

$$E_i = E_i(P_1, \cdots, P_i, \cdots, P_n, M^* - M)$$

其中，P 是商品的价格(以本币表示)，M^* 是名义余额，M 是货币存量，函数 E_i 对 $M^* - M$ 的偏导数为负值。如果引入汇率 R(外币的价格)，国内价格就等于国外价格 P^* 乘以汇率，即：

$$P_i = RP_i^* \ (i = 1, \cdots, n)$$

将用外币衡量的国际收支余额 B 定义为：

$$B = -\sum_{i=1}^{n} P_i^* E_i \tag{6-6}$$

假定货币存量和初始汇率已知，国际收支余额为零，则预期名义余额等于实际货币存量。更进一步，国外价格 P_i^* 不受一个小国活动的影响。考虑汇率波动的影响，可以对式(6-6)求微分。这里我们将微分的过程和结果省略，但是可以得到以下结论。第一，如果名义货币存量可保持不变(将盈余“封存”)，则国际收支余额 B 将继续为正，也就是说，B 是一个流量。如果不将国际收支盈余封存，而使货币存量增加，这个盈余将随时间而减少，直到最后重新为零。这就是物价-铸币-流动机制。在这种机制下，贬值将导致国内物价水平上涨，又会诱使私人减少其实际支出，以恢复其初始的实际现金余额。一旦这些余额得以恢复，这个体系中的所有实际变量的数值将回到它们的初始水平，汇率的长期影响则只体现在物价水平和名义余额上。第二，此处的分析是将汇率看作外生变量，但是它也可以内生地决定，以使国际收支余额 B 等于零，再考察货币存量一次性增加、实际货币余额需求的增加以及向国外的转移反应。第三，这个模型指出了所有国际收支模型的一个根本性质，即对商品和劳务的超额需求只可能在其他供给如货币供给增加时才存在。第四，这个模型仍是对局部均衡的分析。

五、非贸易商品或国内商品

在国际收支调节的早期凯恩斯主义模型中，每一国被假定为专门生产一种或一组商品，每一国所生产的商品价格被假定为以本国货币来表示，所以，汇率变动很自然地被认为是出口与进口商品之间相对价格的变动，对汇率变动效应的分析也着眼于出口与进口及其他变量的效应分析。汇率变动被当作是贸易条件变动的同义词。这种情况在许多方面不能得到令人满意的解释。皮尔斯、多恩布什等认为有一类国内生产和消费的非贸易品存在，在任何汇率下，这类非贸易商品的国内市场一定是出清的。非贸易商品和贸易商品存在的原因在于：运输成本很高，国内价格必须波动以保持国内市场出清，而相应的波动范围大到足以使进口或出口无利可图，或对某类进口商品的禁止性保护。在这些模型中，汇率变动改变了贸易商品相对于国内商品的价格。反过来，贸易商品相对于国内商品的超额需求变化导致汇率的波动。如果汇率固定，对贸易商品而言，只要货币当局在既定汇率下卖出外汇，买进本币，超额需求就能得到满足。然而此时，国内商品生产必须增加，在正常情况下，这种增加只会伴随国内商品价格上升，以吸引贸易商品产业的资源转向国内商品生产。在消费过程中，当国内商品价格变得更高时，消费者自然会用贸易商品代替国内商品。国内商品价格上升，并且实现了对贸易商品的超额需求（国际收支逆差），这一超额需求通过货币当局减少其外汇储备的供给来融通。由于这是个连续不断的过程，新的均衡只有在一段时间以后才能实现。新的均衡下，个人名义货币持有量增加，因为更高的国内商品价格将引起更大的名义现金持有量。国际收支逆差不会等于初始货币供应量的增加，因为后者数量的一部分将被货币持有量的资源增加所吸收。图 6-1 中的索尔特图形反映了这个变化，这个图形的基本思想也是以后斯旺图形关于固定汇率下内外均衡分析的基础。

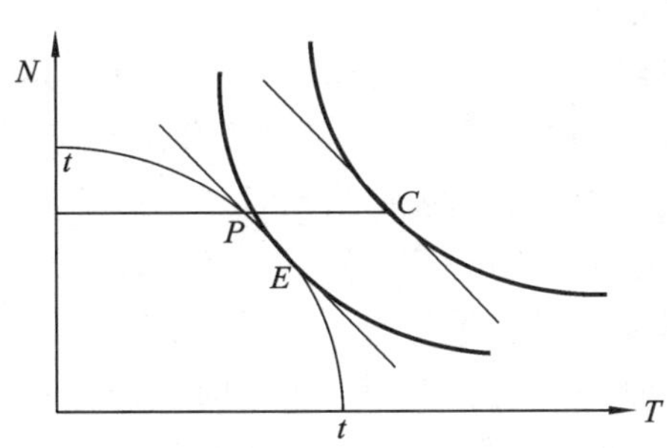

图 6-1　索尔特图形

图 6-1 中，坐标轴反映国内商品和贸易的数量，tt 曲线代表国内商品 N 与贸易商品 T 之间转换的可能性。E 表示均衡点，此点上，国内商品的生产数量等于国内商品的消费数量，贸易商品的生产数量等于贸易商品的消费数量。此时，国际收支平衡。货币供

给量增加之后，新的消费均衡在 C 点，但是生产数量在点 P，即国内商品的生产数量等于国内商品的消费数量。为使国内消费有所增加，消费者必然要超出其收入进行消费，在原来的预算点 E 和更高的国内商品价格下，消费者可能会减少对国内商品的消费。显然，在 C 点，国内消费数量超过了国内生产数量，这样就有了经常项目逆差，其数额等于 PC。因此，收支逆差只有在国内商品的相对价格高于充分均衡下的价格和支出超过收入的水平才会存在。换言之，要使经常项目逆差通过贬值得以减少，国内商品的相对价格必须先降低，相对于收入的支出必须减少。货币供给不变时，这两种效应都会通过贬值产生，即个人要恢复其实际现金余额，支出水平将会下降，进而对国内商品和贸易商品的超额需求也会减少。随着对国内商品需求的向下移动，国内商品的相对价格也将下降，从而鼓励以国内商品消费替代贸易品消费。这样看来，汇率变动来自国内商品与贸易商品的关系。

第三节 资本项目模型

第二次世界大战之后的头 20 年里，金融资本的流动通常是受到严格限制的，因此，汇率调节理论和国际收支理论大部分局限于对经常项目的分析。当蒙代尔、约翰逊以及其他经济学家开始将货币分析法运用于国际收支分析时，引起了一些误解。误解的一个主要原因是，许多经济学家已经习惯于按照经常项目交易进行思考，因而他们以为国际收支的货币主义分析是讨论商品和劳务进出口的决定因素问题。在早期这种情况是正常的，现在经济学家不仅讨论经常项目的决定因素，也探讨资本项目的决定因素以及这两者之间的关系，包括预期的作用。

资本项目模型在 20 世纪 70 年代已经开始发展。首先是将货币主义分析法引入国际收支，并对货币分析法做出动态解释，汇率的动态化适用于商品市场调节是非瞬时的实际情况，汇率与国际收支的资产组合平衡理论分析法以及资产市场法的解释更接近实际。

资本项目模型不可避免地强调资本存量和流量的调整，而这些调整模型通常是以货币均衡（将个人的自愿交易作为其初始持有量的函数）和稳定状态均衡（初始自愿存量等于初始持有量，这样就没有存量的时间变化）之间的区别为特征。本书中考察的资本项目模型之间的差别也主要依据一些假设条件。这些假设条件一方面暗含各种国内外资产之间的替代程度，另一方面暗含不同市场即商品劳务市场与资本市场的调整速度。一般而言，资本市场包括，国内外的货币市场、国内外的债券市场、国内外的股票市场。无论如何，只要这些市场的组合具有完全的替代性，那么，运用复合商品原理，它们可以综合而论，正如货币分析法的分析思路。当资产不具有替代性时，即国外居民不能持有本国债券，而本国债券与外国债券又不能完全替代，正如资产组合平衡理论分析那样，我们运用开放的小国假设就可以减少分析的市场数。

资本项目模型的突出贡献在于将注意力转向了资产市场，并为分析汇率决定和国际收支调节提供了一个存量流量的理论框架。除了货币分析法的基本观点及对后来研究的促进作用外，货币分析法的贡献体现在对于长期稳定状态的分析。因为，大多数的资产市场模型和近期对经常项目与资本项目行为的研究都保留了购买力平价、即期-远期汇率关系以及费雪方程的某种形式，作为长期均衡的基本决定因素。

一、利率与远期汇率、通货膨胀率

有三种关系在所有的汇率或国际收支决定的模型中起着重要的作用。首先是 $P = RP^*$，P 和 P^* 分别是国内价格和国外价格，R 是汇率。它是购买力平价的绝对关系式，可以表达为，当所有国家的物价水平以同一种货币计算时是相等的。购买力平价在经常项目与资本项目的联系中具有关键作用。对于这个式子，货币分析法可以这样论证，在固定汇率下，一价定律保证了国内价格水平由汇率决定。货币当局无力改变货币供给状况，除非是短期内。因为任何国内的信贷活动创造都被储备的外流所抵消。在可变汇率下，货币当局可以改变货币供给，随后是对汇率进行调整来决定价格水平，在这个价格水平下，个人将愿意持有货币。

第二种关系也同样重要，那就是即期与远期汇率之间的关系。在货币分析法中货币需求并没有假定为利率的函数。但是货币主义认为只要存在一个一体化的资本市场，国内利率水平由国际利率水平决定，因此，不考虑利率也就是合理的。这样，国内债券和国外债券可以被当作是一种单一的资产，也就是可以完全替代。如果资产组合调节是瞬时的而且没有成本，那么，合意的和实际的债券持有量在每个时点上都会相等。利率由国际水平决定的观点使货币分析法与资产组合平衡分析法分道扬镳。在假定预期通货膨胀率为零时，购买力平价与远期汇率理论结合，为货币分析法提供基础。远期汇率理论有时也指利率平价理论。远期汇率理论认为，在不考虑交易成本的情况下，升水（远期与即期汇率之间的差价）必须等于利差（相同时间间隔内）。因为人们可以无风险地（至少就汇兑风险而言）买进外国债券和卖出远期外汇。若升水低于利差，人们在买进外国债券的同时卖出国内债券比较有利；相反，若升水高于利差，就会刺激人们做出相反的买卖行为。只有当升水等于利差时，资本市场才会处于均衡状态。可用公式表示为：

$$\frac{1+i}{1+i^*} = \frac{F}{S} \tag{6-7}$$

其中，S 是即期外币价格，F 是远期外币价格，i 是国内利率水平，i^* 是国外利率水平。若没有交易成本和风险，这个式子不成立时，就存在套利行为，即买进或卖出某物以利用差价而获取无风险利润的过程。这个式子揭示了远期汇率与利率之间的关系。远期市场干预对一个小国而言，将影响其国内公开市场业务，改变国内利率水平；同样地，国内公开市场业务也会改变远期汇率的升水。所以，远期与即期关系必须满足利差条件。如果投资者相信本币下跌的比率将超过远期外汇贴水，那么他们将买进即期外汇，同时卖出远期外汇；相反，如果投资者预期本币升值，相反的买卖行为将会发生。通过这种套利活动，远期外汇的升水会反映货币贬值的预期率。所以，在这些假设条件下，即期汇率与远期汇率之间的第二种关系为：

$$S^e = F \tag{6-8}$$

S^e是预期的未来即期汇率，F 是远期汇率。式(6-8)表明远期汇率较好地预测了未来的汇率水平。不过，这个模型并不能说明汇率的重新组合是由于投机还是套汇的结果所致。因此，即期汇率行为在式(6-7)和式(6-8)中都没有得到说明。

第三种关系是费雪方程所阐述的。费雪方程简要地表达了实际利率等于名义利率减去预期通货膨胀率。如果实际利率由于资本的流动在世界范围内达到均等，则名义利率的差异一定反映出预期通货膨胀率的差异。可用公式表示为：

$$i = r + \pi$$

$$i^* = r + \pi^* \tag{6-9}$$

其中，r 被假定为世界范围内均等的实际利率，是一国特定的预期通货膨胀率。

新古典主义将上述关系结合起来。假定只有两个国家，它们都具有通常的竞争条件。假定未来的通货膨胀率为已知，在式(6-9)中，未来的通货膨胀率之差等于名义利率之差。在式(6-7)中，这个差值必须等于远期与即期汇率差。但是在式(6-8)中，远期汇率是预期的未来即期汇率。这意味着由购买力平价得出的预期构成了汇率决定的合理预期模型。就式(6-7)、式(6-8)、式(6-9)而言，除了购买力平价与这些均衡条件相一致以外，根本就没有什么合理预期的解释。这个模型包含着购买力平价原理，因此购买力平价被看作是汇率的长期稳定器。在可变汇率下，不同国家的货币扩张率产生不同的名义利率和即期汇率与远期汇率的关系，等于预期的通货膨胀率差，并且与购买力平价一致。若一国改变其预期货币创造率，那么，抛补套利和投机活动会使即期汇率和远期汇率两者立即向新的预期调节。当然，这里的假设前提是没有成本，市场是瞬时调整的，资源能有效配置，实际产出由新古典主义力量决定，资本充分流动，货币变量对实际变量没有影响。

二、国际收支货币分析法

国际收支货币分析法最初由美国经济学家蒙代尔、约翰逊等人提出。货币分析法的早期，一般将经常项目和私人资本项目结合起来，着重论述固定汇率下的官方结算差额的决定因素。经常项目不再是分析的焦点，分析的重心转移。以后的分析对早期的研究做了大量的补充，如今，也很难将货币分析法与资产组合平衡模型的倡导者完全区分开。国际收支货币分析法，在固定汇率下，强调国际收支的决定因素，这个决定因素就是官方或货币当局持有的国际货币量的变动。在可变汇率制下，汇率起调节国际收支的作用，汇率的变动作用体现在对名义货币余额的需求上。例如：本币贬值，居民就要通过减少其支出来恢复其现金余额，因此，将会有一个超过支出的超额收入和储备流入额；相反，本币升值，居民将超出收入地消费，以减少现金余额。

三、汇率动态化

货币分析模型假定所有市场是瞬时调整的。多恩布什提出了重要的更正，资本市场的汇率调整比较迅速，而商品市场的价格调整比较缓慢。这样得出的汇率动态模型保留了货币分析法长期均衡或稳定状态的所有特征。但是，实际汇率和利率的短期水平则不同于其长期水平，这样，货币政策会对动态化模型中的实际变量产生影响。

汇率动态化或超调现象在任何非瞬时调整的市场模型中都会发生。在非瞬时调整情况下，汇率超调现象在商品价格只是缓慢调整时会伴随一个完全可预期的调整过程而产生。例如，对货币供应量增加做出反应时，汇率起初的调整幅度比长期的要大，这样向新的长期均衡方向调整的轨迹与起初的冲击方向呈反向状态。货币供应量增加，导致汇率较大幅度地一次性下跌，随之是汇率上升，但这是通过其他途径调整的。在调整阶段，国内价格持续上升而汇率也经历了上浮的过程。购买力平价不能成立，除非处于长期均衡状态。

从本质上看，国内利率总是等于国际利率加上国内的外币价格预期水平，而汇率的上升幅度则是即期和远期汇率之差的函数。如果实际货币余额需求的先行对数关系是国内利率和实际收入的函数，则国内价格水平(即期和远期汇率之差的函数)的时间轨迹与汇率的时间轨迹可通过下式联系起来：

$$e = \bar{e} - (1/\lambda\phi)(p - \bar{p})$$

其中，e 是外汇价格，λ 和 ϕ 分别是利率和收入对实际余额的需求弹性，p 是国内价格，变量上的横线表示长期稳定状态。当价格水平低于长期均衡水平时，外汇价格就高于其长期水平，名义收入也高于其长期水平(实际收入不变)。在既定利率时，对货币的名义需求情形也相同。由此看来，利率必须低于其长期水平，以使货币供给能自愿地得以维持。因此，在调整过程中(世界其他各国物价水平不变)，国内价格水平的上升伴随着利率的上升，如果起初没有汇率超调，在调整过程中就不能获得利率平价，可盈利的套利机会就会出现。

四、资产组合分析法

如果说国际货币分析法的重点在于货币需求的存量和流量分析，那么资产组合分析法将重点转向个人对持有国内资产还是外币计价资产的选择上。蒙代尔-弗莱明模型被认为是资产组合分析法的前提，弗兰克尔和罗德里格茨等人将国际货币分析法与后来的研究联系在一起，建立起我们今天熟悉的资产组合分析法。资产组合分析法与货币分析法两者的实质都是假定对持有国内货币或资产的选择要么是持有外国资产，要么是增加经常项目支出。但是资产组合分析强调了国内资产与外币计价的资产的不可完全替代性：

$$M = \alpha(i, i^*)W$$
$$D = \beta(i, i^*)W$$
$$F = \gamma(i, i^*)W$$
$$W = M + D + F$$

其中，M 是本国货币，D 是本国资产供给，F 是外国资产，i 和 i^* 分别是本国名义利率和国外名义利率，W 是初始财富。$\alpha+\beta+\gamma=1$，可正可负，取决于一国是净债权国还是净债务国。如果资产给定，汇率的变化将导致全部资产的变化以及对外国证券需求的改变。如果国内货币供给和资产一定，则汇率起平衡资产需求与供给作用。国外资产的均衡条件为：

$$R = g(i, i^*)\frac{W}{F}$$

上述方法说明汇率是一种价格，根据这个价格，个人愿意持有国内和国外资产存量。如果国内和国外的利率由资产市场均衡决定，研究的重点就在于促使资产组合平衡的汇率的作用，汇率的变化会给资本带来盈利或损失。

本章小结

(1) 早期的汇率理论的重点是弹性分析法、吸收分析法等经常项目模型。

(2) 从经常项目模型分析过渡到以资本项目模型分析为核心有三种重要关系，即利率、即期-远期汇率和通货膨胀率及其之间的关系，而购买力平价是将这三者相结合的核心。

(3) 国际收支的货币分析法以及汇率动态化和资产组合分析法成为重要的汇率决定理论。

关键词

经常项目模型	current account model
资本项目模型	capital account model
货币分析法	monetary approach
资产组合分析法	portfolio balance
弹性分析法	elasticity approach
吸收分析法	absorption approach
汇率动态化	exchange rate dynamics

复习思考题

1. 经常项目模型主要有哪些?
2. 资本项目模型主要有哪些?
3. 从经常项目模型分析过渡到资本项目模型分析有哪三种重要的关系式?
4. 简单描述利率、汇率与通货膨胀率之间的关系。

第七章
汇率决定理论

本章概述　本章阐述了购买力平价和利率平价的基本思想，阐述了货币主义关于汇率决定因素的观点、理论基础和结论。论述了资产组合平衡理论的基本观点，探讨了不同扰动下的资产组合平衡对汇率产生的影响，以及财富水平变动引起的资产组合调整对均衡汇率的作用。

通过对本章的学习，了解购买力平价思想的来源，理解购买力平价对汇率的决定作用。通过购买力平价的绝对和相对形式，理解购买力平价在长期中的作用。通过套利活动，理解利率平价的思想。了解抛补与无抛补套利的含义，理解利差与远期外汇市场之间的关系。当货币供给增长时，根据价格对扰动反应的敏感程度不同，理解货币主义分析法与汇率超调理论的区别。从资产的角度，理解资产组合平衡理论的思想，了解货币主义、汇率超调以及资产组合平衡理论对汇率决定的不同机制。

汇率波动的影响因素包括国际收支、通货膨胀、利率、经济增长、心理等因素。这些因素的相互作用使得汇率的变动十分复杂，同时，汇率也会反作用于这些因素，从而对国内和国际经济产生影响。大多数国家使用的是本国货币(简称“本币”)，货币兑换的方法使得本币有可能用于国际支付。所以这里有一个根本问题：汇率在何种程度上才能成为实际变量？这主要取决于为实施国际支付所选择的机制。

汇率决定理论的核心就是考察这些机制在不同的汇率安排下的作用。汇率安排可以理解为汇率制度，有以下三种情况。

第一种情况是，国家以立法的形式规定本国货币不可以自由兑换，即本币不能自由地兑换成其他国家的货币，并且国家还可能严格控制国际交易许可权。在这种情况下，所运用的许可权机制对国内相对价格有着重要的影响，但对货币总量的影响微乎其微。

第二种情况是，一国可能长期将本币与某一国际货币的汇率固定。如果允许自由贸易，则该国就会从根本上选择放弃货币主权，因为该国的货币供给将由价格-货币-流通机制来决定。例如，某国货币与美元汇率固定，并且根据中央银行所持有的美元量多少来发行国内货币。如果该国国际收支出现逆差，货币当局就会卖出美元，国内货币供给将紧缩。私人对国外商品的预期消费水平下降，国内商品对外国人的吸引力上升。结果就是逆差减少(也就是美元持有量减少)。反之，如果国际收支盈余，则中央银行的美元持有量将增加，国内货币供给也因此增加。此时用于国外商品和劳务的支出将增加，出口减少，进口将趋向增加，盈余减少。价格-货币-流通机制是固定汇率制下的调整机制的一种基础模式。

大多数国家采取的是介于上述两种情况之间的第三种国际收支安排形式。这里分为两个维度。一部分国家允许经常项目交易实行自由兑换，但对资本项目交易实行限制。例如，目前中国实现了经常项目下的自由兑换，对资本项目仍然有所管制。另一部分国家对任何形式的国际业务都不加限制，如美国、英国等发达国家。同样地，一部分国家实行固定的汇兑平价，只是偶尔在迫不得已的情况下才做出调整；另一部分国家则让汇率由外汇市场来决定，但或多或少地进行一些干预，这就是“有管理的浮动”。

汇率理论的研究重点已经从固定汇率下的货币数量变动问题转到了可变汇率下的价格变动问题，但是这两个问题的联系非常密切。无论如何，汇率研究的基本观点仍为：国际收支安排的目的是为了促使国家间商品、劳务和资产交易的顺利进行。所以，这个目的的实现是评价各种国际收支机制以及相应政策的依据。

汇率理论着重分析各种汇率安排对相关变量的影响。汇率理论与国际金融不同，国际金融与某一支付手段如信用证、欧洲美元等金融工具及其操作知识相关。而汇率理论对国际收支的具体细节加以概括，研究固定汇率、可变汇率以及其他汇率安排如何影响一般国际经济。

第一节 购买力平价

购买力平价是国际金融学中最基本的思想。从某种意义上说，围绕购买力平价的问题及其解释是汇率决定理论的核心。购买力平价的思想可以说与货币同时代产生。它的研究可以追溯到16世纪西班牙萨拉曼卡大学学者的研究，他们从一价定律推导出购买力平价。19世纪，李嘉图将购买力平价的思想用于其贸易理论。然而，最有影响的是1922年瑞典经济学家卡塞尔的购买力平价理论。至今有关购买力平价的研究和评价从来没有停止，购买力平价成为开放经济下宏观经济理论的基本假定之一，在不断发展的过程中，其思想一直影响着理论和实际的研究。

购买力平价断定，以同一种货币表示价格时，某一国的价格必定等于另一国的价格。一般认为购买力平价是基于一价定律提出的。一价定律的存在是以市场完全竞争和商品完全同质为前提，在不同的国家和地区，同质商品的不同价格所引起的套购行为将最终导致同质商品的价格差异消除，结果是价格趋于一致。

一、封闭经济下的一价定律

我们可以用式子来表示：

$$P = P' + c \tag{7-1}$$

其中，P 和 P' 分别表示一国国内不同地方的同种商品的价格；c 是交易成本，即与交易相联系的、超过实际交换的商品成本的所有成本。当不同地方的同质商品价格不同时，将刺激人们在价格低的地方买入，再到价格高的地方卖出。如果交易成本为零或被消除，则 P 与 P' 一致。

假如，某热门国际歌星的演唱会将于两周内在北京音乐厅举行。全国票面价格 800 元一张的门票已经销售一空，但是超额的演唱会门票需求会导致黑市的产生，票贩子们会在音乐厅附近或微信群等处进行交易。票贩子们会密切关注票面价格和超额需求之间的价格差异，他们会尽可能地从票价便宜的地方更快地获得门票。例如相比该歌星在北京的演唱会门票，武汉地区的演唱会门票更便宜，每张 500 元。那么根据一价定律，黑市上，武汉地区的门票也会卖到 800 元。因为票贩子的套利行为会将这种差价消除，否则票价高的地区的门票不容易销售。如果票贩子获取门票差价利润随着其获取门票的成本上升，其获取的利润将降低。再如，春节期间的火车票存在超额需求。正常的 12306 官网上的各地返程火车票有限，并且早在一个月前就销售完，那些套利者利用抢票软件可以对需求者加价，让需求者可以抢到热门的火车票。然而加价后的火车票的票价一般不会超过正常的商务座的票价。这两个例子中票贩子也是带有投机目的的，投机就是持有商品和劳务以期从未来的价格上涨中获得超额利润的行为。一般短期中的均衡价格有时会受到投机活动的影响，一价定律很难满足。套利一般是要消除地区差价，投机想要获得利润但具有风险，因为超额利润不一定能实现。任何市场，可以说始终存在这两类交易者即套利者和投机者。有时我们很难区分套利者和投机者，一般也没有区分套利还是投机。

随着物流和电子商务的发展，一国内部的商品和劳务的交易成本逐渐降低，信息充分，可贸易的商品和劳务满足一价定律相对更容易。不可贸易的商品以及交易成本的存在，可能使同质商品的价格并不相同。不可贸易的商品是指区域内的价格差异不能通过套利消除的商品。劳务一般不可贸易，例如理发。其他不可贸易的商品如不可移动的房地产等。

二、开放经济下的一价定律

开放经济下的一价定律的相关公式为：

$$P = RP^{*} + c \tag{7-2}$$

其中，R 是汇率，P 是本币表示的价格，P^{*} 是外币表示的价格，c 是交易成本。在固定汇率下，这个式子的存在依赖商品的套购。在浮动汇率下，商品套购将引起汇率的变化，从而改变外汇市场的供求关系。

例如，在美国，一件衬衣的售价是 \$10，而同样的一件衬衣在英国是￡4。如果 \$/￡

=2.5，假定交易成本为零，那么将英镑换成美元，在英国这件衬衣的价格也是 10 美元。这满足一价定律，但是现实中的贸易远比这件衬衣复杂，由于交易成本的存在，如关税、信息收集、法律限制等，这件衬衣在英国的价格换成美元可能就是 15 美元。在现实中同质商品换成相同的货币，所表示的价格并不始终一致。即使是衬衣，来自不同的品牌、不同的设计风格、竞争策略等，在国内不同地方衬衣价格呈现差异，衬衣的国际价格更是迥异。

再如上例中，某热门国际歌星还将在日本东京举行演唱会。如果北京居民手中有许多票，东京的票贩子想投机的话，其所承担的风险比封闭经济下要高得多。票贩子不仅要承担门票需求变动的风险，还要承担汇率变动的风险。

一价定律只适用于可贸易的商品，对于那些不可贸易的商品如房地产、建筑材料、服务等，由于无法移动、运输成本高等特点很难满足一价定律。

三、绝对购买力平价

如果我们考虑中国和美国两个国家，假定不存在交易成本，那么所有的商品和劳务适用一价定律。这样式(7-2)就可以转化成以下表达式：

$$R=\frac{P}{P^{*}} \tag{7-3}$$

其中，R 是即期汇率，P 是国内商品和劳务的价格指数，P^{*} 是国外商品和劳务的价格指数。价格指数即各个商品和劳务价格的加权平均数，权数由各商品劳务消费的份额决定。这是购买力平价的最简单表达式，被称为绝对购买力平价的表达式。这个式子也可以表达为，当所有国家的物价水平以同一种货币计算时，其应该是相等的。这个式子中，商品和劳务如果满足一价定律，那么也满足购买力平价。

购买力平价是一价定律在整体物价水平下的体现。从宏观经济的角度看，汇率取决于两国绝对价格的比率。然而，这也只存在于浮动汇率之下。更进一步，绝对购买力平价并没有依赖一价定律。因为不同国家之间单个商品价格存在差异可以应用一价定律来解释。然而，那些服务贸易不可能通过贸易消除价格差异，或许存在着促使不同国家的生活费用大致相等的内在约束力，促使类似理发这样的服务在不同的国家形成统一的价格。从这个意义上讲，一价定律不一定对每种商品和劳务都成立，一价定律在某种商品上的偏差能抵消其在另一种商品上的偏差，但是总体上商品和劳务能满足购买力平价。最后，从价格指数来看购买力平价。绝大多数经济学家都认为没有一个公布的物价指数可以作为检验购买力平价所指的适当的物价水平。即使是同种商品，也存在质量上的差异，实际支付价格和标价不一致等问题，以及税率不同、公共物品供给程度不同等因素，使得国家间生活费用的比较难度很大。

根据绝对购买力平价，如果本国的物价水平相对国外上升，将导致本国货币对国外货币贬值。以此为尺度测算到的竞争性将是一成不变的，而且不同国家的竞争性相等，至少就一般价格水平表示的商品和劳务而言，没有哪个国家在价格上优于其他国家。然而，在现实中，有些商品和劳务的价格上升快，而另外一些则上升慢，甚至是不变的，国家间的竞争性远非固定不变。有时，总体的价格水平虽然没有变化，汇率却发生了变化。所以，汇率的变化来自实际经济变量，有时来自经济的冲击，例如相对价格的变化可能使汇率变化。因此,相对价格的变动也会引起汇率的变化。所谓相对价格,就是一种商品和劳务相对于另一种商品和劳务的价格。这样,就出现了相对购买力平价,即一国通胀率高于(低于)另一国通胀率的幅度与其汇率的贬值(升值)幅度是相同的。

四、相对购买力平价

考虑到相对价格的变化,我们对式(7-3)进行全微分,也就是百分率变化,或者式子两边取对数,目的就是将相乘或相除的项分开,便于分析。这样,我们可以得到相对购买力平价的表达式:

$$\hat{R} = \hat{P} - \hat{P}^* \tag{7-4}$$

式中的"∧"表示变化率,也就是说两国价格的相对变化决定了汇率的变化。价格变化率反映了一国通货膨胀的状况,通货膨胀率反映了一国价格的总体上升情况。因此,相对购买力平价也可以表示为:

$$\hat{R} = \pi - \pi^* \tag{7-5}$$

其中 π 和 π^* 分别表示本国与国外的通货膨胀率。

式(7-5)也说明,如果一国汇率下跌,其通货膨胀率一定高于外国。如何理解这一关系呢?当价格上升时,货币的价值会下降,价格上升越快,货币价值的下降也越快。如果只有两个国家,本国价格相对于国外上升越快,本币价值相对于国外下降也越快,本币汇率贬值也越快。例如,英国的通货膨胀率为10%,而此时美国的通货膨胀率为4%,则英镑对美元将贬值6%。

式(7-5)采用通货膨胀率,避免了对价格指数基期选择的困难。这就是绝对购买力平价一般作为理论模型而相对购买力平价可以得到实践检验的原因。

五、购买力平价理论的评价

1. 理论的经验检验

购买力平价涉及的是不可观察的数据,在现实中,有的商品可以得到检验,满足购买力平价,其他一些商品和劳务却很难满足购买力平价。

例如,理发这项服务,在发达国家其价格普遍高于发展中国家十倍。如果用购买力平价预测汇率,容易高估发达国家的汇率水平。电影这样的标准化产品,在不同的国家和地区票价存在很大的差异。即使是麦当劳的巨无霸汉堡(简称"巨无霸")在不同国家制造标准一致,其价格在不同国家也存在很大的差异。一个测量购买力平价的简单例子是巨无霸指数,该指数由于1986年《经济学人》杂志对它的使用而闻名于世。巨无霸指数用来衡量不同的货币相对于美元的估值程度。该指数基于购买力平价,从长期来看,汇率应该会自行调整,使相同的一篮子可交易商品的价格趋于一致。这个篮子里只有一件商品——巨无霸。《经济学人》杂志将麦当劳在各国的分店中出售的巨无霸的价格进行了比较。如果一个巨无霸在美国的价格是4美元,在英国是3英镑,那么美元与英镑的购买力平价汇率就是4美元=3英镑。假如在这个例子中美元和英镑的汇率是1比1,那么根据购买力平价理论,以后的真实汇率将会向购买力平价汇率靠拢。然而,现实中汇率的变化并不像理论所描述的那样。如表 7-1 所示，相对于美国 4 个城市巨无霸的平均价 4.80 美元，挪威的巨无霸最贵，需要 7.76 美元；印度最便宜，只需要 1.75 美元。表中第 3 栏反映了美元对货币的购买力平价，是将各国价格除以美国价格得到，如中国，美元对人民币汇率是 16.90/4.80＝3.52，那么实际汇率按照购买力平价应该在 3.52。表中第 4 栏反映了当时美元对人民币的实际汇率是 6.20。表中第 5 栏反映了实际汇率与购买力平价的偏差，即(3.52－6.20)÷6.20＝－0.43，可知人民币被低估 43％。

表 7-1　巨无霸价格与汇率(2014 年 6 月)

国家(地区)	汉堡本地价和美元价格		美元对货币的购买力平价	美元对各货币的实际汇率	实际汇率与购买力平价的偏差
美国	\$4.80	\$4.80	1.00	1.00	0.00
澳大利亚	A\$5.10	\$4.81	1.06	1.06	0.00
巴西	Real3.00	\$5.86	2.71	2.22	0.22
英国	£2.89	\$4.93	0.60	1.69	－0.64
加拿大	C\$5.64	\$5.25	1.18	1.07	0.10
中国	Yuan16.90	\$2.73	3.52	6.20	－0.43
欧元区	€3.68	\$4.95	0.77	1.35	－0.43
印度	Rupee105.00	\$1.75	21.88	20.09	0.09
日本	¥370.00	\$3.64	77.08	101.53	－0.24
墨西哥	Peso42.00	\$3.25	8.75	12.93	－0.32
挪威	Kroner48.00	\$7.76	10.00	6.19	0.62
俄罗斯	Ruble89.00	\$2.55	18.54	34.84	－0.47
南非	Rand24.50	\$2.33	5.10	10.51	－0.51
瑞士	SFr6.16	\$6.83	1.28	0.90	0.42
土耳其	Lire9.25	\$4.42	1.93	2.09	－0.08

(资料来源:《经济学家》，2014 年 7 月 26 日。)

研究表明，尽管全球化使得商品和劳务的流动性增强，但在过去的 20～30 年，全球商品市场的一体化程度仍然很低，交易成本如运输成本、信息成本、贸易保护成本以及劳动力的低流动性，都是造成同质商品和劳务价格不一致的原因。因此，购买力平价难以得到有效的检验。

总之，购买力平价理论的偏差主要体现在以下几个方面。

(1) 并不是所有的商品和劳务都能通过贸易或者套购来消除价格差异，导致购买力平价理论出现偏差。

(2) 汇率的影响因素是多方面的。国际资本流动、宏观经济政策等都将影响汇率的波动。

(3) 物价指数的测算。发达国家和发展中国家的价格指数篮子存在差异，所以，测算出的汇率与购买力平价有差异。

(4) 市场竞争的不完全。购买力平价提供了完全竞争的概念。现实的汇率值很少恰好等于购买力平价决定的汇率,特别是在短期内。

不过,我们仍然可以得出以下比较可靠的结论。

(1) 购买力平价对某些商品是适用的,例如那些可贸易的大宗商品(如小麦和钢铁等)。购买力平价对某些商品不适用,例如那些不可贸易的商品,或者将所有的商品和劳务放在一起考虑。然而,对于那些非贸易品如房地产,对于不同地区的房地产,在一定时期内,其价格的波动幅度如果相似,我们也可以认为满足购买力平价。

(2) 当纯粹货币扰动时,即高通胀时期,购买力平价容易得到检验。在经济稳定状态下,购买力平价难以得到检验。

(3) 由于某种内在的约束力,尽管理论上现在还无法计算这种内在的约束力,但能促使不同国家和地区商品和劳务的价格特别是生活费用趋于一致,满足购买力平价。例如教育费用、医疗费用、娱乐费用等趋于一致。

2. 购买力平价理论的贡献

绝对购买力平价的含义是国与国之间价格水平相等,而相对购买力平价则表示本国价格水平的相对变化等于国外价格水平与汇率乘积的相应变化。这两种形式都可以解释为:

(1) 在给定通货膨胀率下对汇率波动的预测;

(2) 一种均衡条件;

(3) 贸易商品与劳务的恒等式;

(4) 无论正确与否,购买力平价是分析汇率变动的重要基础。

绝对购买力平价可以帮助我们理解实际汇率的概念。货币市场与资本市场上的利率可以分为名义利率与实际利率,根据费雪尔方程式,两者的差异是一国的通货膨胀率。外汇市场上的汇率也可以分为名义汇率和实际汇率。名义汇率是外汇市场供求关系形成的挂牌的、各大媒体公布的汇率,或者一国外汇管理部门制定并宣布的汇率。实际汇率是在国际竞争中表现出来的本国产出的相对购买力,它所反映的是将两国物价指数相对变化的影响从名义汇率中剔除以后,一国货币实际价值的对比及其增减变化。显然,如果绝对购买力平价关系能够存在,则实际汇率应该等于 1,当然现实中是不可能成立的,所以在检验时我们更愿意使用相对购买力平价。然而,实际汇率的意义就在于,它揭示了名义汇率对实际汇率的偏离程度,或者说,它以购买力平价来判断一国货币的高估(定值偏高)或低估(定值偏低)的状况。

此外,购买力平价所决定的汇率一直被用于评价各国经济实力,例如购买力平价是计算 GDP 的一项重要指标。表 7-2 显示了 2017 年全球经济体总量排在前 15 位的国家分别以购买力平价决定的汇率和市场汇率折算的 GDP 值。在现实中,考虑到购买力决定的汇率,人民币汇率缓慢升值逐渐摆脱原来钉住美元的制度也受到关注。

表 7-2　2017 年经济体总量排在前 15 位的国家　　(单位:百万美元)

以购买力平价决定的汇率折算的 GDP		排名	以市场汇率折算的 GDP	
中国	23300783	1	美国	19390604

续表

以购买力平价决定的汇率折算的 GDP		排名	以市场汇率折算的 GDP	
美国	19390604	2	中国	12237700
印度	9448659	3	日本	4872137
日本	5562822	4	德国	3677439
德国	4193923	5	英国	2622434
俄罗斯	3749284	6	印度	2597491
印度尼西亚	3242769	7	法国	2582501
巴西	3240524	8	巴西	2055506
英国	2896833	9	意大利	1934798
法国	2871264	10	加拿大	1653043
意大利	2410985	11	俄罗斯	1577524
墨西哥	2344197	12	韩国	1530751
土耳其	2254114	13	澳大利亚	1323421
韩国	1969106	14	西班牙	1311320
西班牙	1773972	15	墨西哥	1149919

（资料来源：世界银行。）

第二节 利率平价

利率平价揭示的是抛补套利存在的条件下，汇率与利率之间的关系。套利反映了金融市场上的趋利行为，可以分为无抛补套利和抛补套利。

一、无抛补套利平价

近年来，日元因为利率水平比较低而成为避险货币。套利通常会先借入低利率的日元，然后将其兑换成高利率的货币如澳元，并进行投资。这种交易策略能带来高额收益，这就是无抛补套利。这种套利风险很高，因为无抛补套利是基于汇率不变或者套利者对市场预测十分准确的情况下，从而可以获利。假设日元大幅升值，如果将澳元的收益换成日元，则其收益很容易变成负值，从而导致损失。所以，在进行无抛补套利时，最重要的就是要时常检查敞口规模，一旦市场朝着不利的方向波动，就应立即采取行动平仓。无抛补套利会导致市场的波动性加大，因为市场交易者都在寻找市场不均衡产生的获利机会。

我们从传统的一年期存款出发，来讨论无抛补套利平价。

假定投资者手中有＄1，他可以在国际资本市场上选择收益高的地方投资。按照货币主义的观点，只要存在一个国际一体化的资本市场，国内利率就由国际利率水平决定。如果不存在交易成本，则对市场的预期作用十分明显。因此，对于上述假定，如果＄1存在美国纽约的银行一年，则到期收益为＄1 $(1+i_{\$})$。$i_{\$}$是纽约的利率水平。

如果投资者将这1美元换成欧元，S是即期汇率，则1美元在即期市场可以兑换为$1/S$单位的欧元。然后，存放在德国法兰克福的银行一年，则到期时再将欧元收益换成美元。假定此时的市场预期汇率是S_e，则到期收益为 ＄1 $(S_e/S)(1+i_{€})$。$i_{€}$是德国法兰克福的银行年利率。投资者将该美元收益与1美元直接存放在美国的银行的到期收益进行比较。

当$(1+i_{\$})>(S_e/S)(1+i_{€})$时，投资者会将资金存在美国，这使得市场上即期汇率下降，人们预期欧元价格将上升，资金流入美国直到两个市场的投资收益相等为止。

当$(1+i_{\$})<(S_e/S)(1+i_{€})$时，投资者会将资金转移到德国，此时即期汇率上升，同时人们预期美元的价格将上升，资金流入法兰克福市场直到两个市场的收益率相等为止。

由于一年以后的汇率是不确定的，资金投在美国还是德国取决于投资者对未来市场汇率的预期，即S_e。如果$(1+i_{\$})\neq(S_e/S)(1+i_{€})$，投资者就会转移这1美元资金，要么投资于美国纽约的银行，要么投资于德国法兰克福的银行。从美国居民的角度看，将1美元存放在美国是没有风险的，不需要预测和推算，也不依赖预期。相反，将1美元换成欧元存放在德国，涉及对未来汇率的预测，这种推测又是不保险的。在这里，我们先假定投资者是风险中性的，即他不会在意这种汇率预测所承担的风险的补偿。他既不是风险爱好者也不是风险厌恶者，他只关心平均收益。

因此，我们可以得到美国和德国存款相对吸引力的结论，即在金融市场均衡时，无论在美国还是德国投资，都将获得相同的收益。也就是满足：

$$1+i=(S_e/S)(1+i^*) \tag{7-6}$$

其中i是本国利率水平，i^*是国外利率水平。将这个式子变换一下可得$\dfrac{1+i}{1+i^*}=\dfrac{S_e}{S}$，而$\dfrac{S_e}{S}=1+\dfrac{S_e-S}{S}=1+\Delta S_e$，$\Delta S_e$是本币的预期贬值率或者外汇预期升值率。

将上式代入式(7-6)，可得

$$i=(S_e/S)(1+i^*)-1$$
$$i=(\Delta S_e+1)(1+i^*)-1$$
$$i=\Delta S_e+i^*+di^*$$

其中，di^*是两个比率的乘积，即利率和预期贬值率的乘积，是一个相对较小的数，可以忽略不计。由此可得：

$$i-i^*=\Delta S_e \tag{7-7}$$

式(7-7)就是无抛补套利平价的条件。无抛补套利平价的含义为：两国利率差与预期汇率的变化一致。它暗含的假设为投资者是风险中性的，投资者认为汇率预期正好可以弥补利差。本国利率高于（低于）国外利率的差值等于本国货币的预期贬值（升值）幅度，这基于投资者对市场的十分准确的预测。

按照无抛补套利平价，例如，1 美元的价格预期从 1.2 欧元上升到 1.4 欧元，即预期欧元将贬值（1.4÷1.2－1）＝15％，此时，如果纽约和法兰克福的利率相同，只要有在美国存款的可能性存在，没有人会将资金转到法兰克福。为了将资金留在法兰克福，欧元的存款利率比美元的存款利率高 15％，才能弥补投资者在年底得到的贬值的欧元。

相反地，假定欧元兑美元预期升值，则法兰克福的居民不会将资金存在美国，美国的居民也愿意将资金存放在法兰克福，除非欧元的利率低到足以抵消由于欧元预期升值产生的吸引力。

实际中还存在另一类投资者，即套期保值者。由于市场预期与实际汇率存在差异，套期保值的投资者通常是风险回避者，即他们会要求风险补偿。所以，他们的套利过程是不断覆盖风险。所谓的抛补，也称抵补，就是在套利的过程中覆盖风险的投资。

二、抛补套利平价

仍以上述资金转移为例，虽然我们假定了风险中性，满足了无抛补套利平价，回避了风险问题，但是将资金转移到国外，就会出现风险。如果汇率变动与预期不一致呢？所以无抛补套利更像投机。

上例中，假定年初投资者发现纽约与法兰克福市场的利率不相同。例如，法兰克福市场的利率是 8％，纽约市场的利率是 6％，投资者将资金转移到法兰克福市场。但是为了防止一年后欧元对美元贬值，也就是为保证得到 2％的利差收益，投资者将对一年后在法兰克福收到的收益进行保值。保值的方法是在期初转移资金的同时签订一份卖出一年期欧元的远期合约，来回避欧元贬值的风险损失。也就是说，投资者在年底收到欧元收益的同时，不是直接在市场上兑换成美元，而是直接执行期初签订的远期合约，按照期初约定的价格即按照约定的预期汇率卖出欧元。这种交易的有利之处是可以保证投资者获得 2％的利差收益，也就是说做这样的交易没有风险。整个交易在年初以固定的美元利率、固定的远期汇率全部完成了，在这种情况下，投资者避免了套利过程中的风险因素。

由于通过远期合约，投资者锁定了汇率，保证了在法兰克福市场存款的安全。当然，投资者也失去了市场有利变动带来的好处，即投资者放弃了欧元可能升水的利润。此时，在美国纽约存款和在法兰克福存款的收益相同（一价定律产生）。以下式子成立：

$$\frac{S_e - S}{S} = i - i^*$$

在上式中，投资者可以在年初即 1 月 1 日以年底 12 个月的远期汇率卖出欧元，那么我们用 F 来表示 1 月 1 日公布的美元在年底 12 月交割的远期汇率，即以欧元表示的美元价格。这与之前讨论的无抛补套利交易中的其他因素相同，我们用 F 替换 S_e，可以得到$\frac{F-S}{S}=i-i^*$。如果这个式子成立，套利的机会就不存在。这是抛补套利的一般表达式,它反映一国利率高于(低于)国外利率的差值等于该国货币的远期贴水(升水)。这个式子也反映了外汇远期升贴水率与利差之间的关系。可以用图 7-1 表示利率与汇率之间的关系,纵轴衡量的是本国与国外利率差,横轴衡量的是外汇远期升贴水率,45 度实线是利率平价线,所有落在利率平价线上的点代表货币市场与外汇市场处于均衡状态,而所有落在利率平价线以外的点都将引起短期资金的流动。在利率平价线的左上方,正的利差(横轴上方)大于远期升水率或者负的利差(横轴下方)小于远期贴水率,套利资金将流入本国。在利率平价线的右下方,负的利差大于远期贴水率或者正的利差小于远期升水率,套利资金将流出本国。

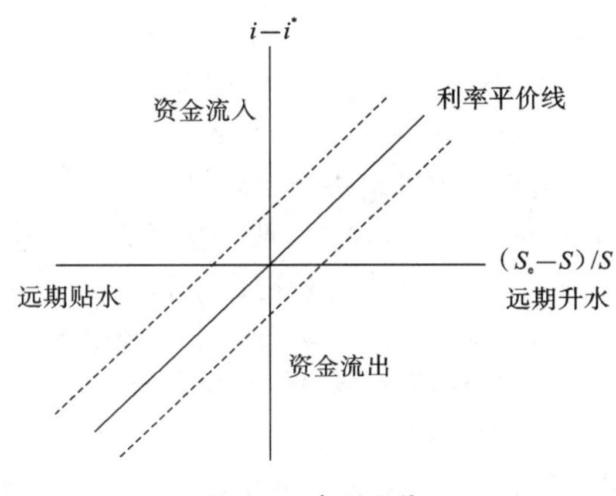

图 7-1 套利平价

三、利率平价理论的评价与检验

利率平价揭示了利率与远期汇率之间的关系。利率平价理论认为远期汇率升贴水率等于两国的利差。但是从实际金融市场的情况来看,短期利率差异所预测的相关货币的升水贴水率与实际外汇市场仍存在差别,原因在于抛补套利平价没有考虑资金流动的各种限制、外汇管制和交易成本。利率平价的相关分析是基于以下三个方面的假设:一是有一个资本充分流动的完美的金融市场,套利者可以利用自由资金促使市场达到均衡;二是需求利润机会的大量交易者需要一个有组织的、意义明确的、公开的外汇市场,在实际中这点可以做到;三是交易成本应该很低,基本可以忽略,否则对套利平价的偏差可能上升以满足交易成本的变化,而专业交易商也确实可以做到这点。

现实中,要进行利率平价的检验,还是得考虑交易成本。其实,资金的流动很难达到利率平价线,资金的流动有可能落在图 7-1 中虚线所表示的位置上。关键是交易成本的大小,实际中的交易成本比较复杂,包括那些限制资本流动的因素,如外汇管制等。

许多实证检验也表明,抛补利率差近似等于零,除非存在政府对资金流动予以限制以及外汇管制等。很多文献使用的都是短期数据。外汇市场发展很快,一些文献研究检验了 5～10 年的证券市场,发现存在与长期利率平价关系的偏离。这种偏离其实为企业创造了盈利的机会。

第三节 货币主义的汇率理论

从 20 世纪 60 年代开始，货币主义的影响与日俱增。货币主义认为，货币在国际收支调节和汇率决定中扮演了很重要的角色，汇率之所以波动是因为货币供给与需求的不平衡所致，分析的核心在于货币供给与需求。一国货币供给是一国经济体中货币的总量，它由中央银行来决定。而货币需求取决于实际国民收入水平、价格水平以及利率水平。货币需求可以说是商品和劳务的替代品。收入水平和价格水平越高，人们为完成日常交易所需要的货币也越多，货币的需求也就越高。利率水平越高，人们持有的货币的机会成本也越高，对货币的需求就会减少。货币需求与利率水平呈反向变化，在给定的实际收入水平和价格水平下，均衡的汇率水平由货币供给与需求的交叉点来决定。

货币主义关于汇率的决定也存在一些争议。早期的货币主义强调固定汇率或者可变汇率下国际收支决定因素的存量-流量调整的实质。在固定汇率下强调的重点是国际收支的决定因素，它被定义为官方结算差额，即货币当局持有的国际货币量的变动。早期的货币主义模型中，假定所有的市场包括商品、劳务以及资本市场对于经济中的扰动和冲击都能瞬时做出反应，因而有关汇率的波动被认为是从一种存量（货币超额供给）到另一种存量的调整。然而，一些经济学家如多恩布什提出了重要的更正。他认为资产市场的调整是瞬时的，商品劳务市场的价格调整则比较缓慢，进而提出了汇率的动态化模型。汇率的动态化模型保留了货币分析长期均衡或者稳定状态的所有特征。早期的模型中，暗含的假定是价格完全具有弹性，能对所有的扰动做出瞬时反应，我们称之为简单货币模型。

一、简单货币模型

如果我们假定国民收入水平增加，居民基于交易目的的货币需求也增加。更多的货币需求要么通过国内信贷扩张，要么通过国际收支顺差来满足。凯恩斯模型认为国民收入增加将会导致经常账户状况恶化。但是事实上，经济成长快的国家如德国，可以在很长的时间内保持经常项目顺差。中国在过去的几十年中也持续保持双顺差。经济的高速增长导致人民币基于交易目的的货币需求也随之增加，经济体必然要吸引外汇资金流入，而且这部分货币不是由本国中央银行创造的。

1. 基本假设及模型推导

在可变汇率制度下，货币供给具有弹性，货币需求是稳定的，外汇市场是完全竞争的，同时没有关税和交易成本，也没有其他限制国际贸易和资本流动的其他障碍。外汇市场均衡时，满足利率平价。当货币当局增加货币供给，将立即引起本国价格的等比例的变化，并且满足购买力平价。国民收入、利率与货币的供给无关。而货币供给只引起价格的变化。这样，货币需求满足以下公式：

$$M_d = kPY$$

在市场均衡状态下，$M_d = M_s$，因此：

$$M_s = kPY$$

同样地，国外的货币供给与需求满足以下公式：

$$M_d{}^* = k^* P^* Y^*$$

由于 $M_d{}^* = M_s{}^*$，因此：

$$M_s{}^* = k^* P^* Y^*$$

其中，k 和 k^* 分别是本国和国外名义货币余额与名义国民收入的合意比率，P 和 P^* 分别是本国和国外的价格水平，Y 和 Y^* 分别表示本国和国外的实际产出水平。由此可以推导出以下公式：

$$\frac{M_s{}^*}{M_s} = \frac{kP^* Y^*}{kPY} \tag{7-8}$$

因为此时本国的价格水平由国外价格水平决定，也就是满足购买力平价 $P = RP^*$，由此可以得到：

$$R = \frac{M_s k^* Y^*}{M_s{}^* kY} \tag{7-9}$$

2. 结论与观点

假定式(7-9)中的 k、k^*、Y、Y^* 都是不变的，这样，如果本国货币供给与国外货币供给一直保持不变，汇率也将是不变的。更进一步，汇率与两国货币供给的比呈等比例变化。例如，本国货币供给相对于国外货币供给增加 10%，汇率将上升，在直接标价法下本国货币将贬值 10%。

式(7-9)的成立依赖于购买力平价的成立，而且一价定律在这里也是成立的；名义货币余额与利率无关，货币需求与价格和产出相关，而利率与汇率之间的关系满足无抛补利率平价，也就是预期与利差一致；汇率可以自动地调节并结清货币市场，而不需要储备流的干预或者调节。所以，对于一个开放的小国，在固定汇率下，购买力平价将决定其价格；在浮动汇率下，则由汇率调节。

3. 经验检验

表 7-3 给出了 1973—2014 年 7 个主要工业国家币供给(M1)变化与通货膨胀率情况。虽然实际中价格所依赖的因素有很多，但是根据简单货币模型，在长期内价格与货币供给变化应该同步。在表 7-3 中，1973—1985 年美国、日本、法国各自的货币供给变化与通货膨胀率相似。1986—1998 年除了意大利的货币供给变化与其通货膨胀率保持相似以外，其他大部分国家货币供给变化与通货膨胀率相去甚远。而 1999—2014 年，这 7 个国家的货币供给变化与各自的通货膨胀率之间的差别很大，通货膨胀率很低，货币供给与价格水平变动的速度较慢，然而汇率变动很快，有时汇率变动偏离均衡汇率水平。所以，不是在任何情况下，都能支持货币主义的观点，货币主义反映的是汇率变动的长期趋势。

表 7-3　1973—2014 年货币供给变化与通货膨胀率　（单位：%）

项　　目	1973—1985 年	1986—1998 年	1999—2011 年	1999—2014 年
美国				
货币增长率	80.4	40.9	86.3	196.1
通货膨胀率	83.0	39.2	33.2	140.0
日本				
货币增长率	75.3	74.3	82.4	184.3
通货膨胀率	74.0	15.2	0	87.4
德国				
货币增长率	76.5	96.3	97.3	203.8
通货膨胀率	50.3	26.4	26.9	98.4
英国				
货币增长率	92.2	100.9	91.6	197.1
通货膨胀率	119.8	50.0	54.4	178.0
法国				
货币增长率	102.5	35.9	97.6	197.3
通货膨胀率	107.1	27.4	26.6	146.4
意大利				
货币增长率	146.1	51.5	79.3	199.2
通货膨胀率	139.9	53.1	31.8	181.5
加拿大				
货币增长率	106.2	76.0	111.1	223.2
通货膨胀率	91.1	32.7	30.2	141.0
以上国家平均				
货币增长率	97.0	68.0	92.5	200.1
通货膨胀率	95.0	34.9	29.0	139.0

（资料来源：IMF 国际金融统计数据。）

二、汇率的动态化模型

汇率的动态化模型也称黏性价格模型。多恩布什将古典价格弹性与凯恩斯价格刚性进行折中，他认为价格在短期内难以对扰动和冲击产生反应，但是经过一段时间后价格会做出反应。长期内，价格正如古典主义所揭示的那样具有弹性。因此，当中央银行增加 10%的货币供应时，会立即引起金融市场套利资金流动，而此时商品和劳务市场因为价格反应迟钝，尚没有反应，货币供应增加导致短期内汇率剧烈波动，表现出本币贬值超过购买力平价所决定的汇率水平，产生所谓的汇率超调现象。例如，有时汇率在给定扰动下波动剧烈，如果此时 A 国的通货膨胀率高于 B 国，而 A 国的货币相对于 B 国升值，这就是一种汇率超调。

1. 基本假定及推导

在浮动汇率制下，购买力平价并不总是存在，相比价格，汇率的波动性更加明显。在短期内，价格对于扰动的调整很慢，但是汇率与利率的反应很快。我们假定金融市场对于外生扰动或冲击的调节是瞬时的，这样贸易流与资本流的调整速度不同从而汇率和价格产生了不同的结果。按照货币主义观点，在均衡状态下，货币需求与货币供给相等。如果 A 国的货币供给增加，人们的货币需求将上升。假定货币是中性的，也就是说，持有本币或者债券以及国外货币的风险与收益相同，可以完全替代。因此，人们持有货币的目的是用于交易，而持有债券的目的是为了盈利来支付利息。因此，货币需求的表达式如下：

$$M_{\mathrm{d}} = aY + bi$$

其中，M_{d}是实际货币需求存量，就是名义货币需求除以实际价格；Y 是国民收入，当 Y 增加时，人们将需求更多的东西；i 是利率，是持有货币的机会成本，与货币需求存在反向关系；货币需求与收入水平成正比，则 a 大于零；a、b 是常数，式中的 i 或 b 是负数。

人们发现，短期内，随着货币供给增加，收入水平与物价水平却能保持一致。因此，要想使货币供给与需求相等，利率水平就要下降。当 A 国中央银行货币供给增加时，利率将立即下降，直到与货币需求相等为止。此时，考虑 B 国，其利率水平 i^* 相对于 i 是不变的，而 i 下降时，由于金融市场的调节将瞬时调节到利率平价，$i-i^*=\mathrm{EA}$。短期内人们对国外货币升水预期，本国资金将流出，在即期市场本币将贬值，而且贬值的幅度超过了此时的均衡汇率水平。短期内汇率严重偏离长期均衡汇率值，因为只有这样金融市场才能均衡，本币远期升水才能满足购买力平价。因此，当资金流出本国后，本币贬值以保证人们预期本币有足够大的升水。但是商品和劳务市场的缓慢变化缓解了国内利率水平的进一步下降，国内价格也开始对货币扰动产生反应。短期内本币贬值，结果是改善了贸易条件，有利于本国竞争力的提高，增加了总需求，从而价格将逐渐上升，以阻挡资金的外流。所以，在国外价格不变的情况下，本国价格预期上升从而市场调节到均衡状态。对于这一变化过程，我们可以用图 7-2 至图 7-4 来表示。

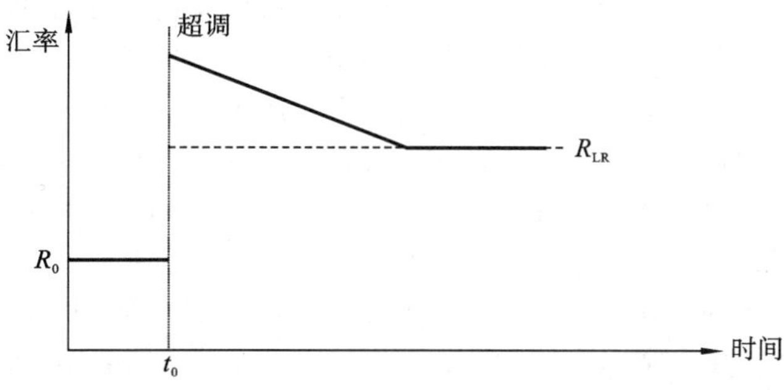

图 7-2 短期内汇率的变化超过了购买力平价决定的均衡汇率水平

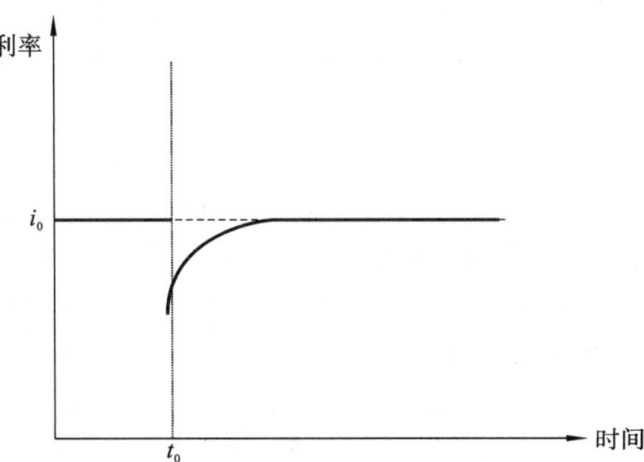

图 7-3 短期内货币供给增加引起利率下降

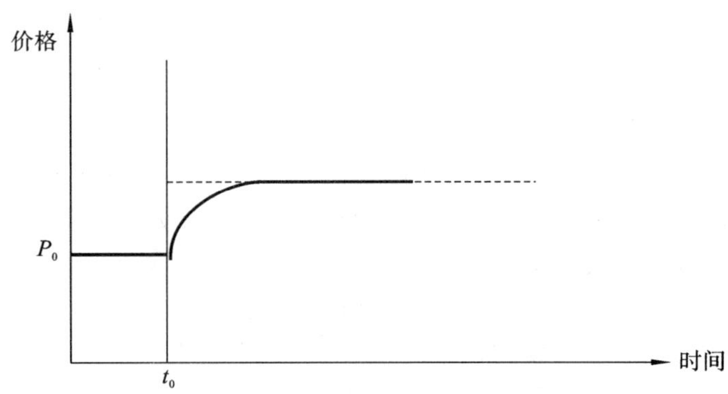

图 7-4 长期内价格逐渐上升以消除汇率超调

2. 结论及观点

汇率超调理论揭示了纯粹货币扰动发生时，即一国货币供应增加时，短期内该国利率水平下降，资金外流，该国货币立即贬值。随着时间的推移，该国价格水平将上升，利率水平也上升，该国货币将升值以消除汇率超调，并且汇率逐渐收敛于一个新的均衡值。

3. 经验检验

一些经济学家应用货币主义的汇率模型对主要货币汇率的波动进行了检验。他们发现，1973 年以后，在现行的管理浮动汇率制下，美元对马克和日元的波动呈现了汇率超调的现象。1999 年 6 月 1 日，一种新的货币欧元出现，以 \$/€=1.17 替代德国马克，然而，与预测的相反，几乎是同时，欧元一路下降至 2000 年 10 月的 \$/€=0.82。之后欧元开始上升，但是到 2001 年 7 月又降到 \$/€=0.85。从 2002 年 6 月到 2003 年 1 月，欧元升值才达到 \$/€=1.06。欧元出现以前，普遍认为欧元将对美元升值，在 1999 年底，欧元对美元汇率应该在 \$ =1.25 到 \$ =1.30 之间。然而，欧元一出现就开始贬值，尽管 2001 年春欧盟国家的利率水平高于美国，并且美国正遭受恐怖袭击的重创，但这个时期并不符合汇率超调的理论预测。当然，2002 年 2 月，欧元开始升值，在 2002 年中相对美元保持了平价。2004 年底欧元兑美元是 1.36，而 2008 年欧元兑美元一直处于 1.58 的高位。2015 年 1 月欧元兑美元是 1.16，2018 年 5 月欧元兑美元是 1.19，相对稳定。

汇率超调的理论也广泛应用于英国北海油田的发现对英国经济的影响。由于石油的发现并不是事先预料的事件，假定石油开采无成本，英国销售的石油价格由外部世界来决定，并且假定不变。而面对石油的冲击，英国不采取任何政策，也就是其财政与货币政策不变，石油的发现对交易不产生影响。实际上，货币市场对油田发现这个意外冲击并没有反应。

当金融危机（如 1997 年的亚洲金融危机）爆发时，也有学者发现投资者的过度反应导致一些货币如泰铢等大幅贬值。

4. 汇率超调理论的评价

与简单货币模型相比，汇率超调理论更好地揭示了短期汇率波动的原因。简单货币模型侧重的是对货币存量的分析，汇率动态模型则反映了货币从一种存量到另一种存量这个过程中的流量分析。前者注重市场反应的结果，后者强调资本市场在短期内的调节过程。尽管如此，现实中的汇率波动并不完全与预测的相一致。

第四节 资产组合平衡理论

汇率决定的货币分析法虽然本质上是一种存量-流量分析法，但是其重点仍然在国内居民持有的货币需求上。货币主义的观点是汇率取决于国内货币供给与需求的对比关系，并且假定国内与国外债券之间具有完全替代性，这样分析就只落在单一资产上。资产组合平衡理论认同货币供给与需求的对比关系，但是与货币主义不同，资产组合平衡理论引入了外币及外国债券作为本国货币及本国债券的潜在替代品，并且认为外国债券与本国债券不能完美替代，汇率部分取决于国内货币供求的对比状况，还取决于其他资产的供求状况。强调个人对持有国内资产还是国外资产的选择。各种资产之间是不能完全替代的，即本国资产与外币计价的资产以及债券具有不同的收益与风险。因此，资产组合平衡理论认为短期内汇率之所以波动是由于人们不断地调整自己的资产组合，导致短期内汇率的变化。

1. 基本假定及模型推导

资产组合平衡理论的核心观点是，个人在可选择的资产（通常包括本国货币和外国货币以及本国债券和外国债券）之间对相对固定的财富进行重新配置。在简单的一国模型中，个人不能持有外国货币。因此，该理论假定人们持有的初始财富水平满足以下公式：

$$W = M + D + F$$

式中，W 是初始财富水平，M 是本国货币，D 是本国债券，F 是外国资产的净持有量。

汇率变化将导致全部资产变化以及对外国债券的需求改变，国内货币供给和资产给定，则汇率起平衡资产需求与供给的作用。在资产组合平衡理论看来，资产持有者是风险回避的抛补套利者。在构成财富的三种资产中，对本国货币的需求随国内利率或国外利率上升而减少；对本国债券的需求随国内利率上升而增加，随国外利率上升而减少；对国外债券的需求随国外利率上升而增加，随国内利率上升而减少。如果考虑实际变量如价格、收入等因素的影响，那么，对这三种资产的需求满足以下函数式：

$$M=f(i,i^{*},\mathrm{EA},\mathrm{RP},Y,P,W)$$

$$D=f(i,i^{*},\mathrm{EA},\mathrm{RP},Y,P,W)$$

$$F=f(i,i^{*},\mathrm{EA},\mathrm{RP},Y,P,W)$$

其中，EA 是本币的贬值预期，RP 是风险补偿。由于是抛补套利，资金持有人是风险回避的，此时他们也会预期汇率的变化，但在调整资产结构的同时，他们也要求风险补偿。因此，此时的汇率与利率满足扩展的资产市场模型 $i-i^{*}=\mathrm{EA}-\mathrm{RP}$。$Y$ 是国民收入水平，P 是价格水平，W 是国民财富水平。其中任何因素的变化，都将改变人们对每一种资产持有的比例。在给定财富水平下，任何两种资产市场的均衡都可导致第三个市场的均衡，因为对任一种资产的需求，是用另一种资产去交换或者代替的，所以总资产的需求或者供给的加总，可以认为就是财富，也就是说这三种资产的组合是一定的。这样，我们考虑模型中所提出的政策变量（货币存量或债券存量）、短期外生变量（本国财富水平或外国资产量，本国价格水平和产出水平）、外生变量（外汇升值预期、国外利率水平）等因素变动对资产组合产生的影响。这些影响是通过内生变量如利率、汇率产生作用，我们可以提出大量的问题，由此引起的资产的调整和分析结果也将是复杂的。

资产组合平衡理论也可用来说明利率变动与本国货币汇率之间的关系。图 7-5 中，横坐标是名义利率，纵坐标表示本币汇率的贬值。

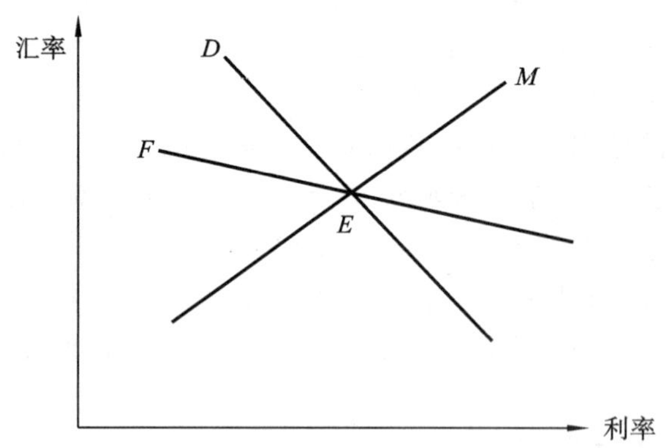

图 7-5　资产组合平衡模型

曲线 M 反映了可以使本国货币市场实现均衡的利率与汇率的组合。曲线斜率为正，是向上倾斜的曲线。当人们的财富水平增加，尤其财富的增加是本国货币贬值导致出口增加带来的，人们对各种资产的需求都会上升。而货币需求上升时，由于货币供应量保持不变，为了维持货币市场的均衡，利率就会上升，消除超额的货币需求。

曲线 D 反映了不同汇率和利率组合下本国债券市场的均衡。财富水平增加后，人们对于债券的需要也会增加。当本国债券供给不变时，超额的本国债券需求只能通过本币利率水平下降来消除。因此，曲线 D 是向下倾斜的，较高的汇率水平与一个较低的利率水平的组合能使国内债券市场维持均衡。

曲线 F 反映了居民持有国外债券的状况。当财富水平增加后，要说服本国居民减少国外债券的持有量，持有本国债券，本国利率水平必然要升高，即本国居民要求得到更高的收益才行。因此，财富增加对国外债券市场的影响包含两种形式：一是产生早期的国外债券超额供给；二是在假定条件下，国内利率水平较低才能抵消这种超额供给。所以，曲线 F 是向下倾斜的曲线。

E 点反映了资产组合平衡的状态。在 E 点，构成资产组合的每种资产市场同时均衡。这意味着，财富水平一定的情况下，若任何两个资产市场是均衡的，则第三个资产市场也是均衡的。第三条线必定穿过同一均衡点。对任何一种资产的需求，唯一能做的就是用另一种资产去替换。因此，总资产的需求或供给加总就是财富水平。

在图 7-5 中，汇率到底如何变化，取决于哪条曲线移动幅度更大，以及各曲线的相对斜率。下面我们来考虑短期和长期外生变量变化的情况下，资产组合变动对汇率的影响，以及财富水平变动下汇率的调整作用。

从资产组合模型的初始均衡状态出发，我们分别考察国内利率水平、国外利率水平以及国外货币预期升值、本国国民收入或 GDP 增加对汇率产生的影响。

首先，本国货币当局在公开市场上买进债券，意味着货币供应增加，即本国的货币存量增加。这种增加将瞬时产生国内货币的超额供给和对本国、外国债券的超额需求。均衡汇率会对资本的外流做出下跌反应。因为此时，本国货币市场利率水平 i 下降，相对于不变的国外利率水平 i^*，资金将外流，国外债券的吸引力更强，也就是人们将本币换成外国债券。结果就是，短期内，本币贬值，利率下降，外汇价格上升。

图 7-6 反映了货币当局在公开市场上买进债券，资产组合中的货币市场、债券市场以及国外债券市场的变化和资产组合调节的过程。此时，货币市场上供给增加，存在货币的超额供给，人们将货币换成本国的债券，只有降低利率才能维持货币市场的均衡，所以 M 曲线向左移到 M'。由于债券的供给减少，而需求上升，利率只有下降才能使国内债券市场均衡，因此，D 曲线左移到 D'。资产组合中的任何两种资产市场达到均衡，我们认为资产组合达到了均衡，这里我们可以不考虑国外债券市场 F 曲线的变动。在 E' 点，资产组合达到新的平衡。本国利率水平下降至 $i_{E'}$，本币贬值至 $R_{E'}$，国外货币升值。

其次，当国外央行在公开市场上购买国外债券时，国外债券的供给减少，国外债券的价格将上升，以吸引个人将本币换成国外债券。相对于初始状态，此时的本国货币呈现超额供给，本币贬值。

如图 7-7 所示，当国外央行在公开市场上买进债券时，国外债券供给减少，国外债券市场存在超额需求，人们将本币换成外国货币的成本降低，并将换得的外币转成外国债券。同时会减少本国债券持有，增加国外债券持有。此时，国外债券市场要平衡，除非国外债券价格上升。因此，F 曲线右移到 F'，D 曲线右移至 D'，M 曲线左移到 M'，在 E' 达到新的资产组合平衡。此时，只有国外货币升值才能抵消超额的外汇需求。

我们再考察外生变量外币预期的升值。如果外币预期升值比初始水平高，也就是影

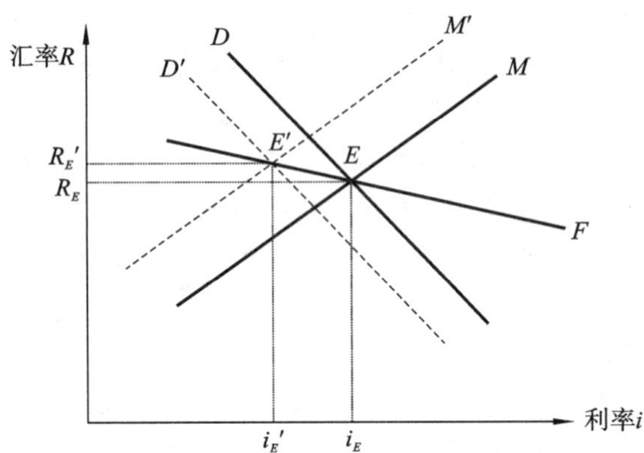

图 7-6　央行在公开市场买进政府债券时资产组合平衡的变化

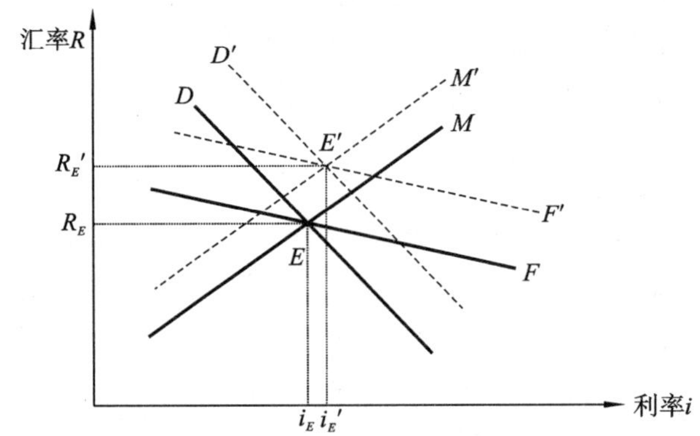

图 7-7　国外央行在公开市场上买进债券时资产组合平衡的变化

响资产需求的 EA 发生改变，人们将减少本币的持有比例，将瞬时产生本国货币、本国债券的超额供给和外国债券的超额需求，资金外流。均衡汇率对资金的外流做出下跌反应。换言之，人们将本币、本国债券换成外国的债券，结果使得短期内本国货币贬值，外币升值。

如图 7-8 所示，当预期外汇升值时，人们会将本国货币转换成国外货币进而得到国外债券，同时减少本国债券的持有。此时，国外债券存在着超额需求。国外债券价格上升才能使国外债券市场均衡，所以，F 曲线右移到 F'，M 曲线左移到 M'，D 曲线右移至 D'，最终三个资产市场在 E' 达到新的均衡。短期内，本国利率水平上升至 $i_{E'}$，外汇升值至 $R_{E'}$。

最后，我们再考察外汇资产存量增加的情况，也就是我们通常说的财富效应。财富水平净增长，这里涉及的是私人部门的财富累积（储蓄），而不是公共部门的政策变动。财富的累积即居民储蓄增加，在这里理解为通过经常项目盈余而得到的外汇资产流的累积。实际上，这是资产组合平衡模型的核心特征。如果我们假定短期内，价格是黏性的，则初始的物价指数和名义收入一定，短期内的调整就被限制在金融市场，这可以解释汇率-利率组合与商品市场均衡不一致的问题，结果就是连续不断的国际资本流动，引起金融市场的反应。

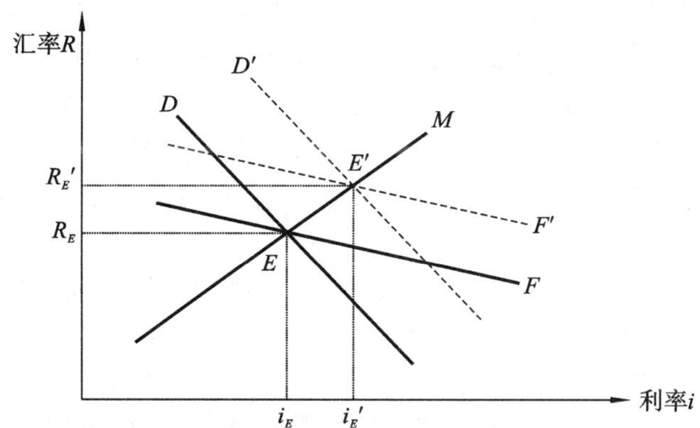

图 7-8　预期外汇升值时资产组合平衡的变化

当财富水平增加时，在初始价格水平下，将瞬时产生对本币、国内债券的超额需求和国外债券的超额供给，均衡汇率对资本流入做出上升的反应，本币升值。也就是说，财富水平增加，是来自经常项目盈余，意味着本国居民积累了更多的外汇资产，他们更愿意将外国债券换成本国货币和本国资产。短期内对本币存在超额需求，只有利率上升才能保持本国货币市场的均衡。而对本国债券的超额需求，使得本国利率水平只有下降，才能维持本国债券市场的均衡。如果利率的这两种情况都不发生，则汇率的变化，即本币升值要足以让国外资产的本币值减少到初始水平，资产组合才能实现均衡。此时，本币升值，若利率保持不变，短期内汇率的调整是圆满的，财富就一定是不变的。

如图 7-9，经常项目盈余，居民的外汇资产增加。在资产市场，外汇供给增加，只有本国货币升值才能将增加的外汇吸收。国外债券市场上存在超额供给，F 曲线左移至 F'，只有外汇价格下降才能保持乘积 RF 为常数。此时，人们将外汇换成本国货币和本国债券，对本国货币的超额需求要求本国利率水平上升，才能维持货币市场的均衡。而对本国债券的超额需求，则要求利率水平下降才能维持本国债券市场均衡。如果这两种情况都不发生，汇率变动足以使资产组合保持平衡，则本国货币升值。

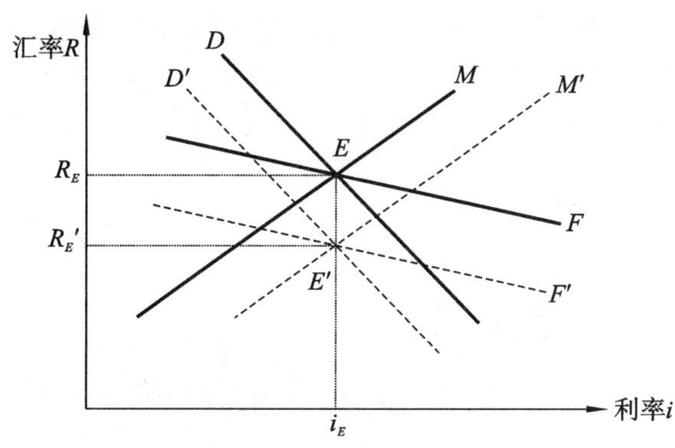

图 7-9　财富增加时资产组合平衡的变动

2. 观点和结论

资产组合平衡理论强调个人对资产持有量变化的反应，而汇率调整的目的是使个人愿意持有国内和国外资产的实际存量。短期内，由于资本项目对汇率变化反应迅速，相应地，均衡汇率也在允许个人持有合意的资产组合中起作用。换言之，即使资产组合是均衡的，当汇率变化时，均衡汇率也将改变人们持有资产的比例，以满足新的均衡汇率。

在资产组合平衡理论看来，经常项目盈余所得的外汇资产将注入本国经济，导致储蓄、利息以及国民收入水平上升，但是随后盈余将逐渐下降，并要求经常项目与其他项目的总余额为零。

因此，长期内，外汇资产量 F 越高，本国对经常项目平衡的要求越低，反之亦然。特定的经常项目盈余（或赤字）将决定本国的外汇资产累积（或损耗）率。正是实际部门与金融市场的相互作用，使得本国经济回到长期均衡汇率的水平，长期内应该满足购买力平价。当本国物价水平与本国经济中的外国债券量即外汇资产量都达到某种水平，使经常项目与资本项目的差额为零时，长期均衡就产生了。达到这样一种状态时，价格是稳定的，且不会产生累积或消耗外汇资产形式的财富。

3．经验检验与评价

资产组合平衡理论的经验研究非常少，原因如下。

(1) 缺乏足够的数据，因而运用很难。已有的经验研究，发表的结果有以下两种。一是直接检验模型。例如 1973—1979 年美元对德国马克、日元、法国法郎以及英镑的汇率估计，得到的结果与资产组合平衡理论预期的结论相反。二是资产组合平衡理论依赖于风险补偿的分析。这个分析意味着仅仅在非常严格的条件下才有稳定的资产需求函数。然而试图使模型等式左边的汇率和右边的资产变量与风险补偿一致比较困难。考虑到以上两个方面的问题，相关研究结果一直令人失望。数据资料的缺乏使得完整检验几乎成为不可能。

(2) 该理论基于高度发达的金融市场，资本是充分流动的。实际中存在着资本流动的各种限制，人们不可能快速地在金融市场上替换各种资产。

(3) 该理论基于人们对所有经济扰动的预期和资产改变的行为是一致的。实际中，人们对扰动的反应和预期并不是完全一致的。

(4) 该理论是从实际收入与实际国内资产的决定因素及其相互作用中抽象出来的，模型并没有论述商品与劳务的流动，尽管它承认长期内商品与劳务市场对汇率产生的影响。

然而，资产组合平衡理论比货币主义分析方法更适应经常项目与预期因素，在资产的不完全替代性方面更具普遍性，其模型也更接近现实。

第五节 汇率预测

经验研究表明，无论是货币分析法还是资产市场模型，并不是在任何时候都能得到检验，在汇率预测方面的效果并不理想，原因在于以下两方面。一是汇率的波动强烈地受到那些不可能预测的新信息或新闻的影响。二是外汇市场的参与者对市场的期望和判断是一个自我强化的过程。也就是说参与者会找出种种理由来加强自己对市场变化方向的判断，但是实际上汇率此时的变动早已偏离了基本面，投机泡沫也就形成。不过，泡沫终将破裂，市场自身也会做出反应，经过短期的超调后，长期内还是会回到基本面。例如，20 世纪 80 年代上半期美元对欧洲主要货币高估，短期内根本无法预知美元的走势。1999 年欧元出现，欧元对美元的预期也存在这种情况。1999 年 1 月，与人们预期的 \$/€=1.17 相反，欧元汇率持续下降到 \$/€=0.82，直到 2000 年 10 月。此后，到 2001 年 7 月这段时间欧元涨跌在 \$/€=0.95 至 \$/€=0.85 之间。直到 2003 年 1 月才达到 \$/€=1.06。而欧元出现之前，市场普遍的预测是欧元对美元的汇率在 1999 年底以前在 \$1.25 至 \$1.30 之间。

研究证明，我们这里讨论的理论，在解释汇率波动的系统性特征方面具有相关性，但是这些理论对汇率的预测能力有限。现实世界总是充满了惊喜与打击，意外事件的发生就是新闻。利率、收入常常受到价格的影响，汇率也是如此。受到新闻影响的汇率难以预测。如果某时期经济政策的变动非常频繁而又出乎意料，市场会立即根据这些新闻来调整，从而出现即期汇率与远期汇率的剧烈波动。新闻与购买力平价有一定的关系，本质上，汇率是金融资产的价格，面对新信息时，市场就能迅速做出反应，价格会立即对汇率水平产生影响。汇率水平变动的速度比构成价格指数的商品价格变动的速度快得多。因此，在频繁曝出新闻的时期，我们会观察到汇率大幅变动，严重偏离以购买力平价计算出的汇率值。

虽然经验研究不能完全支持这些理论，但是在长期内这些理论仍然是有效的，长期内的研究结果更符合理论所揭示的内容。这并不意味着这些理论错了，无论如何，这些理论研究为我们认识市场提供了对市场特定时期的解释和描述。随着贸易的自由化以及电子商务的广泛展开，电子支付和数字货币对我们的生活将产生很深的影响，或许货币可以呈现理论上所描述的中性特征。汇率波动与股票价格的波动相似，但是相比股票市场，外汇市场要稳定许多。无论汇率如何波动，如果价格最终决定汇率，那么，长期内价格将会回到基本面。

(1) 现代汇率理论基于货币分析法和资产组合平衡理论，重点在资本流的分析。然而这些理论分析中仍然保留了传统贸易流分析在长期内的效果。

(2) 绝对购买力平价认为两国物价之比就是汇率，相对购买力平价认为两国通货膨胀率之差反映了汇率的变化率。购买力平价在长期内和通货膨胀时期存在。

(3) 利率平价反映了金融市场的均衡状态，不断的抛补套利使各市场的收益率相等。两国利率差如果与预期的外汇升贴水一致就是无抛补套利。而抛补套利者是风险回避者，考虑了风险补偿以后，两国利率差如果与预期一致就是抛补套利。

(4) 货币主义认为汇率的波动来自货币供求的不平衡。货币分析法认为汇率的变化与两国货币供应量等比例变化。汇率超调理论则认为短期内金融市场的反应快于商品市场，当货币供应量增加时，短期内汇率上升超过长期均衡汇率水平。但是经过一段时间后，商品市场对扰动产生反应，长期内汇率回到均衡汇率水平。

(5) 资产组合平衡理论认为，汇率的波动来自人们不断调整资产组合，同时均衡汇率也在调整人们持有合意的资产组合。人们的财富由本币、本国债券和外国债券三种资产构成。长期内，经常项目对均衡汇率产生影响。长期均衡的一些特征是经常项目余额为零以及不变的价格、利率和汇率。

(6) 汇率预测的困难在于这些理论不可能完备地揭示汇率的波动。

关键词

购买力平价	purchasing power parity
利率平价	interest rate parity
抛补套利平价	covered interest arbitrage parity
无抛补套利平价	uncovered interest arbitrage parity
货币供给	money supply
货币需求	money demand
汇率超调	overshooting
黏性价格	sticky price
货币分析法	monetary approach
存量与流量	stock and flow
资产组合平衡	portfolio balance

复习思考题

1. 购买力平价为什么在长期内存在?

2. 在过去的几年中，美元兑瑞士法郎的汇率从 1.30 变化到 1.60，过去的几年对美国居民而言，瑞士的产品是否变得便宜了?

3. 对于本币和外币，购买力平价认为:(　　)。

(1) 如果当前本国国内通胀率高于国外利率水平，则本币将贬值

(2) 如果当前本国国内利率水平高于国外利率水平，则本币将贬值

(3) 如果当前本国国内通胀率高于国外通胀率，则本币将

升值

（4）如果当前本国国内通胀率高于国外通胀率，则本币将贬值

4. 按照货币分析法，通货膨胀率下降，在浮动汇率下，本国货币将升值还是贬值？

5. 一国货币供应增加，短期内本国货币的汇率将如何变化？

6. 根据资产组合平衡理论，当一国财富水平增加时，在浮动汇率下，该国货币汇率如何变化？

案例 7-1 利差交易

案例 7-2 外国投资者为何增持日本政府债券？

第八章 国际收支调节理论

本章概述　本章阐述了国际收支的自动调节机制以及价格调节机制与弹性论的思想。概述了金本位制下的物价黄金流动机制。概述了封闭经济下投资对产出的乘数作用，以及开放的经济条件下，贸易对产出的乘数作用。阐述了吸收论的观点和结论，探讨了固定汇率下货币主义关于国际收支调节的途径，以及浮动汇率下国际收支的调节途径。综合价格、收入以及货币调节机制，评价了自动调节机制的效果。

通过对本章的学习，掌握汇率变动对一国贸易的影响，了解外汇市场供求曲线的推导，理解外汇市场进出口需求弹性及其对一国贸易余额的影响。理解外汇市场的稳定性与马歇尔-勒纳条件。领会价格的传递效应，了解汇率变动对经常项目影响的滞后效应，即J曲线效应。了解金本位制下的物价黄金流动机制，理解金本位制下国际收支的自动调节。掌握和理解货币主义关于国际收支调节的机制，了解经常项目的自动调节机制的综合效果。

如果经常项目与资本项目不能通过自主性的交易达到平衡，一般认为国际收支是不平衡的，经常项目的不平衡如果不能被资本流动来结清，经常项目余额的调节就只能通过汇率变动以及国内收入改变等因素来调节。传统的汇率理论就是基于贸易流以及商品和劳务进出口对汇率变化的反应速度，以及国内经济变量变动对进出口的影响，来探讨经常项目不平衡的调节途径。

在全球化的今天，国际资本流动的速度和规模早已经超越贸易流，特别是在短期内，汇率波动更多地来自金融市场的变化。在这一章，我们将讨论汇率与经常项目的长期变化。我们假定长期内不存在私人资本流动，检验经常项目如何受到汇率变化的影响，汇率变化进而影响国内价格水平，从而调节经常项目逆差。在现实中，虽然经常项目和资本项目对汇率有共同的影响，但是在理论上将经常项目与资本项目同时考虑的模型仍然在探索中。在货币当局或政府不干预的情况下，由于市场的自发力量，我们将价格和收入以及货币的调节作用视为市场的自动调节机制。自动调节机制在纯粹的自由经济中才会产生，例如金本位制度下的自动调节机制。

第一节 价格调节机制

通常，消费者或者企业、经济中的个人都是按照自身的预算在不同的商品和服务之间进行选择，并做出决策。一种商品相对于其他同商品价格便宜同时又能很好地满足我们的使用功能，消费者可能就会选择这种商品。所以，相对价格决定了我们的消费和生产方式。相对价格就是一种商品相对于其他或者同种商品的价格。当然，相对价格也会因为单个商品的供给和需求变化而随时改变。如果这种相对价格的变化包含了本国商品对国外商品价格的变化，则会引起贸易方式（即贸易条件）或者进出口方式的改变。

弹性分析法认为，通常理解的价格调节机制，关注的就是本国与国外相对价格的变化，也就是汇率变动对经常项目余额所产生的影响。如果满足购买力平价，汇率的变动将影响本币表示的外国商品的价格变化。

一、汇率变化对经常项目余额的调节

如图 8-1 所示，在外汇市场上，外汇需求反映了本国居民对国外商品和劳务的需求总量。当本国居民的偏好、收入等发生改变时，需求也随之改变，需求曲线 D 就会移动。如果本国居民对国外商品和劳务的需求增加，需求曲线 D 就会向右移动到 D'。如果汇率可变，汇率将上升到 R'，外币将升值。如果本国中央银行钉住汇率 R_0，也就是保持固定汇率，那么，就需要动用外汇储备来维持固定汇率，以满足本国居民对外汇的超额需求。因此，在不同的货币体系下，外汇供求的调节不同，外汇供给与需求也是可以人为调节的。

现实中，供求曲线的变化可以由关税、配额、限额来控制，当然，贸易政策、商品流动的壁垒方式同样地可以维持或者改变汇率，以调节经常项目的余额。不过，在不考虑私人资本流动的情况下，如果中央银行利用储备来调节经常项目，尤其是调节经常项目逆差，也会面临储备耗尽的情况。如果改变固定汇率下的钉住值，是否就能改善经常项目逆差呢？弹性论要解决的问题正在于此。弹性论认为，汇率变动对贸易条件的改变依赖于商品和劳务的供求弹性。所谓弹性，就是商品和劳务的供求在多大程度上对汇率的变化产生反应或发生作用，换言之，汇率变化能在多大程度上调节经常项目余额。

二、外汇供求弹性与马歇尔-勒纳条件

1. 外汇供求曲线的推导

汇率反应如何与外汇市场有关？我们首先考察外汇需求。外汇需求来自本国的进

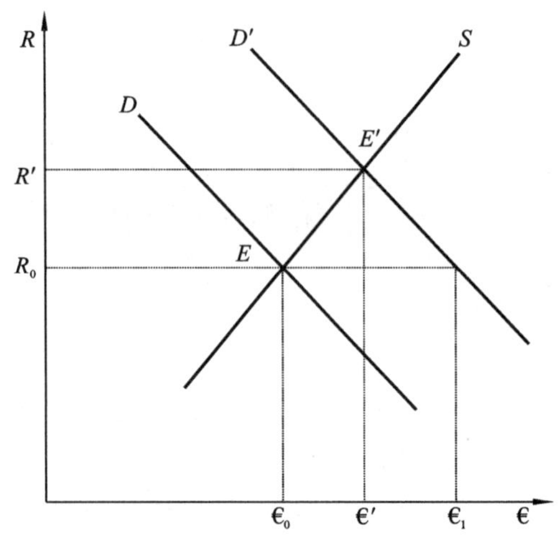

图 8-1　外汇市场与汇率变化

口市场，进口市场的商品与劳务是以外币计价的，所以本国居民对国外商品与劳务的需求只有通过外汇才能得到。

假设我们考虑本国对进口商品和劳务的需求，进口商品与劳务的价格以本币来标价；本国对出口商品与劳务的供给，出口商品与劳务的价格也以本币来标价。那么，我们现在假定，P_X和 P_M分别是以本币表示的本国出口商品与劳务和进口商品与劳务的价格，$P_X{}^*$ 和 $P_M{}^*$ 分别是以外币表示的本国出口与劳务和进口商品与劳务的价格。我们用 R 表示汇率，则：

$$P_M = R\,P_M{}^*$$

$$P_X = R\,P_X{}^*$$

如图 8-2 所示，从均衡汇率出发，若本币贬值，本国仍然保持 Q_0的进口量，本国居民对外汇的需求将减少，因为此时本国居民需要更多的本币才能买到与本币贬值前相同的产品与劳务。在这种情况下，进口需求会下降。而与此同时，外汇供给也将有所减少，因为当本币贬值时，如果国外对本国产品与劳务出口的需求也不变的话，价格会下降，但是国外出口商不愿意在更低的价格 P'下提供产品与劳务。最终，D_M下移到 D_M'，在 E'点达到均衡。这里 D_M与 D_M'不平行，本币贬值后，矩形 $OPE'Q$ 面积的变动即为外汇需求量的变动。

我们再来看外汇供给，如图 8-3 所示，反映一国外汇供给。外汇供给来自本国向国外出口产品与劳务的收入，或者来自国外对本国产品与劳务的需求。当本币贬值时，本国的竞争力提高，本国出口商愿意提供更多的产品。本币贬值后，要保持原来的出口量，供给曲线 S_X向右移动到 S_X'。若出口量仍然保持 Q_0，国内出口商期望在高于 P'的价格水平提供产品与劳务，而国外居民发现用外币可以换回更多的进口产品与劳务，即国外对本国的产品与劳务的需求上升。因此，出口量不可能保持在 Q_0，最终，在 E'点达到新的均衡。本币贬值后，从 A 到 E' 的变化过程反映了外汇的供给。S_X 与 S_X'不平行，矩形 OP_EEQ_0与矩形 $OPE'Q$ 的面积关系不确定，取决于 D_X的弹性，即 D_X的斜率。当 R 即汇

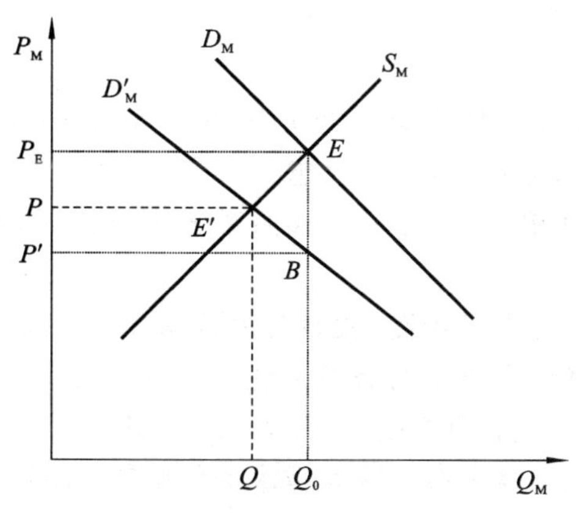

图 8-2　外汇需求曲线的推导

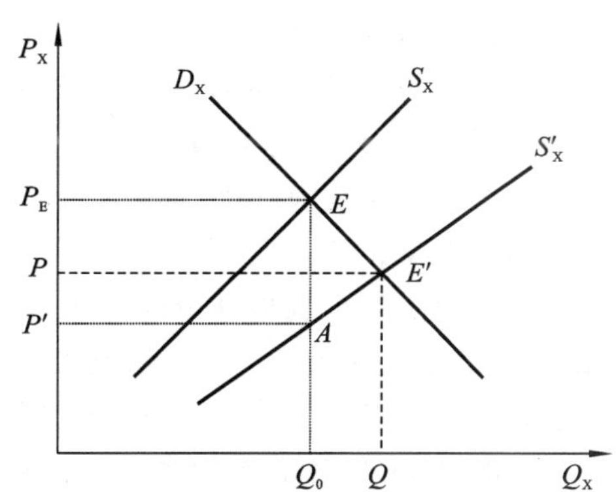

图 8-3　外汇供给曲线的推导

率变动时，矩形 $OPE'Q$ 面积的变动即为外汇供给量的变动。

然而，这种供求的均衡与进出口市场的供求价格弹性有关，换言之，与本国和国外居民对价格反应的敏感程度有关。如果进出口市场对汇率扰动立即做出反应，就能实现市场均衡。所谓弹性，就是人们对价格即汇率变化反应的敏感程度。如果经济活动对汇率变化反应敏感，反应很快，则弹性高；相反，则弹性低。

2. 外汇供求曲线的讨论

1）外汇供给曲线的讨论

如果外国对本国出口商品的需求弹性很高，大于 1，则外汇供给曲线的斜率为正。并且，外国对本国出口商品的需求弹性越大，外汇供给的弹性就越大，曲线越平坦，如图 8-4 所示。

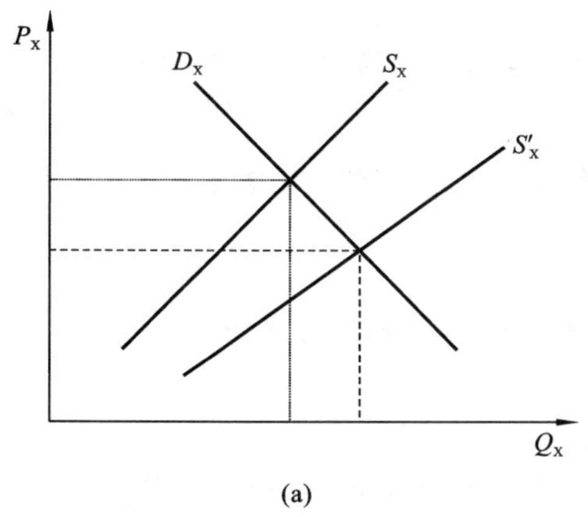

(a)

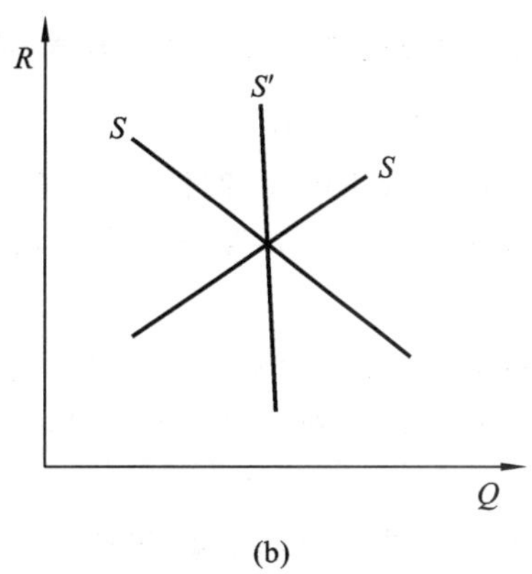

(b)

图 8-4　本国出口市场与外汇供给曲线的弹性（左图为本国出口市场，右图为外汇供给曲线的状况）

如果外国对本国出口商品的需求弹性等于 1，则外汇供给曲线是一条垂直线。如图 8-4(b)中的垂直线 S'。

如果外国对本国出口商品的需求弹性很低，小于 1，则外汇供给曲线的斜率为负，外汇供给曲线向下倾斜，如图 8-4(b)中向下倾斜的曲线 S。外国对本国商品的需求弹性越接近0,外汇供给曲线的弹性越大,曲线就越平坦。

2) 外汇需求曲线的讨论

如果本国居民对国外商品的需求弹性很高,则外汇需求曲线的斜率为负,如图8-5(b)中向下倾斜的外汇需求曲线 D。本国对国外商品的需求弹性越大,外汇需求曲线越平坦。如果本国对从国外进口的商品的需求弹性很小,则外汇需求曲线比较陡直,如图8-5(b)中的曲线 D'。

弹性分析法的重点是分析贬值如何依赖于外汇供求弹性,从而改善贸易余额。具体而言就是,贬值在多大程度上改变贸易余额,依赖于进出口的需求弹性。在以上分析中,我们是假定居民对汇率变动立即做出反应,所以,需求曲线是向下倾斜的。当进口供给曲线一定时,贬值导致汇率的变动,总能使对外汇的需求减少。若需求曲线陡直,即弹性很小,则贬值引起的对外币的需求下降幅度也就较小。

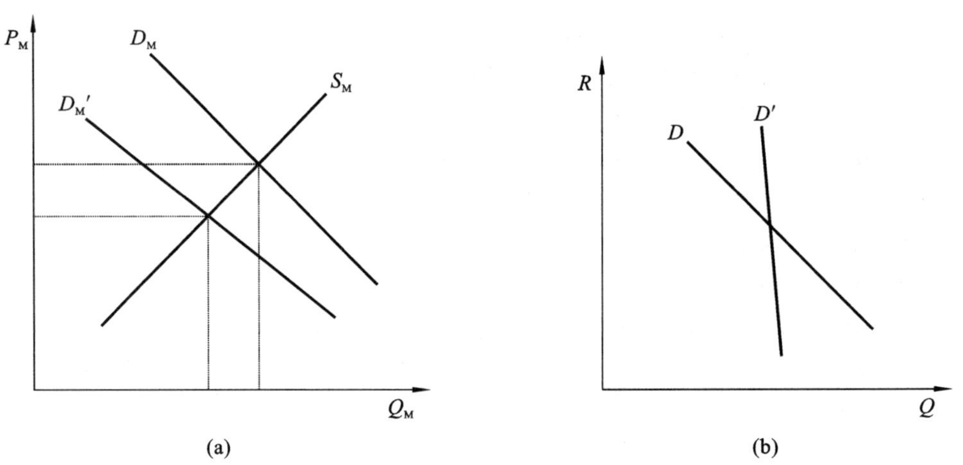

图8-5 本国进口市场与外汇需求曲线的弹性(左图为本国进口市场,右图为外汇需求曲线的状况)

3. 马歇尔-勒纳条件

当需求或供给是弹性的,需求与供给的数量就会对价格变化做出反应。而此时,外汇市场进出口需求弹性绝对值之和大于1,即:

$$|\eta_X + \eta_M| > 1$$

我们称上式为马歇尔-勒纳条件,如果满足这个条件,外汇市场就是稳定的。如果进出口需求弹性绝对值之和小于1,即:

$$|\eta_X + \eta_M| < 1$$

则表示外汇市场是不稳定的。不稳定的外汇市场,其需求曲线陡直,甚至向上倾斜。此时,贬值无法改变进出口需求量。其实,需求曲线向下、供给曲线向上的论据并不充分。显然,弹性如果足够低,贬值也就难以改善贸易余额。

三、J曲线效应

经验研究表明,即使是稳定的外汇市场,贬值的效应也不是那么迅速。当本币贬值时,国外的出口商也不愿意将商品的价格提高,为了一定的市场份额和竞争的需要,通常其愿意保持较低的价格。因此，本币贬值的传递效应受到限制。这也被称为桥头堡效应，即本国货币贬值时，外国商品出口到本国，用本币表示时，外国的出口商品即本国的进口商品价格会上升。但是外国出口商为了竞争的需要，不愿意失去市场份额，并且当进入或退出市场的代价较高时，其宁愿牺牲自己的利润以占有市场，导致贬值传递不完全，从而外汇需求曲线弹性变小。

贬值的传递也存在时间上的滞后，国内的生产商、消费者，对于价格变化的反应速度并没有那么迅速，资源不可能在短时间内流向贸易部门，从生产者的库存到销售，其价格的反应都存在滞后。而消费者改变消费习惯，消费国产进口替代品的方式也有一个滞后的过程。所以，即使是满足马歇尔-勒纳条件，外汇市场是稳定的，在贬值之初，贸易余额不仅不会改善，反而有恶化的可能。因为当本币贬值时，本国进口商品的本币价格上升，即需要更多的本国货币才能买到与之前相同数量的进口商品，而进口商品的合同是在贬值之前就签订的，短期内进口商品数量不变，但是外汇需求上升了。贬值后，本国出口商品的本币价格下降，但由于出口商品的合同是贬值之前签订的，短期内出口商品数量不变，但是外汇供给下降了，因而，短期内经常项目更加恶化。根本的原因是价格变动的信息，即新的信息，需要一段时间才能完全被传递到经济中的主体行为人。主体行为人对这些新信息做出反应，商品和劳务流动才对汇率变动做出反应，贸易余额逐渐改善。如图 8-6 所示，这个变化过程形状像字母 J，我们称之为 J 曲线效应，即一国货币贬值，在短期内该国的贸易收支恶化，但是经过一段时间后，贸易收支改善。

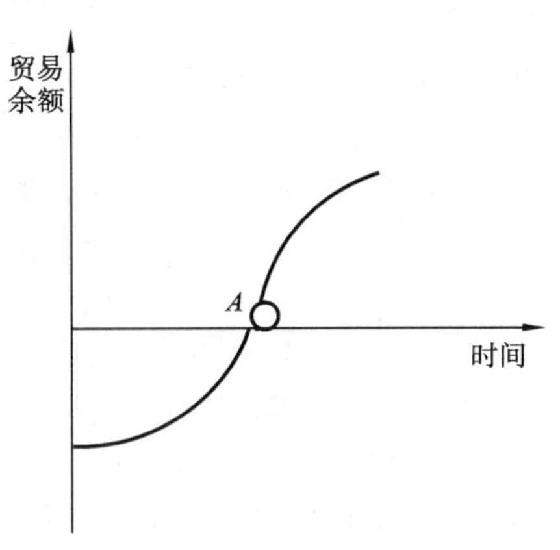

图 8-6　J 曲线效应

四、贬值对国内价格和贸易条件的影响

本币贬值的幅度越大，国内经济面临通胀的压力就越大。无论是发达国家还是发展中国家，本币贬值后，进口替代品的国内价格都将上升，以促使国内生产商将资源转向可贸易商品的生产。这样，一国的贸易条件也随之改变，在前文中，我们也曾经将贸易条件定义为出口商品价格与进口商品价格的比率。这样，进出口商品价格既可以用本币也可以用外币来衡量。一国进出口商品价格的上升反映了本币贬值的结果，也反映了贸易条件的改变，最终依赖于出口价格相对于进口价格是上升、下降还是不变。

而当一个工业国家开始对国内自然资源进行开发以代替以前的进口状况时，情况变得比较有趣。例如 1976 年英国北海油田的开发利用，改变了英国对石油产品进口的依赖。与此同时，英镑对其他货币升值，导致其传统工业部门失去了国际竞争力甚至限制了这些部门的工业化程度。这就是众所周知的荷兰病。这个名字来自 1973 年发生第一次石油危机之后，欧洲天然气出口大国荷兰由于能源价格高涨而从天然气出口中获得大量收入，这些收入大大提高了国家社会福利程度。然而，随着天然气出口的增加，荷兰本国货币荷兰盾的汇率也随之上升，劳动者薪水也同时上涨，导致生产成本大幅攀升，工业产品的国际竞争力急速下滑，造成经济恶化。伴随着经济恶化，由于经济增长时期大幅增加的社会保障体系负担对政府财政产生了巨大压力，财政赤字也随之急速增加。荷兰病可能是一种普遍的现象，适用于初级产品出口急剧增加的国家。

五、弹性论的经验研究及评价

弹性论建立在关于价格弹性的古典主义基础上，需求弹性与供给弹性并不是常量。一般情况下，短期弹性要比长期弹性小得多。短期内进出口商以及消费者很难改变其行为，长期内他们会意识到价格的改变并做出反应。这就是J曲线效应揭示的情形。

第二次世界大战以前，人们普遍认为外汇市场是稳定的，外汇供求也是弹性的。但是20世纪40年代，大量的经验研究并不能支持弹性论的观点，人们发现，外汇市场虽然是稳定的，但是外汇需求曲线呈陡直形状，并不具有弹性。不过，20世纪50年代以后，回归分析被用来估计国际贸易中的弹性，考虑到长期内的变化和时间的滞后，经验研究支持了弹性论的思想。表8-1反映了几个发达国家包括石油输出国组织等总的进出口需求弹性的绝对价值，数据取自1973年第一季度至1985年第二季度。研究结果显示，进口需求弹性的绝对值范围在0.47到1.14之间，美国是0.92，出口需求弹性的绝对值范围在0.44到0.99之间。在最后一栏，除了英国以外，表中所列的国家和组织进出口需求弹性的总和都超过了1，满足马歇尔-勒纳条件。

表8-1 国际贸易中的需求弹性估计

国家或集团	进口需求弹性	出口需求弹性	进出口需求弹性之和
美国	0.92	0.99	1.91
日本	0.93	0.93	1.86
德国	0.60	0.66	1.26
英国	0.47	0.44	0.91
加拿大	1.02	0.83	1.85
其他发达国家	0.49	0.83	1.32
欠发达国家	0.81	0.63	1.44
石油输出国组织	1.14	0.57	1.71

（资料来源：Dominick Salvatore，International Finance，12th。）

表8-2体现出贬值对经常项目的影响。20世纪90年代早期，由于意大利里拉和英镑相对于德国、法国的实际有效汇率贬值，里拉贬值22.1%、英镑贬值8.0%，欧洲出现了金融危机。表8-2反映了1992—1995年这四个国家经常项目改善的情况，其中，意大利里拉贬值幅度最大，在贬值的一年内绝大多数经常项目得到改善，而且其经常项目的改善也是四国中最多的。与此同时，德国与法国的经常项目也得到了改善，虽然这两国的货币升值，说明有其他的力量促使经常项目改变而非汇率的变化。

表 8-2 1992—1995 年欧洲四国实际有效汇率与经常项目余额

项 目	实际有效汇率指数(1995 年=100)				经常项目余额(十亿美元)			
	1992 年	1993 年	1994 年	1995 年	1992 年	1993 年	1994 年	1995 年
意大利	122.1	106.0	107.2	100.0	3.1	32.9	35.4	44.1
英国	108.0	105.0	103.3	100.0	−22.9	−20.0	−17.0	−18.5
德国	83.0	87.6	92.5	100.0	28.2	41.2	50.9	65.1
法国	88.6	92.2	95.6	100.0	2.4	7.2	7.2	11.0

(资料来源:经合组织报告,2000 年 2 月。)

尽管如此,弹性论仍然有意义,它揭示了相对价格与实际需求之间的相互关系。然而,这个理论基于充分就业,国内价格完全弹性,不考虑收入变化以及资本流动,仍然是局部均衡的分析方法。

六、金本位制下的调节

金本位制下贸易收支的调节完全依赖于价格的自动调节,这个机制不同于浮动汇率制。

金本位制实行的时间是 1875 年至 1914 年。但是第一次世界大战后,金本位制的重塑遭到 20 世纪 30 年代经济大萧条的重创。在金本位制下,黄金为本位货币,每个国家的货币与固定的单位黄金含量挂钩,这样金本位制下的汇率是固定的。金本位制的正常运行要求有关各国必须遵守相同的规则。一是各国以黄金表示其货币价值,两国货币的法定含金量的比率即构成两国货币的汇率,这被称为铸币平价。例如,1 盎司黄金=6 英镑,1 盎司黄金=12 法郎,所以英镑与法郎之间的比价是固定的。二是各国货币当局按铸币平价可自由买卖黄金与外汇,黄金自由输入与输出。这保证了黄金官价与实际交易价格的一致,并且保证本币与其他实行金本位制国家的货币汇率固定。三是各国货币供应也与黄金挂钩,银行券等代用货币的发行必须是以足够的黄金作为储备。所以金本位制下货币的发行是精确的数字,黄金的自由输入与输出导致物价涨落自动调节。

当一国逆差时,伴随而来的是黄金的输出,国内货币流通量减少,引起物价下跌,利率上升,加强了本国在国际市场的竞争力,刺激出口改善逆差。一国顺差时,情况正好相反。这个过程所遵循的物价黄金流动机制是古典主义的思想,物价黄金流动机制是金本位制下的自动调节机制。

金本位制下,我们假定不存在私人资本流动,经济总可以达到充分就业水平。各国货币供给来自黄金存量。货币需求遵循货币数量论。

由于 $MV = PY$,在充分就业水平下产出 Y 一定,不考虑货币流通速度 V,也就是 V 一定,国内货币流通量与价格变化方向相同。

黄金的自由输入与输出取决于两国货币汇率上下波动的界限即黄金输送点,同时保持固定汇率并通过国内价格的变动自动调整国际收支。例如,1879—1933 年,美国规定 1 盎司黄金等于 20.67 美金,与此差不多的时间,英国规定 1 盎司黄金等于 4.25 英镑。英镑与美元的法定平价为 1 英镑等于 4.8665 美元。如果按当时的条件,在英美两国之间运送1英镑或4.8665美元的黄金需要开支的费用是0.1335美元。在两国回避汇率的基础上加减这部分费用，就构成英美两国黄金输送点，汇率的波动范围就由输送点决定，即在＄4.7330～＄5.0000之间，这个区间内外汇的供给与需求具有完全弹性。当英镑的美元价格高于＄5.0000或低于＄4.7330时，不可能依靠汇率变化结清市场，取尔代之的是黄金开始在英美两国之间流动以平衡美国外汇市场对英镑的需求。当美国从英国的进口猛增时，对英镑的需求增加，英镑汇率开始上升，直到＄5.0000。虽然外汇市场此时仍未达到均衡，但是美国商人宁愿按铸币平价＄4.8665向美国造币厂购买等值的113盎司的黄金，然后再花＄0.1335的运费将黄金运送到英国，再向英国的造币局兑换1英镑。这个＄5.0000上限构成了黄金的输出点。如果供求关系变化使得英镑的价格低至＄4.7335的下限，同样地，任何理性的英国商人都不愿意按比这更低的价格出售英镑换取美元，他们可以直接将黄金运送到美国兑换美元。＄4.7335的下限构成了黄金的输入点。

金本位制下，黄金输入与输出的费用减少了黄金流动的数量，汇率具有有限的灵活性。也就是说，在黄金输送点范围内，汇率是可以调节实际交易的。但是超过这个狭窄的波动界限，黄金流动机制发挥作用，导致黄金存量或货币供应量发生变化。

黄金流动只是在短期内缓解供求的不平衡。否则的话，对逆差国而言，黄金将不断流失，而盈余国充溢了流入的黄金。此时，需要通过黄金存量或货币供应量的增减变动对经济产生的价格变化来调节。例如美国的黄金外流以后，国内黄金存量或货币供应量减少了，按照物价黄金流动机制，美国的价格水平就会降低，美国的出口就具有优势，对英镑的需求也就减少了。而英国由于黄金流入，黄金存量增加，意味着货币存量增加，英国的价格就上升，英国的出口将减少，进口可能增加。通过黄金的自由流动，美国的国际收支自动恢复平衡。

实际上，是黄金自由流动带来价格变化在调节商品与劳务市场。如果一国存在闲置资源，即非充分就业状态，对盈余国而言，其实际收入和产出会增加，将引起进口增加，国际收支顺差减少。利率此时也会产生作用，当一国货币供应减少时，利率水平将上升，吸引资本流入，也可为经常项目逆差融资，进一步增强自动调节机制。只是在当时私人资本流动没有今天这么频繁，并且流动规模也没有今天如此之大。在今天，随着经济的全球化，资本流动的影响远超经常项目，特别是在短期内。

第二节 收入调整机制

弹性论在假定收入不变的条件下，探讨价格自主变动对国际收支的调节。吸收论探讨的则是价格不变时，收入自主性变动对国际收支的调节作用。凯恩斯革命以后，以乘数为基础对汇率变动效应的分析得到了发展，大部分的分析建立在这个基础上。

收入调节贸易余额的假设前提是价格、工资以及利率保持不变，经济处于低充分就业，汇率只有非常窄的波动范围，投资和出口都是外生变量，长期内私人资本不流动。我们首先考虑封闭经济下的投资乘数。接着推导在开放经济下，出口具有与投资相同的作用，以及出口对于收入增长的带动作用。进而分析收入的这种变化对一国贸易余额的影响与调整。

一、封闭经济下的投资乘数

封闭经济下的一国国民收入由下式决定：

$$Y = C(Y) + I$$

其中，Y 为国民收入，C 为消费函数，I 为投资。消费依赖于收入，投资不完全依赖于收入，它是外生变量。对于整个国民经济而言，在封闭经济下，当达到总收入与总支出均衡时，总的注入与总的漏出是一致的，也就是 $S=I$，S 为储蓄函数。储蓄来自总的国民收入，并使总的国民收入增加，但它并不是支出，而是漏出项。投资 I 是总的国民收入中的支出项，是注入项，因为它能刺激生产，带来新的生产力。相关计算公式如下：

$$\Delta I = \Delta S = \Delta Y \times \mathrm{MPS}$$

$$\Delta Y = \Delta I / \mathrm{MPS}$$

其中，MPS 是边际储蓄倾向。c 是边际消费倾向，我们可以得到封闭经济下的投资乘数：

$$k = 1/(1-c)$$

二、小型开放经济下的贸易乘数

我们假设是在小型开放经济下，因为小型开放经济体的国际交易不会影响其贸易伙伴国或者其他国家的国民收入。小型开放经济下的一国国民收入由下式决定：

$$Y = C + I + X - M$$

其中，M 是进口函数，$M = M_0 + mY$，m 是边际进口倾向，$m = \mathrm{MPM} = \Delta M/\Delta Y$。

边际进口倾向意味着收入的改变在多大程度上引起进口的变化。进口与储蓄相似，是国民收入中的漏出项。而出口是不依赖于收入的外生变量，与投资相似，它是国民收入的注入项。一国出口与本国的国民收入相关的同时，与其贸易伙伴国的收入水平也密切相关，进口则是依赖于本国的国民收入水平。所以，小型开放经济下一国国民收入的注入与漏出均衡状态可以表示为：

$$I + X = S + M \tag{8-1}$$

这个式子并不意味着均衡国民收入水平下的贸易收支是平衡的。只有当 $I=S$、$X=M$ 时，贸易收支才是平衡的。

如果将式(8-1)变换一下，可以得到：

$$X - M = S - I$$

这里，$X-M$ 表示净出口，反映净对外投资。如果出口大于进口，本国贸易盈余，盈余就是本国的国外资产的增加，通俗而言，就是出口创汇；相反，进口大于出口，贸易逆差，需要本国投资大于储蓄才能保持国民收入的均衡。

考虑均衡国民收入水平的变化，从式(8-1)出发，可以得到：

$$\Delta I + \Delta X = \Delta S + \Delta M$$

将 $\Delta S = (\text{MPS})\Delta Y$ 和 $\Delta M = (\text{MPM})\Delta Y$ 代入上式，可以得到：

$$\Delta I + \Delta X = (\text{MPS} + \text{MPM})\Delta Y$$

$$\Delta Y = \frac{1}{\text{MPS} + \text{MPM}}(\Delta I + \Delta X)$$

$k' = \dfrac{1}{\text{MPS} + \text{MPM}}$ 大于零，是贸易乘数，如果我们用 c 表示边际消费倾向，m 表示边际进口倾向，则贸易乘数可以表示为 $k' = \dfrac{1}{1 - c + m}$。

贸易乘数意味着一国自主性出口增加可以带动国内收入的成倍增长，国内收入自主性增加的同时，也会引起进口的增加。如果进口增长低于出口增长，贸易收支余额的调节就是不完全的。相比封闭经济下的投资乘数，开放经济下的贸易乘数较小。因为，开放经济下支出扩张的过程中，一部分支出被用于进口国外商品与劳务。收入变动起乘数作用，进而影响贸易余额。

自主性贸易余额主要由国外国民收入水平以及实际汇率来决定，这是弹性分析法解释的问题。如果考虑国外的反响，我们假定在一个只有两个国家的世界里，一国出口自主性增加就是另一国进口自主性增加的结果。如果他国进口自主性增加，他国的收入水平就会下降，进口也将减少，这将直接削弱本国出口的自主性增长，因而考虑了国外反响的贸易乘数 k''，其作用小于没有考虑国外反响时的贸易乘数 k'。经济周期就是通过贸易途径在世界传递的。一国收入自主性变动，通过贸易引起另一国收入变动，进而影响贸易余额，国与国之间相互依赖，从而产生溢出效应。

三、吸收分析法

1. 主要观点

如果我们考虑收入的变化，贬值对贸易余额的调节就变得很复杂。贬值在带来自主性贸易余额改变时，贸易余额的改变对收入起乘数作用，使得收入成倍增加。在收入增加的过程中又会通过边际进口倾向的作用带来进口的增长，反而恶化了贸易余额。这样，在考虑收入变化以后，贬值对贸易余额的影响可以分为两个部分：一部分是乘数作用即贸易余额的影响；另一部分是进口的调整，即自主性贸易余额通过收入变动引起的与收入相关的贸易余额改变。总之，考虑收入变动以后，贬值对贸易余额的影响没有原来那么大，因为被进口的增加抵消了一部分。如果贬值引起的自主性贸易余额的改善超过了收入增加引起的进口上升幅度，贬值仍然可以改善贸易余额，这取决于吸收的变化。

2. 基本假设

吸收论的分析集中于固定汇率下的经常项目差值，不考虑自主性的私人资本流动。并假定短期内价格、工资和利率水平完全不变，但是在固定汇率下，长期内上述变量可以变动。不考虑政府的干预，考虑低充分就业和充分就业两种状态。

3. 推导

我们从均衡的国民收入决定式出发：

$$Y = C + I + X - M$$

如果自主性总吸收，即所有的国内自主性支出设定为 $A=C+I$，贸易余额为 B，Y 为国民收入，则

$$B = Y - A$$

一国贸易余额的改善如果是贬值的结果，那么 Y 必须上升，而 A 则必须下降。在充分就业状态下，产出和收入不变。如果一国出现逆差，贬值改变逆差只能通过国内支出即总吸收减少这个途径。支出减少要么是自动的，要么是紧缩的经济政策使然。如果国内吸收也不能减少，那么，贬值只会导致通货膨胀和国内价格上升。

经常项目将如何改善呢？我们从以下两个方面来讨论。

1）增加收入是可以改善贸易逆差的

只是这种改善并不是那么简单，分两种情况——充分就业和非充分就业来讨论。

(1) 充分就业下，没有闲置资源可以利用，收入不可能再增加，唯一的途径是减少总吸收来改善逆差。

(2) 非充分就业下，存在闲置资源，可以使收入增加。不过此时吸收也可能增加，只有在收入增加的同时，自主性吸收减少才可以改善逆差。我们仍然考虑国民收入恒等式：

$$Y=C+I+X-M$$

将消费函数 $C=C_0+cY$ 和进口函数 $M=M_0+mY$ 分别带入上式，可得：

$$Y=C_0+cY+I+X-M_0-mY$$

$$\Delta(X-M_0)=(1-c+m)\ \Delta Y-\Delta(C_0+I)$$

$$\Delta B=(1-\alpha)\ \Delta Y-\Delta A$$

其中，ΔB 是自主性的贸易余额(外生，但不与收入有关)，ΔA 是自主性的吸收(外生，但不与收入有关)。这里的 α 是边际吸收倾向，包含边际消费倾向、边际进口倾向(与收入有关)。

因此，当收入增加时，消费和进口都可能增加。如果 α 小于 1，那么消费和进口增加不会超过收入的增加，这样贸易余额可以得到改善。

但是，当 α 大于 1 时，意味着在收入增加的同时，消费和进口都会增加，并且增加得非常快，贸易余额可能恶化。

因此，收入增加对贸易余额的改善其实是不确定的。

在实际中，除非经济能保持持续的增长，同时有资本流入本国，贸易能保持长时间的顺差，否则，收入的增加很可能会被支出的增加所抵消。

2）本国货币贬值对经常项目改善的效果

这里的贬值指的是，贸易逆差下，改变固定汇率下的钉住值或波动范围。我们也分两种情况——充分就业和非充分就业来讨论。

(1) 充分就业且不减少国内吸收。

充分就业下总产出一定，即 Y 不变，并且此时国内总吸收保持不变。由于收入不变，那么本国的进口 M 就不会改变。可供出口的商品和劳务数量 X 也是一定的，X 保持不变。如果此时本币贬值，只有国内物价水平会做出反应，那么调节只能回到古典主义的观点上，依赖价格调节。本币贬值，在充分就业下，国内吸收不变时，贸易余额不能改善。图 8-7 至图 8-9 分别显示了本币贬值后本国的出口市场、进口市场以及贸易余额和国民收入状况。

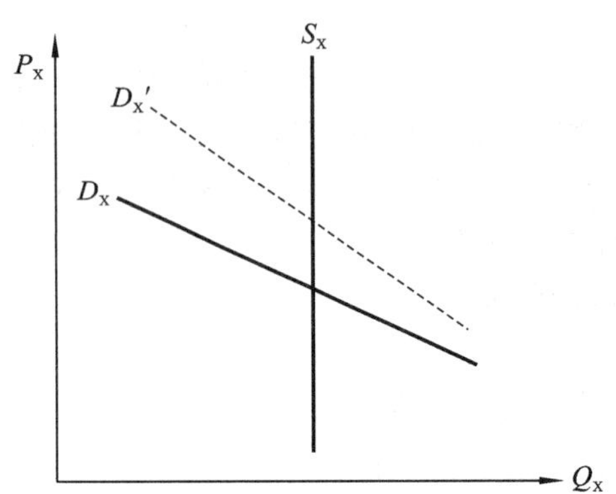

图 8-7　贬值后本国的出口市场，本国出口供给不变，国外对本国出口需求上升

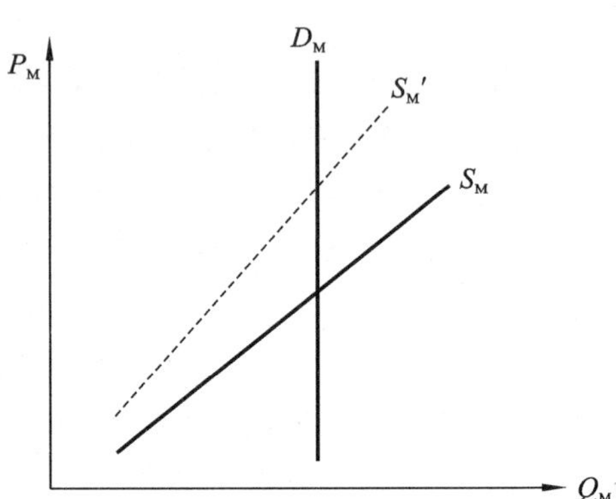

图 8-8　贬值后本国的进口市场，本国的进口不变，国外对本国提供的产品减少

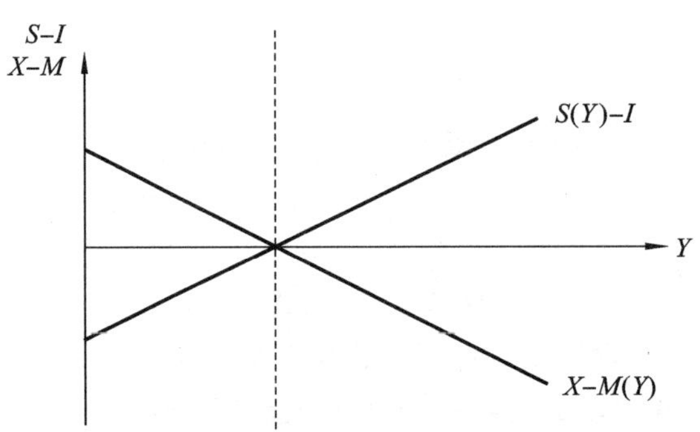

图 8-9　贬值后本国的贸易余额均衡、国民收入均衡

（2）充分就业且国内吸收可以减少。

充分就业下，总产出 Y 仍然不变，所以本国进口 M 也保持不变。国内吸收可能减少，出口 X 有可能增加，贸易余额改善的程度受限于国内吸收减少的程度。

当本国货币自主性贬值时，用本币表示的出口商品的价格降低，国外对本国出口商品的需求上升，由于产出不变，此时通过国内价格上升来调整。国内居民所持有的实际货币余额减少，他们会减少消费支出。这样使得国内的自主性吸收 $A=C+I$ 减少。国内吸收减少，进口不变，出口增加，贸易余额改善（见图 8-10）。

（3）低充分就业下。

低充分就业下，产出可以增加也可以减少。当本币自主性贬值时，本国商品的国内价格不变，而本国商品的外币价格下降，这样本国的出口数量上升（见图 8-11）。在贸易

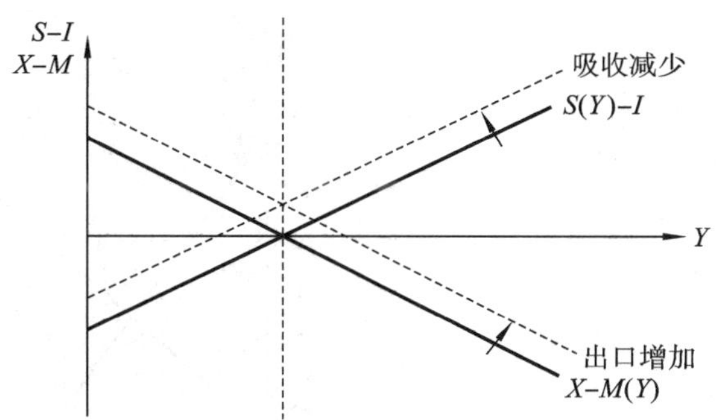

图 8-10 充分就业下，国内吸收减少时，贬值后本国出口增加

乘数的作用下，本国的产出增加，收入上升。此时国内的吸收也会增加，如消费和进口都会增加（见图 8-12）。这样，收入的增加就会被自主性消费和进口的增加抵消一部分，但是收入的下降不会超过之前上升的程度，贸易余额会改善（见图 8-11）。

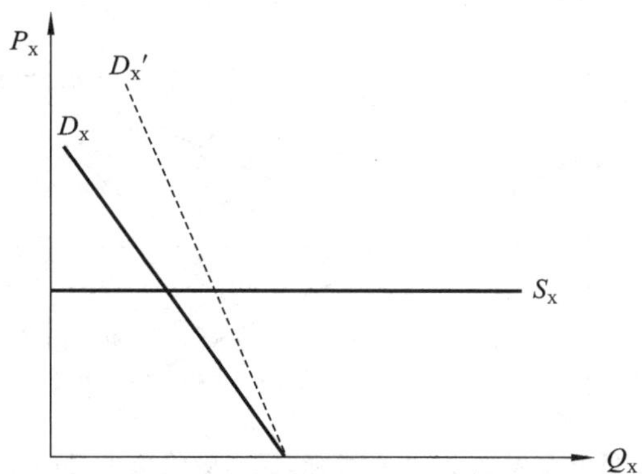

图 8-11 本国出口市场，低充分就业下，短期内价格不变，本币贬值，本国出口数量上升，D_X 右移到 D_X'

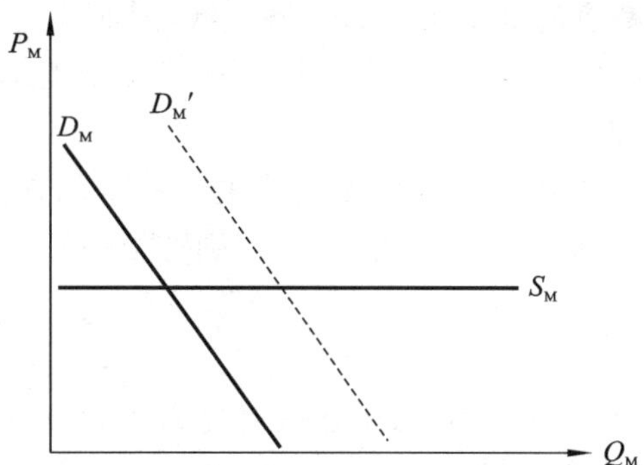

图 8-12 本国进口市场，短期内，由于出口增加带来的收入上升，引起进口增加，即由 D_M 右移到 $D_{M'}$，S_M 无法移动

长期内，由于价格可以变动，产出可以超过自然产出水平。此时，价格调整机制发挥作用（见图 8-13、图 8-14）。

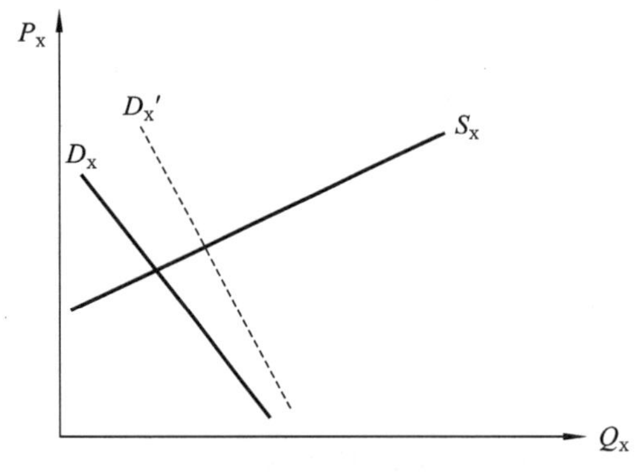

图 8-13　长期内，本币贬值，若满足马歇尔-勒纳条件，出口增加

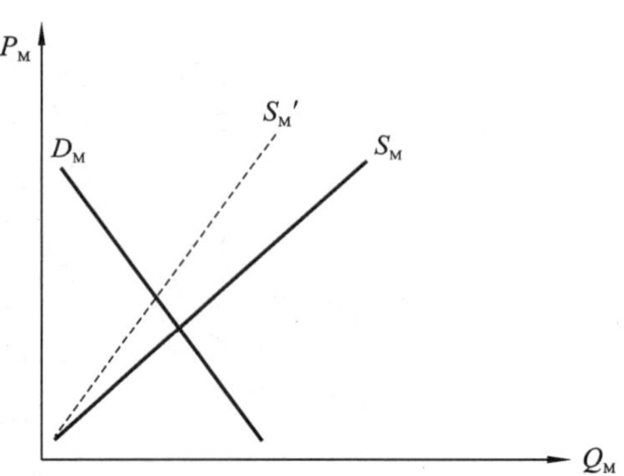

图 8-14　长期内，本币贬值，国外出口供给减少

综合短期和长期内的贬值效应，图 8-15 反映了贸易余额的改善，总体上贸易余额的改善程度有限，小于出口的自主性增加。

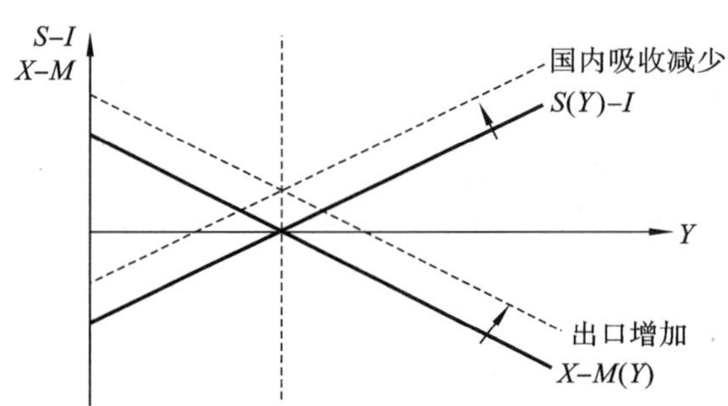

图 8-15　低充分就业下，本币贬值，国内吸收减少，贸易余额改善

因此，低充分就业下，在自主性贸易逆差下本币贬值，国内吸收自动减少，产生收入从工资到利润的再分配过程，因为利润赚取者的边际储蓄倾向一般高于以工资为生的人。此外，贬值导致居民持有的现金余额的价值降低，因而国内价格上升，国内居民减少消费支出，也因此减少了吸收。最后，国内价格上涨直接引起居民消费减少。由于吸收减少，出口增加，贸易余额改善。

尽管如此，我们并不能精确计算这种吸收自主性减少的速度和规模。因此，政府更愿意依赖紧缩的财政与货币政策以便能足够减少国内总吸收。

四、经验研究及评价

收入调整机制和价格调整机制都关注贬值对经常项目逆差的改善。不同的是价格调整机制重点关注相对价格变动对贸易余额的影响，而收入调整机制则将贸易余额与国内经济结合起来。弹性分析法强调的是需求一方，即假定经济中的任何进出口替代需求；吸收分析法强调的则是供给一方，即假定供给能满足足够的进出口替代需求。显然，我们需要将两种方法结合起来。当然，它们没有考虑私人资本流动，仍然是局部均衡分析方法。

收入调整机制的重要贡献在于，在经济处于充分就业状态时，本币贬值带来的贸易余额的改善不明显，甚至会带来国内价格的上升，为政府的政策调整提供了理论基础。

表 8-3 反映了经济增长与经常项目的关系。表中列出了 2010—2014 年发展中国家实际 GDP 的增长以及经常项目占 GDP 的比重。我们可以看到中国、印度、印度尼西亚经济增长比较快。2010 至 2013 年土耳其经济增长较快，然而 2014 年经济增长放缓，并累积了大量的外债。表中数据显示经济增长与经常项目之间的关系不大。中国经历了高增长和经常项目盈余，而印度和波兰特别是土耳其具有较高的经济增长和经常项目逆差。其中，土耳其的经常项目逆差占 GDP 比重最高，这也是 2018 年 7 月土耳其里拉发生崩盘而大幅贬值的原因之一。新加坡和俄罗斯的经常项目也是大量盈余，其经济增速保持了中等水平。拉美和中欧国家存在巨额、持续的经常项目逆差，这需要资本不断流入这些国家，才能保持持续的经济增长，特别是巴西和波兰以及土耳其。由于大量外资以债务形式流入土耳其，当美元升值，美国对土耳其征收钢材等进口关税后，里拉大幅贬值，引发了人们对新兴市场前景的担忧。总之，经常项目会受到一国国内经济状况和国际经济的影响。不仅如此，经常项目还受到其他一些因素如汇率、相对通胀率和结构性不平衡的影响。

表 8-3　2010—2014 年发展中国家的经济增长与经常项目

项　　目	实际 GDP 的增长(%)		经常项目占 GDP 的比重(%)	
	2010—2013 年平均	2014 年	2010—2013 年平均	2014 年
亚洲				
中国	8.8	7.4	2.6	1.8
印度	6.7	5.6	−3.3	−2.1
韩国	3.9	3.7	3.5	5.8
新加坡	6.9	3.0	20.6	17.6
印度尼西亚	6.2	5.2	−1.3	−3.2
马来西亚	4.6	4.5	8.1	4.3
泰国	4.3	1.0	1.2	2.9
拉丁美洲				
阿根廷	5.4	−1.7	−0.5	−0.8
巴西	3.4	0.3	−2.6	−3.5
墨西哥	3.6	2.4	−1.2	−1.9
中欧				
捷克	0.6	2.5	−2.4	−0.2
波兰	3.0	3.2	−3.8	−1.5
土耳其	6.0	3.0	−7.5	−5.8
俄罗斯	3.4	0.2	3.7	2.7
南非	2.8	1.4	−3.8	−5.7

（资料来源：世界银行。）

表 8-4 反映了 1997 年 7 月亚洲金融危机对美国、日本、欧盟以及经济合作组织成员国的影响。亚洲金融危机通过贸易联系传播到其他国家和地区，尤其是危机中的国家，其产出减少进口也减少，其货币贬值以刺激出口。表 8-4 给出了经济增速下降、经常项目恶化对其他国家产生的影响。

表 8-4 显示，亚洲金融危机导致美国经济增长减少了 0.4%（1998 年从 4.7%减少到 4.3%，1999 年从 4.2%减少到 3.8%），相当于 GDP 减少了 340 亿到 350 亿美元。欧盟的情况差不多，而对加拿大的影响最小。日本、澳大利亚和新西兰受到的影响很大。金融危机也加剧了这些国家的经常项目逆差。美国 1998 年经常项目逆差是 130 亿美元，1999 年达到 270 亿美元，日本与欧盟受到的影响相似，对加拿大、澳大利亚和新西兰的影响最小。因此，通过贸易途径，大国很容易将危机传递到其他国家并产生深刻影响。

表 8-4　1998—1999 年亚洲金融危机对经合组织成员国经济增长和经常项目的影响

项　　目	实际 GDP 的增长（%）		经常项目（亿美元）	
	1998 年	1999 年	1998 年	1999 年
美国	−0.4	−0.4	−130	−270
日本	−1.3	−0.7	−120	−220
欧盟	−0.4	−0.2	−190	−280
加拿大	−0.2	−0.3	−20	−30
澳大利亚和新西兰	−0.9	−0.1	−30	−40
经合组织	−0.7	−0.4	−260	−550

（资料来源：经合组织报告，1998 年 6 月。）

第三节　国际收支的货币调节

货币主义将国际收支看作是一种货币现象，在长期内，货币既是国际收支的扰动项也是调节项，国际收支之所以不平衡是因为货币供给与需求的不平衡所致。如果一国居民的货币需求超过货币供给，则超额货币需求只能依靠国外资本流入来满足；相反，如果一国货币供给超过货币需求，则超额供给只能通过资本的外流来消除。货币主义强调货币供给与需求对国际收支的调节作用，认为长期内中央银行不需要干预货币市场，货币供给与需求也能自动调节国际收支。

一、假定及推导

我们假定是在小型开放经济下，因为小型开放经济不会影响国际商品市场价格和利率水平。名义货币需求与名义国民收入水平以及国内价格水平呈正相关,在长期内货币需求是稳定的,这样货币需求满足方程式 $M_d = kPY$,其中 M_d是名义货币需求的余额,k 是名义货币需求余额与名义国民收入的合意比率,P 是国内价格水平,Y 是实际产出水平。假定长期内产出是充分就业水平。

一国货币供给可以表示为:

$$M_s = m(D + F)$$

其中,M_s是一国货币供应的总量;m 是货币乘数;D 是基础货币的国内构成,它是由一国货币当局信贷活动创造或国内资产支撑的货币供给;F 是基础货币的国际构成或者外汇构成,通常是一国的国际储备,其增减来自一国国际收支盈余或逆差;$D+F$ 被称为基础货币或高能货币。

如果我们从均衡状态 $M_d = M_s$出发,以下式子成立:

$$kPY = m(D + F) \tag{8-2}$$

由于充分就业条件下购买力平价成立,即 $P = RP^*$,将其代入式(8-2),得到:

$$kRP^*Y = m(D + F) \tag{8-3}$$

对式(8-3)进行全微分或进行百分率变化,或两边取对数,可以得到:

$$\hat{F} - \hat{R} = \hat{P}^* + \hat{Y} - \hat{D} \tag{8-4}$$

每个变量上的^表示百分率变化。

二、固定汇率下的货币调节

在固定汇率下,$\hat{R} = 0$,式(8-4)就变成了 $\hat{F} = \hat{P}^* + \hat{Y} - \hat{D}$ 。这意味着当国内价格和收入不变时,国内信贷变化的百分比将导致国际储备百分比的变化。中央银行如果扩大信贷规模,创造出超额货币供给,将引起国际收支的更大幅度逆差,资本外流,储备减少。相反,国内信贷水平下降将引起国内货币的超额需求。但是在国内价格和收入不变的条件下,货币需求也是不变的,因此,在信贷水平降低的情况下,只有储备增加才能使货币供给与需求平衡。一国国际收支盈余来自国内基础货币供给不能满足国内超额的货币需求;一国逆差来自国内的超额货币供给无法被货币当局消除,只能通过储备外流来消除。这也意味着,固定汇率下,一国可以通过储备外流来调节国际收支。货币模型考虑的是货币存量,在固定汇率下,储备的流动自动调节货币存量,以便恢复国际收支均衡。政府的货币政策不仅不可能,也没有必要。国际收支的顺差或者逆差本身就是调整的途径。只是如果国际储备流是连续的,就能自动调节。

然而,在固定汇率下,一国不可能在长期内控制货币供给。在 $M_s = m(D+F)$ 中,货币供给来源于由银行体系产生的国内信贷和中央银行持有的外汇储备。这两种资产的性质不同,产生的方式不同,国内信贷由本国货币当局直接或间接控制,是外生的政策变量。而国际储备流不能作为政策变量,因为本国不可能印制美元、欧元等进行储备,它们分别是由美联储和欧洲央行印制的。储备的变动其实是由货币市场内在的需求与供给的不平衡引起的。长期内,一国货币供给的规模与其国际收支的平衡要保持一致,除非是储备货币国,例如美国,在固定汇率下,长期内美国可以控制其货币供给,因为其他国家的居民都愿意持有美元，美元是储备货币。除非美元不是储备货币，那样的话，美国的情况与其他国家一样。

在任何一种固定汇率下，无论是银行信贷的变化或者外汇储备的变化，还是两者同时变化，都可能使本国货币存量发生变化，因为本国货币当局不能直接控制储备的变化，也就不能控制货币存量的变化。

因此，我们也可以得出结论，在固定汇率下，货币供给不能被视为政策变量，而是由影响国际收支平衡的因素决定的内生变量。

三、浮动汇率下的货币调节

在可变汇率制（又称“浮动汇率制”）下，央行不干预外汇市场，也就是说央行既不持有储备，也不打算动用储备，而是让其货币的价值由国际市场决定。因此储备变动这项就是零，即 $\hat{F}=0$，式(8-4)就变成 $-\hat{R}=\hat{P}^{*}+\hat{Y}-\hat{D}$，国内货币存量的变化完全来自本国信贷扩张或紧缩。根据国际收支账户，官方融通资金的余额为零。当国内价格和收入不变时，国内信贷水平上升将导致本币贬值。此时，国内货币政策的实施不会引起国际货币流动，而是引起汇率变化。这意味着在可变汇率制下，汇率变动可以调节国际收支。国际收支的不平衡可以立即被汇率的自动变化消除。所以，在可变汇率制下，央行可以控制其货币供给和货币政策。因为，国际收支不平衡的调节可以通过汇率和国内价格变动来完成，而不是依赖国际储备流。例如，一国出现国际收支逆差，该国货币将立即自动贬值，同时货币需求上升以吸收超额货币供给从而自动消除逆差。当一国出现盈余，该国货币将自动升值，国内价格上升从而消除超额货币需求，改善盈余。

汇率的实际价值是由本国与其他相关国家货币供给和实际收入的增长决定的。例如，假定实际收入和货币需求的增长是零，如果一国货币供给超过其实际收入和货币需求的增长，那么该国价格将上升、货币将贬值。一国货币供给增加低于实际收入和货币需求的上升，国内价格将下降，该国货币将升值。

按照货币主义分析，超额货币供给导致货币贬值，而货币供给不足将导致货币升值。在浮动汇率下，一国面临高通胀，也会引起该国货币贬值，相反，一国相对于其他国家保持较低的通胀率，也会引起该国货币升值。那些货币增长超额且快速的国家可以通过增加进口而不是直接输出货币或储备来转移其通胀压力。当然，这种通胀压力的转移需要一些时间，并且依赖其他国家的盈余资金有多少及其在海外的构成。

在有管理的浮动汇率制下，式(8-4)成立。在这种货币制度下，汇率虽然是由外汇市场的供求来决定同时也是动态变化的，但是央行可以随时干预以保持其所愿意钉住的汇率值。因而，有管理的浮动汇率制兼具固定汇率制和浮动汇率制的特点。央行既可以依赖汇率变动自动调整国际收支，也可以依赖储备流调节国际收支，两者可以兼而有之。

浮动汇率下，国际收支盈余，储备不会增加，货币供给是外生的，汇率由市场力量内生决定。而固定汇率下，国际收支平衡，储备与货币供给变化都是内生的，只有汇率的变化被外生地固定为零。

四、经验研究和评价

经验研究表明，货币主义模型的论据是，固定汇率下和长期内的货币调节能得到解释。20 世纪 50 年代初，联邦德国的经济增长速度超过美国和英国，其一直坚持执行低速扩张的货币政策。按照货币主义模型，联邦德国的国际收支盈余，储备增加，马克升值。而 70 年代末，英国经济低速增长，其货币存量却快速增长，结果与模型的预测相同，英国的储备减少，英镑贬值。与此同时，日本的经济增长超过美国和英国，而其货币供给只按一个适当的比率扩张，日本的国际收支盈余持续上升，导致日元最终升值。中国在 20 世纪 90 年代末和 21 世纪初，经历了经济高速增长时期。在 2008 年以前，货币增长保持适当水平，国际收支盈余持续上升，外汇储备增长迅速。

当汇率不能自由变动时，国际收支逆差需要货币供给减少，超额的外汇需求只能通过央行卖出外汇、购进本币来实现，除非货币当局可以冲销或者冻结货币。货币供给的减少，将导致逆差国的利率水平上升。而利率的上升，意味着逆差国的投资将受到抑制，收入水平也将下降，进口也就下降，逆差减轻。同时，利率上升将吸引外国资本流入，为逆差融资。货币的调节途径理应如此。

实际上，通过国际资本流动和收入的自动调节看起来也是行得通的，至少在金本位制下是可以的。货币供给和收入的下降可以使国内价格相对于盈余国降低，贸易逆差改善。但是，这种情况只可能发生在长期内，因为短期内价格对扰动反应迟钝。

货币的自动调节需要货币当局主动调节货币供给，而不是依赖货币政策来实现充分就业或者价格稳定。然而，在现实中，难以做到货币供给的自主性调节，因为货币自动调节需要的时间很长。所以，政府更愿意依靠货币政策而不是市场自动调节，并且政府希望货币调节在短期内能见效。

在浮动汇率下，货币政策的含义与封闭经济下的相同，就是对货币供给的管理；在固定汇率下，货币政策意味着对银行体系的国内信贷进行控制。

第四节 自动调整的综合

将价格、收入及货币的自动调节机制综合起来考虑，可以得到以下结论。

在浮动汇率下，如果外汇市场是稳定的，一国货币可以贬值直到逆差完全消除。问题是贬值到多大程度可以完全消除逆差，或许需要的时间很长，同时汇率波动无常，调节成本增加。在有管理的浮动汇率下，货币当局通常不会允许货币充分贬值。虽然避免了汇率波动的无常，但是保持本币低估，可能会以牺牲他国的利益为代价。在固定汇率下，贬值的范围非常有限，一国只能依赖货币来调节，然而，固定汇率下不稳定的资本流动也时常发生。

从某种程度上说，逆差国货币贬值确实可以刺激生产、增加收入，但同时，该国的进口也会有所增加，这将抵消一部分贬值带来的逆差的改善，这意味着需要更大幅度的贬值才能彻底改善逆差，除非是在自由浮动汇率下才有这种可能。而逆差的调节需要货币供给减少，一旦供给减少，利率水平将上升，能够吸引资本流入从而为逆差融资。与此同时，由于收入和货币供给的减少，逆差国价格相对于盈余国下降，可以改善贸易逆差。不足之处在于，在逆差改善的同时，一国不得不承受国内通货膨胀的压力。

在实际中，一国收入、价格、利率、汇率以及经常项目还有其他变量的变化都是自主性扰动的结果，它们会影响其他国家，通过国外反响又反作用于该国。因此，我们很难判断到底是价格还是收入或其他机制在发挥作用，自动调节无法达到理论上所描述的目标，各种变量之间的关系是复杂的。表 8-5 反映了国际经济之间的相互依赖。表 8-5 中的数据表明，政府支出增加对国民生产总值(GNP)、消费价格指数(CPI)、利率、货币价值、经常项目的影响，以及其贸易伙伴国的反响。这些研究结果运用了美联储的多国模型。虽然一国政府支出增加的效果在几年后才能看出，但是表中的数据反映了第二年的效果。其中，表中的 A 部分反映美国政府支出增加 1%对经合组织(OECD)成员国的影响。表中的 A 部分还显示了美国政府支出增加 1%以后的第二年，其 GNP 增加 1.8%。在较长的时间内其效果更加明显。美国 CPI 上升 0.4%，短期利率上升 1.7%，美元升值 2.8%，经常项目逆差增加 165 亿美元。美元升值主要是其利率水平上升吸引了大量资本流入引起的。而美国进口的上升，包括美国政府支出增加的刺激计划也使得 OECD 成员国的 GNP 增长 0.7%，其价格上升 0.4%，短期利率也上升了 0.4%。OECD 成员国货币将贬值，同时有 89 亿美元的经常项目盈余。这里并没有计算 OECD 成员国货币的平均贬值程度。我们发现 OECD 成员国经常项目的改善程度比美国的逆差程度小，原因在于美国的进口不完全来自 OECD 成员国，相当多的进口来自石油输出国组织(OPEC)和欠发达国家(LDCs)。

表 8-5　政府支出增加 1%的 GNP 第二年的影响效果

A. 美国政府支出增加		
	对美国的影响	对其他 OECD 成员国的影响
GNP	1.8%	0.7%
CPI	0.4%	0.4%
利率	1.7%	0.4%
货币价值	2.8%	
经常项目	−165 亿美元	89 亿美元
B. 其他 OECD 成员国支出		
	对其他 OECD 成员国的影响	对美国的影响
GNP	1.4%	0.5%

续表

	对其他 OECD 成员国的影响	对美国的影响
CPI	0.3%	0.2%
利率	0.6%	0.5%
货币价值	0.3%	
经常项目	−72 亿美元	79 亿美元

（资料来源：Dominick Salvatore，International Finance，8th。）

表 8-5 中的 B 部分反映了 OECD 成员的自主性支出增加将导致其 GNP 增加 1.4%，CPI 上升 0.3%，短期利率上升 0.6%，货币升值 0.3%，经常项目恶化，有 72 亿美元逆差。这些变化引起了美国的反响，美国的 GNP 增长 0.5%，CPI 上升 0.2%，短期利率上升 0.5%，经常项目改善了 79 亿美元。

(1) 在没有干预的情况下，市场通过自主性价格以及收入的变动调节贸易余额，我们称之为自动调节机制。

(2) 金本位制下，黄金的自由输入与输出导致价格涨落，自动实现贸易收支平衡。

(3) 可变汇率下，一国货币贬值如果满足马歇尔-勒纳条件（稳定的外汇市场），贸易逆差可以改善。但是货币贬值的传递效应有时间上的滞后，无法在短期内调节贸易逆差。

(4) 开放经济下，出口具有与投资相同的乘数效应，但是小于投资乘数。当考虑国外反响以后，贸易乘数的作用减小，经济周期通过贸易途径在世界各国传递。

(5) 在低充分就业下，一国可以通过增加国民收入、减少总吸收来改善贸易逆差，但是收入所引起的贸易逆差的改变存在不确定性。在充分就业下，贸易余额的改善不明显，贬值带来价格的上升。

(6) 货币供给与需求的不平衡是国际收支失衡的根本原因。

(7) 在开放经济下，一国货币供给来源于国内信贷活动创造以及国际储备流。在固定汇率下，一国可以通过储备流的变动调节国际收支余额。在可变汇率下，汇率变动可以调节国际收支余额。在由管理的浮动汇率下，两者兼而有之。

(8) 在固定汇率下，货币供给不再是政策变量，因为其包含了本国外汇储备。在浮动汇率下，货币供给是外生的政策变量，因为在这种情形下，货币存量由国内信贷构成。

关键词

自动调节机制	automatic mechanism
弹性分析法	elasticity approach
马歇尔-勒纳条件	Marshall-Lerner condition
J曲线效应	J-curve effect
物价黄金流动机制	price-specie-flow mechanism
金本位制	gold standard
贸易乘数	foreign trade multiplier
吸收分析法	absorption approach
国外反响	foreign repercussions
货币分析	monetary approach
基础货币	monetary base

复习思考题

1. 当一国出现贸易收支逆差时，本币贬值一定能改善逆差吗？

2. 金本位制下，国际收支是如何调节的？

3. 什么是J曲线效应？

4. 贸易乘数的意义是什么？

5. 分析一国自主性收入变动对贸易余额产生的效应。

6. 在固定汇率下，一国中央银行为什么只在短期内可以控制本国货币供给，而在长期内无法控制本国货币供给？

第九章
国际金融市场

本章概述　本章阐述了国际金融市场的基本概念和基本分类，以及国际金融市场的构成。阐述了欧洲货币市场的基本概念、产生和发展，以及欧洲货币市场的构成、特点及作用。论述了国际金融市场的发展趋势。

通过对本章的学习，了解国际金融市场的基本概念、分类及构成。通过了解国际金融中心形成的条件，理解国际金融中心的地位和作用。通过了解欧洲货币市场的主要业务，理解欧洲货币市场的基本概念和作用，以及欧洲货币市场快速发展的原因和特点。了解国际金融市场的最新发展趋势。

第一节　国际金融市场概述

2008 年美国次贷危机引发了人们对金融创新的再思考，2009 年欧债危机爆发也让人领略了国际金融市场的风云变幻，在美联储连续五轮货币量化宽松政策以后国际黄金市场金价大跌，跌到十年来的最低点，国际原油期货市场涨跌不均。国际金融市场并不平静，2018 年 3 月，美国总统特朗普发起了贸易战，征收进口关税，一些新兴国家的货币如土耳其里拉、阿根廷比索应声下跌，分别贬值 28.9%和 50.8%。2018 年国际金融市场呈现两大主要特征：一是全球股市震荡；二是美元持续升值，其他货币不同程度贬值。截至 2018 年 12 月 21 日，以摩根士坦利资本国际公司编制的明晟指数（MSCI 指数）来衡量，全球股指从年初以来下跌 13.3%，其中新兴市场股指下跌 17.4%，发达市场股指下跌 12.8%。

全球股市震荡与世界经济中隐含的风险有密切关联。2018 年美联储已经四次加息，欧洲央行和日本央行仍然维持负利率环境，美元明显升值。2018 年 11 月相对于上年底，名义美元指数升值 7.0%，实际美元指数升值 6.5%。

美元升值导致世界其他主要货币兑美元均有不同程度的贬值。从 2018 年初到 12 月 14 日，欧元贬值 5.8%，日元贬值 0.6%。新兴经济体货币出现了更大幅度的贬值，其中人民币贬值 5.0%，巴西雷亚尔贬值 15.0%，印度卢比贬值 11.3%，南非兰特贬值 13.9%，俄罗斯卢布贬值 13.0%。国际金融市场动荡加剧。

一、国际金融市场的概念

1. 国际金融市场的概念

金融市场是资金融通的场所。如果金融市场上的资金借贷关系发生在国内居民之间，就是国内金融市场；超越国境，涉及其他国家，则为国际金融市场。

国际金融市场是指非居民可以参加的，在国际范围内从事资本借贷及其他各种专业性金融交易活动的场所，是国际借贷资本移动的中介。国际金融市场主要包括国际货币市场、国际资本市场、国际外汇市场和国际黄金市场。国际金融市场是无形市场，以国际银行和非银行金融机构为主体，以电报、电话、电传等各种通信工具相互连接，昼夜运转。集中开展国际借贷业务的国际金融市场就是国际金融中心。国际金融市场的概念通常与国际金融中心联系在一起。一些城市如伦敦、纽约、东京等伴随着资本主义世界市场的发展形成国际金融中心。这些国际金融中心集中了国际银行、国际商业和证券交易。

国际金融市场是在居民和非居民之间、非居民和非居民之间进行国际信贷业务的场所。前者也称为在岸金融交易，即交易者有一方是市场所在地居民，例如，英国银行与法国公司在伦敦进行美元存贷业务。后者也称离岸金融交易，即交易双方都是市场国的非居民，例如，日本银行和德国公司在新加坡进行美元存贷业务。

国际金融市场有广义和狭义之分。广义的国际金融市场是指进行各种国际金融业务的场所，这些业务包括长、短期资金信贷及外汇和黄金买卖，分别形成了货币市场、资本市场、外汇市场和黄金市场。狭义的国际金融市场是指在国家间经营借贷资本的市场，主要指国际货币市场和国际资本市场，我们这里研究的是广义的国际金融市场。

2. 国际金融中心具备的条件

(1) 政局稳定。国际资本安全，使非本国居民相信资金的转移不会受到限制，外国资本的利益得以保护。

(2) 经济实力与国际经济活动能力强，贸易运输保险业发达。例如伦敦金融城的发展得益于金本位制下英国强大的经济实力，英镑是当时的国际结算货币。而第二次世界大战以后，美国成为世界经济的中心，布雷顿森林体系下美元成为干预货币，既是重要的结算货币又是储备货币，纽约一跃成为较大的国际金融中心。当然，伦敦仍然是较大的国际金融中心之一，劳合社是世界较大的保险机构。

(3) 银行及非银行金融机构构成的金融市场的结构管理完善，有高效、发达的金融市场，能提供必要的实务操作技巧和国际金融专门人才。纽约、东京等国际金融中心一直是发展最快的城市，在这些城市，国际银行、外汇交易、股票市场等金融业发达，薪资也比其他城市高，能源源不断地吸引来自世界各地的高级金融人才，使得这些金融中心经久不衰。

（4）拥有完善的通信设施、良好的服务设施、优越的地理位置及便利的交通条件。综观这些国际金融中心，我们会发现，它们都处在交通运输的枢纽，有着优良的海岸线，有着得天独厚的贸易与运输优势。

（5）金融环境宽松。各方面管制宽松，外汇资金可以自由兑换，非居民可参加金融交易，享受与居民相同的待遇，国际资金可以自由流入流出。这样容易形成国际资金的集散地，进而形成国际金融中心。

二、国际金融市场的分类

狭义上，金融市场是国际资金借贷交易即资金融通的场所和活动市场，即通过运用各种金融工具与资金融通方式的组合，实现国际资金从一国投资人到另一国筹资人的流动。

按资金融通期限即以一年为界限，可将国际金融市场分为国际货币市场和国际资本市场。资金融通期限在一年及一年以内的国际短期货币资金的借贷和短期金融工具的买卖就是国际货币市场。按交易工具的特性，可将国际金融市场细分为：银行同业拆借市场、银行短期借贷市场、短期证券市场、票据贴现市场等。

资金融通超过一年以上的或者无具体期限约定的国际中长期融资交易市场是国际资本市场。国际资本市场由银行中长期信贷市场、国际债券市场、国际股票市场组成。其中，国际债券市场包括外国债券市场和欧洲债券市场。外国债券是在国外发行的以市场所在国货币为面值的债券。欧洲债券是在某种货币发行国之外，以该货币为面值发行的债券，即在本国境外市场发行的，不以发行市场所在国的货币为面值的国际债券。

广义上，国际金融市场是指各种国际金融活动的总称，除了包括上述狭义的国际金融市场外，还包括国际资本流动过程中伴随的外汇买卖的外汇市场，以及作为特殊国际金融资产的黄金买卖的国际黄金市场。图 9-1 归纳了国际金融市场的金融工具。

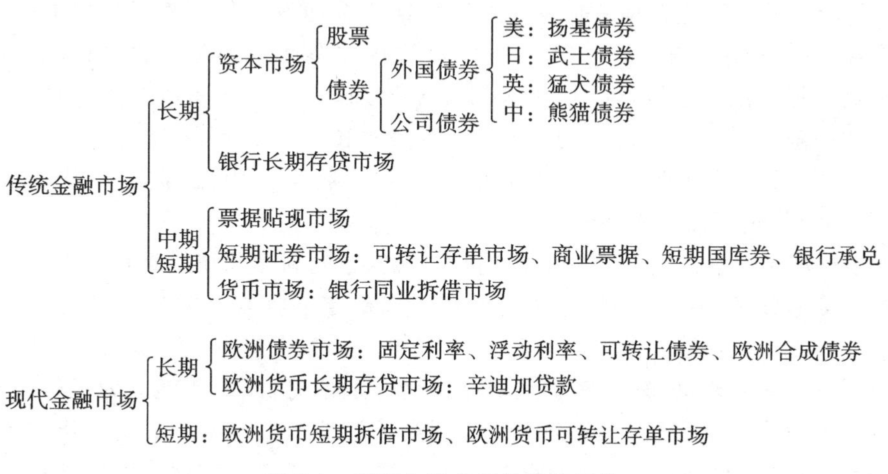

图 9-1　国际金融市场的金融工具

三、国际金融市场的构成

1. 国际货币市场

1）银行短期信贷市场

银行短期信贷市场包括银行同业拆放市场和银行对外国工商企业提供短期贷款的市场。银行同业拆放的资金数额大、期限短，最短的是日拆，一般还有一周、一个月、三个月、六个月等期限，最长不超过一年，无须签订协议，完全凭借借款人信用进行拆放。银行同业拆放市场在银行短期信贷市场中处于重要地位。银行对外国工商企业提供短期贷款，主要用于解决企业临时性或季节性的资金需要。贷款的利率在伦敦银行同业拆放利率的基础上，附加一定的加息率，加息率一般在 0.25%～1.25%之间。伦敦同业拆放利率(LIBOR)是同业拆放业务中应用最广泛的参考利率。它是指伦敦的一流银行在同业拆放市场上借款给其他一流银行所报的利率。现在这个利率已经成为国际金融市场大多数浮动利率的一项基准利率，作为银行从货币市场筹集资金进行转贷的融资成本标准。其他市场参考利率有新加坡同业放款利率(SIBOR)等。

2）短期证券市场

短期证券市场指期限在一年以内的证券交易市场。目前这个市场上的短期信用工具种类繁多，主要有以下几种。

(1) 短期回库券。短期国库券指在各国财政部发行的短期债券。它属于国家信用，流通性强，是各国短期投资者的首选目标之一。短期国库券在西方国家，特别是在美国发行量很大，是短期证券市场上的主要交易工具，期限通常有 91 天和 182 天，不附带息票，属于零息债券，以贴现方式发行。

(2) 大额可转让存单。大额可转让定期存单是由商业银行或其他金融机构发行的定期存款凭证。它是一种不记名的金融工具。任何持有人都可以在到期日获得本金和利息。其特点是金额大，票面金额通常为 10 万～1000 万美元；期限短，一般为 2 星期到 12 个月，可流通转让；到期按票面金额和约定利率支付利息，其流通额仅次于国库券。

(3) 商业票据。商业票据是企业为筹集短期资金而发行的一种无担保的短期本票。其票面金额不限，期限一般为 3～6 个月，一般采用按票面金额贴现的方式进行交易，贴现率通常高于短期国债，无担保，信用等级低于短期国债，风险相对较高。在美国，商业票据的面值一般为 10 万美元、25 万美元、50 万美元和 100 万美元。期限为 1～270 天，常见的是 20～45 天。商业票据不存在活跃的二级市场，又无担保，在决定其发行可行性时，发行公司的信用等级尤为重要。

(4) 银行承兑汇票。银行承兑汇票是获得某家银行付款承诺的远期汇票。汇票是出票人向另一人签发的，要求即期、定期或可在可以确定的将来时间根据其指示向指定人支付一定金额的书面命令。持票人会将这一汇票向付款人提示，要求其付款或承兑。当银行作为付款人正式承诺，表示愿意到期兑付这一汇票时，此汇票就成为银行承兑汇票。承兑银行在持票人提示以后，通常会将尚未到期的汇票以贴现的方式支付给持票人。这时承兑银行就相当于发放了一笔短期贷款，承兑银行在到期日按面值收回款项。因为有银行信用作担保，银行承兑汇票的贴现率要低于商业票据。由于承兑银行提供自己的信用作为担保，因此要向出票人收取一定的承兑费用。

3）短期贴现市场

资金需求方将尚未到期的证券或票据进行贴现，按一定的利率扣除利息，从资金供给方获得短期融资。贴现市场主要由贴现公司组成，贴现交易的对象多是一年以内的短期债券或票据，主要包括短期国库券、短期债券、商业票据、银行承兑汇票等。

2. 国际资本市场

1）国际债券市场

国际债券可以分为传统国际金融市场范畴的外国债券和欧洲货币市场范畴的欧洲债券。

除了发行人不同以外，外国债券与本国债券几乎没有什么不同。但是，发行市场所在国的政府对本国债券和外国债券的管理不同。发行市场所在国对非居民在本国发行债券制定了单独的法律规定。在有关金融管制上，对非居民发行人的信用等级、信息披露、发行时间、发行规模、注册与登记以及本国投资人是否可以购买等做出专门的规定。外国债券的发行人要受到发行市场所在国的金融监管。外国债券可以定义为外国借款人发行的，使用本国货币作为计价货币的国际债券。这种债券由贷款国本地的辛迪加承销。例如一家美国公司在伦敦资本市场发行债券，由英国的辛迪加承销，债券面值用英镑来标价。这种外国债券可以卖给英国的投资者，并在英国的资本市场上进行交易。这种外国在英国发行的债券被称为猛犬债券，在美国发行的债券被称为扬基债券，在日本发行的债券被称为武士债券。2005 年 9 月 28 日中国财政部批准国外多边金融机构在中国发行的人民币债券被称为熊猫债券。2018 年 3 月 20 日，中国银行作为牵头主承销商及簿记管理人，协助菲律宾在中国银行间债券市场成功发行 14.6 亿元人民币债券，期限为 3 年，票面年利率为 5.00％。境外投资人通过“债券通”参与了本次债券发行，境外获配占比 88％。该笔债券是菲律宾进入中国银行间债券市场发行的首只主权熊猫债券，将促进中国债券市场的发展，推动中菲两国“一带一路”双边政治经济合作。2018 年以来，熊猫债券市场热度持续走高。据了解，目前已有沙迦酋长国政府、三菱东京日联银行和瑞穗银行等境外发行人成功发行熊猫债券。

外国债券的发行也分公募发行（公开发售，可在证券市场挂牌上市，出售与转让不受限制）与私募发行（私人配售，非正式上市，流通与转让受限制）。

每一特定的欧洲债券都是由具体的欧洲货币来标价的。欧洲债券可以定义为由国际辛迪加负责承销、在标价货币发行国以外的其他国家出售的国际债券。以美元在美国境外发行的欧洲债券被称为欧洲美元债券。例如，一家英国公司通过由英国商人银行、一家大型德国银行和美国投资银行的海外分支机构组成的承销团队在多地发行用美元计价的债券，就是典型的欧洲债券。

欧洲债券大多由企业发行，政府为其提供担保，长期债券一般通过地理位置较为分散的银行承销团队发售给世界各地的投资者。

全球债券是欧洲债券中的一种特殊形式，是于 20 世纪 80 年代末问世的。全球债券是指欧洲债券中同时在几个国家的资本市场上发行的债券。全球债券市场以跨洲运作、发行人的信用等级更高、投资者更为广泛，单笔发行额更高为主要特点。

国际债券的清算机构通常委托欧洲清算系统(ECS)和塞德尔(CEDEL. S. A.)进行。其中欧洲清算系统创始于 1968 年,总部在布鲁塞尔,董事会由来自有关国家的 21 家银行和证券公司的代表组成。为各国从事国际债券发行买卖的银行和证券公司金融机构和国际性组织提供集中的清算场所,债券实体保管、出租、借用,以及与债券有关的清算、调拨等服务。具有安全及时、服务周到、对市场敏感等特点。在国际金融中心所在地设有债券清算存放代理机构和货币清算行。接受的证券包括欧洲债券、外国债券、国内债券、定期存单、股票等。

塞德尔是于 1971 年在卢森堡成立的,由一些欧洲银行创建,实行股份制,宗旨与 ECS 类似。

2) 国际股票市场

国际股票市场是国家间通过发行股票来筹集资金的场所。它与国内股票市场的不同在于国际股票的发行是跨国界的。国际股票市场的出现是在第二次世界大战以后,特别是在 20 世纪 60—70 年代得到快速发展。许多发达国家的股票市场纷纷向外国公司开放,允许外国公司的股票在本国的交易所上市交易。如伦敦、法兰克福以及纽约等都是外国公司上市的可选之地。这些地方也成为国际股票交易的中心。总体上,国际股票市场是各个实现了股票市场对外开放的国家国内股票市场的总和。对具体的国际股票交易中心而言,其实际存在的形态是实现了股票市场对外开放的国内股票市场。另一些新兴国家的市场通过实行 QFII 制度引进合格境外机构投资者,间接实现本国股票市场的对外开放。虽然各国股票市场的开放程度不同,但主要的发达国家都对外国企业开放了本国股票市场,并且发达国家所占的市场份额很大。发达国家股票市场的国际化程度代表了国际股票市场的基本发展趋势,美国的股票市场仍然是全球最大的。

3) 国际中长期信贷市场

在国际市场上发行的期限在一年以上的信贷活动,期限一般为 2～20 年。中期信贷一般为 2～5 年,长期信贷一般为 5～10 年。中长期信贷期限长、金额大、风险大,借贷双方要签订严格的借贷协议,详细规定各有关事项的处理方法,同时还须由借款人所属国家的政府提供担保。中长期信贷资金在用途上不受贷款银行的限制,无须与特定项目相关,也没有商品采购条款,可由借款人自己安排。由于中长期信贷规模大、期限长,往往不能由一家银行承担,一般采用国际银行贷款的方法,特别是在欧洲货币市场上采取这种方式,以增强资金的供给实力,分散风险。

国际辛迪加贷款也称国际银团贷款,是由一家或几家银行牵头,组织多家银行参加,按照一定的分工和出资比例组成一个融资集团,共同向借款人提供资金。银团的成员及资金额度根据项目筹资的需要和牵头银行的资信来决定。

票据发行便利是在商业银行包销承诺或备用信贷支持下,借款人通过连续发行一系列短期票据来筹集长期资金,是一种可替代银团贷款的融资方式。通常由包销人与借款人签订合约,承诺购买借款人未能售出的票据,或承诺提供备用信贷,以支持其票据的发行。每次发行票据的期限从 7 天到 1 年不等,一般为 3 个月和 6 个月。包销人承诺安排的总期限为 2～7 年,在此期限内借款人可按循环方式连续发行短期票据,以后发行的票据所得资金偿付先发行的票据的本息。因此,借款人实际上筹集到的是中长期资金。票据发行便利的借款人主要是银行和非银行类公司。其中银行类借款人所发行的票据一般是短期存单，非银行类借款人所发行的票据则采取本票的形式，被称为欧洲票据。大多数票据以美元计值发行，面值一般在50万美元以上，总金额通常为2500万美元到1亿美元。

第二节 欧洲货币市场

国际货币市场的核心是欧洲货币市场。欧洲货币是在货币发行国境外被储蓄和借贷的各种货币的总称。欧洲货币是货币发行国境外所经营的不受发行国金融当局管辖和控制的货币资金，各种欧洲货币与该货币发行国境内流通的货币具有同样的价值。例如，欧洲美元，就是在美国境外的美元存款，欧洲日元就是在日本境外的日元存款。经营欧洲货币的银行称为欧洲银行。

欧洲货币早已脱离了地理位置概念，是指境外的本国货币。欧洲货币市场又称离岸金融市场。最初只有美元可以在境外进行存贷业务，称为欧洲美元。后来一些主要货币如现在的欧元、日元、英镑、法郎和瑞士法郎也开展境外业务，所以称为欧洲货币市场。新加坡、巴林以及其他一些岛国都相继开展了这样的业务。欧洲货币市场是24小时运行的市场。这个市场绝大部分由期限在6个月以内的短期资金构成。所以要衡量欧洲货币市场的规模，得区分总规模和净规模。总规模包括银行间的存贷业务，这些业务反映了欧洲货币资金从一家银行到另一家银行的转移，但是并不包括可向非银行客户贷出的欧洲货币总量的净增长。银行间同业市场很重要，是欧洲货币市场的有效组成部分，所以，用总规模来衡量市场规模更合适。

表9-1反映了1964—2014年欧洲货币市场的存款的总规模和净规模。表中显示，欧洲货币市场的总规模由1964年的190亿美元快速增长，到2014年达到15465亿美元。1964—2014年，美国货币存量增加了27倍，而欧洲货币存款增加了813倍，同时，欧洲美元存款从1968年占欧洲货币市场的79%下降到2014年的61%。

表9-1 1964—2014年欧洲货币市场的总规模和净规模 （单位：十亿美元）

年　份	总规模	净规模	欧洲美元占净规模的比重(%)	美国货币存量M2
1964	19	14	—	425
1968	46	34	79	5667
1972	210	110	78	802

续表

年　份	总规模	净规模	欧洲美元占净规模的比重(%)	美国货币存量 M2
1976	595	320	80	1152
1980	1181	730	75	1599
1984	2168	853	81	2310
1988	4532	1567	63	2994
1992	6241	2346	55	3431
1998	9887	3737	51	4384
2000	10779	4074	42	4937
2004	10035	6952	57	6437
2006	14168	9604	59	7094
2007	17931	11966	55	7522
2008	16668	10928	58	8269
2009	15817	10829	57	8552
2010	16014	10983	58	8849
2011	16183	10926	60	9692
2012	15776	11598	57	10491
2013	15588	11639	59	11052
2014	15465	11843	61	11720

(资料来源:Dominick Salvatore,International Finance,12th。)

一、欧洲货币市场产生发展的原因

欧洲货币市场以惊人的速度发展起来,有以下几个原因。

1. *历史与政治原因*

20 世纪 50 年代,鉴于朝鲜战争中,美国政府冻结了中国存放在美国的银行的资金,苏联和东欧担心美元存在美国也会被冻结,便将美元存在法国的银行,这是第一次由美国境外银行接受美元存款,形成最初的欧洲美元。

1957 年,英国国际收支恶化,发生英镑危机,为保卫英镑,伦敦商业银行将吸收的美元存款放出去应急。由于借贷货币都是美元,所以当时成为欧洲美元市场。由于此类业务不受英国当局法令的限制,无须交纳存款准备金,存款利率也可以自行规定,其经营活动所享受的自由程度超过了英美及其他国家的国内银行。这对财力雄厚的大银行极有吸引力,所以业务创新不断出现。

1968 年,美国国际收支赤字加大,美元大量外流,美国开始采取限制措施。美联邦银行法中,Q 条款(1970 年停止)规定商业银行储蓄和定期存款利率的最高限额;M 条款规定商业银行必须交纳存款准备金;缓解国际收支,对居民购买外国在美国发行的债券征收利息平衡税。

20 世纪 60 年代末,随着欧洲货币市场其他货币的多样化,这个市场已经成为货币投机的一个完善载体,这也许是布雷顿森林体系垮台的一个原因。这个时期,跨国公司的战略重点转向了第三世界,对东南亚的资本输出增强,亚洲各国生产的国际化程度明显提高,对资金的需求大大增加。而美国采取的紧缩政策又促使欧洲美元市场对美元的需求大增,利率上升。在这样的背景下,美国在亚洲建立一个境外美元的借贷中心。新加坡积极跟进,成为重要的欧洲货币市场。同一时期,我国香港地区等也采取优惠措施吸引外国银行从事离岸金融业务。

这一时期,加勒比海地区的一些岛国也迅速成为欧洲货币市场。由于国土小、资源缺乏,它们普遍采取优惠的税收政策和宽松的经营环境,以及严格的银行保密法,吸引外国银行和资金,成为避税型欧洲货币市场。

20 世纪 70 年代,石油输出国组织的巨额石油美元急于寻求投资场所,存在美国又担心政治因素被冻结。这也是为什么两伊战争期间以及 20 世纪 90 年代伊拉克战争期间,伊朗和伊拉克在美国的存款很少的原因。而中东各国金融市场吸收能力有限,巴林银行充分发挥自身优势,大力发展离岸金融业务,迅速成为新兴国际金融市场。

20 世纪 80 年代,美国、日本也都开设欧洲货币市场,全球欧洲货币市场网络形成。欧洲货币市场也有了重大突破。1981 年 6 月 9 日,美联储批准"国际银行设施"(IBF)法案,从此纽约成为美国境内第一个欧洲美元市场。

2. 欧洲货币市场利率结构

欧洲货币市场是批发市场。伦敦一直是欧洲货币金融中心,伦敦同业拆放利率(LIBOR)就是在伦敦的欧洲货币市场利率的参考,指欧洲银行向银行同业拆出资金时收取的利率。在其他金融中心,是其他一些参考利率如 SIBOR、PIBOR、EURIBOR 等。伦敦同业拆借利率(LIBID)指欧洲银行接受同业存款资金时愿意支付的利率。显然,竞争使得银行间各种欧洲货币的利率趋近。

利率存贷结构指期限相同、币种相同但资金使用者信用不同因而流动性不同的债券类金融工具之间对应的利率之间的关系。当币种与期限相同时,欧洲货币市场利率与国内利率的关系:欧洲货币市场短期存款利率略高于国内存款利率,贷款利率(LIBOR+加息率)略低于国内贷款利率。欧洲货币存款的期限从一天到几年不等,但到期日一般是 1、3、6、9、12 月。欧洲银行欧洲货币定期存款大约占 95%,另外就是可转让存单。

1986 年,美国颁布 Q 条款,限制了最高存款利率,欧洲货币市场吸引了大量的美元短期存款。拆放和借贷利差较小是欧洲货币市场具有吸引力的主要原因。

欧洲货币市场存贷利差比国内货币市场小的主要原因包括:欧洲货币市场的存贷竞争很激烈;无准备金要求使银行存款贷出的比例增大;运行法规成本低或无(如支付联邦存款保险公司的费用);借款者信用较高,减少了信息收集和分析成本;贷放交易额大,50 万美元为最小单位,贷款协议标准化并通过电传电话交易,减少了交易成本;风险分散,套利更活跃,更容易实现利率平价;发生在避税国家,提供较高税后利润。

3. 为跨国公司提供了便利

跨国公司持有海外存款更方便其短期货币支付。由于美元是国际支付中重要的流通货币，自然成为欧洲货币的主要构成部分。跨国公司可以避开国内的信贷管制，在欧洲货币市场更容易获得借款。

二、欧洲货币市场的构成

欧洲货币市场按照借贷方式、借贷期限和业务性质，可分为欧洲货币信贷市场与欧洲债券市场。欧洲货币市场的资金供给者主要是跨国公司（MNCs）、工商企业、商业银行、各国央行和国际清算银行等；资金需求者包括政府机构、MNCs、商业银行、进出口商、投资者等。

1. 欧洲货币信贷市场

1）欧洲货币短期资金借贷市场

短期资金借贷是欧洲货币市场最早的业务，一年期内的资金拆放，最短为日拆。随着国际金融业务的不断拓展，有的期限也延至1～5年。该市场借贷业务主要靠信用，无须担保，一般通过电话或电传即可成交，成交额以百万或者千万美元以上为单位。如英国政府多年来就是从该市场借入欧洲货币，换成英镑，用于正常开支。

欧洲货币短期资金借贷市场的资金来源于商业银行间、央行、机构的境外通知存款、定期存款；资金用于银行同业短期拆放，利率一般以 LIBOR 为基础，再根据借款者本身资信，适当增加一定利息率。

特点：期限短，存贷期限有1天、7天、1个月、3个月、6个月，以3个月居多；起点高，一般最低100万美元；借贷条件灵活，期限币种额度、地点选择性强；利率较合理，存贷利差小，在0.125%～0.25%之间，利息支付用贴现方法；凭信用无须担保和签订协议。

2）欧洲货币中长期信贷市场

欧洲货币中长期信贷市场是借贷期限在一年以上的欧洲货币借贷市场。其资金主要来源于吸收短期欧洲货币存款、发行欧洲商业票据、大额银行欧币存单。这个市场的筹资者主要是外国政府、国际组织或非银行机构、企业进口成套设备或大型项目投资。

特点：期限长，为2年、3年、5年、7年、10年或10年以上；金额大，一般在2000万美元以上；市场对世界经济政治形势变化敏感，由于贷款银行风险大，需要签订贷款协议；需要政府担保；联合贷放（辛迪加贷款是一种典型）；以浮动利率放款，以3个月和6个月LIBOR 为基础，每3个月或6个月按市场利率调整一次，适当增加一定加息率。

2. 欧洲债券市场

欧洲债券市场是由国际辛迪加承保的、在面值货币发行国以外国家发行国际债券的场所。

欧洲债券属于境外债券，不在面值货币国家债券市场发行，不需向货币发行国申请批准；由各国银行和金融机构组成的国际辛迪加承包后再分售，由有关国家为投资者提供担保；不预扣税款。

与国内债券不同的是，欧洲债券一般为不记名债券，流动性充分，市场容量大，货币选择性强，利息免征所得税，发行者信用等级高。因投资者分散于各国，大部分为一年付息一次。

欧洲货币市场竞争激烈，每年发行许多创新债券以吸引投资者。欧洲债券的种类包括固定利率债券、浮动利率债券、零息票债券、可转换债券、附认股权证债券、抵押债券、双币债券、延迟付款债券、可赎回债券等。

另外，欧洲票据也是一种中长期债券，它是介于短期欧洲信贷与长期国际债权之间的金融工具。大公司、银行和政府利用欧洲票据来借入某种货币资金，其并非欧洲票据发行国的货币。客户与借款人达成发行欧洲票据的协议，一般为 3～10 年期。欧洲票据通常折价发行。3～6 月期的欧洲票据比较典型。借款人比较青睐欧洲票据，因为其利率比较低，一般是 LIBOR＋0.125％。

欧洲债券和欧洲票据发行的规模较大。2010 年，大约有 72％的欧洲债券和欧洲票据是以美元发行，22％是以欧元发行，2％是以加元发行，1％是以澳元和英镑发行，剩下的 3％是以其他货币发行。有些欧洲债券以多币种发行，即多币种债券，给借款者更多的选择，避免汇率波动。

三、欧洲货币市场的种类

1. 亚洲美元市场

亚洲美元市场是亚太地区境外货币借贷市场。美元占交易额的 90％，属于亚洲美元市场。离岸金融中心在新加坡、马尼拉、香港和东京。亚洲美元市场贷款期限短，利率随欧洲货币市场利率变化而调整。亚洲债券市场成为亚洲地区市场的主要筹资途径。

2. 美国国际银行账户体系

1981 年美政府批准美银行在本土从事“欧洲货币业务”并在纽约等地开放了国际银行账户体系，即 IBF。一国国际银行账户体系并不是与其总行相分离的金融机构，而是由总行持有的独立资产和负债账户，与总行普通账户相区别。在美国境内注册的美国存款机构、外国银行在美的分行等，可开立欧洲美元和欧洲货币的账户。虽然 IBF 设在美国，但不受美国国内存款准备金、联邦存款保险、存款利率最高限和地方税的制约。

IBF 也会受到一些限制：存贷客户仅限于非美国居民；非银行客户取款和存款至少 10 万美元，取出累计利息或关闭账户例外；非银行客户如需取款，须至少在两个工作日前通知银行；不能发行可转让银行存单，因可能转至美国居民手中；从 IBF 所获资金不能用在美国；外国人拥有 IBF 须交纳联邦所得税。

该体系意在吸引巨额资金流入美国，改善其国际收支，收回巨额境外美元，便于监督，增强美国金融资本经营境外货币业务的竞争力。1986 年，日本也设立了类似的国际银行账户体系（JOM），用于监管境外日元。

3. 欧洲货币市场与离岸金融中心

欧洲货币市场与离岸金融中心同为经营外币的市场，前者是境外货币市场的总称或概括；后者则是具体经营境外货币业务的一定地理区域，吸收并接受境外货币市场的储存，然后再向需求者贷放。

4. 离岸金融市场的类型

(1) 伦敦型:对非居民从事金融业务限制很小,对内对外交易统一。

(2) IBF 型:与国内市场完全隔开,专为非居民交易开设的市场。

(3) 避税型:中小发展中国家,以低税或免税吸引大量投资者将资金存放于此,通常只具有记账中心功能而不从事实际业务。

四、欧洲货币市场经营特点

欧洲货币市场是完全国际化的市场。

(1) 市场范围广,不受空间的限制。由现代化的网络联系成一体,也存在一些地理中心,一般由传统的金融中心形成。

(2) 交易规模巨大,品种多,交易与创新活跃。欧洲货币市场上各种主要可兑换的货币都可选择。绝大多数交易单笔超过 100 万美元,几亿、几十亿美元的交易也很普遍。欧洲银行贷款既有固定利率的也有浮动利率的,且短、中、长期的贷款都有。这些贷款的组织形式有辛迪加贷款或银团贷款。

(3) 利率结构独特,存贷利差小。

(4) 非居民从事境外货币借贷业务,其管制较少,对国内外经济产生影响,风险分散。随着欧洲货币市场的发展,市场的投机性也加强,美元通过这个市场向全世界蔓延扩张。

(5) 银行同业市场,竞争激烈。

(6) 资金调度灵活,竞争力较强。

五、欧洲货币市场的影响

欧洲货币是货币吗? 这是个重要问题。总体上,如果我们按照狭义货币或 M1 来定义,欧洲货币是货币,但是,它只是货币的替代品或者近似货币,而不是货币本身。欧洲银行并不创造货币,但其是资金借贷者的金融中介,在美国国内,欧洲银行就像是存贷机构。当然,欧洲货币存款的快速增长增强了世界经济的流动性,引导了国内与国际金融市场的一体化,使主要工业国家的国内银行竞争更加激烈,效率得到提高。

欧洲货币市场的快速增长也带来一些问题,最大的影响就是削弱了政府为稳定国内经济所付出的努力的效果。例如大公司可能到欧洲货币市场进行融资以避开国内信贷政策的管制,这可能会引起国内的通胀压力。特别是那些小国家,其金融市场的交易规模比欧洲货币市场小得多,压力就更明显。欧洲货币市场大量而频繁的资金从一个金融中心流向另一个金融中心,容易引起汇率与国内利率的不稳定波动。欧洲货币市场是不受控制的市场。当世界经济陷入极度萧条时,银行破产也会引起恐慌。国内银行的恐慌还可以由中央银行的存款保险或者最后贷款人来消除。然而,在欧洲货币市场上,任何国家的监管终究会传递到其他地方。为了更好地监管欧洲货币市场,需要多边合作与协调。考虑到欧洲银行的激烈竞争,这样的多边合作几乎是不可能的。而实际上,每个国家为了吸引更多的商业活动,更愿意取消现存的法规和限制。美国就是个典型例子。1981 年 12 月,美国开设了国际银行账户体系,美国的银行允许接受海外存款,同时美国的银行再将这些存款资金投向海外,直接与数额巨大的欧洲货币市场竞争。这项新规则,使在美国银行的外国存款(甚至美元)免受美联储准备金及保险方面的制约,因为这项存款是欧洲美元。美国有 200 多家银行开展这项业务,其中有一半的银行在纽约,其他银行分布在芝加哥、迈阿密、新奥尔良和旧金山。所以,美国占有 20%的欧洲货币市场,创造出成千上万个相关工作岗位。

第三节 国际金融市场的发展趋势

一、金融市场的全球化和一体化

国与国之间的市场和不同市场的一体化程度增强,金融机构的结构、经营规范和标准趋同,金融监管的法规和规范趋同,各市场之间的相对距离和行情差距缩小,某一市场的波动会迅速传递到其他市场。

国际金融市场全球化的进程可以追溯到 1960 年。在这个阶段,彼此分割的货币和金融体系并存,其特点是金融管制体系和有限的金融国际化占统治地位,有限的金融国际化就是通过欧洲美元市场这个途径实现的。欧洲美元市场与各国金融体系平行或外在地发展。离岸市场和欧洲美元市场发展迅速,欧洲货币市场以及欧洲债券与欧洲票据市场的发展是国内与国际金融一体化的结果,银行之间的竞争加剧,银行体系成为全球化的体系。

国际金融全球化的第二个阶段始于 1979—1981 年。美国和英国政府采取的措施产生了当代自由化和全球化的金融体系。这些措施标志着广泛的货币和宽松的金融管制运动直到今日。其后果是引发了 20 世纪 80 年代国际互连债券市场的迅速发展。自由化债券市场的形成适应或满足了两大交易集团,即政府和大规模集中化的储蓄基金的利益和需要。对外国金融投资者完全开放的债券市场的建立,实现了通过国库券和其他金融市场债券对政府财政逆差的投资。

1986 年新加坡的金融大爆炸,迫使其他金融中心加快了自由化进程,金融衍生品层出不穷,债券市场加速发展,金融全球化第三阶段开始。股票市场之间相互联系的发展至今仍落后于汇兑市场和债券市场之间相互联系的发展。每次华尔街不景气引起的全球股票市场价格下跌并不直接反映各金融中心之间的相互联系,而是反映投资者的从众效应。

20 世纪 90 年代,新兴市场加入国际金融市场标志着金融全球化进入最新的阶段。这些市场与旧的金融中心如新加坡等不同,新加坡等金融中心是在原来英镑区范围内形成的,在金融全球化的初始阶段对欧洲外汇市场的扩张和国际化具有积极作用。但是像中国金融市场以及有上百年历史的阿根廷金融市场，对资本流动进行了严格控制，这些国家的国债也没有证券化。美国、国际货币基金组织等积极推动新兴市场金融自由化。在新兴市场，债券投资大大超过股票市场投资。但是，危机接连发生，从 1997 年东南亚金融危机到 2008 年美国次贷危机，再到 2009 年欧洲债务危机。

2008 年以来，金融市场的全球化速度降低，国际地缘政治风险频发也容易引起国际金融市场短期波动。发达经济体的货币政策逐渐收紧。2017 年，美联储经过三次加息，将基准利率区间上调至 1.25％～1.5％，并从第四季度正式启动缩减计划，2018 年 1 月开始提高月度缩减规模至 200 亿美元。加拿大央行和英国央行已开启加息进程，分别于 2017 年 9 月和 11 月将关键利率上调。欧洲央行从 2018 年 1 月起将每月资产购买规模降至 300 亿欧元。日本央行资产负债表在 2017 年 12 月缩减了 4440 亿日元，是 2012 年底量化和质化宽松政策启动以来，日本央行资产负债表月末值首次减少。然而，与发达国家相反，2017 年以来新兴经济体货币政策开始宽松。除中国以外的金砖国家纷纷下调利率水平。随着资本回流到发达国家的市场，新兴市场将面临潜在的金融风险。

二、国际融资证券化不断加强，融资技术多样化

在证券化的借贷结构中，短期借贷主要是通过票据发行便利来进行，长期借贷主要是通过债券和浮动利率债券来进行。在市场份额中，欧洲债券大于辛迪加贷款。为降低金融风险，各种交易技术的发展改变了金融市场的业务。

在 20 世纪 60 年代，美国的信用货币主要被用作可借贷资金。在 20 世纪 70 年代通货膨胀时期，银行贷款迅速增加，而股票和债券市场却因为提高名义利率而处于崩溃。直到 20 世纪 80 年代，滞胀使长期贷款供应者因贷款的非流动性和与之相关的巨大风险而变得疑虑，在这种局面下选择证券的益处就大得多。信息领域的革命和通信技术的进步对国际融资证券化起了催化作用，打破了银行对信息的垄断，使人们更容易了解公司和市场的信息数据，使得国际金融市场的流量和速度大大提高。商业银行的反应就是加速信贷活动的证券化，将贷款证券化，如美国的房地美和房利美的抵押传递债券以及抵押贷款违约互换等。证券化可以有效地分担风险并加速借贷资金的运转。证券化的要求加速了金融工具的创新，如票据发行便利、货币与利率互换、远期利率协议、零息债券、垃圾债券、可转换债券或附有股权认购书的债券等，能使金融工具由债券变成股权。

三、国际金融业务表外化

广义的表外业务是指为商业银行带来收入又不在资产负债表上体现的业务，主要有与贷款有关的服务信托及咨询服务等。狭义的表外业务是指正式或非正式的对银行或金融机构具有债权可能性的协议，对资产负债表或资产组合有潜在风险，主要有贷款承诺、掉期交易、保值交易等。在融资方式证券化和金融创新的浪潮中，许多新产生的业务领域和交易方式几乎不涉及资产负债表的记录，而是以提供服务及收取佣金和服务费的形式获得利润，从而又形成银行业务的“表外化”趋势，更加剧了金融机构之间的竞争。银行越来越大量地投资证券，将贷款变成证券，通过系统的安排绕过规则的限制，从事投资银行的业务。银行在为市场各种不同运作者寻找资金的同时，其本身也购买了大量的

证券，也使得金融市场的流动性更强、更安全。由银行提供资金使人更便于以负债来购买金融证券。这样一种杠杆作用增强了来自证券交易业务的潜在受益，却缩小了用作自有资金的资本总额。最后，商业银行可将证券类产品作为资助购买额外证券的贷款保证来使用，所以，金融机构可以用很低的本金进行大宗交易。衍生产品的交易成为商业银行一个重要的收入来源。这种证券化和业务表外化的趋势，潜藏着投机的风险。在外汇市场上，银行的表外业务达到了较高水平。今天外汇市场的日交易量超过4万亿美元，其中与贸易流和长期资本流动有联系的最多不过15%，其余均为游资，都是短期合同，用于防范价格风险、保护金融资产，使企业或金融机构通过正确的预期保值获取汇率浮动带来的收益。此类活动规模之大，在世界范围内已经取消了对资本流动和外汇的管制，在短期内不可避免会引起汇率和利率波动，从而引发金融危机的产生。

图9-2显示国际金融市场利率和货币波动率水平，图9-3显示全球股票、债券和商品市场价格。2017年，市场风险偏好上升，全球股市普遍上涨，国际大宗商品价格总体走强，美国道琼斯工业平均指数、欧元区斯托克50指数和MSCI新兴市场股指分别上涨25.1%、6.5%和34.3%，SPGSCI商品价格指数上涨11.1%。未来，美国"宽财政＋紧货币"政策组合的溢出效应、贸易保护主义、部分国家高杠杆和债务负担等相关风险，仍可能对全球经济金融稳定带来挑战。

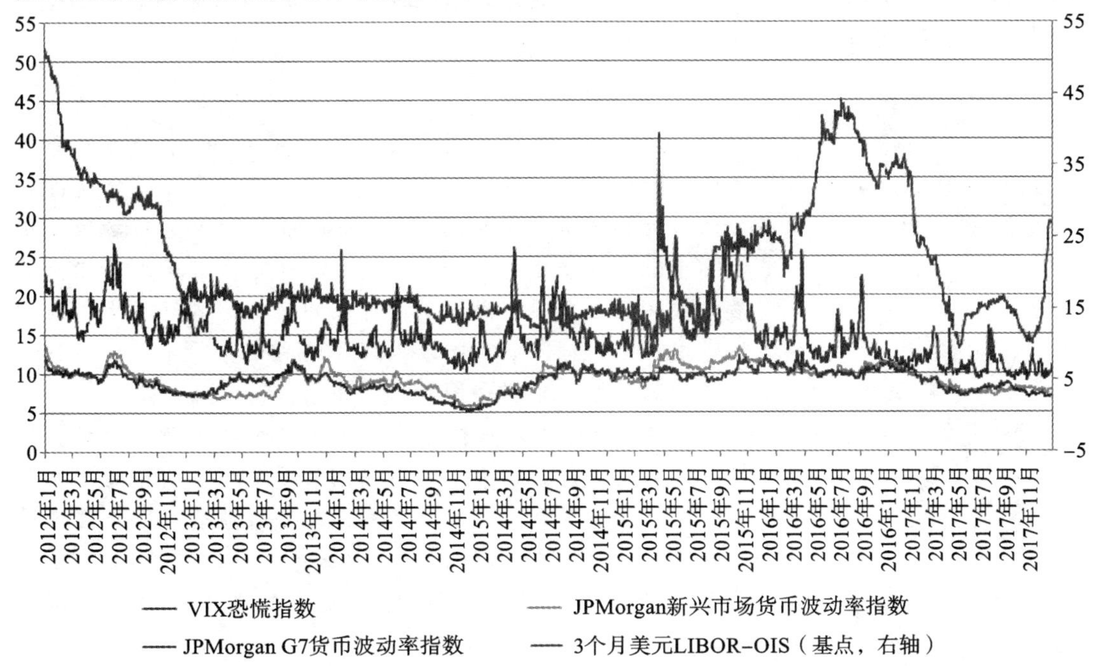

图9-2　国际金融市场利率和货币波动率水平

注：①VIX恐慌指数由芝加哥期权交易所SPX(美国标准普尔500股指)期权隐含波动率加权平均所得。②JP Morgan新兴市场货币波动率指数和JP Morgan G7货币波动率指数分别由3个月期限的新兴市场货币波动率和G7货币平价期权波动率加权所得。③3个月美元LIBOR-OIS为3个月期限美元LIBOR与隔夜指数掉期利率OIS之间的利差，主要反映全球银行体系的信贷压力，利差扩大被视为银行间拆借的意愿下降。

（资料来源：彭博资讯，国家外汇管理局官方网站。）

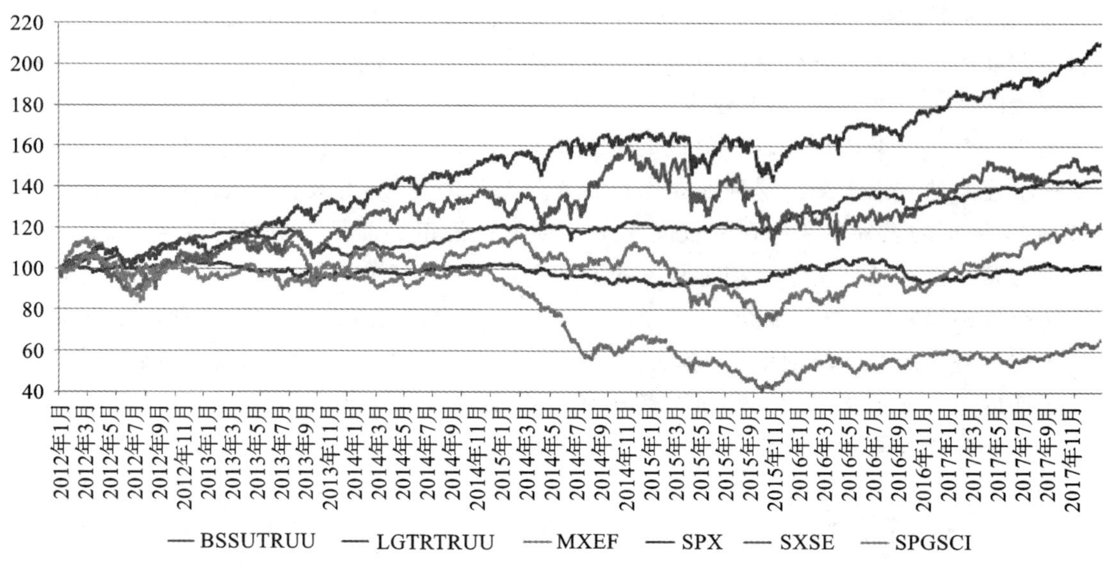

图 9-3 全球股票、债券和商品市场价格

注：BSSUTRUU 和 LGTRTRUU 分别为彭博巴克莱新兴市场和发达国家主权债券指数，MXEF 为 MSCI 新兴市场股指，SPX 为美国标准普尔 500 股指，SX5E 为欧元区斯托克 50 股指，SPGSCI 为标准普尔 GSCI 商品价格指数。（数据来源：彭博资讯，国家外汇管理局官方网站。）

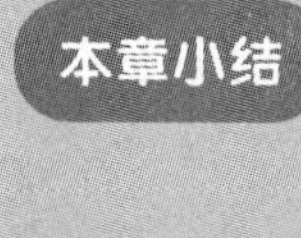

本章小结

(1) 国际金融市场是在居民与非居民之间、非居民与非居民之间进行国际信贷业务的场所。广义上可以划分为传统的国际金融市场和欧洲货币市场，以及外汇市场和黄金市场等。传统国际金融市场属于在岸金融交易，欧洲货币市场是离岸金融交易。狭义上可以按照融资时间的长短划分为国际货币市场和国际资本市场。国际货币市场以短期信贷工具为主。国际资本市场包括国际股票市场和国际债券市场。

(2) 国际债券市场包括外国债券市场和欧洲债券市场。外国债券是在国外发行的以市场所在国货币为面值的债券。外国债券的发行人要受到发行市场所在国的金融监管。欧洲债券是在某种货币发行国之外，以该货币为面值发行的债券，即在本国境外市场发行的，不以发行市场所在国的货币为面值的国际债券。

(3) 欧洲货币市场是 24 小时运行的同业间市场，商业银行间竞争激烈，存贷利差较小，对跨国公司有很强的吸引力，融资资金规模庞大，信用管制很少，金融创新层出不穷。

(4) 欧洲货币市场的构成主要是欧洲货币信贷市场和欧洲债券市场。欧洲货币信贷市场包括短期和中长期欧洲货币信贷市场。欧洲债券市场主要发行欧洲债券与欧洲票据，其融资成本较低，较受青睐，一般由银团或辛迪加承销。

(5) 欧洲货币市场发展较快的原因是管制放松、金融的自由化、银行业的激烈竞争、衍生交易创新。

(6) 国际金融市场呈全球化和一体化趋势，国际金融业务的证券化趋势加强，银行业的衍生交易频繁，业务呈现表外化趋势。

关键词

国际货币市场	international money market
国际资本市场	international capital market
欧洲货币市场	Eurocurrency market
外国债券	foreign bonds
欧洲债券	Eurobonds
欧洲票据	Euronotes
辛迪加贷款	Syndicate loan
离岸市场	off-shore market
在岸市场	on-shore market

复习思考题

1. 简述国际金融市场的基本概念。
2. 什么是外国债券？什么是欧洲债券？
3. 简述欧洲货币市场发展迅速的原因。
4. 简述国际金融市场一体化经历的发展阶段。
5. 中国银行在东京外汇市场卖出的美元债券被称为(　　)。

A. 欧洲债券
B. 外国债券
C. 欧洲票据
D. 武士债券

6. 离岸金融市场的特征为(　　)。

A. 市场参与者是本国居民
B. 交易的货币是市场所在国之外的货币
C. 融资业务不受市场所在国法规限制
D. 市场参与者是市场所在国非居民

案例 9-1　美国公债是金融全球化的发动机

案例 9-2　中国债券市场——带你认识第三大债券市场

第十章 国际资本流动

本章概述　本章阐述了国际资本流动的含义和国际资本流动的类型。论述了国际资本流动对资本输出国和输入国的影响。阐述了资本流动的短期和长期形式，论述了国际资本流动的不同发展阶段及其特点，阐述了国际资本流动的新趋势。

通过对本章的学习，理解并掌握国际资本流动的基本概念、国际资本流动的影响因素。从资本流入国和资本输出国的经济指标，了解资本流动对经济的影响。通过经济发展的不同阶段，了解国际资本流动在各阶段的特点。根据资本流动的期限，了解长期和短期资本流动的形式及其特点，以及国际资本流动的新趋势。

世界银行1994年的结算报告中有关国际金融的内容指出："在十年来居统治地位的非管制主义的氛围下，资本的国际运动出现了如此惊人的扩张，以至于它与经常项目相联系的资本转移在其中所占的比例已经微不足道了。"从此，基本的国际金融业务主要是在不同币种和不同金融工具之间的不停运动。这种令人注目的国际金融发展与体制有关，资本流动以各种不同的方式影响着世界经济，同时，国际金融的投机性增强，为金融危机的产生提供了温床。

第一节 国际资本流动概述

一、国际资本流动概述

1. 国际资本流动的含义

国际收支中的资本项目就是国际资本流动。资本从一国或一个地区转移到另一国或另一个地区。既可以是货币形态资金的国际转移也可以是生产要素的转移,因为在统计上实物资本可用货币价值计量。本章将从流动方向、规模(国际收支平衡表的资本项目中的流出与流入总额及其净额反映)、种类(长期和短期)、方式(直接、间接和国际信贷)来认识国际资本流动。

国际资本流动的原因、方式及数额和流向的变化反映国际经济关系的发展变化。资本流动与一国国际收支有关,通过调节国际资本流动,可达到国际收支平衡。

2. 国际资本流动的原因

引起国际资本流动的原因很多,其中主要有资本供求、利率与汇率、政府经济政策等方面的原因。20 世纪 80 年代以来,发达国家推行的金融自由化和宽松的管制促使资本流动以惊人的速度发展。

1) 资本供求

随着资本主义生产方式的建立和劳动生产率的提高,资本积累的规模越来越大。在资本的特性以及资本家唯利是图的本性的驱使下,过剩资本被输出到国外,追求更高的收益。这反过来又加速了资本的积累,如欧洲货币市场的发展,资本以更加虚拟的方式即证券化的方式出现,离实务资本越来越远。从国际资本需求方面看,随着越来越多的发展中国家经济的崛起,国内资金需求旺盛,为了开发本国资源、开发新产品、扩大生产能力以及引进先进技术和先进管理经验,这些国家不得不向国际资本开放本国金融市场,提供税收优惠,改善投资软硬环境,吸引资本流入。

金融证券化一方面增加了资本的供给,另一方面也满足了商业银行追逐利润的需要,从而导致资本在全球范围内大规模流动。

2) 利率与汇率

理论上,资本总是逐利的,一般会向高利率市场流动。由于 20 世纪 70 年代以来国际货币体系处于浮动汇率制下,主要工业国家的货币汇率是浮动的,如果一国货币汇率持续上升,就会引起人们的兑换需求。而一国采取宽松的货币政策,例如美国和日本的量化宽松政策,导致利率连续下降,在刺激国内经济增长的同时,也引起资金大量外流,从而对汇率产生影响。人们对主要货币的预期同样会引起资本流动。如果一国货币不稳定或汇率连续下降,则人们将该货币换成他国资产,导致资本向汇率稳定的国家和地区流动。

如果一国出现严重的通货膨胀,人们也会考虑将本国资产换成外国资产。如果出现财政赤字,财政赤字又是依靠对外借款来弥补,也会导致国际资本流动。

欧洲货币市场由于存贷利差小,吸引大量的资金流入;同时,由于管制少,筹资成本低,那些跨国公司、政府机构也愿意在此市场融资。从而引起境外主要货币的不断扩张。

3) 政府的经济政策

当今国际资本流动的规模和速度加快,本质上是主要工业国家管制放松,实行金融自由化政策的结果。20 世纪 80 年代美国采取的双赤字政策导致国内通货膨胀严重,贸易逆差严重,财政逆差达到历史最高点,里根政府推行自由化政策。美国通过发行国债,为其财政逆差融资,同时美国国内的高利率吸引了当时处于经济飞速发展中的日本注入大量资金,为其贸易逆差融资。而 20 世纪 90 年代发达国家资本输出的规模更大,新兴市场开放了金融市场，迎合了大量的资本流入。近年来发达国家如日本、美国等纷纷推出量化宽松的货币政策，推动热钱大规模流向新兴市场国家。而新兴市场国家为了刺激经济增长，推出扩张的政策，在美元量化宽松时借入了大量外债。一旦美元退出量化宽松，新兴市场国家的货币就会变得十分脆弱。近期阿根廷比索和土耳其里拉的大幅贬值就是这种情况。

二、国际资本流动对经济的影响

长期和短期的国际资本流动差别大，对各国的经济影响也不尽相同，对流入和流出国都有利，理论上可以实现资本在国家间的合理配置，促进世界经济发展，提高经济效益，改善国际收支。但是短期资本流动的不安定因素，导致市场的不确定性增加，特别是金融衍生交易日益活跃，商业银行的衍生交易增加，各国政府以债务融资成为普遍现象，各国刺激经济增长的政策更加大了资本流动的规模和速度，对世界各国的经济稳定带来了深刻的影响。

1. 对资本输出国的影响

1）有利影响

由于市场相对成熟，利润平均化作用明显，将相对过剩资本输出到边际收益较高的国家，能获取更多利润；为闲置的资金开辟了更广阔的空间，而当资本流入国的收入水平提高以后，进口需求将上升，在乘数作用下，输出国的收入水平将进一步上升；在资本输出的同时带动商品出口，占领海外市场；进一步提高国际地位和经济影响力。短期资本流动给金融市场注入了活力，使得国际金融市场的流动性增强，在满足短期资金需求的同时，也为进口商提供了支付便利，有利于出口上的资本周转。中等发达国家、非产油国的发展中国家的暂时性国际收支逆差都是通过短期资金来弥补，而只有输出国、日本等长期国际收支顺差的国家，将资本输出到海外，提高国内资本的效率。

2）不利影响

资本输出量较大，会导致利率上升，不利于国内经济的增长，本国投资下降，存在一定风险。而大量的短期资金在国际金融市场上流动，会带来市场的不稳定性，潜藏着债务危机。二战后发展中国家的债务危机曾经导致发达国家的贷款银行承受债务违约的损失。

2. 对资本输入国的影响

1）有利影响

扩大投资，提高国民收入水平，就业增加，引进直接投资改善产业和行业结构；弥补管理、技术和工艺不足；解决资金问题。由于获得非居民的直接投资、银行贷款和证券投资的资本，国内微观企业的经营范围超过本国市场，国内企业和消费者在经济衰退时，继续进行投资与消费，在经济增长时对外清偿。短期资金特别是贸易信贷，为资本输入国进入国际经济舞台提供了更多的机会。

2）不利影响

容易受外资控制，如生产和销售、发展战略等方面，长期内将削弱经济竞争实力；产生掠夺性开采，可能造成资源枯竭和环境污染；可能是发达国家的淘汰技术和废旧设备的倾销；过分依赖外资导致债务负担增加的风险。短期资金流入规模过大，特别是大量的热钱流入，容易导致国内市场不稳定，造成虚假繁荣；资金流入产生本国货币升值的可能，本国的出口将受到影响；资本大量流入导致货币供给上升，引起国内通货膨胀；资本大量流入会对金融体系产生冲击，特别是宏观经济面一旦有风吹草动，就会影响市场信心。

第二节 资本流动的类型

按照资本投资期限的长短，可分为长期资本流动和短期资本流动。期限在一年以内、即期支付的资本流入与流出，就是短期资本流动。长期资本流动是指超过一年甚至不规定到期期限的资本在国家间的流动。

国际资本流动的类型如图 10-1 所示。

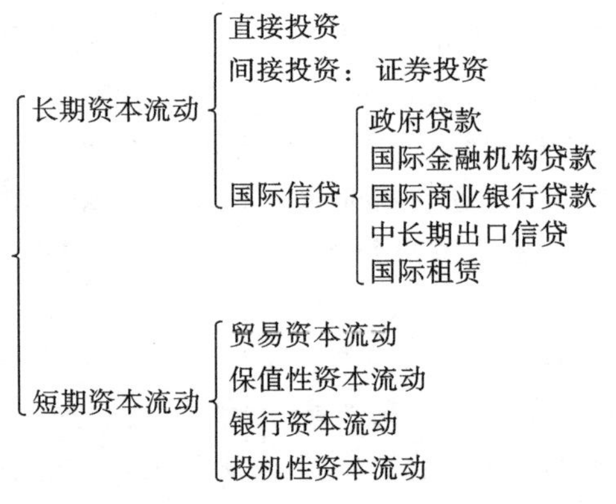

图 10-1　国际资本流动的类型

一、长期资本流动

1）直接投资

直接投资是指一国居民以一定的生产要素投入到其他国家和地区，并相应获得经营管理权的跨国投资活动。它主要包括创建新企业、收购或兼并外国企业和利润再投资三种形式。它是投资者以生产资本在国外创办企业或与当地资本合营半企业的对外投资。其特点是投资者可以控制企业有关设施，参与管理。对外直接投资与跨国公司的成长密不可分，尽管直接投资涉及生产要素的转移，但是也存在投资组合，如投资地点和产品策略等。

对外直接投资的一个原因是市场的不完善，在完全竞争的市场环境下，国内企业可以通过购买外国公司的股票来转移资金，而不是在海外设立分支机构。然而，对单个企业而言，仅通过证券投资无法实现股东价值的最大化，但是单个企业可以根据自己的规模实现增长的最大化。在这样的情况下，直接投资就是最好的选择，因为企业不需要依赖外国企业来管理。

对外直接投资的另一个原因是，相比国外管理公司，国内企业海外经营具有知识、信息和技能上的优势。对跨国公司而言，对外直接投资有以下考虑。一是实现技术转移，将本企业成熟的技术转移到新的市场，可以降低生产成本，同时还可以开发新产品。直接投资的最大动因是绕开市场的税收限制，降低生产成本。二是经济规模。有些行业需要规模效应，但是国内市场不能容纳更多的分支机构，海外扩张成为首选，而且在不同国家设立分支机构能降低成本。三是边干边学。假定某企业比其竞争对手更具有技术优势，但是企业都相信这个技术优势迟早会被竞争对手模仿从而进入市场。所以，对外投资就是囤积潜在竞争实力。在海外建分厂，可以在外国竞争对手模仿和生产之前占领海外市场。

对外直接投资已经成为发展中国家资金来源的一个重要部分。但是直接投资受到政治因素的影响比较大，一些国家制定相关的法律限制直接投资。20 世纪 70 年代，一些国家更愿意接受低成本的银行贷款来获取资金。然而，20 世纪 80 年代，银行大量的借贷极大地降低了发展中国家的偿债能力。20 世纪 90 年代，直接投资又成为发展中国家资金的重要来源。表 10-1 反映了 20 世纪 90 年代发展中国家净资本流入占总净流入的比例。其中，其他项包括贷款、银行存款和贸易信贷。20 世纪 90 年代，发展中国家的直接投资和间接投资同等重要。在 20 世纪 90 年代早期，证券投资占据主导地位，原因是新兴市场的利率较高。1994 年，墨西哥金融危机爆发，比索大幅贬值，墨西哥股票市场价格大跌，投资者不得不重新估计在发展中国家进行证券投资的风险。直接投资在 1994 年以后变得重要，一方面是因为投资者改变偏好，另一方面是因为资本输入国对短期资金流入的担心。直接投资对短期内经济的变化不是很敏感，而且直接投资给东道国带来的利益大于银行贷款。直接投资可直接用于生产领域，对东道国的经济增长有促进作用，而银行贷款是做不到的。银行贷款只会增加消费而不是投资。如果东道国不能有效运用银行贷款，则将面临偿债。直接投资的好处是能带来先进的技术和生产技能，如果企业决策失误，则损失由企业自己承担。1998 年，货币资金逃离发展中国家，这是由于东南亚金融危机导致的。

表 10-1 发展中国家净资本流入占总净流入的比例 （单位：%）

项　目	1990 年	1992 年	1994 年	1996 年	1998 年
直接投资	38	30	54	54	204
间接投资	37	43	69	38	57
其他	25	27	－23	8	－161

（资料来源：国际货币基金组织，国际资本市场，1998 年 9 月。）

2007—2009 年金融危机显示的直接投资效应似乎与东南亚有所不同，在贸易占大多数的对外投资中，遭受金融危机的影响比较大，因为债务危机导致出口减少。而对外投资的金融部分，对危机的反应并不明显。所以在金融危机中，对外投资的金融部分具有稳定市场的作用，而一般情况下对外贸易的直接投资具有稳定的效果，当然，这些都依赖于各国的政策和监管机制。表 10-2 显示了 2016 年主要国家直接投资净流入和净流出占 GDP 的比重。表 10-3 显示了 2002—2016 年中国对外直接投规模，可以看到，中国对外投资规模从 2002 年的 27.0 亿美元发展到 2016 年的 1961.5 亿美元，中国对外直接投资呈增长的趋势。从表 10-2，也可以得到同样的结论，2016 年净流出占 GDP 的比重高于净流入。2018 年上半年，我国直接投资资产净增加 458 亿美元，相比 2016 年呈平稳增长。

表 10-2　2016 年主要国家直接投资净流入和净流出占 GDP 的比重　（单位：%）

国　家	净流入	净流出
美国	2.6	1.7
德国	1.5	2.2
日本	0.7	3.4
英国	10.1	1.9
法国	1.4	2.6
中国	1.5	1.9

（资料来源：国际货币基金组织。）

表 10-3　2002—2016 年中国对外直接投资规模

年　份	对外直接投资规模（亿美元）
2002	27.0
2003	28.5
2004	55.0
2005	122.6
2006	211.6
2007	265.2
2008	559.1
2009	565.3
2010	688.1
2011	746.5
2012	878.0
2013	1078.4
2014	1231.2
2015	1456.7
2016	1961.5

（资料来源：国家外汇管理局。）

2）间接投资

间接投资主要是指证券投资，即在国际债券市场购买中长期证券或在股票市场购买上市的外国企业的股票。由于投资者不参加企业的管理，对企业一般也没有控制权，所以证券投资是一种间接投资。证券投资也可以在本国范围内进行，即购买本国金融市场上出售的外国证券。

证券投资的最终目的也是为了使资产增值，获得盈利。在一定条件下，证券投资也可以转化为直接投资。例如，持有某公司的股份超过一定比例时，即可视为直接投资。对美国企业而言，由于美国公司的股权相当分散，当投资企业拥有10%的股权时，符合直接投资的定义。

证券投资不涉及实务资本如生产要素的转移；证券投资比较灵活，又可以转让；证券投资限制条件少，而直接投资受东道国政策的干预较多。

证券投资给投资者分散风险的机会，但是，一些国家也经历了资本大量流入带来的问题。短期内，大量资本流入容易引起本币升值。本币升值导致本国竞争力下降，国内产出减少，失业率上升。资本的大量流入往往伴随着经常项目的逆差，而国内的货币供应也会增加，容易导致通货膨胀。由于这些问题，一些国家对资本流动特别是短期资本流动进行限制。

不同于工业生产资本的投资，证券投资通常避免像贷款那样被结合和固定在生产性资本的生产要素中。证券投资拥有最大限度的自由，而且在流动过程中有多次不同的生命过程，因为衍生金融交易越来越多，还有用于长期筹资和融资的金融品种都可以延长或改变证券投资的情形。1970年，证券交易额与国内生产总值的比例为15：1，1980年为30：1，1990年为78：1。近年来这个比例又大大提高，金融衍生品占全球GDP的比重高达802%，占全球流动性的75%左右。证券的潜在乘数随着金融衍生品的引入以惊人的速度在增长。证券类资本创造的收入，无论是证券投资的红利还是金融中介获取的佣金，在一定程度上都可以免受生产性资本的兴衰带来的损失。证券投资甚至可以从下跌的证券和外汇价格中获取利润，只要投资人预见到这种下跌趋势并采取适当战略（如卖空）。但是，证券投资的最大风险在于，一旦投资人得到其认为不好的信息，特别是心理恐慌，投资人会反应过度，采取相同的行为，共同角逐安全，共同害怕损失，资本大量紧缩从而导致危机。如东南亚金融危机前，新兴市场吸引了大量的证券投资，然而，随着新兴市场国家的货币大幅贬值，一夜之间，资本全部逃离新兴市场。如果认真分析，这种影响带来的损失也会蔓延到借贷资本和生产性资本。例如，欧洲债务危机中对外直接投资也遭受了很大的影响，特别是涉及贸易的那些部门。

3）国际信贷

国际信贷是指期限在1年以上的政府贷款、国际金融机构贷款、国际商业银行贷款、国际租赁以及中长期出口信贷等。

国际信贷与国内信贷的方式相似，借款人都很关心违约风险以及从借款中获得的回报。但是由于金融危机，国际贷款人面临的损失也很大。在20世纪80年代的拉美债务危机中，拉美很多国家无法偿还累积的债务。在1994—1995年墨西哥金融危机中，墨西哥比索贬值，IMF和美国财政部给予墨西哥大量的贷款以避免墨西哥的债务违约。1997

年东南亚金融危机中，泰铢贬值的恐慌一直蔓延到马来西亚、印度尼西亚和菲律宾。2007—2008 年美国次贷危机造成了雷曼兄弟等几家投资银行的破产，财政部对房地美和房利美采取了救援计划以避免其倒闭。2009—2010 年欧洲债务危机重创欧洲五国，这些国家的公债规模超出约定条款，政府无法清偿债务，为了稳定欧元区，欧洲央行为这些国家制订了援助计划。

所有这些都会对国际投资者和银行体系带来冲击和损失，当然，在不同的环境下，损失和影响也不相同。总之，国际借贷与外部冲击、国内宏观经济政策以及国内的金融体系有密切的联系。一国面临严重的国际债务负担时，它会寻求额外的融资途径，这也导致提供融资的机构风险加大。所以，最后只有依靠国际货币基金组织给债务国提供贷款。

政府贷款是一国政府利用财政资金向外国政府提供的优惠贷款。其特点是目的性强，针对与本国经济政治有密切关系或扶持的国家。多采用无息或低息，期限长。国际上一般做法是贷款的 25%以上属于赠予部分，具有国际经济援助的性质，通常是以两国之间政治、外交关系良好为前提。这种贷款还体现为发达国家对不发达国家提供的开发性贷款。中国目前也成立了国家开发银行，对非洲、拉美及一些不发达地区提供贷款。日本很早就成立了海外经济合作基金，旨在向不发达国家特别是东南亚国家提供贷款。政府贷款大多具有使用贷款的具体限制性规定，也是贷款国商品输出的手段。这些贷款协议都会约定借款人必须将贷款的大部分用于采购贷款国的设备和物资等。近年来，发达国家的贷款项目多集中于环境保护、医疗和卫生以及清洁能源方面。

国际金融机构贷款是 IMF、世界银行及地区性金融组织如亚洲开发银行等对其会员国或其他国家提供的优惠贷款。在 2013 年的金砖五国峰会上，五国提议建立金砖五国开发银行，希望以此促进金砖五国的进一步发展。IMF 提供期限为 3～5 年和 8 年的贷款。世界银行为发展中国家提供 15～20 年贷款，还款期限宽松，利率低。国际金融公司主要对中等私营成员企业提供贷款，期限 7～15 年，无须政府担保，利率略低于市场。国际开发协会对最不发达的国家提供长期贷款，条件优惠，期限一般是 50 年，10 年宽限期，免收利息，每年只对已拨付部分征收 0.75%的手续费，对未拨付部分征收 0.5%的承诺费，可用借款国本国货币偿还，但借款数额不大。亚洲开发银行的贷款分为普通贷款、开发基金贷款和技术援助贷款，普通贷款偿还期限是 10～30 年，2～7 年宽限期。从 1986 年开始，贷款利率为浮动利率，每半年调整已一次，征收 0.75%的承诺费。普通贷款与世界银行的贷款项目相似。开发基金贷款主要来自发达国家的赠款，以及银行为贫穷的成员国提供的优惠贷款所拨出的资金。技术援助贷款来自成员国中发达国家和发展中国家对技术援助的捐赠。

国际商业银行贷款是借款人从国际金融市场借入的由外国商业银行或金融机构提供的自由外汇贷款。以欧洲货币市场中长期信贷为主，特点是非限制性贷款，在资金使用上自由，不限定用途，手续简单，借款数量和币种期限由借款人自由选择，可以是一年以内的资金拆放，也可为 3 年及 5 年以上的中长期贷款，利率高，资金市场一般按照 LIBOR 的利率标准，中长期贷款加上一定的加息率，还担负各种费用。短期贷款是一年以下，凭信用贷出。有三种形式：双边贷款，两家银行签订协议；一家对另一家贷款，期限是3～5年；银团贷款，也叫辛迪加贷款，是由一家银行牵头若干家银行组成的贷款集团共同出资，向一家借款银行或企业提供金额较大（＄1亿以上）的中长期（20年）贷款。国际辛迪加贷款指贷款集团由不同国家银行组成，提供国际信贷。贷款对象大多是各国政府机构或跨国公司。进行资信评估，划定信用线，规定和控制贷款额度、期限、利率附加费以及偿还本息方法。借款者考虑资金数量、利率水平、贷款者信用资金来源和可信度，主要选择牵头银行，并与之签订协议。

项目融资也是一种重要信贷方式，它是为某些工程项目建造筹集资金，以项目将来经营所产生的现金流为担保偿还贷款的中长期国际信贷。贷款人融资的先决条件是进行项目风险评价和可行性审定。其特点是新建大型工程项目，金额大，期限长，有限追索权，银团贷款，专款专用，贷款行风险大，利率高于一般贷款利率。

中长期出口信贷是一国为扶持扩大本国出口、增强出口商品国际竞争力、占领海外市场，以利息补贴和信贷担保的方法，鼓励本国银行向本国出口商或外国进口商（银行）提供的中长期贸易信贷。大型成套设备的出口和大型工程项目投资采用此种信贷方式。基本形式有买方信贷和卖方信贷以及福费廷。买方信贷是由出口方银行直接向进口商（买方）或进口方银行（买方银行）提供的信贷。卖方信贷是由出口商开户银行向出口商（卖方）提供的信贷，对进口商此时相当于延期支付。福费廷是出口地银行或金融机构对出口商经过进口商承兑的中长期汇票进行无追索权的贴现，使出口商得以提前取得现款的融资方式。

国际租赁是一种以实物形态提供信贷的方式。出让使用权者为出租人，获得使用权者为承租人，转让使用权的成交条件是租金。国际租赁是跨国界租赁业务，将信贷贸易融资和融物合为一体，有利于商品输出。国际租赁可分为融资租赁、经营租赁（服务租赁）和杠杆租赁。融资租赁是指承租人直接到机器设备制造厂选定所需设备，由出租人购置后出租给承租人使用，承租人按期交付租金，期满，设备所有权通过一定手续转给承租人。很多银行开设租赁公司，经营此业务。租金的计算公式为：

租金＝租赁设备购置价－估计残值＋税金＋保险费＋佣金＋利息累计

经营租赁即不完全付清租赁，是租赁公司为适应承租人暂时性生产机器设备需要而提供的一种服务性较强的短期融资业务，主要是融物，解决生产者短期内设备缺乏问题。其特点为：期限短，提供的租赁设备通常需要高度保养，管理技术更新快，应用较广泛；维修保养甚至操作由租赁公司负责；经出租人同意，中途可解约；期满，设备退回出租人，租期比设备使用年限短；租金高，出租人承担设备被淘汰风险。

杠杆租赁是指出租人只筹到相当于所购设备价值的20%～40%的资金，其余资金利用银行或金融机构贷款（以设备和租金作抵押）来筹集。出租人以少量自有资金促成业务；适用于金额大、租期长、价格昂贵的大型资本密集性设备，融资复杂，手续烦琐；参与方较多；银行融资不向出租人追索，由承租人以租赁费直接向银行偿还。整个过程一般由信托人办理。

国际租赁的优势在于，承租人可以获得百分之百的融通资金。就如同一笔长期贷款，既可以避免因为购置设备造成大量资金沉淀，又可以更新设备，运用新技术。与货币信贷相比，国际租赁进退自如，经营顺利时，可继续买下原来租赁的设备；经营不畅时，可以不再租赁设备。但是国际租赁也有不足，承租人需要付出高于金融市场贷款利息的租金，其成本较高。承租人只有使用权，不能擅自移动租用的设备，这也会带来一些不便。出租人掌握了设备所有权，投资风险较小，有利于提高设备利用率，加速设备折旧和更新。租赁设备的所有权和使用权分离也给出租人造成麻烦，租赁成本较高降低了市场的需求。

二、短期资本流动

短期资本流动指的是1年期以内的资本借助一定信用工具即票据来实现国际资金转移。按照动机不同，可以分为贸易资本流动、保值性资本流动、银行资本流动以及投机性资本流动。

1. 贸易资本流动

国际贸易引起的货币资金在国家间的流动就是贸易资本流动。国际贸易伴随国际结算。出口商允许进口商延期支付，实际就是对进口商融通资金。此时进口国发生对外债务增加或债权减少，引起贸易资本流动。20世纪60年代以后特别是近年来，随着金融创新和资产的证券化，相比纯粹的金融资本的流动，贸易资本流动的规模减小。贸易资本流动受到政府的相关政策、外汇政策、汇率变化的影响。

2. 保值性资本流动

保值性资本流动是指短期资本持有者为使资本不受损失而在国与国之间调动资本引起的资本国际转移。当一国投资风险明显上升或预期收益下降时，我们会发现大量的资金流出，该国将面临资本项目逆差。这种资本外流也被称为资本外逃。资本外逃的主要原因有：国内经济恶化，政局不稳，货币贬值风险，国家严格的外汇管制，资本运用受到限制等。所以资本外逃通常发生在政治与金融危机时期。短期资本通常会流向政局稳定、币值稳定、外汇管制宽松的地区。表10-4显示了1977—1987年国际债务危机使其资本外逃情况。第三栏反映了收到债务危机的国家资本流动的规模。1980年代发生债务危机的一个原因是银行家们声称债务国并没有运用所借来的资金，而是被个人挪用或者又变成在发达国家的存款。挪用的资金被那些富人和商业企业运到国外，同时债务国继续向发达国家的银行申请额外的贷款。表10-4显示，1977—1987年间，有200亿美元逃离阿根廷。这200亿美元几乎是1984年该国债务460亿美元的一半。如果再考虑到1977年以前积累的债务，这意味着阿根廷每借1美元，就有50美分逃离该国。其他国家的情况也差不多。资本外逃的一个重要特征是本国用于还债的资源越少，债务就越多。此外，资本外逃与一国的国际储备缺乏以及本国货币贬值密切相关。企业和个人的选择都是以低风险、高回报为前提，稳定增长的发展中国家能吸引资本流入，扩大生产能力。20世纪80年代末至90年代，表10-4中的一些国家经济稳定，外逃的资本又回到了这些国家。

表10-4　1977—1987年资本外逃的估计　　(单位:亿美元)

国　家	资本外逃	总外债规模
阿根廷	200	460

续表

国　　家	资本外逃	总外债规模
巴西	200	1040
墨西哥	450	970
委内瑞拉	280	340
尼日利亚	90	200
菲律宾	80	240

（资料来源：Morgan Guaranty Trust Company and World Bank。）

3．银行资本流动

银行资本流动是指各国外汇专业银行之间资金调拨引起的资本流动。银行同业交易调整外汇头寸，也有套汇活动，导致资金短期流动。

4．投机性资本流动

投机性资本流动是利用国际金融市场利率差或汇率差牟取利润引起的资本流动。它也称热钱，取决于各国汇率差价和利率水平以及投机者的预测。热钱的目的在于用尽量少的时间以钱生钱，是只为追求高回报而在市场上迅速流动的短期投机性资金。热钱纯粹为了投机盈利，而不是为了创造就业机会、提供商品等。

热钱的产生与扩大，是多种因素促成的。首先，20 世纪 80 年代，金融自由化得到推行，一些国家开始放松金融管制，取消对资本流入、流出的限制，使热钱的形成成为可能。其次，新技术革命加速了金融信息在全世界的传播，极大地降低了资金的国际调拨成本，提高了资本流动速度。再次，以远期外汇、货币互换与利率互换、远期利率协议、浮动利率债券等为代表的金融创新，为热钱提供了新的投资品种和渠道。这些因素加速了金融市场全球化进程，使全球国际资本流动总量大幅增加，热钱的规模和影响也随之越来越大。最后，金融市场的全球化和国际性投资基金快速扩张。很多资金充裕的国家的基金除了做中长线投资外，还保留部分流动资金寻找短期投资的机会，以寻求高回报率。再加上全球信息技术的发展，一旦有了好的投资机会，全球的投资者都会发现，蜂拥而至，大量的流动资本就会进入当地市场。这些资本有时可达百亿元，会对当地市场的汇率、利率产生很大影响。发达国家的量化宽松政策是热钱流动的潜在推手。从 2012 年 9 月以来，欧洲央行为了应对欧债危机而推出了直接货币交易（OMT），但是效果并不理想。而继美国推出第三轮量化宽松以后，日本央行也于 2012 年 9 月和 10 月连续两次降息，资产购买规模由 70 万亿日元扩大到 91 万亿日元，使得热钱流入新兴市场。

短期资本流动的特点有：形式多，除了借助货币市场的各种信用工具流动外，还有现金通货和银行存款（狭义货币）；与货币政策执行密切相关，对一国货币供给量产生影响，影响政策执行；期限短；流动性与投机性大，影响国际金融市场稳定，冲击汇率与利率，短期资本流动频繁是引起金融危机的一个原因。

第三节 国际资本流动的趋势和特点

国际资本流动是国际贸易与国际分工深化的产物。经济的一体化和自由开放，跨国公司的经营，在引起国际资本流动的同时，改变着世界经济和政治格局。国际资本流动的实质是资本在收益性、安全性和流动性之间的平衡。判断国际资本流动趋势时应考虑长期因素和短期因素。短期国际资本流动与一个国家的财政货币政策以及国际套利投机等因素有关；而影响国际资本的长期因素，则与全球政治经济以及贸易格局调整有关。

一、国际资本流动的发展阶段

国际资本流动可以分为以下五个发展阶段。

第一个阶段是1870—1914年。工业革命以后，发达资本主义国家迈出了拓展世界市场的步伐，资本随着廉价商品一起在世界各地落户。当时，英国、法国和德国是主要的资本输出国，而资本的输出地是比较富裕、资源比较丰富的北美和大洋洲地区。

第二个阶段是两次世界大战期间。这个时期战争不是在美国本土进行，而且美国的经济实力蒸蒸日上，取代英国成为净债权国。资本输入国也发生了改变，德国成为最大的借款国。由于金本位制当时遭到重创，资本流动是以获得稳定为目标的保值性流动。第二次世界大战以后，黄金、资金和人才源源不断地流入美国，因为美国在当时看起来是安全港。

第三个阶段是1944年至20世纪80年代末。在布雷顿森林体系崩溃前的30年时间里，国际资本流动具有美元特色。美国跨国公司的对外投资和以美元为依托的大规模美元跨国流动，构成当时国际资本流动的主流。美元又是当时的干预货币，各国对美元的需求空前高涨，欧洲美元市场也开始迅速扩张。20世纪70年代，石油美元回流。产油国积累的大量美元资本，首先回流到西方国家的银行，再以贷款形式流向亚洲和拉美国家。石油美元对亚洲新兴经济体的崛起以及巴西经济的奇迹，产生了推动作用。随着德国和日本经济的发展，德国马克和日元在地区经济中起到促进作用。20世纪80年代，德国与日本的资本流入美国，为美国的财政赤字和贸易逆差融资。资本流动在发达国家之间呈现双向流动。1970—1980年，整个西方发达国家的对外直接投资流出占全球总流出的99%以上。其中，1970年美国占比高达60%。美欧之间的资本流动加速了彼此之间的经济融合，为欧洲摆脱战后危机和美国经济腾飞奠定了基础。整个20世纪80年代，呈现美、日、欧“三元对外投资”阶段。随着日本经济迅速发展，日本作为资本输出大国，呈现出与美欧并驾齐驱局面。1980—1991 年，美、日、欧三巨头国际资本流入和流出分别占全球的 70%和 80%。到 1985 年，日本取代英国而成为全球最大债权国，美国则沦为世界最大债务国。

第四个阶段是 20 世纪 90 年代。国际资本流动呈现全球化趋势。国际资本流动的速度与规模都呈增长趋势，发展中国家和新兴市场成为资本输入的目的地。与此同时，发达国家之间的资本流动并未停止，大公司的跨国并购在 20 世纪 90 年代达到空前规模，而且发展中国家和新兴市场的资金也开始流向发达国家(如美国)。所以，这个时期美国成为最大的净资本流入国。20 世纪 90 年代苏联解体、东欧剧变、德国统一，资本也向着这些地区流动。越来越多的发展中国家加入国际产业链，国际资本从集中于美、日、欧三巨头，逐步转化为分散投资，并加速流向发展中国家。截至 2014 年底，全球流入外资最多的前 10 个国家和地区中，发展中国家就占据一半的席位。其中，中国在全球外国投资中的地位和作用不断上升，并成为海外最大债权国。在这个阶段，以国际证券投资为主的间接投资方式占据主导并成为趋势，养老基金、共同基金等跨国机构投资者以及商业银行的同业市场在资本流动的证券化中起了推波助澜的作用。资本的证券化趋势在带来全球资本流动性和创新性的同时，引起了国际金融市场的动荡不安，金融危机频繁出现。表 10-5 显示了证券形式的资本流动量占国民生产总值(GNP)的比例。可以看出美国、加拿大证券形式的国际资本流动量占国民生产总值的比例由 1980 年的近 10%上升到 1992 年的 100%以上。美国证券形式的国际资本流动量 2016 年超过了 200%。国际金融的发展与实体经济的距离越来越远。

表 10-5　证券形式的国际资本流动量占 GNP 的比例　(单位:%)

国　　家	1980 年	1992 年	2016 年
美国	9.3	109.4	225.9
日本	7.0	69.9	105.7
德国	7.5	91.2	32.3
加拿大	9.6	113.1	75.1

(资料来源:IMF 官网。)

第五个阶段是 21 世纪初至今。全球资本总量急剧膨胀，资本流动的频率加快，金融资本的国际化已经势不可挡。全球资本流动的规模总体呈上升趋势，其只有两次呈负增长。2001 年，全球资本净流动下降 16%，主要是受到美国 911 恐怖袭击事件的影响。另外，由于 2008 年美国次贷危机和 2009 年欧洲主权债务危机导致全球国际资本净流动下降 40%。从发达国家再到发展中国家，发展中国家的资本再流入到发达国家。随着发达国家逐步走出危机，发展中国家却增长乏力，国际资本自 2015 年始呈现回流发达国家的趋势。2015 年，虽然发展中国家吸引对外投资仍保持环比 9%的高增速，并达到 7650 亿美元的历史峰值，但流入发达国家的情况更为抢眼，吸引对外投资额几乎翻番至 9620 亿美元，占全球份额从 2014 年的 41%上升至 55%，扭转了发展中经济体占主导地位的态势。其中美国的增势最为明显，2015 年全年 FDI(外国直接投资)流入量是 2014 年的近 4

倍。与此同时，发达国家之间的流动依然存在，只是资本流动的期限、资本结构变得越来越模糊，短期资本流动呈上升趋势。私人资本流动占据市场主导。发达国家财政赤字通过国债的形式流动到全球其他地区，资本流动的虚拟化程度加强，发达国家的宽松政策使得主要货币的扩张更加厉害，市场的动荡与不稳定加剧。联合国贸易与发展会议 2018 年 1 月发布的《全球投资趋势监测报告》显示，2017 年全球外国直接投资从 2016 年的 1.81万亿美元降至 1.52 万亿美元。麦肯锡全球研究院的报告显示，2017 年，包括外国直接投资、债券和股票投资、银行借贷等在内的全球跨境资本流动相比 2007 年缩水 65%。2018 年，由美国掀起的贸易战使得全球经济变得更加不稳定，2018 年第一季度全球外国直接投资规模锐减 44%至 1360 亿美元。2017 年，全球新兴市场的股票市场保持大额度净流入，彭博的数据显示，2018 年上半年，情况发生了逆转，投资者从印度、印尼、菲律宾、韩国、泰国等国家和地区的股票市场撤出资金已经达到 190 亿美元。2018 年，美联储货币政策进一步收紧，如果美国经济保持强劲，预计美联储将会加息 3～4 次。与此同时，英国和加拿大也开始加息收紧货币政策。欧洲央行尽管仍维持宽松货币政策，但每月资产购买规模从 2018 年开始进一步降低。日本则继续维持超宽松货币政策不变，2018 年 1 月，日本央行货币政策会议决定继续维持政策利率在－0.1%不变，维持十年期国债收益率 0%的目标，维持以每年 80 万亿日元左右的速度购债不变。发达经济体货币政策为全球资本流动带来不确定性，但由于美国货币政策仍是影响全球资本流动的主要因素，因此，美联储货币政策收紧总体上将为全球资本流动特别是向新兴经济体的资本流入带来紧缩效应。

二、中国跨境资本流动的状况

图 10-2 是 2017 年中国跨境资本流动的结构分析。

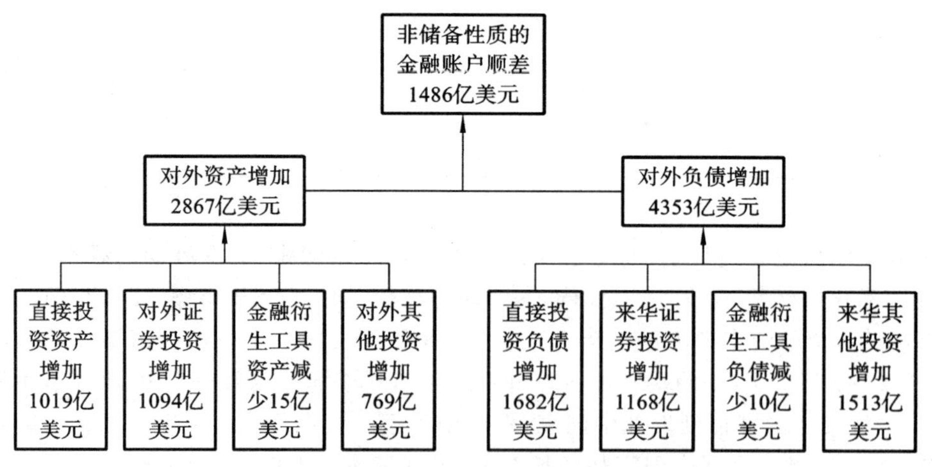

图 10-2　2017 年中国跨境资本流动的结构分析

（资料来源：国家外汇管理局。）

图 10-3 显示，2017 年，境内主体对外直接投资、证券投资和其他投资等资产合计净增加 2867 亿美元，较上年少增 58%。2017 年，直接投资资产净增加 1019 亿美元，较上年

少增53%。2017年境外股权、债券等相关资产合计净增加1094亿美元,增长6%。再次,对外存款、贷款等其他投资资产净增加769亿美元,较上年少增78%。2017年,外国来华直接投资、证券投资和其他投资等外来投资净流入(即对外负债净增加)为4353亿美元,较上年增长68%,与2010—2014年持续净流入时的年均水平基本相当。2017年,直接投资项下境外资本净流入为1682亿美元,仍保持较高规模;来华证券投资项下境外资本净流入规模创新高,达1168亿美元,增长1.3倍,体现了境内资本市场扩大对外开放的效果;货币和存款项下资金净流入为1055亿美元,2016年净流入为91亿美元,2015年为净流出1226亿美元,主要是非居民持有人民币资产的意愿有所提升;境内主体吸收境外贷款、贸易信贷资金净流入为484亿美元,而此前三年依次为净流出364亿美元、2290亿美元和12亿美元,说明境内主体融资意愿稳步恢复,融资规模由降转升。

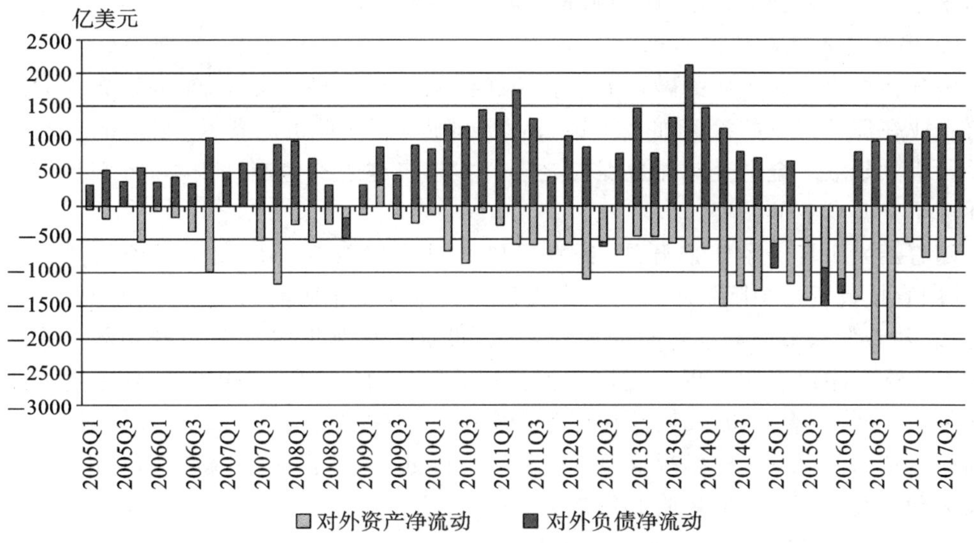

图10-3 非储备性金融账户资本流动情况

(资料来源:国家外汇管理局。)

中国已成为世界第三大跨境资本来源国,2017年上半年中国在房地产市场的跨境投资为62亿美元,仅次于德国和英国。继中国内地之后,亚洲其他跨境资本来源国(地区)分别为中国香港地区(49亿美元)、新加坡(41亿美元)、韩国(19亿美元)和日本(16亿美元)。它们所有的资金基本都投向世界三大流动性较强的房地产市场,即美国、英国和德国,其中美国吸引的资本总额为100亿美元,其次是英国(60亿美元)和德国(20亿美元)。

三、国际资本流动的新特点

判断国际资本流动趋势时应考虑长期因素和短期因素。短期国际资本流动与一个国家的财政货币政策以及国际套利投机等因素有关;而影响国际资本的长期因素,则与全球政治经济以及贸易格局调整有关。正确认识和把握后危机时代国际资本流动的新特点,是提高中国国际竞争力的关键。

1. 资本流动自由化程度更高,呈现多中心化与分散化

由于主要工业国家的金融自由化政策的不断扩大,地区间的一体化市场也在不断推进,同时美欧正在启动建立美欧自由贸易协定,可以预见的是未来资本流动将更加自由灵活。而新兴市场和发展中国家也在逐步放开对资本流动的限制,金融市场正在走向开放。

伴随大型区域贸易集团崛起,国际资本流动将进一步呈现多中心化和分散化。从地区看,贸易圈内国家由于交易成本降低和资本回报率提高,自然成为资本流入的目的地,而贸易圈外国家则会受到明显冲击。从性质上看,资本有可能成为超越主权国家控制的力量。在 WTO 规则下,资本开拓海外市场需要主权国家的支持,这时的主权国家扮演着重要的角色。在新的贸易规则下,通过"投资者-国家"争端解决特殊机制,资本有能力脱离本国政治和社会的控制,成为超越主权国家控制的力量。

2. 国际资本流动的证券化

国际债券仍然是主要的融资方式。金融机构仍是主要发行人,经济私有化的结果使私有企业在债券市场的筹资加大。银行业务的创新,计算机的普及,银行的融资证券化的手段仍然延续。金融全球化也促使金融资本越来越脱离生产性资本,特别是衍生金融品促进了金融产业的发展。

随着新兴市场资本账户开放,证券投资尤其是债权投资呈加快增长趋势。长期以来,外国直接投资是国际资本流动的主要形式,在 1991 年以前,其占比接近 100%。后危机时代,随着新兴市场资本管制的放开,证券投资占比预期将呈现上升趋势。这种趋势在过去十来年中已有所呈现。统计数据显示,2005—2013 年,FDI 净流入占资本总流入的比例从 56%下降到 49.03%。在证券投资中,股权投资占比从 12.79%下降到 5.40%,而债权投资占比从 10.85%提高到 15.86%。因此,后危机时代,新兴市场因利率、汇率以及流动性突变而承受的风险必然加大。

3. 国际资本流动的规模总体仍然上升

尽管受到欧洲债务危机的影响,使得全球资本流动的规模和速度降低,受到新兴市场包括中国经济增长放缓的影响,资本流动规模可能将减小,但是从全球范围看,经济具有周期性,未来随着发展中国家和新兴市场经济的复苏,国际资本流动规模将会增加。因为经济的相互联系和依赖,客观上要求各经济体能最大限度地利用资源、加强合作。这意味着政策更加开放,资本流动更加自由。2017 年全球国际资本流动与 GDP 之比达到 7.8%,超越 2010 年创下的危机后国际资本流动规模的高点。总之,国际资本流动规模在不同的经济条件下具有不同的特点,毫无疑问的是金融危机会减缓资本流动。

4. 发达国家之间的双向流动

20 世纪 70 年代发达国家之间的相互投资占资本流动总额的 2/3,80 年代占 3/4,90 年代国际直接投资增长迅速,发达国家在互投的同时,向新兴工业化国家和一些高速发展的发展中国家输出资本。总体上,发达国家的经常项目仍然逆差,而资本呈现净输入。美国自 20 世纪 90 年代以来一直都是资本净输入国,其资本净输入占全球资本净输出的比率一直保持在 70%左右。日本和德国仅次于美国,但与美国不同的是,这两个国家是资本净输出国。进入 21 世纪以来,德国依靠强劲的出口异军突起,成为资本净输出国。

日本则一直保持资本净输出国的地位，尽管这些年有所回落，但是始终提供全球资金需求的20%以上。然而，2008年次贷危机及2009年欧债危机以后，发达国家的经常项目逆差缩小，或许可以调节全球贸易的不均衡。美国页岩气跨境并购占2013年石油和天然气行业的80%以上，美国能源信息署估计，到2040年，页岩气将占到世界天然气供应量的30%。高端制造业中心崛起将对低端制造业的资本流入形成挤压局面。

5. 新兴市场资本外流、私人资本增长

随着新兴市场的发展，进入21世纪，特别是近年来，新兴经济体的资金呈现出外流状况。过去十几年来，新兴市场备受国际资本青睐，据统计，2010年新兴市场私人资本净流入量达到9898亿美元，比2009年增长54%。未来虽然将继续增加，但是受欧债危机影响，近几年将不会有大规模的资本流入新兴市场。与此同时，新兴市场的股票和储备资产发生了变化，自2011年以来，股市资金撤出，共同基金被抽出，韩国储备资产减少，中国的外汇占款也在减少。说明新兴市场的资金存在外流。据英国《金融时报》2018年6月22日报道，受贸易紧张影响，投资者从全球和新兴市场股票基金撤出的资金创下纪录，而美国股票基金的资金流入量则高达51亿美元。EPFR的数据显示，全球股票基金的周内资金流出量创下了81亿美元的纪录，而在截至周三的一周里，全球新兴市场股票基金的资金流出量也创下了60亿美元的纪录。过去一周，美国股票基金的资金流入量为51亿美元，与全球和新兴市场基金的资金流出形成鲜明对比。

需要警惕的是，新兴市场相对于发达经济体来说，美元贬值是“印钞机”，美元升值是“提款机”，即历次美元贬值，都给世界带来通货膨胀；而历次美元升值，新兴市场货币都会面临“攻击性贬值”，从而带来灾难性打击，甚至爆发危机。近期土耳其里拉和阿根廷比索的大幅贬值也反映了这种情形，这两个国家在货币大幅贬值之前存在巨额美元外债，美元升值造成了这些国家的货币极度不稳定。

6. 美国和中国是资本流动的目的地

美国的海外资产盈利一般高于国外在美国的投资，最简单的原因就是货币，美元不需要支付成本。2016年第二季度，美国在海外的资产达到了32.5万亿美元，而美国人持有的外国资产总额达到了24.5万亿美元。无论是私人投资还是政府投资都依赖于美国的金融市场，美元资产被认为既安全流动性又强。所以，国外私人或政府机构拥有美元、美国政府国债、公司债券等。国外持有这些美元资产似乎在表示对美国金融体系的信心。

资本流入美国的另一原因是，相比美国，其他国家更愿意考虑国内资产之间的组合，美国则充分利用国际金融市场不断向外扩张其资本和货币。

最后就是老龄化问题，日本和欧洲国家都面临人口老龄化，中国也正在面临老龄化问题，养老的需求导致一些国家减少了对外投资。截至2018年2月底，中国所持美国国债达1.18万亿美元，稳居世界各国和地区之首。中国持有美国国债总量自2010年以来升幅最高。2018年8月末中国持有11650.61亿美国国债，我国占外国投资者持有美国国债总额的比重从2006年的29.62%下滑至2018年8月的18.53%。持有美国国债总额名列第二的是日本，2018年6月，日本持有1.03万亿美元美国国债。

2018年中国首次超过美国成为外国资本流入规模最大的国家。尽管一些跨国公司宣布退出中国市场,但是强大的市场吸引力、制造业知识集中和供应链稳定的优势吸引着另外一些企业投资中国。福特汽车公司宣布将在中国生产下一代汽车。波音公司将海外的首家生产厂建在中国浙江,并完成了波音747内饰、组装等生产加工。2018年特斯拉也选择在上海建立其海外分工厂。

向穷国提供贷款的世界银行已经发现自己退居次要地位,因为中国向发展中国家提供了贷款。几十年来美元一直扮演着储备货币的角色,客观上需要资本流入来保持储备货币的地位。然而,中国成为第二大经济体,意味着美国不能再依赖其巨大的市场来确保吸引投资。

本章小结

(1) 国际资本流动是国际收支项目中的资本项目。国际资本流动指资金从一个国家和地区流向另一个国家和地区。

(2) 国际资本流动的形式多种多样,一般划分为长期资本流动和短期资本流动。无论哪种形式的资本流动,在给各方带来利益的同时,也造成了市场的不稳定。

(3) 国际资本流动经历不同的发展阶段,每个阶段都有不同的特点。

(4) 当前国际资本流动的特点呈现证券化趋势,市场的不稳定性增强;发达国家的双向流动依然存在;发展中国家和新兴市场的私人资本流动占主体,资本有所外流,在不同的阶段,仍然是资本流入的市场;各国之间的协调与合作是必要的,但是很难进行。

(5) 美国的金融市场一直受到政府和私人投资者的青睐。

关键词

国际资本流动　international capital flow
政府贷款　credit of government
证券投资　portfolio investment
直接投资　foreign direct investment
热钱　hot money

复习思考题

1. 简述国际资本流动的新特点。
2. 资本为什么流向发达国家?
3. 什么是直接投资?其形式有哪些?
4. 短期资本流动的形式有哪几种?
5. 简述资本流动证券化给国际金融市场带来的影响。

案例 10-1 为什么资本不从富国流向穷国

案例 10-2 中国对全球金融市场影响力日增

第十一章
国际货币大战

本章概述　本章阐述了金本位制的调节机制，黄金所扮演的角色。概述了第一次世界大战对金本位制的影响。阐述了货币在经济领域中的角色和地位，货币与通货膨胀之间的关系。阐述了货币变成政策变量后，所引起的国际资本流动对世界经济产生的影响。论述了次贷危机和欧债危机中货币的地位以及政府在其中扮演的角色。

通过对本章的学习，了解经济危机中货币所处的地位，理解国际资本流动给世界经济带来的影响，了解货币本位制、金本位制和信用本位制，理解货币的本质，理解货币背后政府的角色，了解次贷危机与欧债危机的根源。

随着资本流动的不断加剧，金融业已逐渐脱离实体经济而成为独立的行业，欧洲货币市场的发展与扩大，银行表外业务的发展，各国境外金融交易规模的不断扩大，使得世界经济形势发生了深刻的变化。而 2007 年出版的《货币战争》一书，将人们的视线再次聚焦到货币身上。近年来美联储以及日本央行纷纷推出量化宽松货币政策，国家间的这种货币大战对国际经济带来的不稳定性加剧。早在《资本论》中，马克思就指出货币资本逐渐地对投资部门方向和节奏实现控制，尤其决定性地改变着收入分配结构。虽然资源流动表现为货币和对金融投资的回报形式，但无论如何这是实际资源的转移。就金融领域而言，金融的全球化意味着允许尽可能经常地操纵不论发达工业化国家还是新兴国家的金融中心来获取工业利润、金融企业收益以及利息和红利。由此可见，货币资本最终控制着经济的发展。所谓的货币大战，无非是通过全球资本流动、货币的扩张不断赚取利息和红利，而由此引发了地区或全球经济的动荡与不稳定。在货币资本不断扩张的过程中，国际货币基金组织和美联储的主要目标就是允许国际范围的金融投资资本在二十来个放宽了管制的金融市场上进行增值活动。所以货币资本向全球扩张的原动力就是通过操纵在新兴金融中心进行的金融投资，实现让他人支付发达国家社会保障的目的。例如 1997 年的亚洲金融危机就说明资本流动本身能促成经济的动荡和危机的爆发。当时东亚这些国家的资本流入远远超过其经常项目逆差，过度的资本流入又不能被国内经济部门所吸收。1990—1994 年间，印度尼西亚、马来西亚、菲律宾和泰国的资本流入量是其经常项目的两倍。1996 年泰国的资本流入量占其 GDP 的 13%，过度的资本流入增加了资本进口国的外汇储备，事实上，这些增加的外汇储备最终又回到了资本输出国。这种资本流动过程导致资本流入国正常的经济循环恶化，通过外部融资，使得经济周期的扩张阶段得以延长和加强，同时推动国内需求和价格的上涨。正如法国著名金融专家沙奈在《金融全球化》一书中所分析的那样。他分析了巴西、阿根廷、墨西哥以及泰国、菲律宾、印度尼西亚的情况发现，当地的银行、金融集团以及依附政治权力的寡头集团，都因当地金融体系与世界资本主义金融体系一体化而获得广泛的利益，但是对其来说这种一体化可以获得可观的金融中介收入，金融的全球化必然孕育和加强金融中介阶层。相反，各国自身和广大的民众则很少或根本不能得到好处。在采取银行信贷自由化和国际化形式的泰国，当地银行和企业以十分沉重的债务负担为代价获得不断增加投资的能力，主要被用来资助哪些围绕发展金融体系、不动产和国际贸易制定的投资方案。更糟糕的结果是金融投资既不能带来长期产业投资资本，也不会带来高科技和知识经济。有些国家（如巴西、阿根廷和墨西哥）的工业事先已经在政府和国内私人资本联盟的格局下发展起来，在这种情况下，国内交易市场和向外国投资资本开放便成为非工业化的促进因素。所以，沙奈认为韩国长期抵制美国、国际货币基金组织和经合组织发展韩国股票交易市场，是因为一旦迫使大宇和三星等财团把资本转变为上市股票，就会受外国投资者的支配。国有企业私有化，或者非上市工业集团在市场上发行债券，出售现存企业资本，其结果都使外国货币资本和在这一过程中不断加强的国内金融资本获得非常强大的经济和政治权利。其从此不仅可以收取红利并将红利转移到纽约、伦敦或东京金融中心，而且可以决定资本已被出售的企业的未来命脉，即决定那些先于金融市场投资的投资者的命运。沙奈认为，证券市场是一个控制和管理积累起来的工业资本所有权的二手市场，它使工业资本屈从于金融效益的特有规律，这些规律比工业利润规律更具局限性，具有无限的浮动性和不稳定性。货币资本为什么能有如此大的影响力？这与货币体系、总体经济的管理政策以及资本流动的全球化有密切关系。

第一节 金本位与一次大战

一、金本位制

19 世纪通常被称为金本位制时代，对大多数国家而言，金本位更适合于 1880—1913 年间。如果一个国家立法规定，它的银行和金融机构要按照一个固定的价格，即以特定数量黄金表示的法定平价来赎回或回购它们的票据以及存款负债时，它就加入了金本位制。美国于 1879 年 1 月初宣布恢复金本位制，它在 1863 年曾放弃这一制度。表 11-1 显示了金本位制下主要货币平价，括号中的时间是当时实行金本位制国家的货币钉住黄金的日期。标准硬币的成色是其纯金的比重。所以，这些国家有义务按照每种流通货币各自的法定平价购买并出售黄金。这就形成了一种固定汇率，英格兰银行承诺以 3 英镑 17 先令 10.5 便士买卖 1 盎司黄金，美国财政部承诺以 20.67 美元买卖 1 盎司黄金，这样，1 英镑的美元价格就等于 4.865 美元。

表 11-1　金本位制下主要货币平价

国　家	单位货币	重量(克)	成色	1 盎司黄金的价值	美元的平价(美元)
美国(1879)	1 美元	1.672	0.900	20.67 美元	—
英国(1816)	1 英镑	7.988	0.917	3 英镑 17 先令 10.5 便士	4.86
法国(1878)	1 法郎	0.322	0.900	107.1 法郎	0.193
德国(1871)	1 马克	0.398	0.900	86.8 马克	0.238
意大利(1878)	1 里拉	0.3226	0.900	107.1 里拉	0.193
荷兰(1875)	1 荷兰盾	0.672	0.900	51.7 荷兰盾	0.402

(资料来源：托马斯·梅耶等著，林宝清等译，《货币、银行与经济(第六版)》，上海三联书店、上海人民出版社 2007 年版。)

1. 金本位制的特点

金本位制的第一个特征是，中央银行以黄金形式持有较大部分的国际储备。英格兰银行持有的资产几乎都是黄金。其他国家的中央银行的资产较大部分是黄金，其余资产则是英镑、法郎和以本国货币计值的政府债券。伦敦是当时世界金融的中心，所以当时其他中央银行的资产由较大比例的以英镑计值的证券构成。

金本位制的第二个特征是，黄金的自由输入与输出可以结清国际收支不平衡。金本位制下，国际收支逆差的国家与国际收支顺差的国家之间的黄金交易是有节制的。在纽约与伦敦之间运送黄金需要支付运费和保险费以及从一国付款人支付黄金之日起到另一国收款人收到黄金之日止在途黄金所产生的费用。这样，贸易商和投资者更喜欢通过费用少于运送黄金的方法进行国际支付。为了节约国际支付费用，进出口商开始交易汇票，而最有效的就是延期支票。例如，美国的小麦出口商将小麦出口到英国，会收到一张以英镑计值、期限为 30 天或 90 天的汇票。这张汇票的现行市场价格要低于到期日的面值，这样这张汇票不得不按现行的利率折价出售。美国出口商可以在伦敦将这张英镑汇票出售，并在伦敦购买黄金运回美国后出售获得美元，或者其也可以在纽约将该汇票出售给一个美国进口商，美国进口商再将该汇票带到伦敦进行支付以避免运送黄金的费用与不便。而美国进口商将以美元来支付这张英镑汇票，这样美国的小麦出口商获得了美元。美国出口商将获得该汇票从伦敦向纽约传送期间的利息，而美国进口商则获得了该汇票传送回伦敦期间的利息。因为向伦敦传送汇票的费用低于将黄金运送到伦敦的费用，美国进口商愿意为汇票支付比获得相同数量的英镑所需的黄金更高的美元价格。然而，通过运送黄金在伦敦进行支付的能力设定了这些英镑汇票在纽约的美元价格上限。而通过运送黄金从伦敦到纽约进行支付的能力设定了美国出口商愿意接受其英镑汇票的美元价格下限，如果这些汇票的美元价格较低，美国出口商宁愿将黄金运送到纽约。

上下限就是黄金的输送点，限制了汇率的波动范围。

金本位制的第三个特征是，这种机制为消费价格水平长期趋向稳定提供了保证。如果作为支付手段的黄金的持有量在世界范围内迅速增加，原因在于金矿的发现或者新的更便宜的金矿提炼技术的出现，那么许多国家的中央银行都将同时买入黄金，而这些国家的货币供给也将随之提高。这样，在新的更高的价格水平下，黄金的开采成本也将更高，而黄金的产量将下降。这就阻止了价格水平的进一步上升。反之，如果黄金的非货币使用的需求增加，消费价格水平将下降，因为被用于货币目的的黄金减少。在较低的价格水平下，更多的黄金将被开采，货币供给也将增加，价格的下降也将停止。这样世界价格水平的变动也像物价黄金流动机制一样自动调整。因此，消费价格长期内趋于稳定。从 1800—1950 年英国和美国的批发价格水平看，其年均价格变化水平低于以后 40 年的水平。美国和其他许多国家在第一次世界大战前半个世纪保持了较高的经济增长。

2. 金本位制下的游戏规则

金本位制下，国际收支顺差的国家将被迫采取扩张的货币政策，因为黄金流入将导致中央银行持有的黄金增加，国内货币供给也增加了，其结果是国内价格水平上升。而逆差国将被迫采取紧缩的货币政策，价格水平下降，即遵循物价黄金流动机制。各国价格水平之间的变化将持续到国际收支平衡。这是自动调节的过程，所以，各国中央银行不需要干预。这里很重要的一点就是，为了维持国家货币以黄金表示的固定比价，就需要该国接受国内价格水平的变动。整个调节过程似乎由看不见的手在控制。每个国家是否都遵守规则呢?

1880—1914 年期间，英镑可以在世界市场上作为国际结算单位，但同时又不是其他国家货币的货币本位，它与黄金的比价由英国国家官方制定，其他货币大国如法国、德国和美国的比价也是由国家确定。在金本位制下，外汇市场由大的国际金融机构和主要资本主义国家的中央银行共同管理。在美国，美联储当时尚未成立，纽约各大银行和国库具有央行的职能。国际货币体系的等级非常明确。在世界货币资本市场的中心，运转着伦敦金融市场(最大的)以及巴黎和纽约的金融市场。那些采用了金本位制，并向这些市场举借资金的外围国家如阿根廷、墨西哥、智利等的金融市场，时常被迫对本币实行贬值。在大国内部，金融市场的不稳定也时有发生，表现为银行危机，这与各国货币与黄金的稳定比率形成鲜明对照。这些国家集中了当时的大工业生产，在这个黄金国际时代，它们之间在贸易上的竞争并没有反映在各国货币的冲突上。金融利益在当时占据主导，是这一制度得以维持的原因。然而，黄金时代成员国在利益上的一致并不能消除主要国家之间的激烈竞争。这一时期，各国之间的贸易保护主义和为扩张国家经济地域进行的争夺形成鲜明对比。而 1914—1918 年第一次世界大战和 1917 年俄国十月革命以后，发达的资本主义国家之间的力量对比在国内外都发生了深刻变化，特别是随着美国新角色的出现，金本位制彻底被动摇。

二、一战对金本位制的动摇

1914 年 6 月 28 日，欧洲正统王室哈布斯堡王朝的王储斐迪南大公到当时被奥地利并吞的波斯尼亚视察，被一名年轻的塞尔维亚人刺杀，从而引发了一场涉及 30 多个国家和地区的世界大战。一战爆发时，大多数国家担心个人对黄金的需求会爆增，所以停止了货币钉住黄金的制度，实行黄金禁运。而战争期间的巨额军费开支，导致价格飞涨，金本位制名存实亡。不久，英国持有的美元开始短缺。1919 年 4 月，英国利用美国正式参战的时机，向美国借入美元以维持当时已经降低到 1 英镑兑换 4.76 美元的汇率水平。一方面是维持英国在国际金融市场的领导地位，另一方面则是澳大利亚、新西兰和南非等旧殖民地国家都以英镑作为主要外汇储备。所以，维持战前的汇率水平几乎是英国全社会的共识。英国希望恢复金本位制。按英镑计价的战前黄金价格是由物理学家牛顿在 1717 年设定的，那时他担任铸币厂的总监。要恢复金本位制，需要政府配合一些政策，如降低公债发行规模，提高利率水平，减少违背货币发行准备规定的货币发行量。1919 年底，英国政府采取一连串的紧缩政策，将政府支出减少，除了国防支出因战争结束而快速减少以外，一般行政、法律、社会服务、经济事务等支出大幅降低。正如预期的那样，物价水平也连续下降，直到 1926 年英镑对美元的汇率也恢复到 4.86 的水平。这一决策从短期看，成本非常高，但是在英国人看来这很重要。尽管恢复金本位制是成功的，在 1924—1926 年间英国的物价水平控制在－2.0％范围内，而失业率仍然维持在 8％～10％。此时英镑已经高估，因为英国的价格水平较之美国上升得很快。在以本国货币表示的黄金价格实际提高后，法国、比利时和意大利也恢复了金本位制。如果当时有更多的国家愿意提高用本币表示黄金价格以便与大战期间的商品价格水平上升相匹配，金本位制的重建倒是更容易。所以，重返金本位制后，英镑汇率高估，英国商品在国际市场上的竞争力下降。

实际上，由于黄金供给减少，且需求增加，国内价格上升，引发人们对黄金短缺的预期。预期黄金需求增加主要是各国的中央银行对黄金储备需求激增，第一次世界大战后各国的物价水平都上升了。由于商品价格水平过高，而 20 世纪 20 年代中央银行的平价则与战前相似，例如英国恢复了金本位，但是实际价格上涨了。所以黄金相对于白银以及其他贵金属就显得便宜。遏制对黄金的需求就是不再将其作为交换的媒介，黄金货币化引起了讨论。一战前的可行做法是，一些国家的中央银行以外汇形式持有其储备，如英镑、美元或其他计价货币的银行存款、国库券和银行承兑票据。这样，在 20 世纪 20 年代金汇兑本位制开始出现。这种制度应该能提供一个使各国货币再次按照其法定平价交换的框架，而且世界价格水平应该能保持稳定。但是在两次世界大战期间，汇率并没有钉住。1931 年，人们对英镑失去了信心，纷纷撤回在英国的投资。这时，有两种政策可以选择：一种是让英镑贬值，这样就可以打破以金含量来保持通货稳定的金本位规则；另一种是削减那时英国政府所要支付的大量失业救济金。那时英国是工党执政，人们以为政府将放弃金本位制。但这个货币本位对人们的影响根深蒂固，以至于工党不能下决心放弃。然而，维持黄金平价需要的利率水平导致的高失业率已经无法承受，于是英国停止英镑钉住黄金，允许浮动。其他货币如美元、法郎等都相继贬值。以大多数国家货币表示的黄金价格上升了 75％。两次战争期间的货币不稳定性表现为汇率剧烈波动和高失业率，特别是国际贸易和支付的限制增加。适合美国国内经济的利率吸引投资者将资金从伦敦转移到纽约，英格兰银行被迫将利率提高。但是，经济力量还是从英国转移到美国。这时各国都不愿意调整外汇平价，即以每个国家货币表示的黄金的价格，来反映第一次世界大战后价格水平的上升，同时某些国家也不愿意提高其货币黄金的价格以反映国内价格相对于美元价格的上升。

第一次世界大战以及大萧条对金本位制的动摇本质上是货币供给规则、惯例和理念的改变，即货币本位的改变。金本位制下，货币供应量仅随金铸币供应量的变化而变化。如果不能保证每个国家都同时遵守这个规则，金本位制就难以持续。是否能找到可以取代黄金的其他本位货币？

第二节 货币与通货膨胀

1918年金本位制遭到重创后，1922年瑞典经济学家卡塞尔提出将汇率的确定与实际经济联系起来。如果各国货币不再由黄金确定或兑换成黄金，那么需要设计一种可以建立起各国货币之间的均衡汇率的共同参照物。他认为，每种货币在国内都有某种确定的购买力，但是各种货币关系中缺少一种实际参照物来比较各种货币商品购买力。解决的方法就是确定实际汇率，实际汇率可由两国物价比决定，这就是购买力平价的意义。尽管有来自理论和经验的反证，购买力平价仍然是用来比较不同货币的名义汇率和实际汇率的一个标准。

一、货币与国际货币

货币被用来表示许多不同的东西，通货是它的一种表达，但是人们所购买的物品的全部价值中，仅有很小的比例是用通货来支付的，并且现在大部分的支付都是通过电子交易完成的。所以，如果将货币仅定义为通货，我们要将货币与人们所进行的全部购买活动联系起来就很困难。正是因为货币与我们的购买活动相关联，才使得货币供给或需求的变化对经济如此重要。

在国家生产领域内，货币也具有不同的形式，并且货币是同信贷和金融联系在一起的。当然，货币首先是计价单位，是工薪收入者在当地创造的商品价值流通手段，不管世界经济在一国的流动形式如何。货币既可以保证共同估价、交易与收入的流通，也反映它们之间的关系，如买卖、信贷与结算、工资与利润、国内经济与国际经济的关系。所以，货币不仅有经济意义，也有政治含义。没有世界性生产和不受国界限制的工薪收入者，就不能产生出一种具有国内货币的所有特征与职能的国际货币。金本位制下的情况也是如此。然而，黄金当时是国际主要货币如英镑或法郎的共同参照本位。此外，在国际内部流通领域还有金币。金本位制运转的原则之一就是私人经济体也完全可以像官方机构那样自由铸造金条。而国家之间的结算也可以通过周转黄金来进行。而本位黄金又不是在英法都通用的货币，两国的结算单位英镑和法郎非别具有各自的法定含金量，对金币抽税和对国内流通的银行钞票、贷款等都要根据这个法定含金量来进行。这也意味着，价值生产和收入分配是截然不同的领域。

虽然，当前生产的国际化比较明显，但是资本的国际化并不是领薪人的国际化。因为领薪人的活动是在特定地域进行的，无论资本以何种方式流入当地，也无论对工资制度有怎样的影响，都不能消除当地在生产和按照各国货币分发的收入分配上引起的矛盾。也就是说，没有任何一种国际货币可以像国家货币那样具有与国内生产和分配紧密相关的特征。

因此，我们需要澄清货币的性质，这里列举几家相似观点。马克思要探讨的是作为表示商品价格一般等价物的货币，如何自己变成了具备市场价格的商品，变成了封闭型和开放型的经济。马克思根据区分资本流通的形式和条件是“产业资本”还是“金融资本”(货币资本)，对这个过程进行了分析。这是将货币的国内流通与国际流通相联系的方法，提出了国际货币的稳定性和汇率调节问题。而凯恩斯在1930年将货币定义为在一个民族空间内的国家结算单位，在这个空间内，货币对所有的经济主体都有效，其中包括“发行信用货币”的银行，尽管信用货币已经成为当代货币的主要形式。在定义这种货币的价值时，凯恩斯采用推算本位的概念即根据典型消费品篮子来估算货币购买力。但是他也认为，不可能以同样的方式建立一种国际货币本位，一种对世界经济来说有着与衡量物质大小的米制体系意义相同的货币本位，也就是说没有一种国际货币可以适用于所有的国家以衡量其生产和收入分配。由于各国发展的不平衡，美元与人民币在美国或印度的购买力不可同日而语。门格也认为货币不只是交易媒介，而且是购买力存储媒介。他从人们对商品的需要去审视货币本质。他认为商品固然要流通，但是生产出来以后也会暂时停留在制造商、中间商和零售商那里。从这一点看，货币与一般的商品并无差别。然而，货币之所以能够独立成为一般等价物，还是因为它最终能被一般人所接受。货币的好坏不在乎作为货币的商品的材质，而是人们对货币制度的遵守与否。金本位制下，政府垄断金币发行权，也出现金币成色减少的现象。而铸币税的来历也正在于此。货币不是从天上掉下来的，而是一种受到历史演变支配的十分复杂的制度。

这样看来，货币就是个人为了下一次交易而换取的商品。个人在交易时，并没有想要立即消费它，而是希望在未来可以用它换取可以消费的商品。所以门格认为主观上货币在未来具有可销售性。可销售性是一个程度的概念，个人可以在不同的货币中选择那些可销售性高的货币，个人也会不断改变保有的货币种类。对个人而言开始可能是苹果，再换成玉米，而后换成黄金。所以我们发现金本位制下的储备是黄金，金汇兑本位制下的储备就是美元。携带和存放的便利性影响可销售性，不过最终还是取决于人的主观愿望。个人对于不同货币的可销售性排序也是不相同的。但是同一个地区，人际、邻里间相互模仿的网络效应，使得对可销售性的影响因素的评价趋于一致，可销售性的排序从而稳定下来。新的货币可能因为新的科技和新的交易机会而出现，挑战既有的货币的可销售性。新的货币带来新的竞争，而人们的评价和相互模仿及信息交流决定货币的新排序。如果说某种国际本位被采用，那一定是这种力量或民族力量关系的作用。正如哈耶克于1937年在《货币民族主义与国际稳定》一书中提到的货币流通领域。如果某种货币流通越广，个人对它接受与认可的程度也就越高，对它的需求也就越高，而该货币发行者所获得的铸币税也就越丰厚。例如，当前美国的货币本位，它是由法定通货和中央银行组成，中央银行控制准备金及短期利率以实现充分就业、物价稳定等目标。凯恩斯在当时也提到了第一次世界大战以后美元的情况和事实，他认为在很大意义上，只有美国有能力获得一国本位与国际本位相结合的好处，当然前提条件是汇率稳定。然而，货币具有两重性：一方面货币是一种公共产品，其流通和稳定可以为人们提供不可剥夺的社会利益；另一方面，货币具有私人商品特征。当今大多数货币是由商业银行在进行借贷活动时发放的，因而受到银行利润目标的制约，银行必须在获取收益和保障安全之间做出决策。银行对于决策的选择具有周期性。在过热时，充满乐观，结果是贷款过多；在低迷时，充满恐慌，结果是信贷紧缩，使人们对此心有余悸。所以对货币的管理十分谨慎。在金本位制下，货币不同表现形式（纸币、硬币、支票）之间的转换关系以及世界范围的黄金储备，迫使经济主体甚至国家执行某种货币纪律即游戏规则。大规模银行危机和反通货膨胀的调节措施使人不时地感到这种纪律的存在。一战以后，这种货币-商品的统治结束。建立在信用货币基础上的更为弹性的制度，将货币从金属限制中解放出来。这样无论是国家发行的纸币和硬币，还是由私人银行提供的支票，都同银行体系内部信贷扩张联系在一起。商业银行开始吸纳存储，将其中一部分作为储备，剩余部分借贷出去，从借款人那里获得以新的储存形式存在的收入，信贷业务便创造了新的货币。货币由一种商品（黄金）转变为一种信贷关系，保证了货币的弹性供应，使经济主体对资金的需求在任何时候都能得到满足。1944 年，在美国的倡导下，建立了布雷顿森林体系——一种相对固定的汇率制度，美元既是结算单位又是货币本位。美元与黄金按照 1 盎司 35 美元的比率，控制成员国资本流动，保护本国货币汇率稳定。在战后经济增长的黄金时期，信用货币克服了金属货币的流动性欠缺。但是这种制度存在着矛盾：美元既是国际本位货币，又是国内货币；资本市场得到恢复，然而资本不能自由流动；主要国家之间的竞争表现为货币竞争。从 20 世纪 60 年代起，布雷顿森林体系明显受到质疑。黄金市场的价格高出 1 盎司 35 美元的官方价格。1960—1961 年，美国与其他欧洲七国为保证自由市场供应而试图建立黄金总库，也因为成员国之间的意见不合而失败。这种情况也使得各国注重国内政策，对美元的投机变得疯狂。1973 年，建立在美元本位基础上的固定汇率制退出了历史的舞台。至于黄金，尽管还被各国央行当作储备资产，但是在 20 世纪 70 年代就已经非货币化了。不过，任何国际调整都没有正式取代美元本位。美元始终是国际市场上主要货币的计价单位。美国可以利用发行美元去支付其贸易逆差，代价不过是美元贬值而已。由于美元贬值不利于持有大量美元的贸易盈余国，这些国家只好购买美国国债，让美元再流回到美国，稳定美元汇率。美元贬值对美国对外贸易具有重要的保护作用。这种制度纵容美国发行美元去消费国外的商品和劳务，再发行美国国债回收美元，这是当代金融危机的根源。

二、通货膨胀

通货膨胀是物价发生波动的情形，它在经济学中有以下两种定义。一种定义是指价格水平明显的、持续的上升。一般认为价格的持续上升就是通货膨胀。但是，价格上升究竟持续多长时间才算是通货膨胀？很多引起价格上升的因素并不能导致价格的持续性上升。对于非常严重的通货膨胀我们称之为恶性通货膨胀，通用的标准是每月价格增长超过 50%。另一种定义是货币供给量的持续增加。货币供应量和物价水平都可以设定度量的指标，但是其争议性一直存在。例如消费价格指数究竟有多可靠？如果用这个指标，面临的一个主要问题就是对新产品的处理。新产品只有在投入市场有足够的时间并进入正常使用以后，才会并入到 CPI 的计算中。所以 CPI 无法捕捉到急速下降的产品的价格，因为这在产品生命周期早期发生。CPI 没有充分考虑质量的提升，特别是服务业的价格。CPI 没有考虑到公众向低价店铺的转移。所以，也会出现这样的情况，在某些年份和阶段，货币供应量的增长率较高，已经呈现出通胀，物价指数却表现出差异。而某些阶段物价指数较高，而货币供应量的增加比率并不高。因此，货币供应量增加只是引起物价上升的一个可能因素，同样物价上升也可能只是货币供应量增加带来的一个可能结果。两种通货膨胀的定义也会引起不同的政策建议。在物价水平上涨率定义下，当政府看到物价指数较低时，可能会大胆地采取货币扩张政策。而在货币供应增长率定义下，政府可能采取紧缩政策以避免通货膨胀恶化。

当政府扩大货币供给时，不可能将货币平均地分配到社会中的每个人。而是根据其预算，以各种名义将货币拨给其计划中的受款人。如果政府的货币扩张只想解决资金流动性，那么市场上最先获得新发行货币的人，通常是计划中的机构和企业，就会先抢占市场。与之相关的各种因素的价格开始上升，而新释出的货币将部分地回流到银行和金融机构，银行将提供第二轮信贷，获得第二轮贷款的个人或企业虽然在市场机会和预期收益上不及第一拨，但是尚有利可图。而第三轮贷款才可能惠及一般百姓，而此时价格已经普遍上升。假定劳动力是同质的，薪资率、土地和能源等价格将随投资的扩张而上升。在第一轮贷款产生作用时，市场呈现繁荣景象，所投资产业的回报率上升，因素报酬和薪资率开始上升，价格还没有全面上升，因为消费品的供给开始增加，而消费品的需求也开始增加。总之，人们充满了期待。到了第二轮贷款时，更多的资金投向了消费品产业，消费品价格下降而生产所需的中间品则价格上升，从而诱使第一轮贷款继续投入到更高端的产品，市场全面繁荣。此时各产业都在扩大再生产，而各产业阶段也都接近饱和。然而，获得第三轮贷款的一般都是小商人，其投资一般进入到消费和服务业，这些产业很快就进入全面竞争。

新增货币通过产业、商品生产以及生产商品的投入要素的价格变动，再将价格的变动传递到更高的产业，价格出现了轮番上升的现象。由于物价水平是各种价格的加权平均，经济繁荣之初，人们还感觉不到物价水平的上升。所以，当经济全面繁荣时，物价上升的信号便呈现出来。

三、金融统治下的外汇市场

在当今的浮动汇率下，既没有正式的国际货币本位，在货币等级顶端的三种主要货币即美元、马克和日元之间也没有一种正式比率。在缺少约束力的国际货币规范的情况下，汇率一般取决于各国货币政策与金融市场套汇状况之间的关系。通货膨胀是资本积累出现危机的表现形式。战后日本经济快速成长，成为制造业的核心，年均增长率达到

11%，成为世界第二大经济体。日元逐渐走强，美元贬值。20世纪70年代，信贷利率在扣除价格上涨因素后成为负利率，损害了贷款人的利益。1979年美国的沃尔克方案、英国的撒切尔政策都对通胀采取了严厉措施，美元汇率有所上升。1985年，五国集团在美国纽约的广场饭店，达成了广场协议。相对于其他四国货币，美元贬值。此时，美国的通货膨胀已趋于稳定，美联储也将利率调到6%。在关键时刻，1985年世界原材料价格下降，1987年股市暴跌，1990—1991年金融萧条，美国银行业被迫面临严重系统风险时，美联储都采用大大降低利率的方法，成功地战胜了通缩危机。美国的利率一直都维持在较低水平。近年来为刺激经济复苏，已连续采取了五轮量化宽松政策。尽管美国的利率水平比德国和日本低、美元相对于马克和日元也贬值，却并没有阻止日本和德国向美国提供贷款，为美国的贸易逆差融资，也没有阻止美国的养老基金和其他金融机构对外投资。而近年来，即使是次贷危机以后，来自新兴市场包括中国的投资也仍然有增无减。美国似乎是唯一可以根据自身国内目标(如就业、贸易收支等方面的目标)来推行某种国内货币政策的国家，而不管美元汇率如何变化。凯恩斯在1943年也曾经建议，在有组织的国际信贷体系中心，设立一种不同于任何国家货币的结算货币，由某一世界机构参照黄金来发放世界货币，这样可以避免一国或数国货币形成国际统治，因为这种统治是造成汇率不稳定和国家间货币不平等的根源。这样一种改革以严格限制资本流动为前提，使资本不能在外汇市场自由流动。当然，凯恩斯的方案在布雷顿森林集会上就被否定了，美国提出的围绕美元组织等级货币的方案可以说延续到了现在。

第三节 金融危机

基于以下三个方面，即福特主义的工资关系(劳资双方有组织地妥协，分享由劳动科学管理产生的利润，在此基础上工资快速、不断地变化)，凯恩斯主义的稳定的宏观经济政策(政策满足了企业对需求的增长)，以及有管理的金融体系(使资本积累可以通过银行来实现，以受到国家管理机构控制的低利率获得融资)，直到1970年代初，主要工业化国家经历了快速的经济增长。但是随之而来的布雷顿森林体系崩溃、美国通货膨胀的加剧以及1973年石油危机的爆发，使主要工业化国家出现了经济增长下降和通货膨胀加剧的现象，它们放弃了在充分就业与物价稳定之间选择的凯恩斯主义政策。在新政策中，充分就业与低通胀互为目标，货币主义和自由主义成为新经济政策的原则。但是，新的不稳定又开始出现。从20世纪80年代起，主要工业化国家的公共财政不断恶化，从而引发了美国的次贷危机和欧洲债务危机。

一、美国次贷危机

2007年,美国次贷危机爆发,导火线是美国放松了信贷,以使美国低收入阶层也能购买住房。美国在20世纪90年代创造了新经济时代,就业机会和薪资标准都有所提高,人们预期新产业的出现将带来繁荣的前景,可以长远地规划购房计划。在评估自己的购房能力和偿还能力时,个人应该是慎重的,但是这种评估被扭曲的利率所误导。当时,美联储的利率水平是1%,低利率能扩大投资,让人高估自己的偿债能力。

如果可贷款的资金与供给是动态变化的且难以预测,则利率变动也是无法估计的。利率水平不能预测,对偿还能力也就不能有效评估。反之,如果可贷资金的供给与需求都可以预测,则利率的变动也可以预测,投资风险就降低。投资风险越高,潜在的危机就越可能爆发。当新货币发行时,新货币由银行系统创造出更多的货币。货币创造不仅受到银行和借款人利润动机的牵制,并不处于各国央行的控制下,而且货币本身也成为产品革新和技术进步的对象。特别是在金融产品创新领域。随着资金来源的不断扩充,银行将资金投入到盈利更多的资产上以维持其利润,这样做的结果就是风险不断累积。向房地产投资者、新兴市场投资者、高风险证券组合专家以及公债炒家提供的贷款构成了大量的不良债务,伴随着巨大信贷需求的储蓄收缩现象却没有改变。此时,可贷资金的供求变动不能有效预测。

于20世纪30年代成立的由政府资助的房屋贷款机构房利美和房地美(二者合称"两房")旨在帮助弱势家庭购房。20世纪90年代克林顿以及之后的小布什执政时期,也将改善居住条件纳入其施政纲领。两房降低了购房贷款的审批标准。1994—2003年,两房贷给次级信用等级者的资金总数大约增加了10倍。之所以如此冒险,一是为了配合政策;二是早在20世纪80年代,银行体系追逐金融资产利润最终陷入危机时,政府采取了救援行动。信用货币放松管制加剧了银行体系的不稳定,但是各国政府不得不去救援处于困境中的中央银行。这就是所谓的大得不能倒的政治潜规则。一旦银行明白其可以在倒闭时获得国家的帮助,则其很可能试图实施风险更大的战略,即使这种战略行不通,损失也可以转嫁到别人身上。2004年,美国五大投资银行联合出手,成功地要求政府将1∶12的杠杆比例提高到1∶40。弗里德曼曾经这样总结美国企业的演变:"为什么滥用贷款到了如此非同寻常的地步?为什么金融界和美国商界都不再理会几十年来一直采用的资产负债表的做法和保险活动?杠杆运动的突出特征就在于,杠杆作用在不断强化。"这些投资银行买进两房的次级房贷债券,将其包装成金融产品,如违约互换等衍生品,创造出数十倍的信用资产。对房屋的强大需求推高了房屋价格,房屋价格的上涨率由2003年的6%上升到2007年的10%。2007年,美国一家经营房屋贷款的金融公司的破产以及有着85年历史的贝尔斯登银行陷入困境被收购,雷曼兄弟公司破产,美林证券被美国银行收购,从而宣告信用资产泡沫破裂。而两房和美国最大的保险集团AIG都陷入困境,接受美国政府的救援。

次贷危机的本质在于金融产业已经脱离了自由经济所要求的市场规则。自由竞争的市场是以经营利润来筛选市场的留存者,如果利润为负,就要退出市场,让新的竞争者参与到市场。政府的救援只会扭曲市场规则,道德风险加剧,强化了金融市场的不稳定性。而金融创新促进了高杠杆活动的繁盛,金融创新是放松管制和金融市场消除壁垒的结果,它与投资一样,也不一定永远正确。

二、欧洲债务危机

在各国推出史无前例的宽松货币政策以后,2008年的金融危机对世界经济的冲击并没有如预期的那样严重。经济危机可以向后推延,但是可能扩大为更大的危机。美国的救援计划恶化了其国内的所得差距,失业率上升。在欧洲,为提振经济,各国政府采取了种种措施,财政逆差和公债规模急剧上升。2009年三大评级机构同时调低了希腊信用等级。2010年初,希腊出现债务危机,国际货币基金组织和欧盟出手救援,条件是希腊必须降低财政逆差占GDP的比例,由2009年的13.6%(见表11-2)降到2014年的2.6%。

表 11-2　2009 年欧洲一些国家政府预算及债务占 GDP 比值

国　　家	债务占 GDP 的比例	财政赤字占 GDP 的比例
德国	76.7%	3.3%
法国	82.5%	7.5%
希腊	124.9%	13.6%
意大利	116.7%	5.3%
爱尔兰	82.9%	14.3%
葡萄牙	84.6%	9.4%
西班牙	66.3%	11.2%
荷兰	65.6%	5.3%
塞浦路斯	58.6%	6.1%
欧洲平均水平	84.0%	6.3%

(资料来源:作者根据相关数据整理而成。)

1999年,欧元区成立,要求其成员国遵守稳定的公约,即《马斯特里赫特条约》规定的各国政府财政赤字占GDP的比例必须低于3%,而政府发行公债的比例应低于GDP的60%。2001年希腊加入欧元区时就存在问题。除了希腊,2001年欧元区各国政府财政赤字方面都符合公约的要求,在政府负债方面也只有意大利未达到要求。2002年,德国、法国、意大利和葡萄牙在财政赤字方面都超过了公约的上限。而欧盟的主要国家召开理事会修改了公约规定,政府赤字可按5年平均值计算,并排除教育、国防和对外援助等预算支出。公约限制成为软约束。这是很严重的问题,当公约内容可以轻易地经协商修改时,以后任何公约都可以在妥协下加以变更。2008年欧元区各国尚能遵守修改后的公约,但是2009年金融危机蔓延时,只有德国依靠强劲的出口还能遵守公约限制,其他各国政府财政赤字占GDP的比例均超过了修改后的公约限制。同样的情况也见之于各国的政府债务。欧元区是单一货币区,货币发行统一由欧洲央行来管理,各国政府只能靠借款或发行公债来偿还债务。当政府无法印钞时,无论公债的持有人是否为本国人,此时的公债与外债没有什么差别。政府只能采用节约预算或以债养债的方式去偿还债务。

除希腊外，其他国家如爱尔兰、西班牙、葡萄牙等国也出现了债务危机。这些国家的生产力相对于欧元区其他国家要弱，它们在欧元区境内的交易处于不利地位，贸易逆差和失业增加。在欧元区内，这些国家的政府也无法操控汇率和利率，只能以财政赤字方式去补贴失业、提升生产、刺激经济。同时，公债市场已经成为国际金融市场上较活跃的一个领域。20 世纪 80 年代初以来，公债市场得到了迅猛发展，除了外汇市场，公债市场业务规模大大超过其他金融市场业务规模。工业化国家包括欧元区的这些国家以持续性公共财政赤字维持公债初级市场的繁荣。而公债二级市场的增长则是由于投机的影响，交易规模增长了 10 倍以上。例如美国国债市场稳据世界市场之首。公债市场之所以发展很快，原因在于它是风险最小的可交换债券，国家不会破产，以国家名义发行的债券质量较好。并且为了提高公债的吸引力，工业化国家为提高市场流动性进行了改革，甚至开辟了公债期权合约，这是今天从事投机的主要手段。然而资金大量流入带来的繁荣并没有将外资引向产业，而是流向了房地产等高回报率领域，物价水平也上升了，但是失业率依然没有改变。例如，西班牙采取紧缩政策来降低物价，结果失业率恶化。希腊政府提高薪资水平，但是政府赤字恶化。

本章小结

(1) 金融全球化背景下，货币资本流向世界各地，带来不稳定性。

(2) 货币资本的影响力主要与当前的货币体系以及国际资本流动的全球化有密切关系。

(3) 金本位制下，汇率稳定的优先规则约束各国的行为。但是，金本位制无法克服国内失业。一战彻底摧毁了金本位制。

(4) 建立在信用货币基础上更为弹性的制度，将货币从金属限制中解放出来，由于美国的特殊地位，不管承认与否，美元成为事实上的本位货币。

(5) 进入 21 世纪，各国的目标集中于经济增长而不是控制通货膨胀，纷纷采取宽松的货币政策来达到目标。

(6) 金融产业对经济的影响越来越大，是不稳定的根源，当代金融危机无不与此有关。

关键词

金本位制　gold standard
货币本位　currency standard
信用货币　credit money
国际货币　international currency
金融危机　financial crisis
次贷危机　subprime crisis
欧债危机　European debt crisis

1. 简述金本位制下国际收支的调节机制。
2. 简述金本位与货币本位的差别。
3. 简述信用货币体系下利率如何调节经济。
4. 什么样的货币能成为国际货币？
5. 维持世界储备货币的地位的必要条件是什么？

案例 11-1 21 世纪将由中美竞合塑造

案例 11-2 人民币汇率或影响贸易战走向

第十二章 开放经济下的宏观经济政策

本章概述　本章阐述开放经济下一国宏观经济运行的目标，以及实现这些目标的政策工具。阐述了固定汇率制下的斯旺图形和蒙代尔的市场有效分割理论及政策搭配原则。详细阐述了IS-LM-BP模型的思想。探讨了不同汇率制度下，考虑资本流动程度后，扩张性的财政与货币政策对产出的效果。论述了国际经济运行中财政与货币政策搭配使用的效果。

通过对本章的学习，了解斯旺图形的背景，同时理解开放经济下的宏观经济目标，即内外均衡的目标。了解政策工具的种类，即支出改变和支出转换政策、直接控制。通过斯旺图形，理解丁伯根法则和米德冲突，理解开放经济下的蒙代尔的市场有效分割理论。通过商品劳务市场、货币市场以及外汇市场的均衡条件，即三个市场IS-LM-BP的同时均衡模型，理解短期内价格不变条件下，资本流动以及产出对宏观经济的调节作用。掌握蒙代尔-弗莱明模型的核心思想，即固定汇率下财政与货币政策也可以实现内外均衡，只要市场能有效分割，并且资本流动持续不断。理解不同汇率制度下，财政与货币政策的效果，以及财政与货币政策的搭配使用。

宏观经济学更多讨论的是一国国内的失业与通货膨胀，并不考虑一国的外部均衡。在开放经济下，我们将考虑合宜的经济目标、相应的物价稳定、充分就业、国际收支均衡以及经济增长之间的关系。因此，当局必须要考虑贸易余额、资本流动及其与汇率的关系。在前面章节的分析中，我们探讨了自由经济下市场的自动调节机制，如针对贸易流调节的弹性分析法，将贸易流与国民收入分析相结合的吸收论，以及基于货币供给与需求针对资本流调节的货币分析法，包括基于资产组合的资产市场分析。当我们将所有的这些调节机制综合考虑时，也存在许多不足。人们开始关注国际收支调节的宏观经济变量，考虑这些变量对汇率和国际收支的决定作用。在实际中，各国政府更愿意运用宏观经济政策来达到宏观经济运行的目标。例如2008年以来美联储、日本央行、欧洲央行连续采取量化宽松货币政策，以应对经济增长放缓。

第一节 开放经济下的宏观经济运行目标

一、宏观经济运行目标

开放经济条件下，一国宏观经济运行目标包括内部平衡和外部平衡两个方面，具体包括充分就业、物价稳定、国际收支平衡以及经济增长。现在，随着全球气候变暖，减少碳排放等全球共同关心和处理的问题出现，生态平衡或环境保护也被列为目标之一。

(1) 内部均衡：充分就业或年失业率不超过 3%(改变工作过程中出现的摩擦性失业)，年通胀率不高于 3%。

(2) 外部均衡：国际收支均衡或有意的短期不均衡。

二、政策工具

要实现上述目标，需要政策工具来处理。一般有以下三类政策工具。

1. 支出-改变政策

支出-改变政策或需求改变政策(吸收政策)包括财政政策和货币政策。财政政策涉及政府支出调整和税收。财政扩张，导致国内产出和收入增加；财政紧缩，减少国内产值和收入，进口减少。

货币政策涉及国家货币供给的变化，影响国内利率。宽松的货币政策导致货币增加，利率水平下降，投资以及收入水平上升，进口增加。而紧缩的货币政策导致投资及收入减少。

2. 支出-转换政策

支出-转换政策也称汇率调整(货币贬值或升值)。贬值将消费从国外转向国内，调整国际收支逆差。但由此产生的国内产值增加引起进口增加，抵消一部分贸易余额的改善，从而使货币再升值，又将消费从国内转向国外，调整国际收支盈余。同样地，这减少了国内产值，使进口减少，抵消一部分货币升值带来的影响。所以汇率政策能够影响贸易商品国际竞争力，是通过改变支出构成使本国收入相对支出增加的政策，具体做法是汇率调整、关税调整、出口补贴、进口配额限制等。

3. 直接控制

直接控制包括关税、配额及其他对国际贸易和资本流动的限制，也是支出-转换政策，但可用于特别的国际收支项目，是普通的政策，可同时运用于所有项目。其他政策失效时，对价格和工资进行控制可用于缓解国内通胀。直接控制包括贸易控制、外汇控制及其他直接控制。

1）贸易控制

设置关税对国内消费者而言，提高了进口商品价格，同时刺激国内进口替代品的生产；出口补贴，使国内产品对国外消费者便宜。促进出口，相当于一国货币有某种程度的贬值。进口关税出口补贴用于特殊项目。要求进口商预先在商业银行存入其将要进口货物所需的全部或部分资金，期限不定，没有利息。这种控制使进口商品价格上涨，阻碍进口。

2）外汇控制

发达国家在国际收支逆差时，限制资本出口；在国际收支顺差时，限制资本进口。发展中国家的多重汇率制：对奢侈品和非必需品的进口实行高汇率，对必需品（资本设备）实施低汇率。国内消费者购买奢侈品价格更昂贵，阻止进口。外汇控制极端形式：出口商和外汇所得者将外汇上交货币当局，由当局将外汇通过进口许可证按不同的汇率分给进口商。外汇控制下会滋生黑市，转移定价，产生腐败。

3）其他直接控制

实施通胀控制以实现纯粹国内目标。1971 年美国曾经实行工资控制，以收入政策控制通胀，结果不成功，最后取消控制。从效率看，货币政策、财政政策、变动汇率在国内经济和国际贸易与金融方面优于直接控制。

直接控制干扰市场机制运行。支出改变、支出转换政策依靠市场运行，但是当这些政策需要太长时间来运作，而结果又是不明确，且解决的问题只影响经济的一个方面时，政府可采取直接控制作为暂时手段来实现特别目标。

要使直接控制有效，需要良好的国际合作关系，如进口配额限制导致另一个国家的报复。一国政府提高利率以吸引更多国外资本流入，其他国家也提高相同水平的利率以保持国际利差不变，结果效果都被抵消。

三、丁伯根法则

要实现多个宏观经济目标，我们可以利用的政策工具却不多。所以一国必须有效利用有限的政策工具来实现每一个目标。我们可以遵守丁伯根法则，即一国需要的政策工具数至少应该与独立的目标数一致。如果一国同时要实现两个经济目标，例如内外同时均衡，那么至少需要两个政策工具才能达到目标。当然，政府采取的宏观经济政策有时也能有一举两得的效果，但是，也可能导致两个目标向相反的结果发展。例如扩张的经济政策在消除国内失业的同时减少了国际收支的顺差，导致国际收支逆差扩大。

四、市场有效分割原则

由于每一种政策对内外均衡的目标如就业、通货膨胀以及国际收支都有影响，关键是找到每种政策所能实现的最佳目标。所以我们需要将这些有限的政策工具进行搭配，以便有效地实现经济目标。这就是是蒙代尔提出的市场有效分割原则。蒙代尔认为，如果在政策目标与政策工具匹配上出现问题，则结果会离均衡点越来越远。

第二节 内外均衡与政策搭配

如何才能有效实现内外均衡目标？20 世纪 50—60 年代，经济学家进行了很多探讨。其中，有代表性的是澳大利亚经济学家斯旺。斯旺和索尔特提出的吸收相关分析法成功地将相对价格和支出变化的同期效应纳入模型。将一国的产品市场进行了与众不同的划分，即将产品市场划分为贸易品和非贸易品。非贸易品由国内生产投入与产出决定，不进入贸易领域。而可贸易产品可以进入国际市场进行交易，由国际市场的贸易条件决定。其分析模式将进出口价格与国内供求状况相结合，但同时它们又是各自独立的。

一、斯旺图形

1. 基本假定

假定经济体是开放的小国，没有自主性的资本流动，这样国际收支就是贸易收支。假定总需求在达到充分就业之前，价格保持不变。

如图 12-1 所示，纵坐标是汇率，横坐标是国内实际支出或者总吸收。*EE* 曲线上的点代表了外部均衡，*EE* 曲线左边的点表示外部存在盈余，而 *EE* 曲线右边的点表示逆差。*YY* 曲线上的点构成了内部均衡，*YY* 曲线左边的点表示失业，而 *YY* 曲线右边的点表示通货膨胀。*EE* 曲线与 *YY* 曲线相交，将经济划分成四个不同的区域，可以帮助我们找到合适的政策搭配以实现内外均衡 *F* 点。

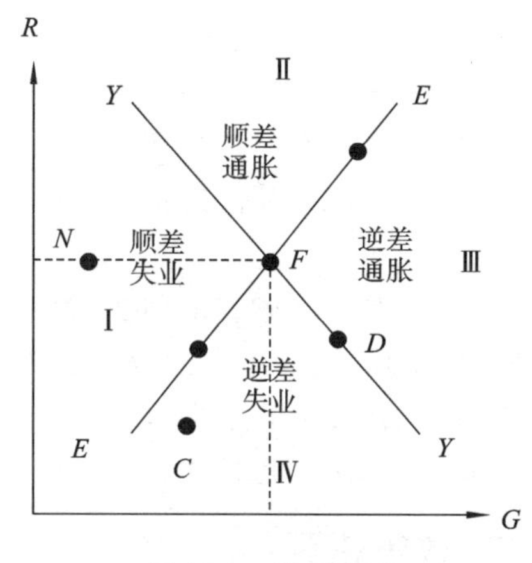

图 12-1 斯旺图形

2. 基本模型和推导

如果我们定义 R 为汇率，D 为国内吸收，$D=C+G+I$，G 是政府支出项，则我们将开放的小国假设为本国，在充分就业下的产出为：

$$Y=C+G+I+X-M \tag{12-1}$$

在充分就业下，本国的国际收支余额如果为 B，P 为国内价格水平，P^* 为国外价格水平，则：

$$B=PX-P^*RM$$

当外部均衡时，$B=0$，则 $PX-P^*RM=0$，本国出口 X 是国外收入水平 Y^* 和汇率 R

的函数，本国进口 M 是本国收入水平 Y 和汇率 R 的函数，即 $X(Y^*,R)$，$M(Y,R)$。

1）外部均衡曲线推导

当国内吸收增加时，在投资乘数的作用下，本国的收入水平将提高，这样本国的进口将有所增加，本国的贸易余额可能恶化。除非本国货币贬值，增加出口才能抵消收入增加带来的进口增加所导致的贸易余额恶化。所以，当国内吸收即支出增加时，汇率 R 将上升，即本国货币只有贬值，才能保持贸易收支的平衡。反映在图 12-1 上，就是向上倾斜的 EE 曲线。如果本币贬值不足，贸易逆差仍然存在，反映在 EE 曲线的右边；相反，本币贬值过度，贸易余额改善，出现顺差，反映在 EE 曲线的左边。

2）内部均衡曲线的推导

国内充分就业时，满足式(12-1)。将这个式子转换为：

$$
\begin{aligned}
Y &= D+X-M \\
&= D+X(Y^*,R)-M(Y,R)
\end{aligned}
$$

当国内吸收减少时，在投资乘数的作用下，本国的收入水平将会减少，失业就会增加，若要使失业减少，产出增加，只有改善贸易余额，即只有增加出口来带动经济增长。除非本国货币贬值，出口才可能增加。因此，反映在图 12-1 上，就是向下倾斜的 YY 曲线。如果本币贬值不足，国内仍然存在失业，反映在 YY 曲线的左边；相反，本币贬值过度，国内存在通货膨胀的压力，反映在 YY 曲线的右边。

在图 12-1 中，横坐标衡量的是国内实际支出或吸收，它包括国内消费与投资、政府支出(可以通过财政政策实现)。纵坐标衡量的是汇率，在直接标价法下，汇率增加意味着本币贬值，而汇率减少意味着本币升值。

在图 12-1 中，YY 曲线反映了国内经济充分就业、物价稳定时汇率与国内支出的组合。YY 曲线是向下倾斜的，意味着当汇率下降时，在直接标价法下就是本国货币升值，本国出口将下降，本国进口将增加。在乘数的作用下，本国产出将下降，本国失业会增加。为了保持内部平衡，只有增加国内支出才能改善产出和就业，因此 YY 曲线是负斜率的。

EE 曲线是向上倾斜的，它反映了国内实际支出和汇率组合下的外部均衡。当汇率上升时，即本币贬值，本国的贸易条件改善，贸易收支顺差，为保持外部均衡，国内支出必须增加，进口有所增加才能达到目的。

因此，只有在 F 点即 YY 曲线与 EE 曲线的交点，经济才处于内外同时均衡状态。

二、政策搭配

当一国内外失衡时，仅采用支出-改变政策或支出-转换政策是否可行？

1. 仅使用支出-改变政策

在图 12-1 中，经济被划分成 4 个不同区域，在Ⅱ和Ⅳ区域，内外均衡所要求的支出在性质上相互冲突。在Ⅱ区域，顺差和通货膨胀并存。如果采用扩张的支出-改变政策，则进口需求上升，出口将下降，顺差可以改善。但是通货膨胀需要紧缩的支出政策加以调节，所以这种情况下，汇率又是固定的，用一种政策难以达到目标，因为政策要达到的目标之间是冲突的。这正是英国经济学家米德毕生研究的问题，我们称之为米德冲突，即政府试图运用财政与货币政策实现内部均衡和外部均衡的目标时，存在矛盾和冲突。

在Ⅳ区域，逆差与失业并存，逆差的消除需要紧缩的支出政策，而解决失业需要扩大支出，同样地存在矛盾和冲突，仅用一种支出政策无法达到目标。

在Ⅰ和Ⅲ区域，虽然在政策使用的性质上不矛盾，但是在使用的程度上有差别。例如顺差和失业都可用扩张的支出政策来调整，由于顺差和失业的程度不是正好相等，如果顺差并不严重，很快就能调整过来，但是失业的状况如果还很严重，就需要进一步扩张，结果导致外部又出现不平衡。

2. 仅使用支出-转换政策

图 12-1 显示，在Ⅰ和Ⅲ区域，如果只使用汇率政策，目标之间存在冲突。例如在Ⅰ区域，顺差和失业并存，如果汇率降低，即本币升值，使得本国的进口上升，出口下降，顺差消除。而失业要求汇率上升即本币贬值才能改善贸易条件，增加出口，在乘数的作用下，使得国内产出增加，从而扩大就业。所以，仅用汇率政策来调节内外均衡难以奏效。在Ⅲ区域同样也存在矛盾与冲突，逆差要求本币贬值以刺激出口，改善贸易状况，而国内通货膨胀只有依靠本币升值才能扩大进口，缓解国内过高的需求，以抑制通胀。因此，汇率变动不可能同时达到这两个目的。

在Ⅱ和Ⅳ区域，虽然在政策使用性质上不矛盾，但在政策使用程度上有差别。在Ⅱ区域，顺差和通货膨胀并存，用本币升值可以调节，如果顺差规模不大，当贸易收支恢复平衡时，通货膨胀还没有缓解，若汇率进一步下降，贸易收支可能又不平衡。

总之，无论是支出-改变还是支出-转换政策，仅使用其中一种政策难以同时兼顾两个目标，不能满足丁伯根法则，也可能出现米德冲突。

3. 政策搭配

根据图 12-1，我们将这两种政策搭配起来使用。例如，我们从 C 点出发，外部存在逆差和内部存在失业，只有汇率和国内支出都上升才能消除内外不平衡。先使用汇率政策消除逆差，同时支出增加，消除失业，最终达到 F 点。如果只使用汇率政策，本币贬值，可以达到外部均衡，或者更大幅度的贬值确实能实现内部均衡，即从 C 点向上移动先达到 EE 曲线，再达到 YY 曲线，但是不能达到这两条曲线的交点 F 点。同样地，只扩大国内支出，也不能同时实现内外均衡。

即使是处于国内均衡即 YY 曲线上的 D 点，单纯依靠贬值也只能改善贸易不平衡，即由 D 点向上移动到 EE 曲线上，而国内却要面临通货膨胀的压力。除非一国的经济正好处在过 F 点的水平线或垂直线上，例如 N 点，仅依靠国内支出或吸收增加就可以实现内外均衡。因为在这个点上国内支出增加所引起的进口增加正好消除贸易盈余，而不需要汇率变动。

因此，要实现内外均衡，需要将两种政策同时使用，并且汇率变动在调节贸易余额时效果明显，而支出-改变政策对实现内部均衡作用明显。如果以汇率政策实现内部均衡，以支出-改变政策实现外部均衡，虽然可增加国民收入，但外贸乘数的作用有限，无力实现内部均衡。

三、斯旺图形评价

斯旺图形为我们提供了分析框架，但是它存在着局限性。一是固定汇率的窘境，两个目标一种政策，米德冲突难以避免。二是没有考虑资本流动。虽然在布雷顿森林体系下资本流动受到限制，但是实际中资本流动并不缺乏。虽然汇率固定，但是资本流动也可以为贸易融资。

从第二次世界大战到1971年，正好处于布雷顿森林体系下。当时，即使是遇到持续性的逆差或顺差这种根本性的不平衡，工业国家也不愿意将本国货币贬值或者重新估值。盈余国尽享盈余的好处，积累更多的储备资产。而逆差国将贬值看成是脆弱的表现，并且担心贬值会带来不稳定的资本流。结果，各国只能依赖支出-改变政策来实现内外均衡，从而陷入米德冲突。这个关键的理论问题存在了一段时间，直到蒙代尔等经济学家提出了一个凯恩斯主义模型，成功地将国内市场与外汇市场有机结合，并且引入资本流动，以财政政策实现内部均衡，以货币政策实现外部均衡，从理论上证明了即使不依赖汇率变动，一国也可以实现内外均衡。

第三节 三个市场均衡模型

蒙代尔和弗莱明认为固定汇率下的米德冲突在资本流动的情况下并不一定存在，我们用两种政策工具即财政与货币政策恰好就能实现两个目标——国际收支平衡而不是单纯的贸易收支平衡与国内经济增长。国内经济的稳定依赖凯恩斯的一般均衡模型，而资本流动恰好以向贸易逆差融资或向贸易盈余吸收时，外部均衡能实现。

凯恩斯的宏观经济模型只考虑了商品劳务市场、货币市场与资产市场。蒙代尔和弗莱明加入了外汇市场，并由国际收支平衡来表现。商品劳务市场、货币市场和外汇市场各自的均衡，受制于其特有的冲击和决定性变量。这三个市场又是相互联系的，一个市场的均衡取决于其他市场的均衡。

因此，蒙代尔和弗莱明运用三个市场同时均衡作为新的分析工具即IS-LM-BP模型。新的分析工具在IS-LM模型的基础上考虑到国际收支的均衡，将外汇市场纳入分析模型，并且假定短期资本流动的原因来自利率差的变动，这样可以将财政政策与货币政策区别开，以便实现内外均衡，克服米德冲突。

一、三个市场的均衡

1. 商品劳务市场与IS曲线

如图12-2所示，IS曲线表示商品市场的均衡，反映了不同利率和产出组合水平下的商品市场的均衡。它也反映了资产与货币市场变化造成的利率变动如何改变商品和劳务市场的均衡。它是国内产品与服务需求和产出相等时的情形，即国民经济的总注入与总漏出相等。可用公式表示为：

$$I+X+G=S+M+T$$

IS曲线向下倾斜，储蓄 S 与进口 M 都依赖于产出 Y，当产出增加时，储蓄和进口都会增加。但是投资 I 与利率有关，而与当前的收入 Y 的变化无关。出口 X 依赖于国外的收入水平，不随本国国民收入水平变化而变化。政府支出 G 也是独立于国民收入的。这里，X、G、T(政府税收)都是外生变量。当利率水平下降时，潜在的投资增长，产出增加。因此利率 i 与产出 Y 呈反向变化，是向下倾斜的曲线。当国内价格水平下降时，自主性支出增加，出口增长，IS曲线向右移；而当相对价格上升时，支出减少，产出减少，IS曲线向左移。IS曲线右边表示商品市场的商品过剩，左边则代表商品短缺。

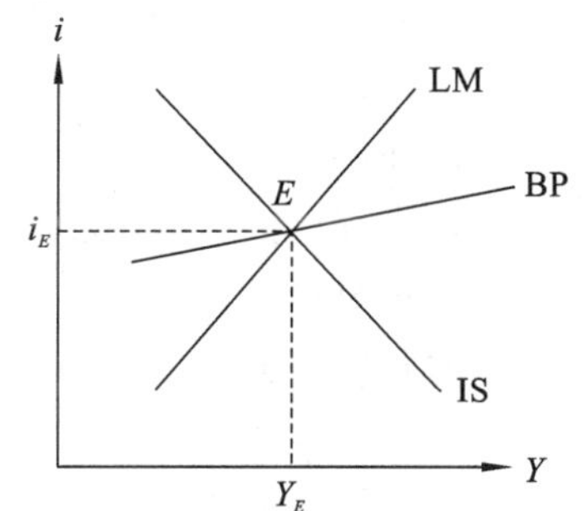

图 12-2　商品市场与货币市场以及国际收支的均衡

2. 货币市场与LM曲线

LM曲线反映货币市场均衡的状况，向上倾斜。LM曲线反映了不同利率和产出组合水平下的货币市场的均衡，LM曲线上货币供给与需求正好相等，货币市场达到均衡。这里的货币需求表现为交易和投资的需求。货币的交易需求与国民收入呈正相关，即国民收入增加，货币需求也增长，交易规模也增大。而货币的投资需求即以储存财富为目的的货币需求与持有货币的意愿相关，即当利率水平较高时，持有货币进行投资的意愿降低，因为持有货币的成本增加了。因此，对货币的需求由函数 $M_d(Y,i)$ 决定，货币需求随收入上升而上升，随利率上升而下降。

将货币需求与利率联系起来，在给定的利率与产出水平下，如果国民收入增加，货币需求将上升，但是利率不变，就存在超额需求，利率水平只有上升才能缓解超额货币需求。所以LM曲线向上倾斜。随着 Y 增加，整条曲线上移。

在其他条件相同时，更高的产出水平需要更多资金来完成更多的交易。如果实际货币供应量 M/P 由央行保持不变，资产价格就上升，即利率上升。利率上升，持有货币的机会成本上升，并足以将资金周转率提高到大量交易可以通过固定的实际货币存量进行的水平。货币政策决定了货币供应量 M，如果价格保持不变，那么货币供应量变动就会改变实际货币供应量 M/P，导致LM曲线移动。当货币供应增加时，LM曲线右移，需要更低的利率才能使货币市场均衡；相反，货币供应减少将使LM曲线左移，因为需要更高的利率水平才能使货币市场均衡。LM曲线右边表示货币市场通货紧缺，左边表示通货过多。

3. 国际收支与BP曲线

BP曲线反映了国际收支平衡的状况，如果 B 表示国际收支余额，BCA表示经常账户，BKA代表资本和金融账户，则国际收支均衡时，$B=\text{BCA}+\text{BKA}$。BP曲线反映了给定汇率下，不同利率和产出组合水平构成的国际收支均衡。国际收支均衡意味着贸易逆差与净资本流入数量相等，贸易顺差与净资本流出数量相等，或者贸易余额与净资本流都为零。

BP 曲线向上倾斜，因为在给定汇率下，当收入水平增加时，贸易条件将随进口的增加而恶化，为了维持国际收支均衡，只能通过资本净流入来改善，所以只能通过本国利率水平的上升吸引资本流入来缓解。也就是说，要维持国际收支均衡，较高的国内产出必定与较高的利率相关联。BP 曲线左边表示国际收支顺差，BP 曲线右边则表示国际收支逆差。

为了弥补较小的收入增加而要求利率增加的幅度(即斜率)依赖于资本净流量的利息弹性。也就是说，BP 曲线的倾斜程度取决于资本流动对利率差反应的敏感程度和净出口对收入反应的敏感程度。资本流动对利率差反应越敏感，BP 曲线就越平坦。当资本完全流动时，即使微小的利率差异也会立即引起资本套利活动，从而使国内外利率水平趋于一致，并产生足够的额外资本流入，抵消由于收入增加带来的经常项目差额下降。此时，BP 曲线是一条水平线。

BP 曲线的斜率很重要，因为它有助于确定一个经济体该如何适应经济环境的变化。如果资本不可流动，BP 曲线就比较陡峭，那么利率就需要一直上升，直到抵消由于收入上升引起的经常项目差值减小。在极端的情况下，如资本流动受到严格控制或国家垄断资产交易，那么利率的变化不会引起金融账户变动来抵消经常账户的变化。当 BP 曲线完全垂直时，任何增加贸易逆差的产出或收入的增加必然促使整体的国际收支变成逆差。

BP 曲线的斜率在很大程度上取决于买卖海外资产的跨境资本流动的难易程度。因此，图 12-3 描述了资本可流动与资本不可流动的情形。一个经济体对某些政策变动的调整措施取决于 BP 曲线的斜率，也就是说资本的流动性对经济政策的有效性具有重要影响。

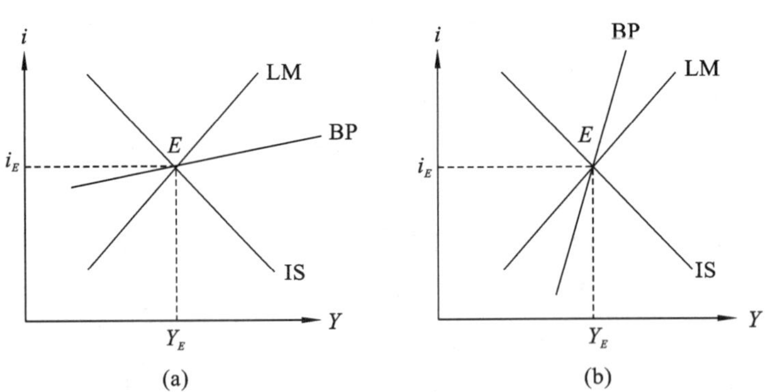

图 12-3　资本流动下的 IS-LM-BP 与资本不可流动下的 IS-LM-BP

BP 曲线上方的点意味着国际收支盈余，因为利率高于产出或收入水平时，需要形成可以抵消经常账户余额的金融账户余额净值所对应的利率。在浮动汇率下，这将导致本国货币升值，BP 曲线左移(上移)。BP 曲线下方的点，将引起本币贬值，盈余较高而赤字较小，需要有节制的资本流入，此时，利率水平较低，资本流出。所以，BP 曲线会向右移动(下移)。汇率变动是否能使外汇市场恢复平衡,从而实现国际收支平衡?或许不能。如果汇率固定,就需要阻止这种汇率变动的政策,BP 曲线不会变动。

货币升值带来的不仅仅是 BP 曲线的移动,IS 也移动,因为净出口 NX 是总需求的一部分。BP 曲线不一定穿过 IS 与 LM 的交点,内部均衡达到时,国际收支并非如此。但 E 点位于三个市场同时均衡处,有助于讨论如何通过合适的财政货币政策组合达到充分就业的国民收入水平,并保持汇率不变。

所有的不均衡都会使一条或多条曲线移动,从而再次相交于 E 点,达到新的均衡。

二、IS-LM-BP 模型的假设条件及其调整

1. 假设条件

1) 国内经济

假定供给曲线是平缓的,意味着总需求的调整依靠物价水平,而非实际收入。实际上,若物价水平固定,关系就变得简单,注意力就在经济的需求方,只考察决定总需求的 IS-LM 结构。

2) 国外经济(国际收支)

经常账户的平衡不受资本账户影响,这样达到总体平衡需调整国内经济。

(1) 经常账户:假设经常账户的盈余规模与实际汇率正相关,与实际收入负相关。因为国内外物价水平一定,实际汇率和名义汇率一定,收入越高,进口需求越大,盈余越小,赤字越大。

(2) 资本账户:假设汇率是固定的,资本流动不完全,利率就会发生作用,假定国际利差引起资本有限地流入流出一个国家。资本的非完全流动性是合理的假设,这意味着有限的套利资金供给。当国外利率高于本国时,资金流出;当国外利率低于本国时,资金流入。

(3) 国际收支状况:外汇资本流动,国际收支均衡达到。在完全浮动汇率下,国际收支必定是均衡的,这意味着资本账户与经常账户总额为零(一个账户上的盈余必定被另一个账户上的赤字抵消)。

IS-LM-BP 模型是蒙代尔和弗莱明继承凯恩斯传统于 20 世纪 60 年代提出的。该模型继承了总供给对固定物价水平起作用,总需求变动确定经济活动水平,强调开放经济中需求管理的货币政策与财政政策最佳结合的规范问题。由于当时布雷顿森林体系存在,讨论集中于固定汇率下的结论不足为奇。

IS-LM-BP 模型的重点在于决定经常账户平衡的不同条件,决定资本净流入的不同条件。

2. 调整过程

1) 浮动汇率下

如图 12-4 所示,商品劳务市场和货币市场处于均衡状态,而国际收支盈余。点 E 在 BP 曲线上方,本国货币升值。BP 曲线将左移到 BP′,在任意收入水平下,本币升值后出口减少。升值导致净出口减少,IS 曲线左移到 IS′。本币升值会一直持续到 BP 曲线与 IS 曲线移动的距离足够使所有的市场恢复均衡的状态。当利率和产出水平比初始状态

更低时，在 E' 达到新的均衡。在这个过程中，较低的利率水平会刺激投资的增加，但是这只能部分抵消本币升值造成的净出口下降。所以，产出或收入会下降。

2）固定汇率下

假定政府通过干预使汇率钉住一个特定值。央行通过增加外汇储备，即购买多余的外汇来应对货币升值的压力。在这个过程中，央行为了购买外汇，将本币卖出，外汇市场上本币的供给就增加了。此时，LM 曲线右移到 LM′，如图 12-5 所示。IS 曲线和 BP 曲线保持不变，因为外汇市场干预使得汇率保持不变，只有 LM 曲线移动来调节国外市场失衡，利率下降，产出或收入水平提高。产出增加是因为货币供应量增加，降低利率，刺激投资，反映经济体会沿着 IS 曲线向下移动。此时 IS 曲线不移动，总需求和净出口的其他潜在推动因素由于汇率固定而保持不变。

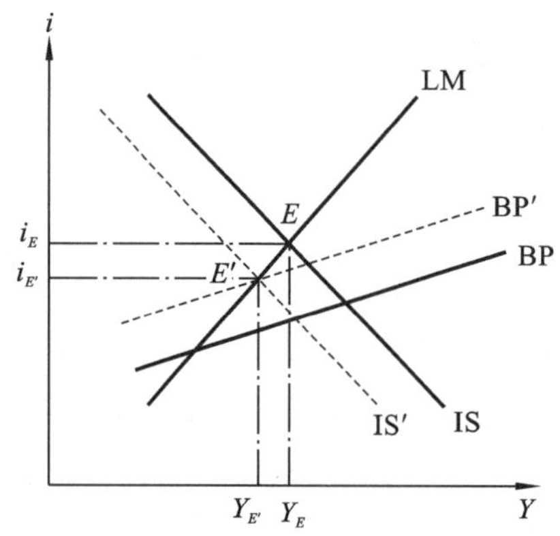

图 12-4　浮动汇率下的调整，汇率变动重新回到均衡

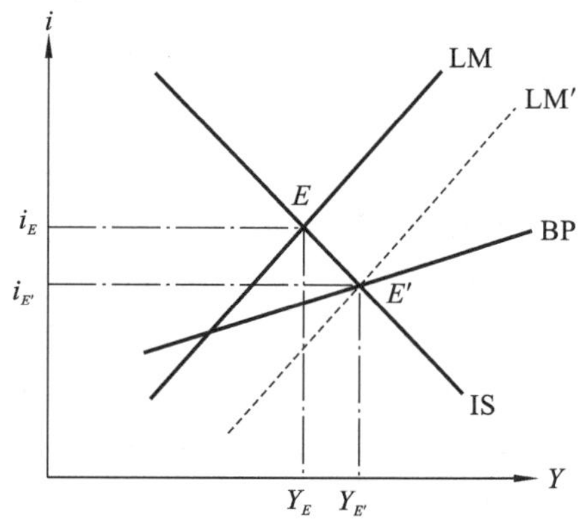

图 12-5　固定汇率下的调整

IS-LM-BP 模型表明，经济体如何调整失衡的状态取决于政策制定者使用的汇率类型。传统的财政与货币政策在布雷顿森林体系下和目前的浮动汇率下，对利率、产出和就业的影响是不同的。

第四节　开放经济条件下的宏观经济政策

一、浮动汇率下的宏观经济政策

1. 浮动汇率下货币的扩张

当汇率浮动时，央行不需要维持固定汇率来干预市场，此时央行可以关注国内经济目标即物价稳定和充分就业以及经济增长。

1）资本流动不充分时

如图 12-6 所示，我们从初始的均衡状态 E 点出发，如果政府采取扩张的货币政策，货币存量增加。既然物价水平由平缓的供给曲线固定（价格不变），名义货币存量增加就是实际货币存量的同比例增加。LM 右移到 LM′，利率不得不下降。利率下降到比 E 点的利率低，LM 曲线偏离了 BP 曲线，货币贬值。较低的利率水平下，资本净流入比货币扩张前小，但是 U 点不可能是均衡点；而在较高的利率水平下，经常账户平衡会恶化。在浮动汇率下，本币贬值，如果满足马歇尔-勒纳条件，本国商品竞争力提高，对本国商品需求增加，经常项目改善，IS 曲线右移到 IS′。贬值对净出口的影响也使 BP 曲线下移到 BP′，利率有返回到 $i_{E'}$ 的压力，对外部门通过利率部分回升，最后在 E'点达到新的均衡。在 E'点，扩张的货币政策使国内产值比初始的 E 点增加，利率水平下降。

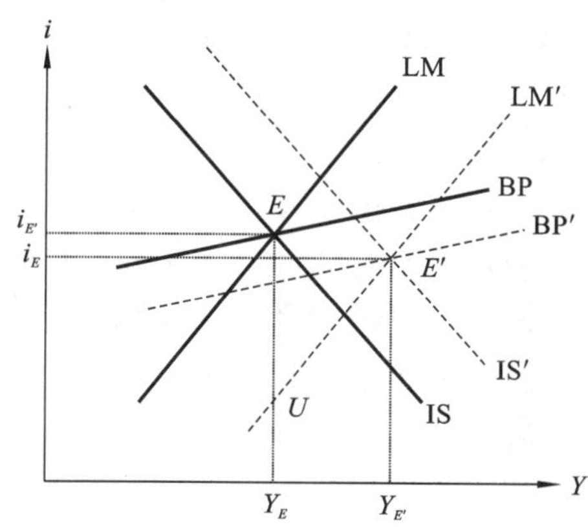

图 12-6 浮动汇率下资本流动不充分时的货币扩张

IS 曲线和 BP 曲线的相对变化可能取决于货币扩张是否持续，同时也决定了汇率一直贬值还是暂时性贬值。如果是永久性贬值，BP 曲线移动的距离会小点，因为预期未来持续贬值，会抑制资本的流入，至少会在一定程度上抵消贸易收支的改善。IS 曲线受到净出口的影响，IS 曲线比 BP 曲线移动的距离要多。

2）资本流动充分时

利率不下降是可能的，因为微小的利差就会引起资本的流动，而资本的完全流动消除利差，所以 BP 曲线回到原来的位置，对外调整的全部负担就落在汇率上。本币贬值导致经常账户改善，从而 IS 右移，最后在 E'点达到新的均衡，结果就是收入和国外价格上升，如图 12-7 所示。

3）资本不可流动时

如图 12-8 所示，货币扩张使得 LM 曲线右移至 LM′，此时本国货币贬值，净出口增加，IS 曲线与 BP 曲线都会右移。IS 曲线是否比 BP 曲线移动得更多倒不是很重要，因为，资本不可流动，货币持续性的扩张对资本流动几乎没有影响。在新的均衡点 E'，产出增加，利率可能增加也可能减少。

4）结论

浮动汇率下，货币供给增长将引起本币贬值，收入增加。资本可流动时，利率下降，

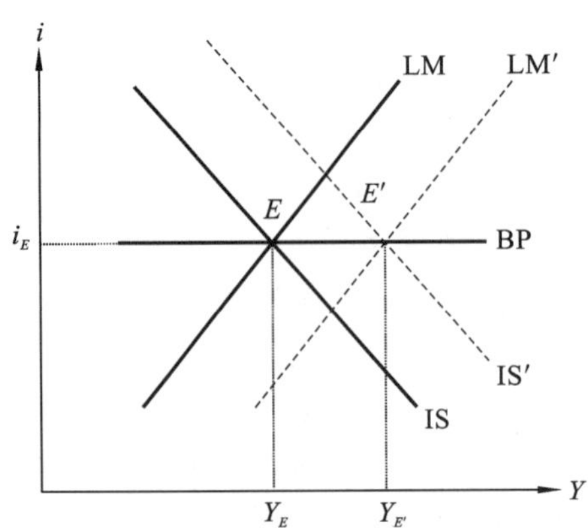

图 12-7　浮动汇率下资本流动充分时的货币扩张

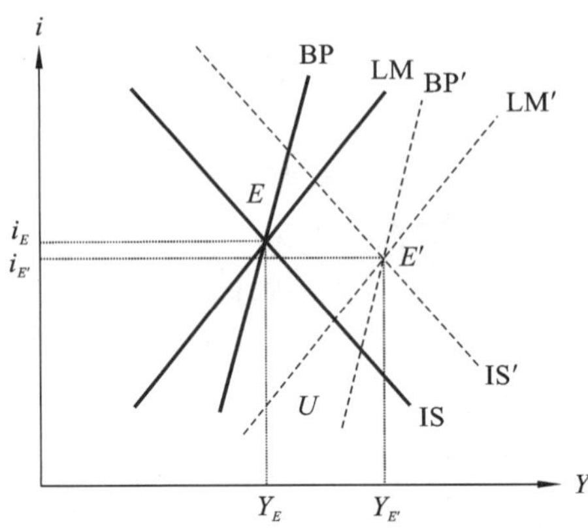

图 12-8　浮动汇率下资本不可流动时的货币扩张

国际收支经常账户得以改善。

5）政策含义

扩张的货币政策具有净效应，以及由汇率变动引起需求上升所产生的挤出效应（长期内，本国收入增加，国外收入减少，在 U 点国外收入和利率有暂时上升）。如果资本完全流动，BP 为直线，利率完全固定，对总需求产生大量的扩张性影响，没有挤出效应。如果资本不可流动，扩张的货币政策仍然导致产出增加，但是利率可能上升也可能降低。

2. 浮动汇率下的财政扩张

1）资本流动不充分时

如图 12-9 所示，我们从初始均衡点 E 出发，来看货币存量不变即央行的货币政策不变时，政府支出增加的效应。物价水平不变，LM 不会移动，财政扩张使 IS 曲线右移。若排除印发钞票，政府只能通过更多的借款向额外开支提供资金。货币市场开始是均衡的，大量的借款只能在较高的利率成本上才可行，因此扩张性财政政策的冲击是增加收入和提高利率。IS 右移到 IS′，推动经济的均衡点位于 BP 曲线的上方，与原来的 LM 相交于 E' 点。但 E' 点与对外部门的均衡相矛盾，较高的利率意味着资金流入本国。从国际收支初始均衡开始，E' 就产生对本币的紧急超额需求，如果收入的增加足以抵消这种影响，经常账户就不会恶化。而此时国外按有吸引力的利率向政府放款，外币兑换成本币，使汇率上升，本币升值，BP 曲线上移至 BP′。当本币升值时，本国商品相对于国外商品吸引力较小，贸易条件恶化，使 IS 曲线左下移，利率向扩张前的水平回落一些，在 E'' 点恢复均衡。在 E'' 点，产出和就业比 E 点的更高。

2）资本流动充分时

当资本流动充分时，如图 12-10 所示，BP 为直线，LM 不能移动，因为 BP 和 LM 都不受扰动的影响，均衡的收入与利率组合就不可能变化，即在 E 点不动。也就是说，外部因素钉住的利率和实际货币存量不变，均衡的构成只有收入水平。政府支出增加，导致 IS 右移，利率上升引起资本流入消除利差，利率恢复到初始水平。因此，为使 IS 保持在 IS′ 不变，汇率应有足够的变动以抵消政府支出扩张的影响。但是，本币升值恶化了贸易条件，IS′ 曲线不能维持，向左下回到初始状态 E 点，产生十足的挤出效应。经济对外部门

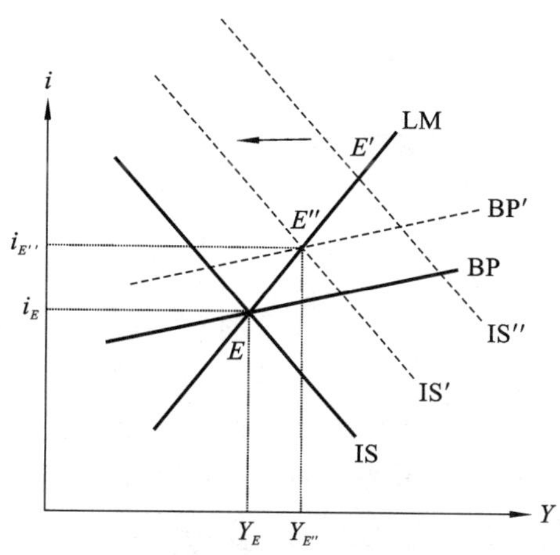

图 12-9　浮动汇率下资本流动不充分时的财政扩张

需求最终等量下降，抵消整个政府支出的增加。此时，利率实际上由国际资本市场决定，整个调节责任落在汇率上。本币只有升值，直到经常账户赤字与初始的支出增加额相等为止。所以，最终支出对收入的影响为零。

3）资本不可流动时

如图 12-11 所示，当扩张性的财政政策使得 IS 曲线右移到 IS′时，国际收支出现逆差，货币会贬值。此时，净出口会增加，IS′曲线会进一步右移至 IS″。同时，贬值使得 BP 曲线下移至 BP′。经济最终在 E''达到新的均衡，产出水平增加了，利率水平上升。

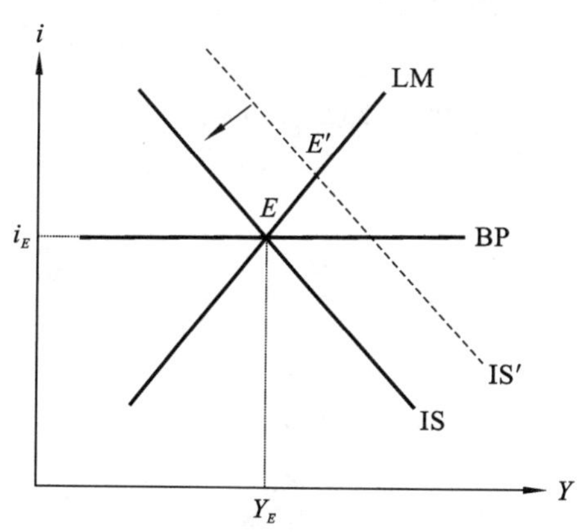

图 12-10　浮动汇率下资本流动充分时的财政扩张

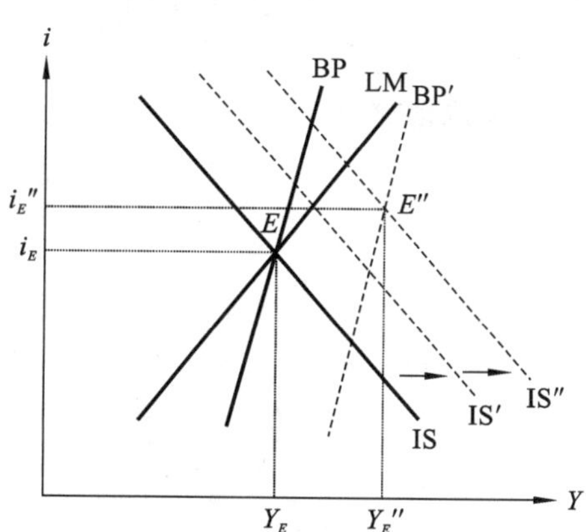

图 12-11　浮动汇率下资本不流动时的财政扩张

4）结论

浮动汇率下，财政扩张政策引起支出增加；资本流动不充分时，收入增加、利率增加，货币升值，经常账户恶化。结果是需求的最终扩张比单纯的封闭性经济的预期小。封闭经济下，依靠利率上升挤出某些自动支出的注入（投资，增加支出，刺激生产）。浮动汇率下由本国汇率上升，即升值来弥补，会进一步挤出支出，升值挤出了本国对外国的出口。资本充分流动下，具有完全挤出效应，收入与利率都回到初始水平。资本不流动时，财政扩张对于增加产出和就业相对更有效。因为本币贬值，改善贸易条件，刺激总需求。

5）政策含义

浮动汇率下，货币政策比财政政策更有力。

二、固定汇率下的宏观经济政策

1. 固定汇率下的货币扩张

1）资本流动不充分时

如图 12-12 所示，我们从初始的三个市场的均衡状态 E 点出发。当央行货币扩张时，货币存量增加使 LM 曲线右移至 LM′。国内利率水平降低。当外汇储备不变时，国内货币供给增长的结果，是在 E' 点产出增加。但是利率从 E 点的水平降到 E' 点的水平，资本流出本国，资本账户恶化。在汇率不变、收入增加的同时，引起经常账户恶化。这样，E' 点可能是暂时的。整个国际收支发生赤字与国内货币供给的超额，意味着只有拿出储备才能维持固定汇率，如果不采取进一步的行动，货币基础中的外汇储备必然减少。这也减少了公众手里的货币，只有货币存量回到初始位置时，也就是说，LM′曲线左移至 E 点，储备的减少过程才结束。重新回到 E 点，达到新的均衡，此时，利率、收入和国际收支都回到扰动前的水平。扩张的货币被完全抵消了。与初始状态唯一的区别是央行货币存量的构成不同，是由较少的外汇量和较大的产生于国内的资产量构成。这些结果并不完全取决于 BP 曲线是平坦还是陡峭。

当资本不流动时，情况与之前相同。如图 12-12 所示，BP_0 表示资本不流动时的外汇市场的均衡状态。因此，无论资本是否流动，如果央行要维持固定汇率，它就不能自由地采取货币政策来刺激或减少产出，或去实现他国内政策目标。

2）资本流动充分时

资本流动充分时，新增货币通过外汇流到国外，经济快速回到初始点 E，如图 12-13 所示。

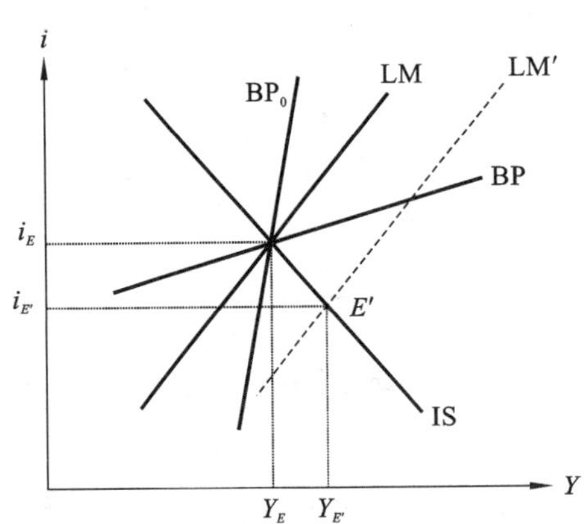

图 12-12　固定汇率下资本流动不充分和资本不流动时的货币扩张

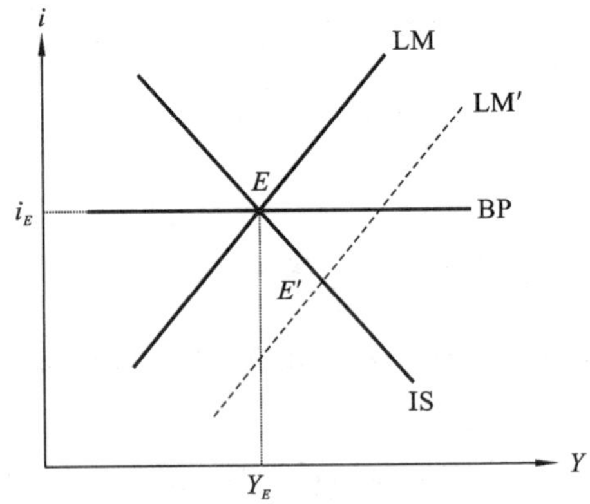

图 12-13　固定汇率下资本流动充分时的货币扩张

3）结论

固定汇率下，货币供给增长引起：短期内，如果资本流动不完全，利率下降收入上升，国际收支的经常账户和资本账户状况恶化;长期中,外汇储备下降,但收入、利率和国际收支状况不变。资本流动不充分或不流动时,还存在抵消储备外流的可能性,但是政策完全依赖外汇市场。

2. 固定汇率下的财政扩张

1)资本流动不充分时

如图 12-14 所示,我们从初始均衡状态 E 点出发。政府通过借款扩大支出,IS 曲线右移至 IS′,与 LM 相交于 E'点,此时金融市场已满足于所持有的政府证券,利率上升,维持货币市场的均衡。但是,E'点位于 BP 曲线上方,汇率会变动。而较高的利率即 $i_{E'}$ 对资本账户的改善程度,超过了由于同时产生的收入增加带来的经常账户恶化程度。当外国持有本国证券买入本币,得到本国高利率的好处时,货币存量膨胀,央行为了维持汇率固定,不得不干预外汇市场来弥补外汇收支失衡。这种干预将导致货币供应量改变,即央行在外汇市场上卖出本币,买入外汇,也就是储备增加,推动 LM 曲线右移至 LM′。在 E''达到平衡,此时收入的进一步增加、利率的进一步下降会使经常账户和资本账户更糟。然而,在新的均衡点 E'',经常账户赤字可以被大量的资本流入弥补,因为国内利率很高。外国对一国贷款的意愿越强,一国利率需要上升的幅度越小,因为需要挤出的国内私人部门的支出很小。

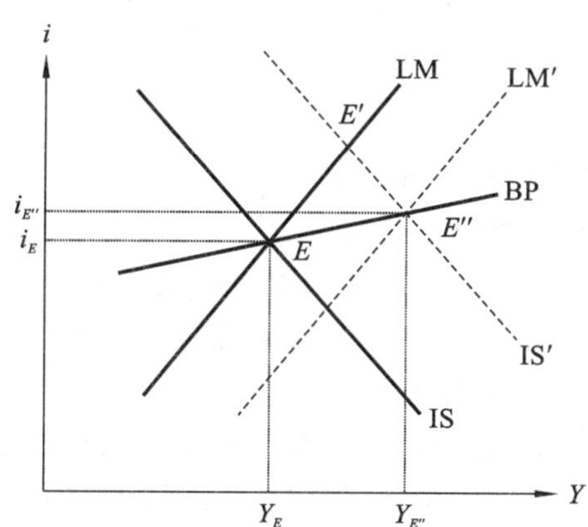

图 12-14 固定汇率下资本流动不充分时的财政扩张

2)资本流动充分时

资本流动充分时,可能导致外国在利率不上升的情况下,承担向整个额外支出融资的责任,即资本立即流入为支出扩张融资,由于未挤出而极大地增加了收入。最终,收入增加,利率恢复到初始水平 i_E,可参见图 12-15。

3)资本不流动时

资本不流动时,扩张性的财政政策使得经济体的产出与利率组合位于 BP 曲线的右边,如图 12-16 所示,本币的供应量超过了外汇市场上的需求量。货币面临贬值,央行为维持固定汇率,必须在外汇市场上买入本币、卖出外汇,即动用储备维持汇率固定。这样,LM 曲线左移至 LM′,因为央行减少了货币的供给。此时,在 E'达到新的均衡,产出 $Y_{E'}$ 比资本可流动时增加得更少,而利率比资本流动时上升得更多。

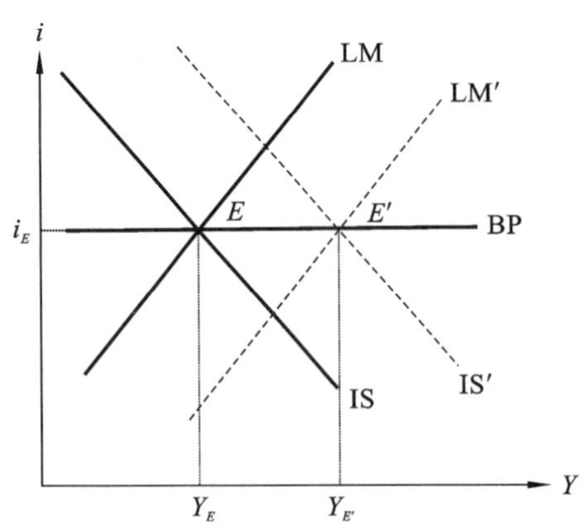

图 12-15　固定汇率下资本流动充分时的财政扩张

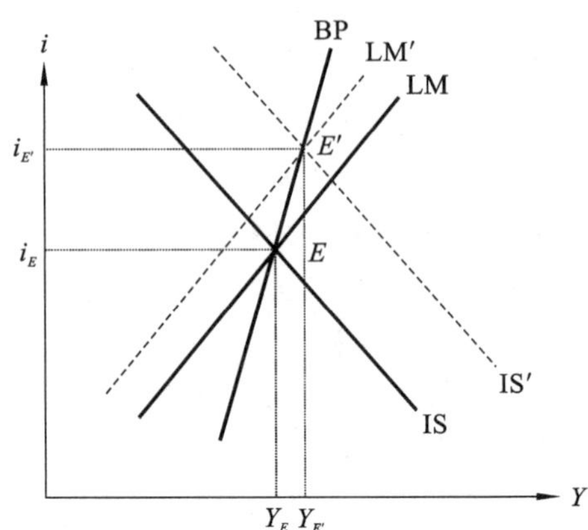

图 12-16　固定汇率下资本不流动时的财政扩张

4）结论

固定汇率下，资本流动不充分时，财政扩张将引起：短期内，利率和收入上升，国际收支盈余（获得净储备）；长期内，收入进一步增加，利率有所下降，国际收支盈余减少到零，经常账户赤字加大。资本完全流动时，财政的扩张具有完全的溢出效应，产出增加的同时利率保持不变。资本不可流动时，财政的扩张导致的产出增加减少，利率上升比较快。

5）政策含义

固定汇率制下，财政政策比货币政策更有力。

上述各种情况下，我们分析比较了扩张性的财政与货币政策对均衡产生的影响。蒙代尔和弗莱明将贸易余额和资本流动添加到凯恩斯模型中，通过 BP 曲线和 IS 曲线的关系，改变了财政与货币政策在实现产出增加和失业减少等政策目标上的效力。但是政策和环境存在很多的差异，我们可以得到以下结论。

（1）在固定汇率下，财政政策比货币政策对于改变产出更为有效。事实上，当央行有义务通过干预外汇市场维持汇率固定或维持钉住汇率时，货币对改变产出或利率是完全无效的。这可以解释实行钉住汇率的布雷顿森林体系下，许多央行无力应对失业和通胀的原因。

（2）当资本流动和国际贸易相对于封闭经济体而言较大时，财政政策对于管理产出水平更有效。这可以解释在欧盟内部财政政策被视为管理单独经济体的主要工具的原因，单一货币实际上排除了货币政策选项。

（3）在浮动汇率下和资本可流动时，货币政策对维持物价稳定和充分就业更有效。

三、蒙代尔政策配合理论

1. 内容

如图 12-17 所示，横轴表示扩张的财政政策，纵轴表示紧缩的货币政策，IB 曲线显示导致内部均衡（如保持物价稳定、充分就业）的各种财政与货币政策的组合。内部均衡时，满足：

$$Y=C+Li+G+X-M$$

其中，Y 是产出，C 是消费函数，I 是投资函数，i 是利率水平，G 是政府支出，X 是出口函数，M 是进口函数。

当政府支出增加时，即扩张的财政政策施行时，在乘数作用下，产出会增加。均衡产出水平要求投资下降，因此，扩张的财政政策需要较高的利率水平才能维持内部均衡。所以 IB 曲线向上倾斜，扩张的财政政策必须与一个有力度的、紧缩的货币政策共同使用以实现内部均衡。

EB 曲线显示导致外部均衡的各种财政与货币政策的组合。外部均衡时，满足：

$$B=XY^{*},\quad R-MY,\quad R+\text{NBKA}(i,i^{*})$$

其中，B 是国际收支余额，均衡状态时 $B=0$。XY^{*}，$R-MY$，R 是贸易余额，$\text{NBKA}(i,i^{*})$是净资本流动，Y^{*} 和 i^{*} 分别表示国外收入与国外利率水平，R 是汇率。

当政府支出增加时，在乘数的作用下，本国产出增加，进口也增加，国际收支恶化。此时，要改善国际收支逆差，需要净资本流入，只有利率上升才能吸引资本流入。所以，EB 曲线向上倾斜。扩张的财政政策和紧缩的货币政策能保持外部均衡。

只有在 F 点，即 EB 曲线与 IB 曲线的交点上，一国处于内外均衡，此时，财政政策影响国民收入水平，但不影响该国利率；货币政策通过改变货币供给与利率来起作用。利率变动影响投资、国民收入水平(乘数作用)，也影响国际货币流动。货币政策能实现外部均衡，EB 比 IB 更平坦，因为货币政策会引起短期资本流动，短期资本流动对各国之间的利率差异越敏感，EB 曲线就越比 IB 曲线平坦；若短期资本流动与利率差异不相关，EB 曲线与 IB 曲线斜率相同，政府不可能在分别运用财政与货币政策的情况下，同时达到内外均衡(这正是斯旺图形所揭示的情形)。

假如从逆差和失业的 C 点出发，如图 12-17 所示，一国可通过扩张的财政政策和紧缩的货币政策达到内外均衡的 F 点，扩张的财政政策达到 IB 曲线上的 C' 点，此时外部不均衡。因此，再用紧缩的货币政策达到 EB 上的 C'' 点，扩张的财政政策促进国民收入增加，经常项目恶化。必须同时用紧缩的货币政策，足够多地提高利率，吸引资本流入(或减少流出)，保持对外均衡。反复将两种政策同时使用，距离内外均衡的目标值 F 点越来越近。如果反向操作，从 C 点出发，使用紧缩的财政政策实现外部均衡，达到 EB 上的 C_1 点，再用扩张的货币政策实现内部均衡，达到 IB 上的 C_2 点，我们发现政策交替使用的结果是离内外均衡的目标值 F 点越来越远。

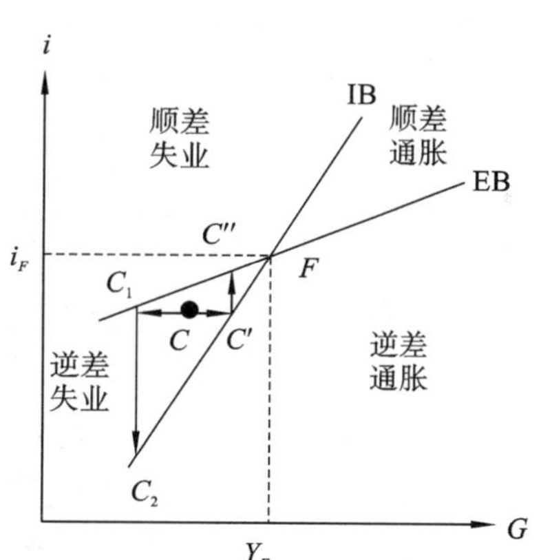

图 12-17 市场有效分割与政策搭配

因此，一国可以通过财政与货币政策的正确组合从任何内、外不平衡的点移动到 F 点。将货币政策用于实现外部均衡更有力，而将财政政策用于实现内部均衡更有力。

2. 评价

(1) 固定汇率制下,财政政策实现内部均衡、货币政策实现外部均衡一直存在争议。因为短期资本流动与国际利差可能不相关,反映的可能是一时的非持续的资本流动。使用货币政策可以在短期内为逆差融资,除非中央银行可以长期采取紧缩的货币政策。然而,随着金融的全球化,各国央行纷纷放弃高利率政策,为了刺激经济增长,缓解就业压力,近年来量化宽松政策甚至是负利率政策一直为发达国家所青睐。

(2) 政府和货币当局不能正确知晓财政与货币政策的效果,政策效果显示之前,在政策的确认、选择和实施过程中有许多滞后效应。

(3) 价格不变的假设。现实中,价格在国民收入达到充分就业前就已经开始上升,越接近充分就业上升越快。在价格上升或通胀时,即使在低充分就业水平,一国也有三个目标:充分就业、稳定价格和实现国际收支均衡。此时,不得不用财政政策来实现充分就业,货币政策使价格稳定,汇率变动实现对外均衡。政策工具都失效时,只能采取直接控制来实现一个或多个目标。

(4) 斯旺图形提供了内外均衡的政策搭配,但是需要遵循丁伯根法则。虽然汇率政策实现外部均衡有力,财政与货币政策实现内部均衡有力,但是能否实现内外均衡存在疑问,米德冲突可能发生。相比而言,蒙代尔的政策配合理论更现实一些,但是也存在局限性。如忽视短期负债对国际收支的影响。因为如果一国经常项目持续逆差,用于弥补它的外债随时间推移债务负担会增加。再就是资本流动的原因,资本流动不一定是利差引起的,可能与投机、非经济因素有关,资本流动也不一定是持续性的。

3. 现实中的政策组合

(1) 20 世纪 50—60 年代固定汇率时期:财政货币政策实现对内均衡,只是对外严重不均衡时,政府才转换目标。各国似乎不愿意以货币政策调整外部的不均衡,更倾向于直接控制资本流动。

(2) 管理的浮动汇率制以来:汇率调整外部均衡,财政与货币政策实现内部均衡取得比较满意的结果。金融市场的调节速度比进出口调整快得多,均衡汇率很不稳定。20 世纪 80 年代,通胀压力减弱,发达国家一直使用财政与货币政策实现内部均衡。但是美国认为管理汇率就是将货币政策目标改为对外均衡。20 世纪 80 年代,美元的价值一直被高估,其国内利率高于国外,利率与汇率极高,这要归功于政府的赤字。大量资金流入美国,通过海外借款,提供稍高的收益,美元升值。但是,除非风险收益进一步上升,否则其他国家,特别是日本将停止向美国输出资本。风险收益不能上升,美元就只好下跌。美国组织其他发达国家同时降低利率而非直接干预,刺激经济增长,降低失业。1985 年以来,美元几乎一直贬值。尽管如此,发达国家一直首先关注内部的均衡。与此同时,中国的改革开放正在逐渐扩大,积极的财政政策和鼓励外贸出口的相关政策得到了有效支持,出口增长。

(3) 20 世纪 90 年代,发达国家优先关注内部均衡,使用货币政策来实现内部均衡而非外部均衡。欧洲国家一直保持低利率水平,以此刺激疲软的经济。而美国采取紧缩的货币政策应对过高需求带来的通货膨胀。从 1997 年到 2000 年,美国的利率水平一直高于欧盟和日本,国外资本大量流入美国,也使得美元持续升值,同时美国的经常项目逆差更加扩大。20 世纪 90 年代末到 2001 年,美国的新经济泡沫破裂,陷入萧条,美联储开始大幅降息,同时财政支出大幅增加。1997 年亚洲金融危机以后,东南亚国家和地区纷纷推出了刺激经济的政策,尽管 IMF 要求遭到危机影响的国家紧缩政府支出。为了应对金融危机带来的影响,中国仍然实行积极的财政政策,并在 1998 年开始使用货币政策来调节,首次连续降低存款利息和准备金率,刺激投资。2004—2007 年期间,欧盟及美国开始提高利率水平,防止通货膨胀。然而,2008 年和 2009 年次贷危机和欧债危机爆发,使得美国、欧盟等发达国家纷纷大幅降低利率,并推出一系列刺激计划(如日本央行和欧洲央行的负利率政策),来应对全球经济的衰退。美元兑主要货币贬值,改善了美国的经常项目逆差。中国为了应对全球经济的衰退,也持续加大了财政扩张和采用适度宽松的货币政策,以保证国内经济稳定增长。

(4) 2018 年距离 2008 年危机爆发已经过去了近十年,然而,国际经济形势和政治形势正在发生深刻变化。发达国家的量化宽松政策并没有完全退出,但是各国的宏观经济政策尤为明显地体现了对国内就业和经济增长的关注。伴随着美国挑起的贸易战,各国在宏观政策中也不得不考虑金融风险的再度爆发。

四、国际经济政策协调

从西方七国峰会的松散合作到欧盟的一体化合作;从亚太经合组织的区域性合作到 20 国领导人峰会,从金砖五国、亚洲基础设施投资开发银行、跨太平洋伙伴关系协定(TPP)、区域全面经济伙伴关系协定(RCEP)再到美欧的自由贸易协定开启,国际经济政策协调的力量与经济发展成为全球性问题。

国际经济相互依赖增强会降低各国经济政策的有效性,增加溢出效应。例如,美国扩张性财政政策对其他国家经济产生溢出效应,美国连续五次的量化宽松政策导致黄金价格大跌,美元开始回升。而奥巴马政府战略上重返亚洲的表现,以及特朗普执政后宣布退出 TPP,宣称制造业回流,中美之间的贸易战,都给其他国家和地区带来了深刻的影响。2018 年,美国不断上升的利率令全球债券市场陷入困境,固定收益领域在 2018 年几乎全线亏损。全球最大债指彭博巴克莱环球多元债券指数 2018 年市值损失达 1.34 万亿美元。同时,债券收益率不断上升、全球经济步履蹒跚。投资者预测 2019 年企业利润增长可能放缓等众多因素,导致美国股市下跌,这也加剧了欧洲和亚洲市场的低迷。2018 年以来全球股市、债市市值缩水约 5 万亿美元。在不确定的国际经济形势下,各国之间政策的协调必不可少,日益重要。如果各国能够协调一致地采取刺激措施,那么,各国就能在承担较小财政压力的情况下收获更大的好处。

1. 协调的内容、方式及原因

国际经济政策协调是指根据国与国之间相互依赖的情况对一国的经济政策进行修正。

1) 内容

国际经济政策协调反映出两国以上的政府之间的宏观经济政策协调合作关系。

具体内容如下。

(1) 信息互换:交流宏观经济政策的目标范围、重点、工具、政策搭配等。

(2) 危机管理:对经济中的突发事件进行共同的政策调整,防止危机的扩大。

(3) 避免共享目标变量的冲突:共享目标变量指两国所面对的同一目标,这就要求两国设立的目标期望值协调一致,否则会有直接冲突。

(4) 确定合作的中介目标:国际联系与国内经济变动相互影响,各国对中介目标相互协调。

(5) 局部协调:不同国家就国内经济的某一部分目标或工具进行协调。

(6) 全面协调:不同国家的所有主要政策目标和工具被纳入协调范围。

2) 协调方式

(1) 相机协调:根据经济面临的具体情况,协商确定各国应采取的措施与政策组合。它是广泛的协调,但决策成本高,对政府的制约性差,规则不明确。

(2) 规则性协调:指定明确的规章制度进行协调。它决策过程明晰,协调稳定。

3) 原因

国际经济政策协调的主要原因是国与国之间经济存在相互联系,如国际贸易(进出口、国民收入、就业)和国际资本流动(国内利率水平、国际收支)等。

2. 协调的利弊

有利的方面:可以减少不确定性,政策效率提高,创造良好的国际经济环境,保持货币政策的稳定性。

不利的方面:经济主体的不良反应;大国与小国的利益不均;发达国家与发展中国家的地位不平等;其他未参与国家的不良反应;政府的错误判断。

关于相互协调以使汇率保持稳定一直存在争议。相互协调以使汇率稳定是否能替代各自独立的政策,并能给各方带来利益是争论的焦点。

一些经济学家认为货币政策的协调通过固定汇率或建立稳定的目标区,可以减少投资引起的货币高估或低估。这种观点强调国际范围内的一体化经济政策,而不是国际范围内一国政策的国际化含义。

另一些经济学家则认为汇率变动的主要原因在于实际经济冲击,如偏好的改变、技术的改进,而且这是一种持续性的影响。从这点来看,货币并不存在高估或低估问题,因为在给定经济条件下,汇率总能调节经济使之达到均衡状态。并且,政府想通过干预外汇市场来改变商品的实际相对价格也是不可能的。所以,政府的政策最好是保持国内物价稳定。

国际协调与合作在20世纪80年代末得到广泛支持。尽管也认识到合作的必要性,但是在实践中不同的国家往往强调各自不同的现状和各自的政策目标。国际经济政策协调实际上也是汇率制度的选择。各国需要在固定汇率或统一货币的前提下,协调货币政策。各国会根据本国的价格水平、产出或菲利普斯曲线的位置来制定政策目标。由于单一货币政策工具的数量有限,货币目标的选择变为一种政治行为。

固定汇率制下,每个经济体的国际收支平衡受到约束,所以货币工具也受到限制,就有必要协调货币政策。浮动汇率制下,如艾肯格林和萨克斯(1984)提出的,自由主义是可取的,有足够数量的货币工具来维持每个国家的稳定。浮动汇率下的两国贸易,如果一个国家采取扩张政策，则会对同样采用浮动汇率的另一个邻国产生较强的负面效应。多恩布什的汇率超调模型抓住了这一点。通过比较金融市场和商品市场的调整速度，多恩布什表明，金融市场会对突然而过度的名义冲击做出快速反应。这与雷曼危机的经验一致。从长期来看，贸易的外在性可能会出现正溢出效应。国际经济政策协调的必要性是由货币的自由度和目标数决定的。

3. 影响国际协调的因素

(1) 合作成本与政策的灵活性下降：国际协调是异常复杂的工作，各国对其主要经济政策特别是财政政策做出事先承诺很难，灵活性降低会影响政策的执行。

(2) 政策的理解差异：对采取什么协调手段看法不一，财政政策与货币政策的影响力至今存在分歧，汇率制度的选择也有分歧。

(3) 利益分配不均：即使有共识，也不能保证各国利益均等，涉及如何分摊协作与协调成本。

(4) 参与国违约：合作效果削弱，对各方不利，参与国以良好的信任关系为基础。

实现成功、有效的国际经济政策协调，存在诸多障碍，其中之一就是对国际货币体系的看法不一致。美国认为货币扩张会带来就业和产量的增加，德国认为会导致通胀。经验研究显示，政府从协调中得到 3/4 的好处而福利增加不多。但经验研究还不能准确计算出成功的国际经济政策协调所带来的全部利益。

本章小结

(1) 开放经济下，一国的宏观经济目标是保持物价稳定和充分就业，对外实现国际收支均衡，并且保持经济增长。

(2) 实现宏观经济目标的政策工具有支出调整政策、支出转换政策和直接控制。

(3) 仅使用一种政策难以同时实现内外均衡，政策工具数必须大于目标数。

(4) 斯旺图形为我们提供了内外均衡的分析框架，然而它无法克服米德冲突，即用某一种政策实现两个目标时存在政策上的冲突。

(5) IS-LM-BP 模型引入资本流动，仅用财政与货币政策也能实现内外均衡。

(6) 在固定汇率下，财政政策更有力；在浮动汇率下，货币政策更有力。财政政策实现内部均衡更有效，而货币政策实现外部均衡更有效。

(7) 财政政策与货币政策的合理配搭可以实现内外均衡。

(8) 国际协调与合作日益重要，但是协调与合作的成本难以估计。

关键词

内外均衡　internal and external balance
政策工具　policy instruments
支出改变政策　expenditure-changing policies
支出转换政策　expenditure-switching policies
直接控制　direct control
斯旺图形　Swan figure
丁伯根法则　Tinbergen's rule
米德冲突　Mead e'sconflict
市场有效分割　principle of effective market classification
蒙代尔-弗莱明模型　Mundell-Fleming model
扩张与紧缩的财政政策　expansionary and tight fiscal policies
扩张与紧缩的货币政策　easy and tight monetary policies

复习思考题

1. 一国的宏观经济目标有哪些？

2. 实现宏观经济目标的政策工具有哪些？

3. 固定汇率下，货币政策的效果为什么不明显？

4. 一国经济出现通胀和顺差时，为了内外均衡，应采取的措施是(　　)。

A. 紧缩的财政政策和扩张的货币政策

B. 紧缩的财政政策和紧缩的货币政策

C. 扩张的财政政策和扩张的货币政策

D. 扩张的财政政策和紧缩的货币政策

5. 在固定汇率制下，本国出口大幅增加对外汇市场的供求有什么影响？

6. 简单分析最近我国的货币政策及其效果。

案例 12-1　广场协议

案例 12-2　1998—2018 年中国的财政与货币政策

案例 12-3　以汇率为纲的货币政策

第十三章 汇率制度

本章概述　本章阐述了汇率制度的基本概念，论述了汇率制度的种类及其特点。总结了汇率制度选择的条件和难题。

通过对本章的学习，了解汇率制度的安排原则，理解汇率制度的基本概念，了解汇率制度的种类，即固定汇率制、浮动汇率制、有管理的浮动汇率制以及其他各类型的汇率制度。理解不同汇率制度的特点。从不同的汇率安排，理解汇率制度选择的难题。

1973年以后，主要工业国家选择让货币自由浮动。经济学家对于浮动汇率制和固定汇率制也展开过讨论。浮动汇率制的倡导者认为，在浮动汇率制下，一国可以专注于国内经济目标，可以保持财政与货币政策的独立性，外部可以依靠汇率变动自动调节国际收支差额。固定汇率制的支持者认为，汇率波动会减少国际贸易与投资，容易引起不稳定的投资和通货膨胀。然而至今，从理论上我们仍然不能明确地说明到底哪种汇率制度更好。20世纪70年代，经济学家偏向于浮动汇率制，尽管汇率的浮动并没有减轻市场的波动，不过在今天看来，国际收支基本趋向稳定或者可控的状态。

第一节 汇率制度的基本概念

1. 什么是汇率制度

汇率制度即汇率安排，是指一国货币当局对本国货币汇率变动的基本方式所做的一系列安排或规定。如规定本国货币对外价值、规定汇率的波动幅度、规定本国货币与其他货币的汇率关系、规定影响和干预汇率变动的方式等。汇率虽然复杂多变，但其作为一种制度即一种规则，便具有普遍适用和相对稳定的特点。

2. 汇率制度的内容

(1) 确定汇率的依据，例如，以货币本身的价值为依据，还是以法定代表的价值为依据等。

(2) 汇率的波动界限，例如，汇率波动是由外汇市场供求决定，还是有明确的波动范围。金本位制下由黄金输送点决定波动范围，因此波动范围非常窄。布雷顿森林体系下，其他货币兑美元的波动范围为平价的上下1%。

(3) 维持汇率应采取的措施，例如，各国外汇管制中有关汇率及其适用范围的规定。

(4) 汇率的调整方法，例如，是采用公开法定升值或贬值的办法，还是采取任其浮动或官方有限干预的办法。

按照上述内容，我们可以将汇率制度划分为固定汇率制与浮动汇率制，我们称之为两极汇率制。介于两极之间的汇率制如可调整的钉住汇率制、爬行钉住汇率制以及有管理的浮动汇率制是中间汇率制。

第二节 汇率制度的种类

1. 固定汇率制

固定汇率制是指将本国货币固定在某个预定的水平上、波动范围非常窄的汇率安排。例如金本位制是典型的固定汇率制，汇率受到平价制约，只能围绕平价在较小范围内上下波动。

将汇率固定，在方法上可以表现为货币的不可兑换，也就是说某种货币不能在国内消费者和企业之间自由兑换成另一种货币。这类似于外汇管制。政府是唯一合法的外汇买卖者。企业或个人只能按照固定价格将外汇出售给政府。固定汇率制下，要求政府控制资本流动方可实现完全的固定汇率。

1) 不确定性减少

固定汇率制避免了汇率的波动无常。当外汇供给与需求没有弹性时，汇率的波动剧烈，对市场将造成很大冲击。在固定汇率制下就能避免这样的不确定性。例如，当美国居民对来自欧盟的产品需求增加时，推动美国外汇市场的需求曲线向右移动，如果美国想要保持汇率固定，可以通过干预来保持短期内汇率的稳定。但是，除非在完全的固定汇率制下，例如金本位制下，不确定性不存在，货币供给量是精确的，否则，即使是在某种固定汇率(例如钉住汇率制)下，仍然无法克服短期内汇率的波动，干预的效果不会立即表现出来，只是在长期内不确定性才不存在。

2）稳定的投机

在固定汇率制的支持者看来，浮动汇率制下的投机更不稳定。不稳定的投机会导致汇率的波动更加剧烈，例如汇率的上升或下降将远远超过预期。国际交易中的不确定性和风险将被放大，而这种放大效应减少了国际贸易和投资。而浮动汇率制的支持者持相反的态度，在他们看来，当对汇率变动进行持续性的调节时，并不会引起不稳定的投机。当汇率剧烈波动时，投机者通常会卖出即将贬值的货币买进他们认为将要再升值的货币，投机者自身强化这种判断，这可能就是不稳定的投机。当然这种情况可能在相对固定的汇率下才可能发生，在金本位制下是不可能的，金本位制下的调节机制不同。

经济学家弗里德曼认为投机一般都是稳定的，既然能在市场上生存，那就是稳定的，否则早就被市场所淘汰。实际上，在有管理的浮动汇率制下，钉住汇率也可能产生不稳定的投机。一般而言，在纯粹的固定汇率制或纯粹的浮动汇率制下，投机都是稳定的。

3）价格规则

由国际收支的货币分析可知，浮动汇率下，国际收支可以通过汇率变动来调节，因此，浮动汇率下没有什么价格的限制。而固定汇率下，有一些价格限制的规则来消除超额的需求，官方结算成为可行的调节手段。理论上浮动汇率更可能带来通货膨胀。当本币升值时，并不一定引起价格的下降，因为价格短期内不具有弹性。在固定汇率下，贬值可能引起通货膨胀，因为货币重新估值并没有降低国内价格。不过，经验研究似乎也支持了固定汇率制的观点。例如 20 世纪 70 年代石油价格猛涨、货币供给超额增加时，主要工业国面临高通胀的压力。如果将 20 世纪 70 年代的这种情况去除，经济学家发现 20 世纪 60 年代的经济情况比 20 世纪 80 年代和 90 年代的更好。当然，固定汇率制下，一国追求的宏观经济目标就是价格的稳定。所以，面对国内的冲击，固定汇率制能提供较稳定的处理机制。

4）政策的独立性失去

固定汇率制下，财政政策具有明显的效果。但是要保持持续的经济增长很困难。因为干预意味着不能执行独立的货币政策。为了维持固定汇率，国内基础货币以及货币供应量成为外部均衡的函数，而货币政策成为外部均衡的俘虏。如果外部盈余、内部存在通胀，就需要扩张的货币政策消除盈余，但是这样做的结果将使经济中通胀更加严重，但是也不得不这样做，因为汇率固定是首要的目标。如果是低充分就业和逆差，这种情况下自动发生的货币收缩使经济偏离充分就业，尽管外部保持了汇率的固定。当然，这并不意味着货币政策就完全无效。至少在短期内，政府可以通过冲销解决问题。冲销可以将货币政策与外汇市场干预效果相分离。虽然央行对外汇市场的干预减少了基础货币，但是它可以通过公开市场操作买进同等数量的债券来冲销这种基础货币的减少。干预与冲销正好使国内货币供给的净效果为零。但是长期内要做到这一点不容易，因为长期内很难保持国内通胀水平等于国外通胀水平。

2. 浮动汇率制

浮动汇率制是指汇率不受平价的制约，而是随外汇市场供求状况的变化而变化。在前面的章节中，我们知道在完全自由浮动汇率下，一国国际收支顺差或逆差时，本国货币通过自动升值或贬值来调节，不需要政府的任何干预，也不需要增加或减少官方储备。

但是在钉住汇率制下，由于汇率固定在某个水平上，就像商品价格满足一价定律一样，国际收支的顺差或逆差只能通过经济变量的变化来调节，而不是通过汇率。这样就需要政府的政策来调整，一国国内目标受到影响。

浮动汇率制下具有市场有效性和政策独立性。

1）市场有效性

浮动汇率制基于市场有效性假设，市场如果是有效的，对所有可用的信息都可以做出反应，从而投机应该也是稳定的。因为信息公开，所以套利的成本很低，不断的抛补套利使得市场达到均衡。相反，在固定汇率下，一国调节汇率的能力有限或汇率调节不得当，可能引起不稳定的投机。在浮动汇率下，均衡汇率的变动能自动识别各种商品的优势与劣势，从而改变贸易条件，调节贸易收支差额。在固定汇率下，实际中也经常偏离均衡汇率，由于汇率不能改变，所以阻碍了资源在整个市场的有效分配。

2）政策独立性

浮动汇率下，意味着一国不必在意其外部均衡，因为外部由汇率自动调节，从而可以专注于国内宏观经济目标的实现。在固定汇率下，一国可以通过财政政策来实现内部均衡，通过货币政策来实现外部均衡。在浮动汇率下，一国也可以不用财政政策，仅用货币政策来实现纯粹的国内经济目标，例如经济增长。当然，政策的延迟或错误都可能降低外部调节即汇率调节的效率。各国在实现内部均衡目标上存在差别。例如，20 世纪 70 年代，为了保持低失业率，英国和意大利可以容忍两位数的通胀率，日本也愿意承受高通胀率而不愿意降低就业率，而美国与德国的目标在于保持低通胀率。浮动汇率给各国在通胀率和就业率之间进行选择的机会。而固定汇率下，不同国家的通胀率受制于其国际收支的差额，阻碍了各国实现本国的通胀率和就业率的最佳组合目标。所以浮动汇率下，汇率调节的成本很低。

以上我们讨论的是纯粹自由浮动汇率和纯粹固定汇率下的情形。总之，浮动汇率制与固定汇率制难以区分好坏。浮动汇率制更加有效，宏观经济政策更加稳定和灵活。浮动汇率制可以有效控制本国货币供给，从而达到充分就业，但是也容易滋生通货膨胀，并且国际资本流动以及汇率的变化都会降低国内经济目标。固定汇率制有价格规则，看起来比浮动汇率制稳定，特别是应对内部冲击时。

在现实中，浮动汇率也可以分为单独浮动和联合浮动两种形式。单独浮动是指本国货币不与任何外国货币建立固定联系的浮动，如美元和日元。联合浮动是指同一货币体系内各成员国货币之间保持固定汇率，对非成员国货币实行浮动，如欧元。按照政府是否干预汇率，可以分为自由浮动和有管理的浮动两种形式。自由浮动或清洁浮动是指货币当局对外汇市场不加任何干预。管理浮动或肮脏浮动是指货币当局随机对外汇市场进行干预，使汇率朝有利于本国利益的方向浮动。

3. 最适度货币区

最适度货币区理论是 20 世纪 60 年代美国经济学家蒙代尔和麦金侬提出并加以发展的。最适度货币区是由若干个国家组成的货币集团，集团成员国货币由永久固定的汇率联系在一起，对非成员国则实行共同浮动。欧元区还不是理论上的最适度货币区。由于汇率永久固定，最适度货币区的形成可以消除不确定性，可以刺激货币区内生产、贸易和投资领域的投机性活动，货币区内可以形成一个独立的大市场，分享规模生产带来的利益。汇率永久固定可以提供稳定的价格，避免成员国汇率调整带来的价格变动。

1）最适度货币区的主要内容

在最适度货币区内，商品、劳动力和资本流动比较自由，经济发展水平和通胀率接近，经济政策比较协调一致。各成员国采取固定汇率制并保证区内各种货币的充分可兑换性。最适度就是通过协调的货币和财政政策，区外实行浮动汇率，实现三个目标：区内充分就业；保持内部物价稳定；保持对外收支平衡。总之，最适度货币区的主要内容可概括为：要素的流动；汇率的统一；货币和财政政策的协调。

2）最适度货币区的标准

一是生产要素的高度流动性。例如区内劳动力的高度流动可以调节价格的差异，从而保持区内价格的稳定。二是经济的高度开放性与经济结构的相似性。麦金侬认为，相互间贸易关系密切的经济开放地区，可以组成货币区，强调贸易流而不是资本项目。三是产品多样化。凯南认为，产品多样化的国家可以承受固定汇率的影响。四是金融的高度一体化。依格拉姆认为，国际金融市场的高度一体化特别是长期资本市场，只要国际收支失衡导致利率的微小变化，都会引起非投机性的短期资本流动，从而使汇率的波动可以避免。五是通胀率的相似性。哈伯勒和弗莱明认为，通胀率差异是国际收支失衡和汇率波动的主要原因，如果区域内各国的通胀率趋于一致，则可避免汇率波动。

3）优势与成本

最适度货币区的最大优势在于价格稳定。当发生随机冲击和波动时，区内成员国的相互影响可以消除这种价格冲击，因为劳动力是充分流动的。这种稳定的价格机制，反过来又促进人们将区内的货币当作价值储藏手段和交易媒介。最适度货币区节约了政府干预外汇市场的成本、套期保值的成本、为进口商品与服务所付出的货币兑换成本、居民旅游成本。

最适度货币区最大的成本在于，每个成员国不能追求适合各自国家的经济目标，失去政策的独立性。例如，当一国出现萧条，面临产业调整时，需要扩张的政策来解决失业。21世纪初，芬兰遇到世界纸张价格上涨，造纸及其产业面临危机。而区内其他成员国并没有遭遇这样的情况，它们可能需要紧缩的政策来减少通胀。要消除这样的不对称冲击，除非区内各国之间劳动力和资本高度流动，存在超额需求的地区正好能消化来自其他地区的富余劳动力，否则很难克服这种不对称的冲击。即使在一国内部，劳动力也很难达到充分流动。其次是国际收支调节方面，如果区内各国保持生产要素的充分流动性，经济结构也相似，而且财政与货币政策以及其他政策的相互合作意愿强烈，也能使各方获利。但是这非常困难，因为每个成员国的净收益与成本无法计算，存在利益不均衡。

4．欧元区

欧元区采用的是联合浮动汇率。欧元区外，欧元是浮动的，但是区内使用共同的货币欧元。欧元区是否最适度货币区呢？从以上的最适度货币区的三个条件来看：一是区内面临共同的经济冲击；二是这些冲击在区内的相对重要性相似，即对称冲击；三是区内不同国家面对共同的经济冲击时采取相似策略；四是区内面对不对称冲击时，具有快速调节能力。然而，面对冲击时，由于各国不能通过劳动力流动和价格变动来应对冲击，货币政策缺乏独立性，欧元区并不能及时调整冲击的影响。所以，欧元区还不是最适度货币区。欧元区克服了价格的波动，看起来很稳定，但是，目前面临了诸多新的问题。如欧洲债务危机，遭遇危机严重的国家能否退出欧元区？欧元区坚持走下去该如何调整？这些都考验着欧洲中央银行，更大的考验是英国即将退出欧盟。2016 年 6 月 24 日，英国全民公决，投票结果支持退出欧盟。对欧洲一体化的态度体现了英国政治传统，再加上欧洲债务危机久拖不决，以及难民和贸易问题，英国退盟也并不奇怪。

5. 货币局

将本国货币固定钉住另一种货币的价值，虽然与外汇管制类似，但是区别在于货币局制度下，中央银行不持有本国货币，只持有外国货币。

货币局的优势在于可以稳定汇率。本币相对于外币的价值是固定的，就必须有充分的价值支撑，即外汇储备。充分的货币支撑反映了这种制度的可信性。但是另一方面，完全的外汇储备限制了购买或持有国内财政、商业债券的能力。货币局只有在兑换储备货币时，才能发行货币，不能像传统中央银行那样通过扩张信用来创造货币。所以，货币局的成本在于货币政策的独立性舍取，经济被所钉住货币的国家绑定了，中央银行无法通过公开市场操作或贴现管理货币供给。

目前只有少数几个国家和地区采取这种制度，成功和失败的例子都有。

6. 美元化

美元化比货币局更加激进，它是将本国货币发行权益放弃，直接使用其他货币作为本国流通中的法定货币。这种行为被称为美元化，是指使用其他国家货币替代本币执行价值储藏、交易媒介和价值尺度的现象，而不仅仅限于美元这一种货币。欧元启动前，有些非洲国家以法郎作为本国法定货币。20 世纪 80 年代，一些发展中国家如拉美国家在高通胀压力下或本币贬值强烈的背景下，选择美元化。这不仅放弃了独立的货币政策，不再承担国内金融体系的存款准备金要求和最后救助的责任，而且放弃了货币发行权，不再享有信用货币巨大的发行收益。显然，这笔巨额收益由该国流通中法定货币的发行主体享有，发行国的经济状况和货币政策自然传递到美元化国家。

7. 中间汇率制

1）汇率波动界限

固定汇率制允许汇率波动的范围非常窄。所以，首先要确定汇率波动的平价，再规定允许在这个平价上下变化的界限。固定汇率下，汇率由波动界限内的供给与需求决定。所以，固定汇率下，官方需要干预外汇市场，保证汇率变化不超过这个波动范围。

例如，假定欧元与美元的汇率平价是 1，在固定汇率下，允许波动的界限如果是平价的 1%，则欧元与美元汇率波动的上限可以是 \$ /€=1.01，下限是 \$ /€=0.99。

技术上，每个国家都可以在允许界限的基础上扩大波动幅度，以便汇率变化更多地依靠市场力量来决定，这就减少了政府干预。如果政府完全不干预外汇市场，而汇率的波动范围已经扩大到没有范围限制，那就是浮动汇率制。

2）可调整的钉住汇率制

可调整的钉住汇率是将本国货币钉住另一国家的货币或一篮子货币的汇率。这种汇率之下要求定义一个某种货币钉住的汇率平价和允许的波动范围。平价一经确定则不能随意更改，只有一国国际收支出现根本性不平衡时，才能调整和改变本国货币与钉住货币的平价关系。布雷顿森林体系就是典型的钉住汇率制。“可调整”指的是在动荡时期汇率可以变化，“钉住”则指的是在正常时期保持不变。

这种汇率制的优点在于如果钉住的货币是可信的，则可以带来稳定的国际贸易与投资。其明显缺陷是调节国际收支的能力有限。由于根本性不平衡没有明确的界定，所以无法确定调整汇率的时间；汇率缺乏弹性，因为主要货币的汇率平价变动极少，而政府也尽量避免货币贬值，真正可调整的范围非常窄。另外就是投机活动增加，不像人们对固定汇率所预期的那样稳定。汇率缺乏弹性，波动幅度很小，投机者面临不对称的收益和风险。当国际收支逆差达到一定程度，货币贬值不可避免时，投机者就大量买入外汇，抛售该国货币。大量投机资本的运动会对逆差国的外汇储备和经济政策造成压力，导致该国货币贬值。例如，1997 年东南亚金融危机中，泰国、马来西亚等实行的就是钉住美元的汇率制度，给索罗斯这样的投机者带来了机会。

3）爬行钉住汇率制

爬行钉住汇率制避免了平价大幅调整和易被投机攻击的不足，是发展中国家实行的一汇率制度。政府可以按一定时间间隔，以事先宣布的百分比对汇率平价进行小幅调整。当市场汇率偏离平价时，央行有义务进行干预。例如：某国需要对货币贬值 6%，汇率平价从 2.00 提高到 2.12。在可调整钉住汇率下，汇率一夜之间就会变化，但在爬行钉住汇率制下可分 3 个月进行贬值。在某种程度上，经常的小幅调整优于可调整钉住汇率制。尽管爬行钉住汇率制克服了固定汇率制和浮动汇率制的不足，“小步快跑”的汇率调整使其具有了一定的浮动汇率的功能，但是货币政策仍然受到外部的限制，输入性通货膨胀依然存在。一旦遇到外部突发性冲击，小幅汇率调整很可能面临不及时、不到位的问题。

4）有管理的浮动汇率制

即使投机是稳定的，汇率也会随时波动，因为实际的经济活动会引起不稳定的投机或反应过头现象，这些都会表现在汇率变化上。而汇率变化最直接的表现就是国际贸易与投资流减少或增加。有管理的浮动汇率制是指货币当局为了使市场汇率向有利于本国的方向浮动，短期中干预外汇市场，保持汇率长期稳定。有管理的浮动汇率制没有汇率平价和波动界限。这种汇率安排的目的在于保持汇率的正常波动，避免汇率过度变化。在一定程度上，这种干预是成功的，政府也从中获得了利益。

所以，有管理的浮动汇率制的优点是，避免汇率长期失衡的情况，又克服了可调整钉住汇率下汇率缺乏弹性的弱点。汇率经常性的小幅波动，可以避免汇率大起大落对经济的冲击，使得国际收支的调节能力增强。不过，要做到这些也有困难。一是因为货币当局干预外汇市场的原则难以把握，政府对汇率的长期趋势不一定比一般投资者、商人等了解得更多。货币当局可以根据短期的汇率波动，对外汇的供给与需求进行调节。当需求过度时，用外汇储备增加外汇供给，缓和本国货币贬值的压力；当供给过度时，吸收一部分外汇增加外汇储备，缓和本国货币升值的压力。二是仍然需要官方储备资产以供货币当局干预。货币当局对汇率干预的程度，取决于当局干预的意愿和官方储备的规模，因为吸收或提供的超额货币与官方储备有关。官方储备越高，干预外汇市场保持汇率稳定的目标就越容易。但是,如果这种干预是不透明的,也容易招到贸易伙伴国的反对,有管理的浮动也被认为是肮脏浮动。20 世纪 80 年代,美元对主要货币持续升值就是这种有管理的浮动汇率制造成的。所以,对现行汇率制度的改革之一就是建立货币目标区,即建立主要货币国之间的相互合作并允许主要货币之间波动。

第三节 汇率制度的选择

汇率制度的选择,集中研究各种汇率制度的特点,包括完全固定汇率制、完全浮动汇率制和中间汇率制的发展趋势、适用性等问题。汇率制度的选择问题更多的是像中国这样的发展中国家面临的问题,因为发达国家从金本位制到布雷顿森林体系再到现行的浮动汇率制,或许它们找到了相对适合的汇率制度。但是随着世界经济的相互依赖加强,国际货币体系的改革,汇率制度的选择问题一直存在着争议。

汇率制度的选择包含国家政策独立性和国际经济一体化的替代问题。如果一国想达到国内经济目标,可能会得出固定汇率不可行的判断。但是,如果是为了完成经济的一体化(如欧盟的德国和法国),认为固定汇率带来的利益超过了联合的成本,其就可能选择固定汇率,例如选择共同货币欧元。

有关汇率制度的选择存在许多观点。汇率制度的选择是效率与稳定的两难,一般认为中间汇率会消失,浮动汇率制和固定汇率制将是各国最终选择的目标。然而,现实是复杂的,汇率制度不能解决金融市场全球化中遇到的所有问题,换言之,没有一种完美的汇率制度。在不同的经济环境下,制度所能解决的问题也不同。归纳理论上的探讨,可以得出以下结论。

1. 汇率选择中的三角定理

在汇率稳定、资本流动和货币政策的独立性这三个目标中,一国只能达到其中两个目标,这就是所谓的三难选择,或者三元悖论。东南亚金融危机对中国并未产生较大影响,主要是因为其资本市场与国际市场是分离的,中国的资本流动受到限制。

2. 经济论

汇率制度的选择是由经济因素决定的,包括经济的开放程度,经济规模、进出口贸易品的结构和地域分布,国内金融市场的发达程度及国际金融市场一体化程度,相对的通胀率等。一般经济开放程度高,经济规模小,或者进出口集中在某几种商品或某一地区的国家,倾向于实行固定汇率制和钉住汇率制。而经济开放程度低,进出口商品多样化或地域分散化,资本流动频繁,国内通货膨胀率与其他地区不同的国家,倾向于选择浮动汇率制或富有弹性的汇率制。

3. 依附论

汇率制度的选择取决于与经济、政治、军事等各方面联系的特征。这里主要探讨发展中国家的汇率制度选择问题，它们在选择钉住货币时，取决于该国对钉住货币国的经济、政治和军事的依附关系。发达国家的货币如美国、欧元区货币往往是被钉住的货币，主要货币的汇率相对稳定，又是周转货币，所以是钉住的对象，可以满足一些国家特别是发展中国家害怕浮动的心理。

一般而言，经济实力强大的国家愿意选择浮动汇率制，这样国内政策具有更大的独立性和灵活性；开放程度很高的国家，贸易商品的价格对国内的物价水平影响大，贸易收支和资本流动对汇率变动相对敏感，选择浮动汇率制；开放的小国及贸易伙伴较少的国家愿意选择钉住主要贸易伙伴国的汇率；贸易伙伴分散的国家倾向于选择浮动汇率或钉住一篮子货币。

4. 中国的汇率制度改革

2005 年 7 月 21 日，中国人民银行将人民币对美元的汇率进行了调整，不再是按照 8.26的固定比价钉住美元，而是采用以市场供求为基础、参考一篮子货币进行调节的浮动汇率制。当天，将人民币兑美元汇率中间价调整为 8.11，即 1 美元可以兑换 8.11 元人民币，一次性升值 2%。由此，拉开了人民币汇率改革的序幕。2007 年 1 月 11 日，人民币兑美元突破 7.80 关口，13 年来首次超过港币。2007 年 5 月 21 日，央行决定，银行间即期外汇市场人民币兑美元交易价浮动范围由 0.3%扩大至 0.5%。2008 年 4 月 10 日，人民币兑美元汇率中间价突破 7.00。2008 年中期至 2010 年 6 月，人民币自 2005 年汇改以来已经升值了 19%，但受到 2008 年美国金融危机的影响，人民币停止了升值走势；同时，在危机爆发后，人民币开始紧盯美元。

2010 年 6 月 19 日，央行宣布，重启自金融危机以来冻结的汇率制度，进一步推进人民币汇率形成机制改革，增强人民币汇率弹性。2012 年 4 月 16 日起，银行间即期外汇人民币兑美元交易价的浮动幅度由 0.5%扩大至 1%。

2015 年 8 月 11 日，中国人民银行宣布调整人民币对美元汇率中间价报价机制，做市商参考上日银行间外汇市场收盘汇率，向中国外汇交易中心提供中间报价。这一调整使得人民币兑美元汇率中间价机制进一步市场化，更加真实地反映了当期外汇市场的供求关系。2017 年 9 月 21 日，中国央行将人民币对美元汇率中间价设定为 1 美元兑 6.5277 元人民币，是 2017 年 1 月以来最大下调幅度。

2018 年，中国国际收支由过去的双顺差转为经常账户基本均衡甚至呈现逆差，资本金融账户呈现顺差，打破了中国国际收支惯常格局。境内人民币资产吸引力显著提升，2018 年，以人民币计价结算的原油期货正式推出，以人民币计价结算的铁矿石期货也对境外交易者正式开放。

最后，从区域货币关系来看。随着市场化改革的不断推进，人民币与亚洲货币双边汇率的正相关性明显提升，人民币已开始显现“区域中心货币”的特征——人民币将承担区域稳定器的功能。

总而言之，尽管外部环境存在不确定性、颇多曲折，中国将继续保持对外开放的大方向不变。贸易投资对外开放、汇率形成机制改革以及减少外汇管制作为对外开放的新三驾马车,未来将三位一体、有序推进。人民币国际化将在投融资领域不断推进。

本章小结

(1) 汇率制度是一国的汇率安排,是国际货币体系的核心内容。

(2) 汇率制度一般可以分为固定汇率制、浮动汇率制。处于这两极之间的是中间汇率制,包括可调整的钉住汇率制、爬行钉住汇率制以及有管理的浮动汇率制。

(3) 浮动汇率制下货币政策具有独立性,而固定汇率制下遵循价格规则,更加稳定。

(4) 最适度货币区、货币局、美元化和欧元区都是汇率制度的形式。

(5) 对于汇率制度选择,尚无一致结论。现行国际货币体系下,每个国家可以根据自身情况安排汇率。

关键词

汇率制度	exchange rate system
浮动汇率制	flexible exchange rate system
固定汇率制	fixed exchange rate system
可调整的钉住汇率制	adjustable peg system
爬行钉住汇率制	crawling peg system
有管理的浮动汇率制	managed floating system
三元悖论	trilemma
货币局	currency board
美元化	dollarization
最适度货币区	optimum currency areas

复习思考题

1. 国际储备货币的目的包括( )。

A. 记账单位

B. 兑换工具

C. 价值储藏

2. 你认为什么样的货币可以成为储备货币?

3. 简述一国选择某种汇率制度的影响因素。

4. 简述有管理的浮动汇率制运行的现状。

5. 简述最适度货币区与固定汇率制的差别。

案例 13-1　货币局

案例 13-2　人民币走近锚时代

第十四章 国际货币体系

本章概述　本章阐述了国际货币体系的含义和发展阶段。阐述了金本位制下国际收支的自动调节机制。论述了布雷顿森林体系下国际收支的调节机制，美元的干预作用及其两难境地。阐述了浮动汇率制下的国际收支调节和汇率的决定。概述了亚洲金融危机的启示以及国际货币体系改革和发展的学术建议。

通过对本章的学习，掌握国际货币体系的含义，以及国际货币体系不同发展阶段国际收支调节机制、汇率的决定和资本流动的规则和条款。了解布雷顿森林体系的运作以及美元在国际收支调节和汇率决定中的作用和两难选择。通过亚洲金融危机的案例，了解国际货币体系改革的内容。

在凡尔纳的小说《环游地球 80 天》中，主人公福格打赌能在 80 天环游地球，因为他能够在所到之处使用英镑。怀揣英镑就能游世界，地球变“小”了。这就是金本位制控制下的世界。今天，我们会发现情况不同了，虽然发达的电子支付结算系统让我们也能环游世界，然而那些主要货币如美元、日元、英镑等货币的价格是变动的，以便与市场确定的汇率相适应。而其他货币，例如人民币的价格却保持相对固定，这样的国际货币体系是比较尴尬的安排，因为它包含了浮动货币、钉住货币以及不可兑换的货币。今天，各国都可以自主选择如何处理本国货币的汇兑价值，但是在 20 世纪 70 年代以前，各国所处的货币体系限制了它们的选择范围。各种货币体系既带来了收益也要付出代价。人们一直在寻找一种可以衡量不同国家生产、交换和消费的货币本位制度。

第一节 国际货币体系概述

一、基本概念

国际货币体系是指有关国际收支、资本流动调节和汇率决定的制度框架。它是由影响国际支付的协定、规则、惯例、制度、机制以及组织和机构等构成的复杂总体。

根据汇率的决定方式不同，国际货币体系可以分为固定汇率制、可调整的钉住汇率制、爬行钉住汇率制、有管理的浮动汇率制和浮动汇率制等。如果按照储备货币来划分，可以分为：金本位制，即黄金是唯一的储备资产；金汇兑本位制，即美元与黄金挂钩，都是储备资产；货币本位制或信用本位制，即货币不与黄金挂钩。这几类可以组合在一起又构成不同的汇率制度。如金本位制就是纯粹的固定汇率制，也可以将货币与主要货币如美元等汇率固定在一起，而这些主要货币如美元并不需要黄金支撑，这可以是钉住汇率制。在纯粹的自由浮动汇率下，理论上一国不需要储备资产，因为汇率瞬时自动调节国际收支的不平衡。

二、国际货币体系的标准

好的国际货币体系应该使国际贸易与投资最大化，并能让各国所获得的收益均等。因此，我们可从以下三个方面来衡量国际货币体系。

1. 可调整性

可调整性指的是国际收支不平衡的调节过程。好的国际货币体系其调节国际收支的成本和时间都较少。

2. 流动性

流动性也称可清偿性，指的是用于结算和冲销国际收支不平衡的可用储备资产的数量。好的国际货币体系能提供充足的储备资产，在调节国际收支不平衡的同时，不会引起本国和其他国家的通货膨胀或通货紧缩。流动性体现为一种国际清偿能力，金本位制下由于黄金是唯一储备，投资贸易扩大所需的货币供给不足，容易引起通货紧缩。而布雷顿森林体系下，美元的流动性超过了实际的价值，即储备资产的供应超过了实际经济增长的速度，通货膨胀严重，最后体系崩溃。

3. 可信性

可信性指的是调节机制的充分性，即在调节过程中储备资产始终能保持其绝对价值和相对价值。好的国际货币体系应该是高度可信的，也就是说人们对制度的信任，不会因为金融危机或者资金的短期剧烈流动而引起恐慌并且抛弃这种储备资产。布雷顿森林体系下，美元出现了信任危机，最终体系崩溃。

第二节 国际货币体系的发展阶段

国际货币体系经历了若干不同的演变阶段，主要包括国际金本位制、布雷顿森林体系和浮动汇率制。

在金本位制出现以前，是复本位制。黄金和白银都可作为国际支付的手段。铸币包括金和银。复本位制意味着：货币的汇率既可由黄金储备决定，也可由银储备决定。但两种金属之间的交换比率是固定的，将产量多的金属当作货币，流通中就会驱逐稀有金属，"劣币驱逐良币"的现象就会发生。随着金矿的不断发现和大量开采，金价下跌。并且金和银的比价随时不断调整，也造成了价格的不稳定。英国于 1816 年废除银铸币，美国于 1873 年废除银铸币，法国从大革命一直到 1878 年是复本位制，中国、印度和德国当时实行的是银本位制。

一、古典金本位制(1880—1914 年)

1821 年，英国正式实行金本位制，成为当时国际金融的中心。金本位制是以一定成色及重量的黄金为本位货币的一种货币制度，黄金是货币制度的基础。

1. 金本位制存在的原因

金本位制存在的原因主要有：

(1) 只有黄金可以自由铸造；

(2) 黄金与各国货币间有固定的比价；

(3) 黄金可以自由进出口。

金本位制下，用黄金来规定货币所代表的价值，每一货币单位都有法定的含金量，各国货币按其所含黄金重量确定彼此的比价；金币可以自由铸造，任何人都可按本位货币的含金量将金块交给造币厂铸造成金币；金币是无限法偿的货币，具有无限制支付手段的权利；各国的货币储备都是黄金，国际支付也使用黄金，黄金可以自由输出和输入国境。

2. 金本位制的作用

金本位制下国际收支自动调节。这个调节机制也就是大卫休谟提出的物价黄金流动机制。金本位制被认为是有效防止物价膨胀的机制，因为黄金具有稀缺性，无人能随意改变其质量，供给不可能失去控制，各国的收支平衡按黄金的运行自动调节，国家要做的就是将货币与黄金固定。一旦确定了货币与黄金的含量,剩下的就是遵守此规则。因此,金本位制下汇率是由黄金含量决定的。美国在实行金本位制的很长一段时间里没有中央银行,美联储是在1913年创建的,之前美国可以说没有任何操作称得上是自主的货币政策。

3. 缺陷

第一,价格短期内波动剧烈,短期内的通货膨胀和通货紧缩都很频繁。另外,国际贸易与投资增长所需的货币储备受到限制。因为新币的供给受到黄金含量的限制,各国面临通货紧缩的压力。

第二,金本位制本身不可能约束每个国家都遵守博弈规则。如果一国出现持续逆差,无法钉住黄金平价,就有可能放弃规则。

在实际中,国际收支的调节过程迅速而流畅,倒不是黄金在不同国家之间的自由输入与输出引起的,而是通过国际资本流动。例如英国的国际收支逆差,其货币供给就下降,利率水平上升,吸引短期资本流入,为国际收支逆差融资。因此英国加强了对资本流动的干预,通过提高贴现率,使得利率水平更高,以吸引更多资金流入,缓解国际收支逆差。并且,英国国际收支逆差导致的货币供给减少,使国内经济生产下降而不是价格立即下降,如同收入调整机制所揭示的那样,国内生产的下降导致进口的需求也下降。国际收支盈余的情况正相反。

实际中国际收支的调节不仅没有遵循理论上所述的规律,并且调整迅速。原因在于当时各国正处于经济膨胀的平稳时期。英镑是当时唯一的主要货币,而伦敦又是唯一的国际金融中心。所以人们对英镑深信不疑,货币可以在英镑和不同的货币中心转换。各国以外部调节为主,内部调节服从外部均衡的要求,价格比今天灵活得多。在这样的情况下,任何一种国际货币体系的运行都会相当顺畅。

今天我们无法恢复第一次世界大战前30年经济运行的黄金时代,经济总量已经大大超过当时的总量。尽管如此,今天人们免不了会怀念那个黄金时代。

二、大战期间(1915—1944年)

1914年8月第一次世界大战结束,英、法、德、俄等国禁止黄金出口,德国、奥地利面临严重的通胀,多数国家广泛采取掠夺性的方法,将货币贬值,占领出口市场。但是,战争中复苏的国家企图恢复金本位制,此时,美国成为金融主力。

20世纪20年代后期,金本位制也只是表面现象,各国追求国内经济的稳定,采取以国内货币和信贷的增减调节黄金流入和流出的黄金冲销政策。金本位制的自动调节机制已经崩溃。

大萧条伴随的金融危机使金本位制彻底瓦解。1929年,股市狂泻,银行倒闭,英国黄金大量流出,黄金储备下滑到无法维持金本位制的地步。1931年9月,英国政府允许英镑流动,取消黄金支付,美国于1933年4月取消黄金支付。大战期间,经济政治不稳定,国际货币体系对国际贸易和投资具有不利影响,高额关税和严厉的进口限制使得国际贸易减少了一半,不稳定的投机蔓延。

三、布雷顿森林体系(1945—1971年)

1. 内容

1944年7月,44个国家的代表云集布雷顿森林,讨论设计战后的国际货币体系,草拟《国际货币基金协定》,这是布雷顿森林体系的核心。该协定是国际货币政策的指导监督原则,目的在于监督各国遵循统一的国际贸易与投资原则,对于暂时的国际收支困难提供借款机制。并指定相关的机构国际复兴开发银行(IBRD),主要从事单个项目的融资,推进国际金融合作,稳定汇率,配合国际货币基金组织的活动,促进国际投资,协助战后成员国经济的复兴和不发达国家经济的发展,解决国际收支长期失衡问题。

英国的代表凯恩斯提出成立国际清算联盟的计划,创造一个国际储备资产Bancor,各国可用Bancor来支付,也可用清算联盟的透支工具获得Bancor,就像一国中央银行创造本国货币那样,创造新的国际货币单位Bancor。美国的代表怀特提出,成员国遇到短期赤字时可以借款。西方的代表都希望通过金汇兑制达到汇率的稳定,美国的计划大部分写进了协定。IMF于1947年3月1日正式启动,成员国有30个国家。20世纪90年代,苏联和其他加盟共和国加入IMF。截至1997年初,IMF成员达到181个。

在布雷顿森林体系下,每个国家都建立与美元挂钩的货币平价,1盎司黄金=35美元,只有美元可以按照这个比价毫无限制地直接兑换黄金。各国可以此价格向美国兑换黄金,持有美元相当于持有黄金,并可作为国际支付手段。布雷顿森林体系被称为以美元为基础的金汇兑本位制。各国货币兑美元的汇率一般只在平价的±1%浮动,在这个允许的波动范围内汇率由外汇供求决定。若超过平价的波动范围,各国有义务干预外汇市场以保持汇率稳定。所以,一国不得不卖出美元储备买进本币以防止其贬值超过1%,或者一国不得不买进美元卖出本币以免本币升值超过1%。到20世纪60年代早期,美元成为唯一的干预货币。只有当一国国际收支发生根本性不平衡时,经过IMF允许,才能改变货币的平价。根本性不平衡是指国际收支存在大量的持续性的顺差或者逆差。如果汇率波动在平价的±10%内,各国可以自行决定。所以,布雷顿森林体系是可调整的钉住汇率制,因为至少在汇率固定中混合了某种程度的浮动。在布雷顿森林体系下,贸易限制被消除,建立了关贸总协定。但是资本流动仍然受到限制以防止热钱带来的不稳定流动。

2. 作用

布雷顿森林体系下,汇率由美元与黄金之间的平价(也称铸币平价)决定。国际收支的调节依赖储备干预,即以美元进行调节。布雷顿森林体系确立了美元在世界经济中的霸权地位,这显然有助于美国扩大商品与资本输出,有利于美国的对外经济扩张。但是客观上,由于是相对稳定的固定汇率制,特别是面对战后重建,布雷顿森林体系对于当时资本主义的发展和国际经济联系的扩大有着积极的一面。促进了国际贸易与经济发展,创造了新的储备资产特别提款权,解决了国际支付困难。

3. 运行与缺陷

1)运行

布雷顿森林体系的目标为:各国建立以固定汇率制为特征的体系。削弱国际收支不平衡与货币供给之间的关系，即削弱黄金的决定作用。所以货币与黄金之间的古老关系被美元与黄金的自由兑换取代，所有其他货币与美元固定。这看起来是完美的，汇率又是固定的，政府又可以执行国内经济所要求的货币政策，即在干预之后再加以冲销，各国就不再需要为了维持外部均衡而牺牲国内经济。但是，在这个体系下，不可能使所有的国家在短期和长期内实现国际收支均衡。为了维持固定汇率，政府需要干预外汇市场，政府还必须买进本币或卖出美元以防止本币贬值。为了卖出外汇即美元，政府必须随时有可用的外汇供给。为了卖出外汇，事先就需要储备更多的美元。对各国而言，重要的是，在盈余时积累更多的外汇以确保国际收支长期均衡。所以，一国国内经济政策很重要的方面就是保证外汇足够，即拥有足够的美元。因此，各国对美元的需求就很高。

如果经济的不均衡是长期的，则很难维持以储备来为国际收支逆差融资的局面。因为，当一国出现衰退，国际收支逆差时，该国为了解决国内经济的不平衡，就会采取扩张的财政或货币政策。但是扩张的结果使其外部赤字更严重。政府也可能动用储备固定汇率，优先恢复国内经济，一旦内部经济恢复，才开始关注外部。如果是在短期内，而且储备充足，这是可行的。但问题是，这样的状况如果持续下去，本币只有贬值才能调节不平衡。如果很多国家都将货币贬值，这个体系下的汇率就难以固定。

从 1958 年开始，美国国际收支以每年超过 30 亿美元的速度保持逆差，资本大量流出，大部分都以直接投资方式流到欧洲，而美国国内的通胀率也上升。到 1970 年，外国官方持有的美元超过 400 亿美元，而 1949 年只有 130 亿美元。私人所持有的美元则更多。而美国的黄金储备由 1949 年的 250 亿美元下降到 1970 年的 110 亿美元。由于美元是干预货币，美国不愿意通过美元贬值来改善逆差，而是提高短期利率以阻止资本流出，同时保持长期利率的低水平以刺激国内经济增长。此外，通过干预外汇市场来达到目的，并鼓励出口，减少其他国家在海外的支出，缓解美元的压力。但是美国的国际收支逆差实在太大，其种种努力都告失败。在 1970 年底，美国没能说服盈余的德国和日本重新对其货币估值。市场预测美元迟早要贬值。

很难评判美元成为干预货币后的利弊。无论如何，法国、德国和日本这些盈余国家开始怀疑美元的滥发，因为美元供给超过了其清偿能力，并伴随美国的国际收支持续大量的逆差。德国和日本不愿意将它们的货币重新估值，这意味着布雷顿森林体系走到了尽头。

IMF 是布雷顿森林体系的外在化身，监督全球国际经济的运行，管理支付系统，创造国际储备池，要求成员国缴纳一定数量资金来保证。由 1/4 的黄金、3/4 的各国货币构成。缴纳的资金数量决定了各国获得借款的能力。任何时候各国都可以获得与缴纳能力 1/4 的无条件借款，即普通提款权。如果要获得更多，则是有条件的，例如要执行长期外部均衡相一致的政策，然而对大多数借款国而言，国际收支不平衡意味着需要紧缩的政策，一旦储备用尽，而紧缩政策与国内经济目标不能一致，短期内国际收支可能改善，但是国内产出遭到严重损害。所以，IMF 的作用也受到质疑。

2）缺陷

布雷顿森林体系的缺陷主要有以下两点。一是国际收支调整的不对称性。盈余国可以通过市场干预积累更多的储备，来冲销市场干预对国内经济的影响，不需要 IMF 的借款。IMF也无从强迫这些国家执行纠正国际收支不均衡的政策。所以，盈余国尽享盈余的好处。

二是两难选择。布雷顿森林体系下，美国有义务按照固定价格将黄金与美元进行兑换。如果美国的国际收支能长期均衡就能实现。1960年美国经济学家特里芬(Triffin)在其著作《黄金与美元危机》中，指出美元的矛盾地位。美元既是本国货币又是储备货币，在黄金供应停滞的情况下，国际储备的供应完全取决于美国的国际收支状况。如果美国国际收支保持顺差，则不能满足其他国家对美元的需求，也不能满足国际贸易发展的需求；若美国国际收支保持逆差，虽然满足了其他国家对美元的需求，但是国际储备资产存在过剩的危险，美元会发生危机，危及国际货币制度。这种难以克服的内在矛盾就是"特里芬之谜"(Triffin Paradox)。

20世纪60年代中期以来，美国国际收支持续逆差，因为其他国家都希望以美元来干预，美国有义务纠正这种不平衡。外国中央银行持有的美元数量不断增加，盈余国不得不不断买进美元并卖出本币以防本币升值。20世纪60年代末，外国央行的美元储备量超过美国的黄金储备量，除非美国调整政策，如调整宏观经济政策消除逆差，拥有更多的可以让其他央行兑换其持有的美元的黄金，美元贬值，让美元、黄金和其他货币自由浮动，否则制度难以维持。而事实上，由于美元是干预货币，而美国享有货币的发行权，所以美国尽享铸币税带来的利益。然而，美国也为铸币税付出了代价，因为干预的作用，意味着美元不能被贬值，所以美国的货币政策就受到限制，不能像其他国家那样还有点灵活性。美国不得不依赖财政政策和直接控制来达到国内经济的均衡，改善其国际收支逆差。

4. 布雷顿森林体系的崩溃

以美元为中心的布雷顿森林体系实际上是一部美元的兴衰史，是一个从美元荒到美元灾、信心丧失、最终爆发美元危机的过程。

所谓美元荒，是指美元紧缺。第二次世界大战结束以后，美国工业产值占资本主义世界的一半以上，西欧的经济遭到破坏。这种力量对比使世界各国迫切需要美元购买美国商品，以促进本国经济恢复。美国国际收支连年顺差，黄金储备充足，能够大量输出资本。由于美元能带来一些利息收入，使其成为比黄金更有吸引力的储备资产。美元又是国际支付手段，因而形成了这些国家对美元存在极大需求的局面。各国普遍感到缺乏美元，这意味着国际货币体系存在清偿能力不足的问题。

所谓美元灾，是指美元泛滥。1947年，美国提出"马歇尔计划"，旨在通过该计划向西欧盟国提供援助，实现经济复兴。在1948—1951年实施计划的4年中，美国向欧洲提供了114亿美元的援助，其中大约90%是无偿援助。这个计划的实施使大量的美元流入西欧各国，缓和了清偿能力不足的矛盾。20世纪50年代以后，西欧和日本的经济复苏，经济实力大大增强。这些国家的国际收支出现顺差。经济格局发生变化。20世纪50年代的德国正沐浴在经济奇迹的阳光下，对美国出口激增带来巨额贸易顺差，1948年诞生的德国马克面临升值压力。但是在布雷顿森林体系下只有1%的升值空间，联邦银行只好加息来抑制货币升值。美联储却是降息，利差更吸引美国的热钱流向德国。无奈，德国马克与荷兰盾都升值5%。美国国际收支开始出现逆差，引发了美元危机。

第一次美元危机发生在1960年10月。由于美国继续推行其援外计划，欧洲美元市场发展迅速。促使美元大量外流。美国在处理国际清偿能力供应问题时，也使人们对美元的信心逐渐削弱。而此时，欧共体已经成立，西欧和日本的经济恢复以后，它们的商品开始大量打入国际市场。美国的国际收支逆差继续迅速扩大。1960 年，美国的黄金储备（178 亿美元）已经低于其对外短期负债（210 亿美元），国际金融市场上出现了大量抛售美元、抢购黄金及其他货币的浪潮。

国际货币基金组织和美国以及西方国家随后采取一系列措施维护货币体系。主要措施如下。

(1) 稳定黄金价格协定。在美国的策划下，欧洲主要国家的央行达成协议，彼此约定购买黄金的价格不高于 35.2 美元，但没有约定最低价格。

(2)《巴塞尔协议》。由国际清算银行理事会的成员国英国、德国等八个国家的中央银行在瑞士巴塞尔签署的《巴塞尔协议》的核心内容是，各国中央银行应该在外汇市场合作以维持彼此汇率的稳定。当一国外汇市场发生困难时，应与能提供帮助的国家进行协商，由可提供帮助的国家提供黄金或者外汇贷款，来维持困难国家的汇率稳定。

(3) 黄金总库。1960 年 10 月，美国与西欧七国达成黄金总库协议。黄金总库的黄金价值是 2.7 亿美元，由以上八国按比例提供。英格兰银行为黄金总库代理机构。金价上涨时，金库出售黄金，数量由各国央行按比例提供；金价下跌时，金库买入黄金，所得黄金按同一比例分别卖给各国央行。

(4) 借款总安排协议。国际货币基金组织与十国集团签订借款总安排协议。其核心内容是，当成员国需要，而 IMF 又缺少这些国家的货币时，一国可以从签署协议的其他九国借用货币，也可由 IMF 向签署协议的有关国家借入，再转贷给成员国。实际上是美国在借用其他九个国家的货币。

(5) 货币互换协议。1962 年 3 月起，美联储分别与十四个主要西方国家的中央银行签订了货币互换协议。其核心内容是两国央行在约定时间内相互交换一定数额的对方货币。需要时可随时动用对方的货币来干预外汇市场，相互偿还对方货币仍按原来商定的汇率折算。

第二次美元危机发生于 1968 年 3 月。美国卷入越南战争后，国际收支大幅逆差，美国国内通货膨胀加剧，美元对黄金的比值再次受到质疑。人们大量抛售美元抢购黄金。投机浪潮冲击着市场，美国黄金储备只能够偿付其对外短期债券的 1/3。美国的黄金储备流失 14 亿美元，凭黄金总库和黄金储备，美国已无力维持美元与黄金的固定比价。美国采取应急措施，解散黄金总库，黄金官价仍按 1 盎司 35 美元兑换，但在私人市场以市场供求决定黄金价格。1970 年，创造新的储备资产特别提款权，特别提款权在一定程度上缓解了美元储备的不足。

第三次美元危机发生于 1971 年。美国国际收支急剧恶化。当时美国的黄金储备是 110 亿美元，而其对外短期债务高达 678 亿美元。外汇市场大量抛售美元抢购黄金和其他硬通货的风潮爆发。尼克松政府宣布实行“新经济政策”，即对内冻结工资和价格，对外停止美元兑换黄金，并对所有进口商品征收 10%的进口附加税。这些措施就是直接控制的手段，更引起了其他国家的不满。1971 年 12 月，在美国华盛顿的史密森学会，十国集团达成了史密森协议，宣布美元对黄金贬值，每盎司黄金兑换 38 美元。各国货币汇率对美元的波动幅度扩大为平价上下的 2.25%。同时，德国马克升值 17%，日元升值 14%，其他货币对美元也是小幅升值。美国取消了 10%的进口附加税，但是仍然停止美元兑换黄金，这实际上就是基于美元本位。然而，随着美国国际收支逆差进一步扩大，美元贬值在所难免。投机预期蔓延整个市场，美元宣布贬值，每盎司黄金兑换 42 美元。此时，欧共体六国推出了“蛇形蠕动”的汇率机制，建立更加稳定的货币体系。美元的抛售仍然在持续，直到 1973 年 3 月，主要西方国家的外汇市场纷纷关闭达 17 天。外汇市场再度开放时，各国均放弃了固定汇率制，布雷顿森林体系关于汇率制度的安排事实上彻底崩溃了。

由于汇率固定，美元不能贬值，使得美国无法调整其巨额的持续性的国际收支逆差，最终导致布雷顿森林体系崩溃。布雷顿森林体系不能提供给以各国自主性政策来调节的机制，而美国的持续性国际收支逆差最终让人们失去了信心。

四、现行汇率制(1971 年至今)

1971 年之前，国际货币基金组织推行的“可调整的钉住汇率制”强调的一直是钉住。美国总统尼克松彻底打破了美元与黄金的挂钩以后，全球主要货币开始倾向于实行浮动汇率制。从 1973 年 3 月开始，各国实际上实行的是有管理的浮动汇率制。在这样的汇率制度安排下，各国的货币当局有权干预外汇市场以避免汇率的短期波动。这是一种逆风而行的政策，也是布雷顿森林体系崩溃后，应对外汇市场大量不稳定投机需要的产物。1976 年牙买加协议通过，承认了这种有管理的浮动汇率制，并允许各国自由选择汇率安排。牙买加协议的主要内容是，IMF 成员国可实行浮动汇率制，成员国央行可对外汇市场进行干预以消除未经授权的变化。废除黄金的官方储备，特别提款权作为主要储备资产。IMF 持有的黄金一半退还给成员国，一半出售，其收入用于帮助穷国。非石油输出国和不发达国家可以获得 IMF 的更多帮助。

1. IMF 的运行

IMF 的成员国不仅扩大了，而且借款协议也做了修改。2002 年 IMF 最高可以提供 340 亿特别提款权(折合 430 亿美元)的贷款。各国央行的货币互换规模也扩大了。IMF 的借款规则相应地放松了，但是总的信用额度的构成发生了变化。其贷款主要依据特别提款权，收取初始费用，贷款利率根据贷款以及优惠利率决定。除了监督和管理成员国外汇市场的运行以外，IMF 扩大了对成员国解决结构性问题的帮助。1982 年以来，面对发展中国家(特别是拉美国家)的巨额国际债务问题，IMF 参与了债务的重新安排和解决。但是 IMF 在提供额外贷款和特殊帮助时，一般会要求政府采取缩减支出政策，增加货币供应，提高工资，减少进口，刺激出口，依赖自身调节来解决问题。从 20 世纪 80 年代末到 20 世纪 90 年代，这样的运行主张备受争议。近年来，IMF 针对这些争议，管理和运行也变得更加灵活，并提供中期贷款来解决结构性问题。

2. 现行汇率制度的问题

现行汇率制度仍然存在不稳定的因素：一是汇率持续的大幅波动仍然存在；二是重要工业国之间政策合作失败；三是新兴市场以及发达国家的金融危机仍然无法避免。

20 世纪 80 年代，美国里根政府创造了预算赤字和国际收支赤字增长的阶段，大量外资流入，为吸引外资弥补财政赤字，美国不得不提高实际利率。在外汇市场，外国投资者对美元的极度需求将美元的价值推向高峰。美国由最大的债权国变成了最大的债务国。1985年美元价值达到最高峰，然后持续下滑到1988年，汇率下滑反映高贸易赤字的效果，也反映政府的干预。1985年9月，英、美、德、日、法五国集团在纽约广场饭店达成广场协议，即美元对主要货币贬值，以解决贸易赤字问题并对外汇市场进行干预。这一举措效果明显，不仅预先替美国解除了美元升值的负担，而且可能遏制日本经济的增长。美元持续下跌使主要工业国担心，1986年，七国集团在巴黎达成卢浮宫协议：七国集团尽量达到汇率稳定；加强各国间宏观经济政策的协调。

卢浮宫协议标志着管理浮动机制的开始，对外汇市场进行共同干预以调节货币价值，此时汇率相对稳定。

20世纪90年代日元对美元的汇率从85日元到1995年4月的132日元摇摆不定，直到2002年2月。1999年1月到2000年10月，欧元对美元贬值35%，对日元贬值幅度更大。20世纪80年代上半期，美元对主要货币升值主要是由于美国的贸易逆差及贸易保护。20世纪90年代末，美元对主要货币仍然被高估，主要工业国开始要求加强合作。

其他国家包括新兴市场在20世纪90年代的迅速发展，对储备的需求导致储备货币(美元)升值，从而加剧贸易赤字。如果储备货币的发行国保持充分就业，在某种程度上，就要减少逆差。最稳妥的方式就是促进投资，美国90年代的科技泡沫，很快就造成产能过剩。另外的尝试就是房地产投资，结果是2008年的次贷危机。更为典型的做法就是财政赤字，如里根和布什时代，或者如2008年次贷危机之后，无论如何，都会面临另一种“特里芬之谜”。最终的结果是信任被侵蚀，经济陷入衰退。中国、俄罗斯和其他一些国家都迫切需要建立新的储备货币，那些储备了大量美元的国家或地区，如中国、韩国、日本等国，必然会关心美元未来的价值。中国的外汇储备达到3万亿美元，如果美国必须从海外借入非美元货币，它将面临外汇风险，为了稳定汇率，就不得不缩减经常项目逆差。为了产生更多的国内储蓄，美国的消费也不得不减少。虽然这对美国不是有利的政策，但美国也无法阻止。中国和其他国家虽然也可以选择其他货币储备，但是那样的话美元将会贬值。

20世纪90年代，新兴市场金融一体化程度加深，银行与金融体系放松管制。在不到10年的时间里，就陷入了严重的金融危机，资本纷纷外逃，引发银行业和国际收支平衡出现危机。通过试错的学习过程，新兴市场转变为三元悖论的折中，即汇率灵活性更强，金融一体化程度有限，货币政策受控。在实行宏观审慎政策上采取财政政策的方式来提供缓冲，也为资本外逃提供公共缓冲。

汇率浮动和加强金融一体化的结合使经合组织成员得以实施独立的货币政策。但是汇率波动将增加国际货物和资本交易的成本。基于这样的考虑，欧盟走向货币一体化是可行的。欧洲地区的主要国家加入了欧元区，从欧元区计划的提出到实现也不到10年。这期间欧元成为一种可流通的货币，欧元区成员国享受共同货币好处的同时，欧债危机却出现了。欧盟为此做出了相应的调整政策，重新设计经济政策协调框架。欧元区成员国虽然失去了货币政策的独立性，但是对区外的其他国家共同改变汇率。然而，种种尝试之后，对于总体经济前景，欧洲国家并不乐观。正如2014年9月G20峰会提到的,欧洲国家正面临经济衰退。

总之,现行汇率制度的核心问题是不公平、不稳定,国际协调与合作面临挑战和困难。

第三节 国际货币体系的改革

为了稳定外汇市场,减少汇率波动,自布雷顿森林体系解体以来,国际上也提出了一些改革建议。

1. 目标区

1986 年,美国著名学者约翰·威廉姆森和伯格斯坦提出建立目标区。在这个制度下,主要工业国需要估计均衡汇率,同时制定允许汇率波动的范围。威廉姆森建议波动范围在均衡汇率的上下 10%,在这个范围内汇率由外汇市场供求决定,而这个范围之外各国可干预外汇市场。该目标区的均衡汇率也是可变化的。尽管各国没有明确达成一致,主要工业国还是在卢浮宫协议中制定了美元对日元和美元对德国马克的汇率参考区,允许波动范围在上下 10%。20 世纪 90 年代早期,由于美元对日元的大幅贬值,这个协议条款被放弃。1991 年,克鲁格曼基于威廉姆森始倡的汇率目标区方案,创立了汇率目标区的第一个规范理论模型——克鲁格曼基本目标区理论及模型,并引起了学术界对汇率目标区问题的浓厚兴趣。

目标区的反对者认为这种制度集固定汇率制和浮动汇率制的缺点于一身。因为在浮动汇率状态下,目标区允许的浮动容易引起通货膨胀。而在固定汇率状态下,政府的干预削弱了货币政策的自动调节功能。

2. 三驾马车理论

一些学者主张建立更广泛的国际合作与协调。如美国经济学家麦金农的三驾马车理论。他认为引起汇率不稳定的主要原因是货币替代以及各国间金融资产的替代活动,因此,在发生这类冲击时,各国应采取对称的、非冲销的外汇市场干预措施以稳定汇率,由此带来的各国货币供给的调整,实际上是全球货币供给根据各国货币需求的变动而自发调节其在各国之间的分配。他建议美国、日本及德国可以按照购买力平价将彼此之间的汇率固定,然后通过它们之间货币政策的协调保持汇率的稳定。就美元对日元贬值的趋势,美国应该减少货币供给,而日本应增加货币供应。这三个国家的货币的净增长将保持在无通胀的水平下,再过渡到固定汇率制。

3. 宏观经济协调与合作机制

这是 1986 年 IMF 倡导的。各国可以在 IMF 的监督下,加强宏观经济政策的合作,保持无通货膨胀的、持续的经济增长。这些目标集中于国民生产总值、通货膨胀、就业、贸易余额、货币供应量、财政差额、汇率与利率以及国际储备。这些目标中的任何一个指标上升与下降，都反映出一国宏观经济政策的扩张和紧缩信号。世界经济的稳定指数成为无通胀扩张的锚。

美国经济学家理查德·库珀认为，由于全球相互依赖加强，国际协调与合作是明智的选择。人们将拭目以待，为了成功实现经济目标，各国是否会放弃各自的自动调节。

由于每个国家的通胀和就业、贸易存在很大差别，各国之间宏观经济政策的实际合作非常困难。20 世纪 80—90 年代，美国不愿意缩小其巨额贸易逆差，德国也不愿意采取刺激政策解决失业问题，日本更不愿意消除保护以便扩大对美国的进口来缓解两国的贸易逆差。经验研究也表明，国际政策合作带来的福利增加并不明显。

4. 托宾税

1981 年，诺贝尔经济学奖得主美国经济学家詹姆斯·托宾首次提出托宾税。汇率的波动以及资本市场的不稳定，国际收支的不平衡，主要来自国际资本的流动以及市场的一体化程度加大。因此，托宾认为应该限制投机性的资本流动。他指出应该对短期资本流动征收高额累进税。这就是所谓的“在国际金融的车轮下撒一把沙子”。多恩布什和弗兰克尔建议采用复汇率制，即对贸易流采取稳定汇率，对纯粹的金融交易采取浮动汇率。在限制热钱流入方面，他们三人都认为主要的工业国家不需要封闭式的政策协调，因为国际金融能自动地顺利运行，协调与合作的脆弱性和用处都不明显。批评者认为现实中很难从那些与国际贸易和投资相关的生产性资本流动中将无生产性或投机性的资本流动区分出来。对政府而言，托宾税可能影响了其政绩。而对私人投资者，征收高额的累进税，削弱了投资的意愿。现实中托宾税的推行不是很理想。

5. 金融不稳定假说

2008 年的金融危机及经济衰退，最令人们不解的是经济学家在很大程度上没有预见到。海曼·明斯基基于凯恩斯的思想，创造出一个分析模型，即金融不稳定假说。这个模型解释了 2008 年的房地产次贷危机是如何导致全球经济衰退的。金融系统的稳定性取决于投资是如何融资的。明斯基将投资融资分成三类：对冲性融资、投机性融资和庞氏融资。对冲性融资指的是投资项目的现金流可以在到期之前偿还所有债务和本金。投机性融资指的是到期之日前投资项目的现金流可以偿还所有利息，但不能完全偿还本金，也就是说到期日之前现金流只能偿还一部分债务。在信贷不足的情况下，这种融资方式对金融体系造成极大的不稳定。而此时投机性项目就变成了风险项目，其现金流甚至不能偿还利息或股息，更别说偿债。投机性融资便向庞氏融资状态转变。它认为每个长期经济增长都会以金融危机的到来结束。

6. 多极化与全球储备体系

2014 年，在为纪念布雷顿森林体系建立 70 周年组织的 10 场研讨会上，来自全球各地的专家、学者、国家领导人深入探讨了现行国际货币体系的改革。正如新布雷顿森林体系委员会执行和创始人马克·乌赞总结的，国际货币体系已经失灵，需要改革是共识，需要多极化的国际货币体系。虽然新兴市场所占的经济比重日益增加，但是，其货币在国际交易中的比重没有相应增加，新兴市场货币一体化代表了国际经济面临的挑战。人们需要一个框架来确保向多极货币体系有序过渡。约瑟夫·斯蒂格利茨则建议创建全球储备体系。

综上所述，我们可以看出，国际货币体系改革并不是新的体系完全代替旧的体系的过程，而是在现有的货币体系基础上不断加以改进的过程。

第四节 新兴市场金融危机及其他

现行国际货币体系面临的一个严重问题是无法阻止国际金融危机的爆发。在20世纪90年代是新兴市场（又称“新兴国家”）的危机，在21世纪初是发达国家的金融和债务危机。在货币大战中，我们列举了发达国家如美国的次贷危机和欧洲的债务危机。

新兴市场的危机在20世纪90年代多次发生：1994—1995年，墨西哥金融危机；1997—1999年，东南亚金融危机；1998年，俄罗斯金融危机；1999年，巴西金融危机；2001—2002年，土耳其和阿根廷金融危机。据IMF估计，这些危机只是各国产出减少。尽管发生危机的原因各异，危机发生的过程却很相似。每次危机都伴随着金融脆弱的信号，最后以大量的短期资金逃离为结果。在20世纪90年代早期，新兴市场开放了金融市场，于是大量的资金涌向新兴市场进行投资组合。而一旦有风吹草动，这些资金便立即逃离，金融危机就发生了。

金融危机是否能避免或者将危机降至最低程度？针对现行的国际货币体系和新兴市场，学术界也提出了发挥货币体系作用的相应建议：一是加强国际货币之间的透明度；二是强化银行和金融体系；三是提高私人部门的参与程度；四是提供足够的资金援助以避免市场的心理恐慌。

增强市场的透明度很重要，因为没有足够的、可靠的和及时的信息，市场的效率无法体现。为此，IMF相继制定了一些金融预警指标，如预算和经常项目赤字、长期和短期外债、国际储备占GDP的比重等，提醒各国预防陷入困境。这些指标也提醒投资者密切注意潜在的风险，以免巨额短期资金涌向一个国家或集中于几个国家。

对当前国际货币体系的改革的第二个方面是强化银行和金融体系。在过去的10～20年，新兴国家银行和金融体系的脆弱性是普遍现象。银行和金融体系的脆弱性是引发金融危机的根源。这就需要加强监管，谨慎行事。银行在做出贷款决策时加强对信息的把握，甄别不良贷款。实际中要做到这一点其实也很难，特别是当银行和金融体系已经面临困境时，对资金的渴求更加突出。

提高私人部门的参与程度意味着金融危机即将发生时，私人部门的资金不至于选择一夜间出逃。这个问题的逻辑性体现在，贷款人应强化贷款的责任，非生产性的、大量的短期贷款是金融危机的诱因。

IMF其中一项改革措施就是推出应急信贷额（CCL），面临金融危机，这项应急措施可以为尚未陷入危机的新兴国家提供强大的金融支持。例如，当一个或几个国家出现危机时，国际投资者难以判断是否该将全部资金撤出这些国家。1998 年俄罗斯金融危机中，虽然东南亚和拉美的情况与俄罗斯不同，但是国际投资者将其在东南亚和拉美的资金也一并撤出，造成了这些地区的恐慌，也会引发危机的连锁反应。为了避免这种事情的发生，IMF 推出了新的借款计划。

而国际货币基金组织需要治理和改革，以实现均衡的代表权结构，维持机构的响应性、合法性和有效性。

即使是将所有的改革措施都加以考虑并实施，也不能消除未来金融危机的可能性。人们能做的改革只是减少金融危机发生的频率和降低危机的影响程度。总之，金融危机以及国际金融的脆弱性都是不可避免的，金融自由化在带来利益的同时，工业国家和新兴国家为此所付出的代价也是相同的。

本章小结

(1) 国际货币体系的发展经历了金本位制、布雷顿森林体系再到浮动汇率制的发展阶段。

(2) 金本位制是典型的固定汇率制，各国货币只能与黄金保持固定的比价，汇率波动范围非常窄。

(3) 在布雷顿森林体系下，美元成为干预货币和储备货币。对美国而言，美元既是本币又是国际货币的矛盾使其陷入两难境地，最终由于美元泛滥、失去信用而崩溃。

(4) 1971 年至今的现行汇率制度下，依然无法克服汇率的波动，这个时期欧洲货币体系建立，世界经济和贸易发展迅速。但是从 20 世纪 90 年代到 2009 年金融危机不断发生，欧元区深陷债务危机。

(5) 现行国际货币体系的改革一直在讨论，其中国际货币本位以及国际政策协调与合作是讨论的中心议题。

(6) 好的国际货币体系因该具有较灵活可靠的调节功能，对国际收支不平衡的清偿能力充足，并且使人们相信这种制度的稳定性和处理冲击的调节能力。

关键词

国际货币体系　international monetary system

金本位制　gold standard

自动调节机制　automatic adjustments

布雷顿森林体系　Bretton Woods System

特里芬之谜　Triffin Paradox

特别提款权　special drawing rights

国际货币基金组织　Agreement of the International Monetary Fund

1. 简述国际货币体系的概念。

2. 国际货币体系经历了哪几个发展阶段?好的国际货币体系的标准有哪些?

3. 简述布雷顿森林体系的主要内容及特点。

4. 什么是“特里芬之谜”?

5. 当前国际货币体系改革有哪些方案?

案例 14-1 回到凯恩斯

案例 14-2 中国:新布雷顿森林体系的塑造者

第十五章 欧洲货币一体化与欧元

本章概述　本章阐述了欧洲货币体系产生的背景和原因，回顾了欧洲经济共同体的发起和建立。阐述了欧洲“蛇形蠕动”的汇率机制的建立过程。论述了欧洲货币体系的建立及其两个重要的工具——欧洲货币单位和汇率机制。阐述了欧洲联盟的产生和发展，概述了欧元的产生和出现，阐述了《马斯特里赫特条约》的主要内容。论述了欧盟近年来的经济状况以及欧元区的发展形势。阐述了货币同盟的基本概念、优势和成本。

通过对本章的学习，了解欧洲经济共同体成立的背景，了解欧洲货币体系建立的历程。从“蛇形蠕动”的汇率机制到欧洲货币体系，从煤钢联营到货币同盟，理解货币一体化的途径。理解欧洲货币体系的两个工具——欧洲货币单位和汇率机制的作用。从欧元的诞生，理解共同货币的含义，了解欧元的作用和地位，理解马斯特里赫特条约的主要内容，认识共同货币的优势和成本以及欧元区面临的挑战。

第一节 欧洲货币体系

欧洲国家曾经在世界政治经济舞台上扮演过重要角色，其一体化进程由来已久。第二次世界大战结束以后，随着布雷顿森林体系的建立，世界经济中心转向了美国。但是欧洲国家并没有停止一体化的进程。它们希望通过经济一体化，即实现商品、资本和劳动力的自由流动，建立关税和货币同盟，最终实现政治一体化。欧洲国家在经历了欧洲经济共同体、欧洲货币体系、欧洲货币联盟以后，一体化程度达到了迄今为止的最高境界，而欧元的出现不仅是欧元区货币体系的核心内容，而且对国际货币体系的格局产生了深远的影响。然而，2009 年欧债危机，2016 年英国宣布推出欧盟，以及大量来自叙利亚的难民涌向欧洲，欧洲一体化遭到了重创，欧盟的地位及欧元区正在经受前所未有的挑战。

一、欧洲货币体系的建立

1. 欧洲货币体系产生的背景和目标

1950 年，欧洲经济合作组织成员国建立了欧洲支付同盟这一清算体系。该联盟的宗旨是通过对成员国间的债权与债务实行多边清算，提高成员国之间货币的自由兑换，冲销成员国之间的贸易差额，促进经济发展。接着，1951 年，法国联合德国、意大利、比利时、荷兰和卢森堡在巴黎签订了煤钢联营协议，这六国决定共同管辖煤炭和钢铁，欧洲走上合作的道路。1957 年，在意大利罗马正式缔结了欧洲经济共同体条约。初步实现了煤炭和钢铁商品市场的一体化。当时，根据史密森协议，其他国家货币对美元汇率的波动由原来的 1%扩大到 2.25%，欧洲经济共同体（EEC）成员国又将成员国货币间的波动范围缩小到 1.125%，叫作“蛇形蠕动”。所谓的“蛇形蠕动”，是指相对于欧共体货币与美元较宽的波动范围，欧共体成员国间货币波动范围更窄更稳定。

欧洲经济共同体采取“蛇形蠕动”的原因为：稳定的汇率是加深 EEC 之间贸易和经济一体化的基础。20 世纪 60 年代，欧共体六个国家的经济迅猛发展。从 1958 年到 1972 年，六国间的贸易在其贸易总额中的占比由 30%上升到 52%。1979 年，欧共体成员国由 6 个增加到 12 个。在德国和法国的倡导下，包括英国在内的其他欧洲国家相继加入，并建立起欧洲货币体系（EMS）。1979 年欧洲货币体系取代“蛇形蠕动”。EMS 的主要目标有：

（1）在欧洲建立货币稳定区；

（2）实施与非欧洲货币体系的货币相协调的汇率政策；

（3）为欧洲货币联盟铺平道路。

2. 欧洲货币体系的主要内容

1）欧洲货币单位

欧洲货币单位（ECU）是由欧共体成员国货币的加权平均构成的一篮子货币。权数是基于每种货币相对于 GNP 和欧共体内贸易中占的份额。ECU 的作用体现在三个方面：确定各成员国货币的中心汇率和波动幅度标准；ECU 是欧洲货币基金与成员国之间经济往来的结算工具；ECU 被作为成员国货币当局的储备资产。

ECU 是汇率机制（ERM）的会计记账单位，在 ERM 中占有重要地位。

2）汇率机制

汇率机制（ERM）是 EMS 成员国共同处理汇率的过程，ERM 是基于 ERM 货币平价体系的平价网体系。首先根据 ECU 确定 EMS 的货币平价，即 ECU 中心汇率。也就是说，参加国规定本国货币与 ECU 的中心汇率，并在双边的基础上，确定各参加国相互间货币的中心汇率（平价网体系）。例如，德国马克和法郎的 ECU 中心汇率分别是 1 ECU ＝1.94964 DM（德国马克），1 ECU＝6.53883 Fr（法郎），暗示这两个成员国间的货币比价为:法郎/马克=3.35387。整个平价网体系都可以按ECU中心汇率计算出来。各国货币只允许在中心汇率上下波动。这是一种联合浮动的汇率机制,即成员国之间是固定汇率,而对非成员国汇率则是浮动的。1979年EMS发起时,除意大利里拉波动界限为中心汇率的±6%外,成员国货币之间的中心汇率及围绕中心汇率上下波动的界限为±2.25%。并规定成员国货币与ECU的中心汇率和差异界限。所谓差异界限,是指成员国货币对ECU比价偏离其中心汇率所允许的最大幅度。这个界限是2.25%×75%×(1-该国货币在ECU中所占的比重),显然,差异界限小于两国货币间汇率所允许的最大波动幅度2.25%。在欧洲货币单位中所占比重越大的货币,其差异界限越小。当一种货币的汇率达到上限或下限时,央行就会对外汇市场进行干预,以维持汇率在此范围内。

当一种货币超越偏离临界点即差异界限时,有三种干预方法:一是通过各中央银行间的相互贷款干预外汇市场,即抛出强币减轻其压力,吸收弱币给予支持;二是国内实行货币和财政政策,如弱币国提高利率,紧缩信贷,强币国降低利率,放宽信贷;三是改变中心汇率,在其他干预措施难以生效时,重新确定中心汇率。截至1993年,中心汇率已调整了22次。到1993年9月,成员国货币之间的中心汇率波动幅度已扩大到15%。

3)欧洲货币基金

为了稳定成员国货币之间的汇率,欧共体成员国提供短期贷款以增强其干预外汇市场的能力。欧洲货币体系成立以后规定,成员国提取一定比例的黄金和外汇储备以及等值的本国货币作为欧洲货币合作基金,希望通过欧洲货币合作基金的设立来增强欧洲货币体系对外汇市场的干预力量。

二、汇率机制的崩溃

欧洲货币体系通过其汇率机制稳定成员国间的汇率,对外则是联合浮动。尽管汇率机制可以在一定程度上约束成员国的汇率政策,但是存在着局限性。汇率机制是成员国之间的双边钉住汇率,可以围绕中心汇率在一定幅度内上下波动。但是当成员国遇到经济冲击时,汇率波动的幅度常常随之加大,干预的职能有限,并不能有效控制汇率波动。1992年的英镑危机标志着汇率机制彻底崩溃。

第二节 欧盟与欧元

一、马斯特里赫特条约

1. 背景

欧洲货币体系对欧共体的一体化起了很大的促进作用,但随着经济的多极化发展,欧共体在科技和市场竞争方面落后于美国、日本。欧共体意识到应建立一个真正的没有内部边界的统一市场，实现劳动力、商品和服务以及资本的自由流动，就必须协调成员国之间的经济、财政和货币政策，因此统一的大市场与货币联盟息息相关。1988 年 6 月，欧共体理事会汉诺威会议任命了以执行委员会主席德洛尔为首的研究建立经济与货币联盟的委员会。该委员会于 1989 年 4 月向十二国财政部部长提交了《关于欧洲共同体经济与货币联盟的报告》，即《德洛尔报告》。各国首脑认可这个报告并决定于 1990 年 7 月开始实施。这个报告认为建立经济与货币联盟应分为三个阶段进行。第一阶段的任务是加强货币和财政政策的合作，消除阻碍共同体内部资本流动的一切障碍，完成统一市场的建立，并将所有的欧共体成员国的货币以相同的规则纳入汇率机制。第二阶段的主要目标是建立欧洲货币机构，为欧洲中央银行的建立创造条件。第三阶段是最终建立欧洲经济与货币联盟，建立单一货币和欧洲央行，并由欧洲央行统一行使干预外汇市场和公开业务的权力。这意味着各成员国将失去其货币政策的独立性。

1991 年 12 月，欧洲货币体系成员国政府首脑在荷兰的小镇马斯特里赫特召开会议，进一步建立政治联盟和经济与货币联盟，通过了《马斯特里赫特条约》(以下简称《马约》)。

总之，货币联盟是经济一体化的内在要求。经济一体化的动态过程为：组织形式从低级到高级，从特惠关税区、自由贸易区、关税同盟、共同市场到经济与货币联盟，最后是经济政治的一体化。欧共体经过了单一商品的经济一体化(欧洲煤钢联营)，于 20 世纪 60 年代建立了关税同盟和共同农业政策。

2.《马约》的内容

《马约》分为政治联盟和经济与货币联盟两个方面。政治联盟条约规定：实行共同的外交政策、防务政策和社会政策。经济与货币联盟是《马约》中最具实质内容的部分，为了在成员国之间达到高度的经济趋同和发行统一货币，条约确定了经济与货币联盟的结构和时间表，最终目标是建立欧洲中央银行并发行统一货币。

根据条约，欧盟成员国于 1999 年 1 月全面实行固定汇率，位于法兰克福的欧洲央行专门负责发行共同的货币并制定欧盟的货币政策。可分为以下三个阶段。

(1) 第一阶段(1990—1993 年)：实现所有成员国加入欧洲货币体系的汇率机制，实现资本的自由流动。

(2) 第二阶段(1994—1997 年)：实现各国宏观经济政策的协调，建立欧洲中央银行体系即独立的欧洲货币管理体系。

(3) 第三阶段(1997—1999 年)：建立统一的欧洲货币和独立的欧洲中央银行。

3. 意义和要求

《马约》的签订，为欧洲货币同盟铺平了道路，欧盟成员国同意协调其财政和货币以及汇率政策，以达到经济的一体化，每个成员国应做到：

(1) 保持政府预算赤字比率低于 GDP 的 3%；

(2) 保持总的公债不高于 GDP 的 60%，达到高度价格稳定；

(3) 货币汇率必须在此前两年时间里保持在汇率机制规定的范围内而没有贬值；

(4) 通货膨胀率不能超过通货膨胀率最低的三个国家的平均通货膨胀率的 1.5%；

(5) 长期利率不能超过通货膨胀率最低的三个国家的平均利率的 2%。

4. 欧盟大事记

欧盟大事记如表 15-1 所示。

表 15-1 欧盟大事记

年份	事件
1951	欧盟煤炭和钢铁委员会成立,在巴黎签约,由法、德、意、比、荷、卢组成
1957	欧洲经济共同体条约在罗马签订
1968	关税同盟全面启动,消除贸易限制,实施共同的对外关税
1973	英国、爱尔兰和丹麦加入欧共体
1979	欧洲货币体系建立
1980	希腊加入欧共体
1986	葡萄牙和西班牙加入欧共体
1987	发起单一欧洲行动
1991	《马约》签订,确定建立货币联盟的时间表
1993	欧共体改名欧盟
1995	奥地利、芬兰和瑞典加入欧盟
1999	欧元被欧盟成员国采用
2002	欧元正式流通
2004	波兰等欧洲 10 国加入欧盟

二、欧元及欧盟

1999 年 1 月,欧洲 11 国(后发展至 12 国)使用一种共同货币——欧元,自动放弃各自独立的货币。欧洲单一货币的发起主要是对抗美元,对国际金融有深远的意义。

1. 欧元简史

欧元是欧洲一体化进程的历史产物,最早可以追溯到 1958 年欧洲经济共同体的形成。《马约》的签订意味着欧洲货币联盟的创立。欧盟是 EMS 的延伸,欧洲货币单位是欧元的前身,实际上欧洲货币单位是基于 1∶1 来兑换欧元。

欧盟各国货币的固定兑换率如表 15-2 所示。要了解两种货币之间的兑换率,就必须了解这两种货币对欧元的比率。2002 年 1 月 1 日,欧元进入流通,6 月 1 日,欧元成为当时欧洲 12 国唯一的法币。

表 15-2 欧盟各国货币的固定兑换率

1 欧元等于:	
奥地利先令	13.7603
比利时法郎	40.3399
荷兰盾	2.203712

续表

1欧元等于：	
芬兰马克	5.94573
法国法郎	6.55957
德国马克	1.95583
爱尔兰镑	0.78756
意大利里拉	1936.27
卢森堡法郎	40.3399
葡萄牙埃斯库多	200.482
西班牙比塞塔	166.386

欧洲央行的首要目标是稳定价格，并为欧洲12国制定货币政策，是独立的法人，不会受到成员国或其他机构的政治压力。欧洲12国的央行也不会消失，它们与欧洲央行一起构成欧洲央行体系，与美联储相似。

欧洲央行体系的主要任务为：制定共同的货币政策；指导外汇运行；持有并管理欧元成员国的官方外汇储备。各国央行的监督者构成欧洲央行监督委员会，各国央行遵守欧洲央行的政策，但仍可在其合法范围内分配、筹集资金和进行支付管理。

2. 货币同盟的优势与成本

1）优势

货币同盟减少了交易成本，至少消除了不同货币之间的兑换手续费。

消除汇率的不确定性。欧元区的汇率相当于固定汇率，有利于机构、公司在欧元区内的交易，免遭货币损失，节约套汇成本。因为使用共同货币，所以不同国家的价格比较变得容易，消费者也可以获利。价格上涨显而易见，加剧了欧洲范围内的竞争，这又对价格的下降产生压力，使价格有下降的趋势。

经济竞争力提高。交易费用和外汇风险的降低在欧元区创造了跨国投资和贸易的净效益，同一货币将迫使公司重组购并，寻求最佳经营区的决策，巩固欧洲的公司在国际竞争中的地位。

欧洲资本市场的流动性加强。共同货币、金融市场的一体化为欧洲和非欧洲公司在资本市场的货币利率提高铺平道路。

欧洲和平与政治的合作。正如德国前总理科尔提到的，欧洲货币同盟是新的"战争与和平"。如果欧元被证明是成功的，它将是欧洲政治一体化前进的主要道路，最终建立"欧洲的合众"是可行的。然而，前进的道路实在很漫长，2005年欧洲宪法条约的全民公决在荷兰的马斯特里赫特遭到反对。

2）成本

各国货币与汇率政策独立性的失去是货币同盟的最大成本。一国如果遭受不对称冲击越容易，风险就越不容易分散，经济则更依赖于贸易，可能会引起长期的萧条。不对称冲击是指货币同盟中只有一国或少数几个国家面临萧条的局面，而这些国家的货币或汇率政策都无法解决所面临的问题，其财政政策又受到限制。在这种情况下，这些国家就只能依靠自身的运行机制慢慢地调节。但是在美国国内，其一体化的程度更高，当出现萧条时，劳动力立即流动，同时启动失业保险的财政政策，萧条地区能够解决问题。在欧洲，劳动力的流动性不如美国，财政的重新分配又很难。所以，面对不对称冲击，欧元区的调节更困难。

虽然欧元区的建立加强了劳动力的流动，但是这个过程需要的时间很长。英国、丹麦、瑞典选择不加入欧洲货币同盟，或许是基于这样的考虑。当然，欧元区资本流动的增强在某种程度上或许能克服劳动力流动性的不足。由于货币同盟无法约束各国的政府赤字和公债规模，2009 年欧洲债务危机反映了欧元区不同国家间利益难以兼顾，欧洲五国陷入的债务危机就是一种不对称冲击。如何解决呢？欧洲央行要求陷入债务危机的国家采取紧缩政策，而债务国希望采取扩张政策，缓解失业。

许多研究关注欧盟对成员国间的影响，主要体现在以下几个方面。一是贸易的影响。研究结论主要有：相对于国家之间没有共同货币的情况，货币同盟确实提高了采取共同货币的国家之间的贸易。二是商业周期。三是通胀与失业。四是生产要素的流动性。罗斯和温库帕(2001)的研究发现采取共同货币的国家间的国际贸易会大大增加。其他的研究也集中于货币联盟对贸易的影响。

3. 欧元的前景

当欧元区引入单一货币时，各国原来使用的本币与欧元之间的兑换比率是按照这样的原则进行的：确保欧元区各成员国具有一定的竞争力。这一兑换比率实际上就是均衡汇率的估计值。均衡汇率就是可以使得国际收支平衡表上的经常项目余额等于零的汇率水平。

因此，为了保持均衡，在欧元区内，各国的通货膨胀率应当比较接近。然而，实际中，即使是一个国家内部，各个地区的通货膨胀率也不尽相同。主要原因是各地的实际工资水平与实际生活成本存在较大的差异。但是各地区内的实际通货膨胀率的差别不会特别大。

2000—2008 年欧债危机爆发前，欧元区各国的通货膨胀情况如下：德国的劳动力成本上升了 7%，爱尔兰国内的劳动力成本上升了 34%，西班牙、葡萄牙和意大利的劳动力成本上升了 30%，希腊与荷兰的劳动力成本上升了 28%，法国的通胀率上升 20%。同期，德国累计的贸易顺差为 12610 亿欧元，而西班牙的贸易逆差高达 5980 亿欧元，希腊的贸易逆差达到 2730 欧元。

我们再来看从欧元诞生到 2009 年底，欧元区各成员国实际有效汇率的波动。实际有效汇率由实际汇率、外国价格指数和国内价格指数这三个因子决定，如果购买力平价存在，则实际有效汇率应当保持不变。然而，现实中，爱尔兰、西班牙、葡萄牙和希腊四国的通货膨胀率高于德国国内的通胀率，降低了这四国的竞争力，德国的竞争力相对于欧元区其他成员国更高一些。从商品和劳务的出口看，1999 年至 2009 年德国是最大的赢家。表 15-3 反映了各国的经济指标，从中可以发现欧元区各国的通胀率存在很大的差别。希腊和西班牙的预算赤字较高。英国和美国的预算赤字也比较高。利率方面，各成员国的十年期利率水平存在较大差异。既然欧元区成员国使用共同货币，利率由欧洲央行来确定，为什么各国的长期利率水平存在这么大的差异？

表 15-3 各国的经济指标 (单位：%)

国家	每年消费物价上涨率	失业率	利率（3 个月期）	利率（10 年期）	经常项目余额占 GDP 的百分比	预算赤字占 GDP 的百分比
奥地利	3.1	4.3	1.42	3.66	2.9	－3.4
比利时	3.4	7.7	1.42	4.26	1.4	－3.8
法国	2.1	9.5	1.42	3.64	－2.0	－6.4
德国	2.4	7.1	1.42	3.28	5.2	－1.7
希腊	3.9	15.1	1.42	15.25	－4.5	－8.4
意大利	2.6	8.3	1.42	4.78	－3.3	－4.0
荷兰	2.1	5.1	1.42	3.56	5.7	－4.3
西班牙	3.8	20.7	1.42	5.23	－3.6	－6.7
欧元区	2.8	9.9	1.42	3.09	－0.3	－4.4
美国	2.7	9.0	0.21	3.22	－3.6	－9.9
英国	4.0	7.8	0.83	3.38	－2.0	－9.1

（资料来源：阿德里安·巴克利著，郭宁、王涛译，《国际金融》，中国人民大学出版社 2016 年版。）

根据《马约》，各国公债规模占 GDP 的比重应该小于 60%。显然，有些国家的政府债务占 GDP 的比重过高，如希腊达到 142.8%。希腊、爱尔兰和葡萄牙的国内通胀率都很高，这严重影响了这三国的实际有效汇率。

欧债危机过去将近 10 年，2018 年第三季度欧元区经济增长环比也只有 0.2%，与 2017 年同期比欧元区国内生产总值增加了 1.7%。贸易战的紧张气氛也给欧元区的出口带来压力。欧元区经济正在以 4 年多来最慢的速度增长，使得欧洲央行在评估刺激计划时面临较大压力。

欧债危机让欧元的单一货币理念及缺乏财政和金融联盟机制的缺陷暴露无遗。对欧盟的改革呼声伴随着对未来挑战的深深忧虑。我们从欧洲货币一体化的经验中能够得到的教训为：对于固定汇率制的探索是十分艰难的。迈向固定汇率制的每一步都伴随着失去政策自主权的代价。欧元的引入具有划时代意义，然而，欧元会成功吗？

欧盟对欧元的成功投入了政治资本。保守地说，欧元区运行的前几年是成功的。成功的最好证明是实际运行的结果，任何理论上的成本收益分析都存在指标的量化缺陷。

但是，欧元还不能保证是成功的。第一，不是所有欧盟成员国都使用欧元。第二，加入欧盟的新成员国中，还没有满足欧元区的加入标准。第三，2011 年以后一些成员国面临高失业率和巨额的预算赤字。第四，英国宣布退出欧盟。以上这些因素阻碍了欧元区的进一步扩展。

无论如何,欧元的稳定运行将取决于各国的内外均衡矛盾能否在这一体制下得到较好的解决。选择经济与货币的联盟,也就形成了政治领域的相互依存。从欧债危机以及最近的难民问题看,欧元区如果能经受住考验,经济复苏,就业增加,未来的道路将是乐观的。然而,2016 年英国宣布退出欧盟,英国脱欧的影响,民粹主义势力的抬头,匈牙利、波兰和意大利的政坛陷入无序状态,等等,都使得欧元区以及欧盟的前景充满了更多的不确定性和严峻的挑战。

三、欧洲中央银行

1. 欧洲货币当局

根据《马约》,第二阶段起步之日,建立欧洲货币当局并履行职责。1994 年 1 月 1 日,欧洲货币局(EMI)建立,是欧洲中央银行的前身。其主要工作是为统一货币做各项技术准备。由包括一个局长和副局长以及欧盟 12 国中央银行行长在内的理事会负责指导、管理。总部设在法兰克福。《马约》对欧洲货币局的主要任务做了详细规定,如加强成员国央行的合作和货币政策的协调,监督欧洲货币体系的运行,为实行共同的货币政策准备必要的法律文件和政策工具,促进其职权范围内有关统计数据的汇编、分类等,为成员国央行在未来中央银行体系中的地位和作用拟订规则,加强多边支付体系的有效性。

2. 欧洲中央银行的制度框架

欧洲央行于 1998 年 7 月 1 日正式运行,欧洲央行体系由两个层次组成:

(1) 欧洲中央银行(ECB);

(2) 各国中央银行(不参加欧元区的欧盟国家也属于欧洲央行体系的成员,但可以独立执行各自的货币政策,不参加欧元区货币政策的制定和实施)是执行机构。

欧洲中央银行体系运行的法律依据为《欧洲联盟条约》和《欧洲中央银行体系/欧洲中央银行章程》。欧洲央行内部主要包括行长理事会和执行委员会。

(1) 行长理事会:制定欧元区的货币政策包括货币中介目标、利率水平和欧洲央行的储备量,提出执行的指导方针。

(2) 执行委员会:根据指示和决策,对成员国的央行给予必要的指导。在执行欧洲央行制定的货币政策中,各成员国使用统一的术语和条款。

3. 欧洲央行的独立性

(1) 机制独立:欧洲央行的任务是向各国央行发布指令;批准、暂停、废除或延迟某成员国央行的决定;有权参加某央行的决策并具有投票权;各国央行在做出决策前要征求欧洲央行的意见。

(2) 人事独立:行长任期至少 5 年,只有在不履行职责和严重错误时解除职务。也可不满 5 年。

(3) 资金独立:各国央行在财务上有可信度,保证欧元区物价的稳定。

4. 欧洲央行的股本

欧盟各成员国央行分别认购和持有欧洲央行的股本。资本按各成员国的人口和 GDP 分别占整个欧盟人口和 GDP 的份额来分摊。欧盟各成员国向欧洲央行提供外汇储备资产。缴存外汇储备资产的比例按成员国认购欧洲央行的股本的份额确定,各成员国央行便拥有与其所缴存外汇储备资产等量的债权。欧洲央行也有权持有、管理和运用这些外汇储备资产。

5. 欧洲央行的货币政策目标

欧盟各成员国央行采用的目标有:利率、汇率、名义收入、货币供应量和物价指数目标区。最终目标是保持物价稳定,其次是促进就业和经济增长。中介目标是货币供应量和物价指数。欧盟在货币供应量和物价走势之间的关系是相当稳定的。

6. 欧洲央行的货币政策工具

1) 公开市场操作

目的是引导市场利率、管理市场流动并为货币政策趋向传递信号。具体实施是通过以下操作:短期融资即证券回购向金融体系提供短期资金;长期融资即每月提供期限较长的资金融通;微调性操作即视具体情况不定期进入市场提供或吸纳资金使市场流动处于稳定;结构性操作即为改变银行业结构性流动而提供或吸纳资金;公开市场操作的金融工具回购、直接交易、发行债券、外币掉期等。具体实施由各成员国央行执行。

2) 存贷款便利

通过存贷款便利,欧洲央行可以向市场提供或吸纳大量资金使市场利率不至于超过所确定的范围,以此控制隔夜市场利率。具体实施:欧洲央行设额外贷款便利,对有紧急需要的、有充足的金融资产作抵押的商业银行提供贷款。这类贷款利率事先确定,比市场利率高,商业银行万不得已才会申请,因此贷款便利利率成为市场利率的上限。设存款便利,吸收商业银行的剩余资金。存款利率事先确定,比市场利率低得多,商业银行一般不会存放大量资金,因此存款便利利率成为市场利率的下限。

实际上,欧洲央行为短期市场利率制定了波动范围:上限是贷款便利利率,下限是存款便利利率,介于二者之间的是回购利率。公开市场操作的目的就是将短期利率控制在此范围内,有效执行货币政策。

3) 最低存款准备金

要求银行将其资金来源的一部分存在中央银行的账户上。商业银行所开立的账户的余额应在法定的标准之上。最低存款准备金是调控力度较大、影响较大的货币政策工具。当央行认为有必要紧缩银根、控制货币发行量时,提高存款准备金率。欧洲央行对存款准备金支付利息,但低于市场利率的水平,该要求也适用于其他金融机构。

2014 年中期,欧洲央行为了巩固通胀预期,推出了负利率政策,但并没有给货币市场造成很大扰动,这主要源于两方面因素:一是利率水平方面,零售存款利率大多被隔离于负利率政策体系外;二是从交易量上看,由于前期利率普遍很低,交易量本来就不大,因此负利率政策带来的影响十分有限。除此之外,从传导渠道看,负利率政策的作用机制也与正利率政策的类似。不过,货币市场的短期利率仍会受到较大影响。欧洲央行决策者在 2018 年 10 月朝缩减刺激计划迈出了重要一步,将每月资产购买规模降至 150 亿欧元(约合 170 亿美元)。在年底结束规模,届时将达到 2.6 万亿欧元的购债计划,利率重新成为人们关注的中心。

本章小结

(1) 欧洲国家期望通过经济一体化走向政治联盟。从欧共体到欧洲货币体系再到欧洲货币联盟和欧元的流通,欧洲的一体化进程为其他国家和地区的经济一体化提供了经验借鉴。

(2) 欧共体实现了统一的商品大市场,欧洲货币体系通过欧洲货币单位和汇率机制实现欧洲各国汇率的稳定。

(3)《马斯特里赫特条约》是欧洲货币联盟和欧元诞生的标志性文件,为欧洲货币联盟规划了蓝图。

(4) 欧元的诞生给国际金融带来了深刻的影响,而欧洲债务危机、英国脱欧、欧洲难民问题考验着欧元区。

(5) 欧洲央行是欧盟的货币当局,监督、管理欧盟各国央行的运行,并制定共同的货币政策。

关键词

欧洲经济共同体	European Economic Community
欧洲货币体系	European monetary system
汇率机制	exchange rate mechanism
欧洲货币单位	European Currency Unit
《马斯特里赫特条约》	*Maastricht Treaty*
欧元	Euro
货币联盟	European Union
欧洲中央银行	European Central Bank
不对称冲击	asymmetric shock

复习思考题

1. 简述货币联盟在经济一体化中的作用。
2. 简述《马斯特里赫特条约》的主要内容。
3. 简单分析欧元的利益与成本。
4. 欧盟的全称是(　　)。

A. 欧洲联盟

B. 欧洲货币联盟

C. 欧洲盟国

D. 欧洲共同联盟

5. 简述欧洲债务危机对欧元区的影响。
6. 简述英国脱欧对欧盟以及对英国自身的影响。

案例 15-1 欧洲汇率机制的崩溃

案例 15-2 名义退欧:最现实的英国退欧结局

案例 15-3 “后默克尔时代”展望

[1] 阿德里安·巴克利·国际金融[M]. 郭宁，汪涛，译. 北京：中国人民大学出版社，2016.

[2] 奥伯斯特弗尔德，若戈夫. 高级国际金融学教程[M]. 刘红忠，译. 北京：中国金融出版社，2002.

[3] 大卫·艾特曼. 国际金融[M]. 刘园，译. 12版. 北京：机械工业出版社，2012.

[4] 陈虹. 国际金融与管理[M]. 上海：科学出版社，2008.

[5] 陈建梁. 新编国际金融[M]. 北京：经济管理出版社，2002.

[6] 陈信华. 国际金融学[M]. 上海：上海财经大学出版社，2010.

[7] 陈雨露. 国际金融[M]. 北京：中国人民大学出版社，2011.

[8] 杜玉兰. 国际金融[M]. 北京：科学出版社，2010.

[9] 冯文伟. 国际金融学[M]. 上海：立信会计出版社，2009.

[10] 亨德里克·范登伯格. 国际金融与开放宏观经济学：理论、历史与政策[M]. 周世民，译. 北京：中国人民大学出版社，2016.

[11] 胡日东，赵林海. 国际金融理论与实务[M]. 北京：清华大学出版社，2010.

[12] 姜波克，陆前进. 国际金融学[M]. 上海：上海人民出版社，2003.

[13] 姜波克，杨长江. 国际金融学[M]. 北京：高等教育出版社，2010.

[14] 蒋振中. 国际金融[M]. 上海：上海财经大学出版社，2011.

[15] 金立群，等. 世界金融新秩序[M]. 贾冬妮，译. 北京：中信出版社，2016.

[16] 克拉克. 国际金融[M]. 刘爽，译. 北京：北京大学出版社，2005.

[17] 劳伦斯·S科普兰. 汇率与国际金融[M]. 康以同，等，译. 3版. 北京：中国金融出版社，2002.

[18] 李稻葵，尹兴中. 国际货币体系新架构：后金融危机时代的研究[J]. 金融研究，2010(2).

[19] 李杰，陈婧，张礼卿. 外汇储备管理与实际汇率制度选择[J]. 中央财经大学学报，2012(5).

[20] 李晓，冯永琦. 国际货币体系改革的集体行动与二十国集团的作用[J]. 世界经济

与政治,2012(2).
[21] 刘玉操.国际金融实务[M].大连:东北财经大学出版社,2001.
[22] 刘园.国际金融实务[M].北京:高等教育出版社,2006.
[23] 刘园,赵丹婷.国际金融学[M].北京:机械工业出版社,2012.
[24] 马君潞,陈平,范小云.国际金融[M].北京:高等教育出版社,2011.
[25] 孟昊.国际金融理论与实务[M].北京:人民邮电出版社,2010.
[26] 裴平.国际金融学[M].南京:南京大学出版社,2006.
[27] 普格尔,赵曙东,沈艳枝.国际金融[M].南京:南京大学出版社,2010.
[28] 弗朗索瓦·沙奈,等.金融全球化[M].齐建华,胡振梁,译.北京:中央编译出版社,2001.
[29] 单忠东,綦建红.国际金融[M].北京:北京大学出版社,2011.
[30] 史燕平.国际金融[M].北京:中国人民大学出版社,2008.
[31] 时秀梅.国际金融理论与实务[M].北京:国防工业出版社,2010.
[32] 孙刚,王月溪.国际金融学[M].大连:东北财经大学出版社,2011.
[33] 谭雅林.2010—2011年国家金融市场回顾与展望[J].金融与经济,2011(2).
[34] 托马斯·梅耶,等.货币、银行与经济[M].林宝清,等,译.上海:上海三联书店,上海人民出版社,2007.
[35] 王爱俭.国际金融概论[M].北京:中国金融出版社,2011.
[36] 王灵华,谢朝阳,李红梅.国际金融学[M].北京:清华大学出版社,2012.
[37] 王晓光.国际金融[M].北京:清华大学出版社,2010.
[38] 王中华.国际金融[M].北京:首都经济贸易大学出版社,2008.
[39] 姚淑梅,颜易.金融危机以来国际金融市场变动趋势及对我国影响[J].中国经贸导刊,2012(3).
[40] 姚淑梅.国际资本流动趋势及对我国的影响[J].宏观经济管理,2013(2).
[41] 杨海珍,熊园,王初照.国际资本流动特点与趋势[J].中国金融,2012(2).
[42] 袁申国,陈平,刘兰凤.汇率制度、金融加速器和经济波动[J].经济研究,2011(1).
[43] 张文汇.欧美债务危机的反思——基于国际金融市场大幅波动的视角[J].中国金融,2012(4).
[44] 张军涛,高瑒.汇率制度选择相关研究评述[J].经济学动态,2012(1).